HISTORIA DE CLÉRIGOS Y RELIGIOSAS EN LAS AMÉRICAS

HISTORIA DE CLÉRIGOS Y RELIGIOSAS EN LAS AMÉRICAS

Conexiones entre Argentina y Brasil
(siglos XVIII y XIX)

Valentina Ayrolo y Anderson José Machado de Oliveira (coordinadores)

Historia de clérigos y religiosas en las Américas: conexiones entre Argentina y Brasil, siglos XVIII y XIX / Valentina Ayrolo… [et al.]; coordinación general de Valentina Ayrolo; Anderson José Machado de Oliveira. – 1a ed. – Ciudad Autónoma de Buenos Aires: Teseo, 2016. 446 p.; 20 x 13 cm.
ISBN 978-987-723-107-6
1. Historia. 2. Clero. 3. Brasil. I. Ayrolo, Valentina II. Ayrolo, Valentina, coord. III. Machado de Oliveira, Anderson José , coord.
CDD 271

Imagen de tapa: Valentina Ayrolo. Estatua de Religioso e indígena, Cartagena de Indias.

© Editorial Teseo, 2016

Buenos Aires, Argentina

Editorial Teseo

Hecho el depósito que previene la ley 11.723

Para sugerencias o comentarios acerca del contenido de esta obra, escríbanos a: **info@editorialteseo.com**

www.editorialteseo.com

ISBN: 9789877231076

Compaginado desde TeseoPress (www.teseopress.com)

Índice

Introducción 9

Parte I. Historias de seculares 19

1. La "inclinación al estado" eclesiástico como categoría para pensar el ingreso al clero en el Tucumán colonial..... 21
   Gabriela Caretta

2. A carreira eclesiástica no bispado do Maranhão 55
   Pollyanna Gouveia Mendonça Muniz

3. Sacerdotes en la encrucijada 97
   Valentina Ayrolo

4. A teologia da ilustração e o seminario de Olinda-PE .. 127
   Antonio Jorge Siqueira

5. A Irmandade de São Pedro dos Clérigos do Rio de Janeiro (c. 1790-c. 1820) 151
   Anderson José Machado de Oliveira

6. Los "otros" curas de la Revolución................................ 191
   María Elena Barral, Vicente Agustin Galimberti

Parte II. Historias de religiosos y religiosas 233

7. ¿Cómo reemplazar a los jesuitas? 235
   Jorge Troisi Melean

8. La tensión entre la clausura y "el mundo" en torno a los monasterios de monjas de Buenos Aires 271
   Alicia Fraschina

9. Noviciar e professar 305
   William de Souza Martins

Parte III. Clero y ultramontanismo 347

10. Difusión del discurso ultramontano y clero intransigente en el Río de la Plata: 1820-1865 349
Ignacio Martínez

11. O ultramontanismo no Brasil imperial e a reforma clerical (1840-1889) 393
Ítalo Domingos Santirocchi

Acerca de los autores 437

Introducción

En los últimos años hemos asistido, gratamente, a una multiplicación de encuentros, seminarios y producción de trabajos que abordan de manera conjunta y comparada, "conectada", los procesos históricos de Brasil y Argentina. Este fenómeno se debe a varias causas. Primero, no podemos dejar de reconocer que entre 2003 y 2015, hubo, tanto en Argentina como en Brasil, una decisión de orden político que estableció entre sus prioridades un aumento de la atención dada a las Ciencias Humanas y Sociales. Esto se manifestó en el otorgamiento de subsidios, becas, estadías y en el desarrollo de programas académicos de cooperación e intercambio que posibilitaron la puesta en comunicación académica, el desarrollo y crecimiento de las disciplinas humanas y sociales tantas veces postergadas.

Dichas medidas coadyuvaron al crecimiento de las historiografías de ambos países, lo que se ve reflejado hoy en la madurez y calidad académica y científica de la producción de Brasil y Argentina. En esta dinámica los propios historiadores nos convencimos de la importancia que reviste ampliar la dimensión geográfica, empírica y teórica de los problemas y los fenómenos que estudiamos para entenderlos de forma más acabada y completa. Como resultado de lo anterior, los investigadores de ambos países podemos pensar hoy los procesos y los acontecimientos de manera "conectada". Elegir un enfoque que privilegia la conectividad implica, dice S. Gruzinski, que las historias sean múltiples y que estén ligadas entre ellas, o más aun que puedan conectarse la una con la otra.[1] Sin dudas, es difícil alcanzar

---

[1] GRUZINSKI, Serge, "Les mondes mêlés de la Monarchie catholique et autres 'connected histories'", en *Annales. Histoire, Sciences Sociales*, 56e année, N° 1, 2001, p. 87.

la conexión sin realizar algunos ejercicios previos sobre los que estamos convencidos, hay que avanzar y ese es el sentido de este libro.

Para pensar las conexiones de nuestras múltiples historias debemos comenzar por conocerlas buscando variables comunes y reflexionando sobre aquello no explicado, porque allí, tal vez, pueda estar la conexión. Los estudios "conectados" son un aliciente para pensar y abordar las cuestiones que nos interesan. En este caso concreto hemos elegido armar un libro que reúna estudios sobre los diversos agentes eclesiásticos, tanto varones como mujeres, que actuaron en la región sur del continente americano en un territorio que hoy es Argentina y Brasil. La idea de este libro es comenzar a transitar el camino de lecturas y análisis conectados por problemas o preguntas similares y ver si a través de este ejercicio encontramos los puntos de contacto.

Dividimos el libro en tres partes. La primera está dedicada al clero secular. La segunda se ocupa del mundo regular masculino y femenino. Y la tercera parte se encarga de mirar al clero en el marco de políticas institucionales más amplias que lo incluyen como actor principal, pero también que lo exceden. En este último caso el asunto es analizar la relación de la Santa Sede con Argentina y con Brasil.

Los trabajos que componen la primera parte tratan sobre diferentes aspectos de la "cura de almas" entendiéndola como una profesión y una vocación con todo lo que estas dos nociones conllevan. Cuatro estudios se ocupan específicamente de observar al clero secular, estos son los de Gabriela Caretta, Pollyanna Gouveia Mendonça Muniz y los capítulos de los compiladores de este libro, Valentina Ayrolo y Anderson J. Machado de Oliveira. Los cuatro reflexionan acerca de las motivaciones que podrían explicar el ingreso al clero de los jóvenes en los siglos XVIII y XIX. Todos coinciden en que una parte importante de la explicación está en la incidencia que los factores ambientales (familiares y socio-culturales) tuvieron en la decisión de ordenarse sacerdotes. Cada uno, no obstante, focalizando en una región diferente agrega datos que responden a las preguntas que organizan sus investigaciones.

Gabriela Caretta elige ordenar su estudio sobre el clero del Tucumán, en función de explorar el contenido y los significados de la noción de "inclinación al Estado". A partir de su trabajo con los expedientes de órdenes descubre que el ingreso al clero habría estado orientado "a acrecentar, consolidar o sostener el patrimonio de la casa, incorporando posibilidades de acceso a bienes y dinero, a red de relaciones sociales y al capital simbólico de los clérigos". En este proceso se destaca la intervención del entorno familiar y relacional que marcaría también el destino de los jóvenes. En el mismo sentido Pollyanna Gouveia Mendonça analiza las causas del ingreso al clero en el mundo lusitano comparando los datos que posee para la diócesis de Maranhão con los que están disponibles para Portugal. Descubre, al igual que Caretta, una suerte de estrategia familiar que convertía al sacerdocio en una de las vías posibles de ascenso social no solo de una persona, sino de una familia. La "entrega" a la Iglesia del segundón de la familia, de un hijo bastardo o del tercero sin oficio, explica, para la autora, un camino de ascenso.

Por su lado, Anderson Machado de Oliveira se interna en el universo clerical de Río de Janeiro a través de la Cofradía de San Pedro. Desde allí estudia el ascenso social de algunos individuos de un grupo específico, el de los llamados hombres de color. Su trabajo muestra cómo la pertenencia a la cofradía de San Pedro y la posibilidad de acceso al sacerdocio gracias a la "dispensa de color" coronó el proceso de una movilidad colectiva y generacional que, a partir de la segunda mitad del siglo XVIII se tornó posible para los grupos de hombres libertos.

Finalmente el trabajo de Valentina Ayrolo, con la mirada puesta en Brasil, intenta examinar las características del clero de la primera mitad de siglo XIX en el Río de la Plata. Para ello elige algunos de los temas tomados por las autoras ya mencionadas y explica la conversión del clero en funcionario de Dios y de las repúblicas. Una de las intenciones del trabajo es marcar el inicio del proceso de extrañamiento que derivaría en la autopercepción de los sacerdotes en tanto individuos con funciones específicas relativas solo a la religión. También se detiene en la formación del clero y en su participación política, ambas cuestiones estudiadas en los dos últimos trabajos que integran esta primera parte del libro.

Los textos que siguen abordan el clero desde el ángulo de la política. María Elena Barral, Agustín Galimberti y Antonio Jorge Siqueira se preguntan por las causas y la forma que tomó la participación del clero en la política, unos en la zona rural de Buenos Aires y el otro, en Pernambuco. Barral y Galimberti se interesan por el rol asumido por el clero en los procesos políticos que abrió la Independencia en el Río de la Plata. Estudian especialmente la participación del clero parroquial -bajo clero- primero considerándolo en su carácter indiscutido de mediadores y representantes de sus feligresías. Luego se detienen a observar los saberes previos y los atributos adquiridos por ellos en otros ámbitos, y cómo estos funcionaron en tanto instancias de experimentación y aprendizaje que luego emplearían en las experiencias electorales de las primeras décadas del siglo XIX.

Por su parte, el trabajo de Antonio Jorge Siqueira analiza la influencia que la educación podría haber tenido en la destacada y numerosa participación política de clérigos en la insurrección pernambucana de 1817, alzamiento realizado en nombre de la descolonización, la libertad y la república. Luego de preguntarse si las causas de este movimiento podrían encontrarse en la influencia que los procesos hispanoamericanos habrían ejercido sobre el Brasil -podríamos decir que sus preguntas abren la posible conectividad de esas historias-, elige detenerse en la educación de estos clérigos como posible fuente de inspiración de sus acciones. Allí descubre al lector una de las facetas de las reformas pombalinas y muestra su alcance sobre la ciudad de Olinda, en Pernambuco, a través de la fundación de un seminario en 1800. A partir de allí y del notable protagonismo del obispo Jose de Azeredo Coutinho, el autor analiza los contenidos liberal-mercantilistas de los que se impregnan los estudios en el seminario a causa de su influencia. Vamos a detenernos en algunas informaciones presentadas hasta aquí ya que resultan relevantes para pensar los puntos de contacto de los procesos históricos del espacio ibérico.

El hecho de que el seminario de Olinda fuese un colegio-seminario donde no solo se formaban clérigos sino también jóvenes que ocuparían luego los más variados destinos del norte brasileño, generó un saber compartido y una sociabilidad común que habilitó al historiador Gilberto Alves a llamarlo "escuela de héroes", denominación que Siqueira recoge. Si pensamos que algo similar ocurría un poco más al oeste del continente americano, más precisamente en Charcas, donde funcionaba la Academia Carolina,[2] llamada posteriormente crisol de hombres de la independencia de Bolivia y Argentina, nos parece que estamos frente a un indicador de la similitud de resultados del proceso reformador ibérico (pombalino y borbón). Esta vecindad de los procesos y su repercusión son puntos de contacto de varios de los trabajos de esta primera parte. Finalmente, y en el mismo sentido, vale le pena mencionar que la formación conjunta de jóvenes, que destinarían su vida al clero y/o a la carrera política y administrativa, en seminarios y universidades, puede explicar la unidad de ideario de los hombres que más tarde encarnaron los proyectos

---

[2] Creada en 1776, su nombre se debe al rey Carlos III dado que fue durante su reinado y las llamadas reformas borbónicas que se instala. Era una academia de juristas de donde salieron muchos de los futuros revolucionarios de Sudamérica hispana. Sobre esta institución ver: THIBAUD, Clément, *La Academia Carolina y la independencia de América. Los abogados de Chuquisaca (1776-1809)*. Sucre: Editorial Charcas, Fundación Cultural del Banco Central de Bolivia, Archivo y Biblioteca Nacionales de Bolivia, 2010.

políticos rioplatenses. En algún punto las reformas posibilitaron pensar de manera renovada las nuevas realidades políticas para el vasto espacio sudamericano.

En lo que respecta a los trabajos sobre el clero regular reunidos en esta compilación, también podemos observar elementos que estimulan la reflexión "conectada". Los análisis sobre los hombres y las mujeres consagrados evidencian una tendencia que viene siendo explorada por la historiografía sobre el tema, que es la de observar que el ideal de clausura nunca constituyó un impedimento para el contacto de los regulares con el mundo extra conventual. Por el contrario, el espacio de esas órdenes fue propicio para interrogar el entorno, como así también fue un lugar adecuado para la discusión de las demandas externas que se presentaron en las distintas coyunturas. Esta perspectiva pone en evidencia los tres análisis presentados en la sección.

Respecto de las órdenes masculinas el capítulo de Jorge Troisi analiza la situación de los franciscanos en el Río de la Plata durante la segunda mitad del siglo XVIII, resaltando la problemática de las reformas borbónicas y de la expulsión de los jesuitas de los territorios españoles en 1767. En este contexto, los franciscanos que ya desempeñaban un papel importante en la región desde el siglo XVI actuando en la conversión y administración de los Pueblos de Indios, obtuvieron más fuerza transformándose, en palabras del autor, en "herederos de los jesuitas". Troisi demuestra que, al contrario de lo que afirmaba la historiografía de corte tradicional, las reformas no tuvieron como objetivo la destrucción del catolicismo, ni de las órdenes religiosas. En realidad, afirma, acabarán por transformarse en aliadas de algunas políticas reformistas sobre todo por la sustitución de los jesuitas considerados funestos, tanto por los reformadores borbónicos como por los pombalinos, en el mundo portugués. Frente a este escenario el autor demuestra cómo los franciscanos van a ir ocupando gradualmente el espacio dejado por los jesuitas, ganando cada vez más prestigio frente a las elites locales. En este sentido, la elección de los franciscanos para hacerse cargo de la Universidad de Córdoba muestra a los ojos del autor el empoderamiento de esta orden en el contexto regional. Estos factores permiten pensar en importantes conexiones con el papel de las órdenes regulares en la América portuguesa, permitiendo visualizarlas, como ha sido mencionado antes, como lugares significativos de poder.

El análisis de las órdenes femeninas propuesto por Alicia Fraschina y William Martins refuerza la perspectiva de abordar la relación del claustro como un mundo. En su trabajo, Fraschina reflexiona sobre la tensión existente entre la clausura y el mundo tomando como objeto de estudio las religiosas de Buenos Aires entre 1750 y 1860. La autora inscribe su análisis, a lo largo de ese siglo, en tres grandes coyunturas: la de las reformas borbónicas entre la década de 1760 y la primera década del siglo XIX, la del período revolucionario que comprende las luchas por la independencia y la propuesta de construcción de un régimen republicano en la provincia de Buenos Aires entre los años 1810 y 1850, y finalmente en el período de la formación del Estado nacional hacia 1860. Analizando la propuesta de reforma del claustro en estas tres grandes coyunturas, Fraschina intenta demostrar cómo esta cuestión permite comprender el proceso de modernización y secularización en Buenos Aires que impuso la necesidad de adecuar la estructura eclesiástica a una sociedad que veía la transformación de sus principios y valores.

William Martins dedica su texto a la historia del Convento da Ajuda de Rio de Janeiro, entre 1762 y 1800. Reflexionando sobre la vida de las religiosas concepcionistas Martins analiza los criterios de admisión a la Orden partiendo de las solicitudes de ingreso que hacían las mujeres al Convento, mostrando el acentuado carácter jerárquico -base de los criterios de una sociedad de Antiguo Régimen- que se manifestaban, no solo en las peticiones, sino también en las respuestas que recibían las postulantes. A partir de esta primera aproximación el autor reconstruye el perfil de algunas educandas admitidas al convento, así como el de sus dotes. Frente a esta evidencia, demuestra que el linaje de las familias y sus relaciones personales eran determinantes para abrir las puertas del claustro haciendo de aquel espacio un *locus* de afirmación de las elites locales. William Martins también está atento a las transformaciones propuestas por la coyuntura iniciada por las reformas pombalinas que acaban impactando en las estrategias familiares tendientes a garantizar el acceso de sus hijas al claustro. En este punto, observamos otra conexión entre las historias y las historiografías ya que las preocupaciones que aparecen en el texto de Fraschina en lo relativo a las reformas borbónicas se aproximan a las visualizadas por Martins en relación con las mujeres consagradas.

El libro cierra con los estudios de Ignacio Martínez, para la Argentina, y de Ítalo Santirocchi, para Brasil. Ambos abordan una de las cuestiones más importantes de finales del siglo XIX, el ultramontanismo. El primer trabajo analiza los años que van de 1820 a 1865 tomando el discurso ultramontano como representativo de un "clero intransigente". Por su parte el texto sobre Brasil, centrado en los años 1840-1889, da cuenta de las transformaciones que impulsó el ultramontanismo, especialmente en el sector clerical, representando la toma de posición y del avance de este sector sobre el "liberalismo eclesiástico".

Pese a que sus abordajes son diferentes, algunas de las cuestiones que emprenden estos autores nos permiten pensar puntos de conexión. La discusión acerca del denominado proceso de romanización, su definición y el alcance que podría haber tenido en ambos espacios son introducidos por los dos autores para explicar el ultramontanismo. Resulta muy interesante el análisis que realizan sobre el tema. En el caso de la Argentina, Martínez llama la atención sobre las nuevas interpretaciones que cuestionan la romanización como el resultado del avance papal sobre las Iglesias de todo el mundo católico. Santirocchi, por su parte, también discute el concepto aunque prefiere no usarlo ya que considera que al hacerlo se solaparía la acción del ultramontanismo y la especificidad del catolicismo brasileño dentro del universal.

Para el caso argentino, interesa destacar que la interpretación de Martínez parece inspirada en los nuevos análisis sobre la construcción del Estado nacional que destacan la importancia de estudiar el proceso de la periferia al centro.[3] En este sentido el trabajo de Santirocchi destaca dicho aspecto que también ha planteado en Brasil, un debate sobre la construcción de la unidad imperial en diálogo con la manutención de los poderes locales que no habrían sido solapados por la emergencia del "Leviatán".[4]

De manera tal ambos confluyen en una perspectiva que prioriza el análisis de las experiencias particulares desestimando la interpretación que pondera el papel de la Santa Sede en un proceso de "alineación" de las Iglesias católicas con Roma que se dio en llamar romanización. Es en este contexto que el concepto de ultramontanismo cobra importancia y centralidad analítica. Martínez lo definirá como un movimiento que consideraba que la Iglesia debía subordinarse al poder papal y fue "celosa de su autonomía frente a las autoridades civiles". Para Santirocchi el ultramontanismo puso en jaque la relación que tradicionalmente tenían el Estado y la Iglesia "en la medida en que pasó a estrechar las relaciones con la Santa Sede y la lucha por la autonomía de la Iglesia frente al Estado".

Antes de invitar al lector a recorrer los trabajos reunidos en este libro nos parece importante realizar algunas consideraciones finales. La lectura de los estudios que presentamos aquí nos invita a pensar, nuevamente, en la tarea

---

[3] Me refiero especialmente a textos como los del libro de BRAGONI, Beatriz y MÍGUEZ, Eduardo, *Un nuevo orden político. Provincias y Estado nacional, 1852-1880*. Buenos Aires, Biblos, 2010.

[4] Se destacan en la discusión los trabajos de -seGOUVÊA, Maria de Fátima, *O império das províncias: Rio de Janeiro 1822-1889*. Rio de Janeiro: Civilização Brasileira, 2008; GRAHAM, Richard, *Clientelismo e política no Brasil do século XIX*. Rio de Janeiro: Editora da UFRJ, 1997.

propia del historiador y en cómo durante el proceso de su investigación éste va completando de manera infinita su conocimiento sobre los temas que estudia. Pero además llama nuestra atención sobre la pertinencia e importancia de considerar como un área (¿cultural?) en sí misma al mundo Ibérico. S. Gruzinski dice: "la Monarquía católica es una realidad de origen ibérico que se impone por su propio peso, en el espacio y en el tiempo".[5] Es un todo y también sus piezas y por eso no resulta extraño encontrar que las reformas pombalinas y las dichas borbónicas tenían una inspiración similar, aunque también diferencias propias de la singularidad de cada parte de ese mundo ibérico. Y tampoco sorprende que, aunque fueron aplicadas atendiendo las singularidades de cada espacio, se hayan obtenido similares resultados.

Pero hay algo más. No solo encontramos puntos de contacto en los temas que estudiamos, y llegamos a conclusiones similares en nuestros análisis, sino que las historiografías de nuestros países han seguido un proceso de crecimiento académico similar y es por ello también que nuestros análisis se interconectan. Son esos vasos comunicantes, esas conexiones, los que este libro pretende mostrar en tanto expresión de la historia que se fue tejiendo, en esta parte del mundo.

Valentina Ayrolo y Anderson Machado de Oliveira
Mar del Plata, 1° de agosto de 2016
Río de Janeiro, 1° de agosto de 2016

---

[5] "la Monarchie catholique est donc une réalité d'origine ibérique qui s'impose d'elle-même, dans l'espace et dans le temps, sans qu'on ait à la constituer de toutes pièces". GRUZINSKI, Serge, "Les mondes mêlés de la Monarchie catholique et autres 'connected histories'". En *Annales. Histoire, Sciences Sociales*, 56e année, N. 1, 2001, p. 91.

Parte I.
Historias de seculares

1

La "inclinación al estado" eclesiástico como categoría para pensar el ingreso al clero en el Tucumán colonial[1]

GABRIELA CARETTA[2]

Introducción

Preguntarse por los clérigos como agentes que reúnen el ejercicio legítimo, aunque no exclusivo ni excluyente (como ya lo advirtiera William Taylor), de los bienes de salvación,[3] es ineludible si se quiere indagar sobre las formas y las posibilidades del creer. La misma palabra "clero secular", invariante en el lenguaje eclesiástico, ha referido, sin embargo, situaciones cambiantes a lo largo de los siglos. Lo mismo ha sucedido con la noción de vocación. Esta es una de aquellas palabras que, tal como ha advertido Bloch, permanecen, aunque ello no implique, necesariamente, que mantengan su significado. El objetivo de este capítulo es tratar de desentrañar qué implicaba para los hombres, mujeres y niños de la segunda mitad del siglo XVIII de un amplio espacio del Río de la Plata, aquello que hoy se denomina,

---

[1] Una versión previa de este capítulo fue publicada en la Revista Digital Tiempo Histórico de la Universidad Academia de Humanismo Cristiano, Santiago de Chile, N° 4, pp. 105-120, 2012.
[2] Licenciada en Historia, Salta-Argentina, Facultad de Humanidades - CEPIHA Universidad Nacional de Salta
[3] Taylor, William. *Ministros de lo sagrado. Sacerdotes y feligreses en el México del siglo XVIII*. Zamora-Michoacán: Colegio de México, 1999.

más frecuentemente, vocación y que en las fuentes aparece nombrado como "inclinación al estado". Esta categoría histórica fue utilizada por los aspirantes a recibir órdenes y por quienes participaron de este proceso en el mundo colonial hispanoamericano; nos interesa, por tanto, intentar dar cuenta del proceso de construcción social de la vocación en la segunda mitad del siglo XVIII, a partir del estudio de las ordenaciones de clérigos en el Tucumán, considerando las estrategias desplegadas por familias de diferentes grupos sociales y analizando la noción de "inclinación al estado", expresada en las declaraciones de vida y muerte de los ordenandos y en los concursos a curatos, como proceso polifónico que construye una representación que logra develar y naturalizar un conjunto de estrategias.

Por esto mismo, nuestras interpelaciones tienen una necesaria enunciación histórica, acotada a un tiempo y un lugar, pero que esperan advertir sobre la necesidad de historizar los procesos de construcción de estas representaciones. Corresponde señalar que los estudios del clero secular, dominados durante varias décadas por el abordaje metodológico de la historia social y serial, han tendido a homogeneizar una diversidad de situaciones y a extender los resultados -a partir de series acotadas a una ciudad u obispado- a regiones más extensas. Un estudio más microanalítico, que acerque la lente de su máquina de observar, mirando en las diversas direcciones, inclusive en aquella que nos interpela en el silencio generalizado de la serie, nos permitirá, quizá, comprender mejor aquellas sociedades lejanas, tan distantes, tan otras que construimos a cada paso en nuestra investigación.[4]

---

[4] Jacques Revel señala, en un balance epistemológico y metodológico que "el principio de la variación de las escalas, el juego razonado sobre diferentes escalas de observación y de análisis de lo social produce discontinuidad y ella tiene su eficiencia". Revel, Jacques, "Micro versus macro: escalas de observación y discontinuidad en la historia". *Tiempo Histórico*, Santiago de Chile, núm. 2, p. 19, 2011.

En los primeros tramos de esta travesía advertimos la necesidad de analizar la composición y distribución del clero secular en uno de los obispados que formaban parte del Virreinato del Río de la Plata y que articulaban espacialmente, Buenos Aires con el Alto Perú.

Figura 1. Mapa del Obispado del Tucumán a fines del siglo XVIII

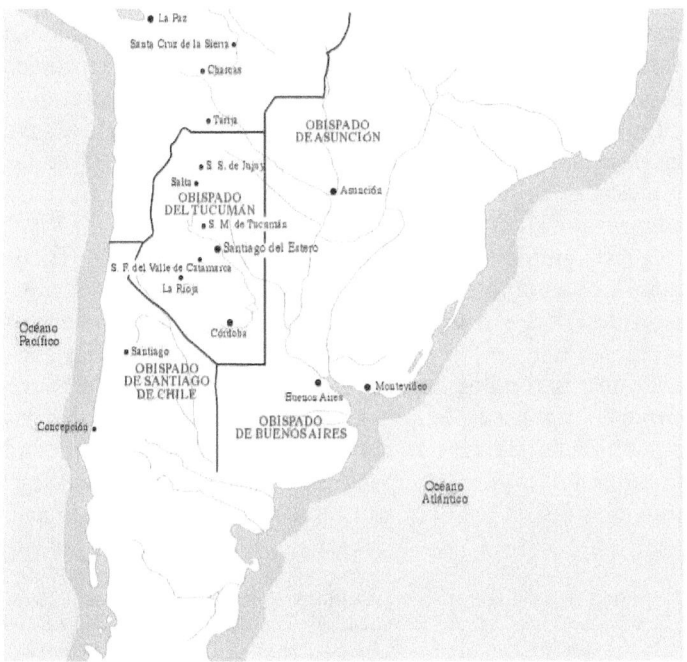

Publicado en Ayrolo, Valentina y Caretta, Gabriela. "Clérigos seculares del Tucumán entre la colonia y la independencia (1776-1810)". En Aguirre, Rodolfo y Henriquez, Lucrecia (coord). *La Iglesia hispanoamericana: de la colonia a la república*. México: Instituto de Investigaciones sobre la Universidad y la Educación de la UNAM – Instituto de Historia de la PUCC – Editorial Plaza y Valdés, 2008, p. 48.

Nos referimos al obispado del Tucumán que, hasta 1804-1806, reunía el amplio territorio desde Córdoba y Santiago del Estero al Sur hasta los curatos de la puna jujeña por el norte.

Tal como lo observáramos en otro trabajo, este amplio y ambientalmente heterogéneo obispado estaba desigualmente ocupado, no solo en cuanto a su densidad poblacional, sino también por la población misma. Tal como sucede en la mayoría de la Hispanoamérica colonial, mientras que en las ciudades y en algunos curatos rurales encontrábamos españoles, indios, negros, mestizos; en aquellas parroquias asociadas a pueblos de indios, los únicos españoles eran el cura, el hacendado y alguno que estaba de paso; incluso en capillas tan alejadas como la de Nuestra Señora de las Nieves del Moreno, al pie del Acay, en la puna jujeña, el cura solo residía algunos días al año.

Así también encontramos, en el obispado del Tucumán, una composición social heterogénea y una distribución desigual y discontinua en el espacio de los clérigos seculares. Esta podía vincularse a las diferencias en las condiciones materiales de los curatos: su extensión, la abundancia o escasez de feligreses, los ingresos parroquiales, las posibilidades de unir la actividad pastoral a la propiedad familiar y/o a la participación en las redes mercantiles;[5] mientras que la primera constatación, aquella referida a su

---

[5] Para un estudio comprensivo del Río de la Plata y el Tucumán el lector podrá consultar Ayrolo, Valentina, "El clero rioplatense en contextos de secularización". En Ayrolo, V., Barral, M.E. y Di Stefano, R. *Catolicismo y secularización. Argentina, primera mitad del siglo XIX*. Buenos Aires: Biblos, 2012, pp. 17-38. Para estudios específicos sobre el Tucumán, cfr. Ayrolo, Valentina y Caretta, Gabriela. "Clérigos seculares del Tucumán entre la colonia y la independencia (1776-1810)". En Aguirre, Rodolfo y Henríquez, Lucrecia (coord). *La Iglesia hispanoamericana: de la colonia a la república*. México: Instituto de Investigaciones sobre la Universidad y la Educación de la UNAM – Instituto de Historia de la PUCC – Editorial Plaza y Valdés, 2008, pp. 45-70. Caretta, Gabriela, "Con el poder de las palabras y de los hechos: El clero colonial de Salta entre 1770-1840". En Mata, Sara (comp.). *Persistencias y cambios en Salta y el Noroeste Argentino, 1770-1840*. Rosario: Prohistoria, 2000, pp. 81-118.

heterogeneidad, nos llevaba a nuevas preguntas: ¿por qué se elegía o se decidía el ingreso al clero?, ¿cuáles eran las prácticas vinculadas al ingreso al clero secular? Por último, aunque su requerimiento se encuentre en la base, ¿cómo se construía la noción de "inclinación al estado" en estos espacios?

Estos interrogantes adquieren un giro significativo si, como lo advirtieron Jaime Peire y Roberto Di Stefano, en la sociedad barroca colonial americana "religión y economía –así como religión y política- no estaban morfogenéticamente separadas, sino más bien integradas verticalmente".[6] De manera tal que la religión trasfundía los diferentes aspectos de la vida social y del poder, abriendo la necesidad de transferencia del capital social o económico en simbólico, representado en las manifestaciones de piedad, en una economía de la salvación y en el lugar que ocupaban quienes tenían el monopolio de estos bienes.[7]

Es en esta comprensión que resulta provocativo pensar la opción clerical como una estrategia de la casa o linaje, recurriendo a la conceptualización de Pierre Bourdieu sobre las lógicas prácticas y las estrategias matrimoniales[8] de los campesinos del Bearn, según la cual cuando una

---

[6] Peire, Jaime y Di Stefano, Roberto, "De la sociedad barroca a la ilustrada: aspectos económicos del proceso de secularización en el Río de la Plata". *Andes*, Salta, núm.15, pp. 117-150, 2004.

[7] Idem. Barral, María Elena. *De sotanas por la Pampa. Religión y sociedad en el Buenos Aires rural tardocolonial.* Buenos Aires: Prometeo, 2007. Chaile, Telma. *Devociones religiosas, procesos de identidad y relaciones de poder en Salta.* Salta: Fundación Capacitar Noa, 2011. Ayrolo, Valentina. *Funcionarios de Dios y de la República. Clero y política en la experiencia de las autonomías provinciales.* Buenos Aires: Biblos, 2007. Fogelman, Patricia. "Una economía espiritual de la salvación. Culpabilidad, purgatorio y acumulación de indulgencias en la era colonial". *Andes*, Salta, núm.15, pp. 55-86, 2004.

[8] Bourdieu, Pierre, "La tierra y las estrategias matrimoniales" y "Los usos sociales del parentesco". En Bourdieu, Pierre. *El sentido práctico.* Buenos Aires: Siglo XXI, 2007, pp. 235-316.

familia tiene más de un hijo varón las opciones de las familias, o mejor de una casa o linaje,[9] pasaban por el buen matrimonio o el celibato.[10]

Esto lleva a preguntar, en primer lugar, si el ingreso al clero -regular o secular- en el Tucumán de la segunda mitad del siglo XVIII podría ser considerado en los términos bourdianos de estrategia familiar y, en tanto tal, como una alternativa entre la alianza matrimonial y el celibato doméstico. En este sentido el uso de la palabra "alianza", empleada por Bourdieu en su acepción de conexión o parentesco contraído por casamiento (*alliance*), podría ser usada en su sentido más amplio de unión entre agentes. Se trata por tanto, de pensar el ingreso al clero como la forma o la estrategia de una casa para consolidar una alianza, a través de los hijos varones, ya no con otra familia –como en los acuerdos matrimoniales-, sino con el conjunto social, en tanto feligresía, y no a través del matrimonio sino gracias a otro sacramento, el orden sagrado.

De lo trabajado en esta línea se desprende que pensar el ingreso al clero en términos de estrategia familiar permite extender su uso más allá de la elite, que es en el sector en que generalmente se ha empleado en los estudios del clero latinoamericano. Sostenemos que el ingreso al clero de uno o de varios de los hijos se orienta a acrecentar, consolidar o sostener el patrimonio de la casa, incorporando

---

[9] *Casa*: grupo monopolista definido por la apropiación de un conjunto de determinados bienes, entidad colectiva y unidad doméstica, en realidad, entidad colectiva definida por su unidad doméstica. En este sentido las casas son los verdaderos sujetos de las alianzas. La casa incluye el linaje, la tierra, el nombre y también las tradiciones. No planteamos en este caso el tema de las hijas por mostrar dinámicas diferentes. Cfr. *Idem*.

[10] El primero implica la necesidad de concertar una alianza, especialmente para el primogénito, que no ponga en peligro el patrimonio del linaje; mientras que los hijos solteros aparecen como las "víctimas estructurales" del sistema, quedando en la familia paterna como alternativa en caso de fallecimiento del hijo mayor y como mano de obra barata de la casa. Cfr. *Idem*.

posibilidades de acceso a bienes y dinero, a una red de relaciones sociales y al capital simbólico de los clérigos en la segunda mitad del siglo XVIII.

Sin embargo, para que estas estrategias sean efectivas, no pueden ser mostradas abiertamente, ni siquiera admitidas. Antes bien, solo adquieren toda su fuerza si el velo del silencio o de lo naturalizado las recubre y las renombra, incluso si algunas de sus marcas más significativas se hacen cuerpo, marcándolo.[11] La noción de "inclinación al estado" se nos presenta así como aquella palabra que concentra el proceso de corporización y naturalización de estas estrategias.

De la necesidad: estrategias familiares y clero secular

La presencia de los clérigos en la sociedad colonial, como había sucedido en la Europa medieval, no era percibida como extraña. La Iglesia contenía a la sociedad misma y desde su doctrina y jurisprudencia -anudada a la administración colonial- se miraban, nombraban, legislaban y sancionaban diferentes aspectos de la vida cotidiana. Así actos como el nacer, emparejarse o morir estaban teñidos de la ritualidad sacramental en la cual los curas tenían, para el Concilio de Trento, un rol central.[12]

El bautismo era la puerta de entrada a la religión y a la sociedad. La función de anotar en los libros parroquiales, asignada a los curas párrocos a partir del siglo XV fue central en las colonias hispanoamericanas, tanto para la organización eclesiástica y sus rentas, como para la corona en el control de su población y como fuente de control social. Los sacramentos y su registro conformaron prácticas sociales

---

[11] Cfr. Foucault, Michel. "El cuerpo utópico". En Foucault, Michel. *El cuerpo utópico. Las heterotopías*. Buenos Aires: Nueva Visión, 2010, pp. 7-18.
[12] Cfr. Lemaitre, Nicole, "Cap. VI". En Lemaitre, Nicole. *Histoire des curés*. París: Fayard, 2002.

sustentadas en un *habitus*, es decir, en un conjunto de disposiciones internalizadas y naturalizadas, que constituyeron por esto mismo una de las bases más sólidas del capital simbólico y cultural del clero secular, en interacción con los distintos sectores de la sociedad. Roberto Di Stefano y Jaime Peire señalan que para Buenos Aires "el *hábitus* propio de esa sociedad preveía el entrelazamiento indisoluble del clero -secular y regular-, la piedad, la economía, el dinero, el poder político y los liderazgos sociales, así como los roles de cada individuo (incluyendo los femeninos) y los grupos".[13]

La bibliografía sobre el Antiguo Régimen ha mostrado que la toma de estado por un individuo no era una decisión personal, sino más bien una elección familiar relacionada con el mantenimiento de la familia o con las posibilidades de ascenso social.[14] Para el Río de la Plata, Roberto Di Stefano considera que la opción por el clero debe enmarcarse en lo que se denomina régimen de unanimidad religiosa, que impone una percepción colectiva de valores y en el que se concebía la carrera eclesiástica como un modo de servir a Dios, al rey y a la propia familia. De aquí deduce que era la familia quien decidía el ingreso al clero respondiendo a tres cuestiones vinculadas: en primera instancia al fervor religioso colonial, en el marco del cual tener un hijo clérigo sería una de sus expresiones; en segundo lugar le permitía participar de redes sociales que controlaban

---

[13] Peire, Jaime y Di Stefano, Roberto. "De la sociedad barroca a la ilustrada: aspectos económicos del proceso de secularización en el Río de la Plata". *Andes*, Salta, núm.15, pp. 117-150, 2004.

[14] Cfr. Enríquez, Lucrecia. *De colonial a nacional: la carrera eclesiástica del clero secular chileno entre 1650 y 1810*. México: Instituto Panamericano de Geografía e Historia, 2006. Irigoyen López, Antonio. "Servicio doméstico de clérigos y clérigos en el servicio doméstico: el caso de Murcia en la Edad Moderna". En Congreso de la Asociación de Demografía Histórica, VII, 2006, Granada. Irigoyen López, Antonio. "Los tratados de perfección sacerdotal y la construcción de la identidad social del clero en la España del siglo XVII". *Hispania Sacra*, España, núm.230, pp. 707-734, 2008.

diferentes ámbitos de poder que incluían beneficios y cargos eclesiásticos y, por último, se trataría de una estrategia familiar que buscaba garantizar la cohesión de la familia, al asumir el hijo clérigo la protección de la madre viuda y hermanos huérfanos. El nivel de instrucción de los clérigos aseguraba, además, la buena administración de los bienes. El gran número de clérigos jefes de familia y de capellanes dedicados a negocios familiares serían pruebas de tal estrategia.[15] Lucrecia Enríquez reafirma esta idea, en su estudio sobre el clero de Santiago de Chile, señalando que "estrategia familiar, relevo generacional, o cura capellán a cargo de los negocios familiares, las tres explicaciones dan cuenta de un aspecto eminentemente familiar propio de la realidad del presbítero secular en el Antiguo Régimen, sea este párroco, clérigo particular, canónigo u obispo".[16]

En uno como en otro estudio, el rol familiar del clérigo, en tanto hombre célibe sin compromisos con otra familia nuclear, se orientaría a asumir como cabeza de familia, en ausencia del padre, para el cuidado de las mujeres y de los menores y la atención de los asuntos familiares. Por otra parte, permitiría mantener el patrimonio del linaje al no derivar los bienes hacia una nueva familia, ya que la capellanía o patrimonio que sirvió para su ordenación podía volver intacta o incluso aumentada en su valor, al tronco familiar.[17]

A fines del siglo XVIII, hacia el norte del Obispado del Tucumán, la ciudad de Salta era la capital de la recientemente creada Intendencia, jurisdicción del

---

[15] Cfr Di Stefano, Roberto. *El púlpito y la plaza. Clero, sociedad y política de la monarquía católica a la república rosista.* Buenos Aires: Siglo XXI, 2004.
[16] Enríquez, Lucrecia. *De colonial a nacional: la carrera eclesiástica del clero secular chileno entre 1650 y 1810.* México: Instituto Panamericano de Geografía e Historia, 2006.
[17] Estas cuestiones han sido ampliamente abordadas por los autores señalados, quienes muestran una abundancia de casos.

Virreinato del Río de la Plata, y disputaba -con la ciudad de Tucumán- su constitución en cabecera de un nuevo obispado, que buscaba adecuar la jurisdicción eclesiástica a la administrativa –lo que conseguirá en 1806–. La ciudad y su jurisdicción habían vivido en estas décadas un proceso de crecimiento económico asociado al comercio mular y de consolidación de una sociedad que se vio movilizada durante las décadas anteriores.

Figura 2. Mapa de la ciudad de Salta y su jurisdicción a fines de la colonia

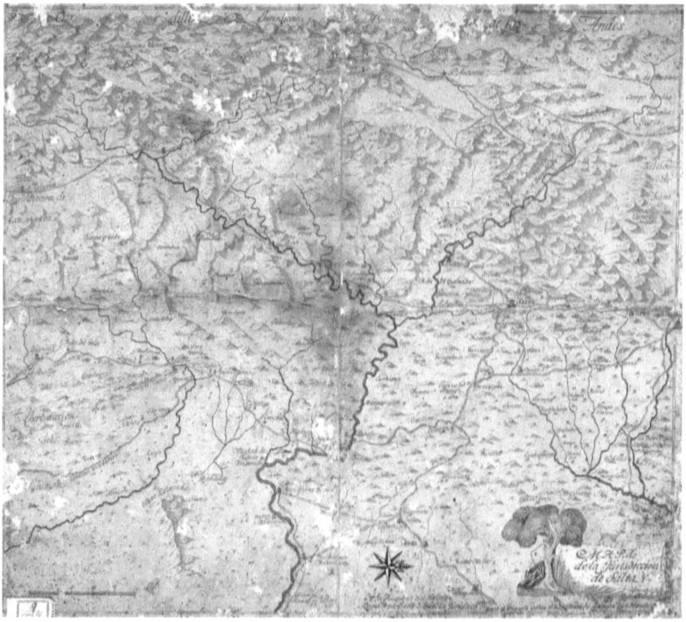

Biblioteca Nacional de Brasil, Larramendi. Mapa de la Jurisdicción de Salta, anterior a 1800, Colección Pedro de Angelis.

En esta sociedad la tierra tenía un valor tanto económico como simbólico y los sectores de elite debían asegurarse el control sobre ella y sobre la mano de obra.[18] Para la elite propietaria, el varón primogénito era el reaseguro de la conservación del patrimonio por lo que debía evitarse un mal matrimonio que pusiera en peligro al linaje. Mientras que las hijas implicaban un riesgo muy alto al tener que dotarlas con bienes inmuebles o repartir la herencia fundiaria a falta de bienes muebles con que cubrir uno u otro. Junto a esta consolidación de la elite terrateniente y mercantil, puede reconocerse también un proceso de centralización del poder asociado a las reformas borbónicas y a la creación de la gobernación intendencia en competencia con sectores del poder local.[19] Se trata también, por último, de una sociedad atravesada por la religiosidad, que tiñe las formas de ver, conocer y explicar la realidad, de relacionarse y de competir por el poder.

Cada familia de la elite, pero como veremos, también de blancos empobrecidos o de mestizos en ascenso, cuenta, entre otras formas de interacción social, con la posibilidad de establecer alianzas, entre ellas, las matrimoniales han sido ampliamente estudiadas.[20] En este contexto, pensamos las estrategias como acciones desarrolladas en un juego de cartas, más que en uno de ajedrez, en el que junto a la acción intencional, naturalizada por la costumbre, tiene un papel importante el azar. Un hijo varón soltero es una carta que se puede jugar en distintas partidas, según la necesidad de la familia, una de ellas es la de investirlo con el hábito clerical. No resultará extraño entonces que, en la medida

---

[18] Cfr. Mata, Sara. *Tierra y poder en Salta. El noroeste argentino en vísperas de la independencia.* Sevilla: Diputación de Sevilla, 2000.
[19] Cfr. Marchionni, Marcelo. *El Cabildo de Salta y la creación de la Intendencia.* Tesis (Graduación en Historia) - Licenciatura en Historia, Universidad Nacional de Salta, Salta, 1997.
[20] Para el caso de Salta contamos con los estudios de Mata, Sara. *Tierra y poder en Salta. El noroeste argentino en vísperas de la independencia.* Sevilla: Diputación de Sevilla, 2000. Zacca, Isabel. *El matrimonio legítimo en Salta, 1750-1800.* Tesis (Graduación en Historia) - Licenciatura en Historia, Universidad Nacional de Salta, Salta, 1997.

de sus posibilidades biológicas y de sus necesidades de reproducción, los linajes busquen destinar uno o más de sus hijos al clero secular y/o regular.[21]

El interés por contar con un hijo clérigo no es exclusividad de la elite. Para la región del Tucumán de la segunda mitad del siglo XVIII encontramos que familias de blancos empobrecidos buscan diferentes formas de ingreso de sus vástagos, inclusive es posible reconocer la presencia de algunos clérigos ordenados, sobre los que pesan marcas de mestizaje o ilegitimidad, consolidando tras esta incorporación un proceso de blanqueamiento y limpieza, tanto con la descendencia como con la ascendencia de la casa.[22] Es decir, proyecta el capital simbólico de los clérigos no solo a las generaciones sucesivas, entre los que se podrán encontrar nuevas generaciones de sacerdotes, sino también hacia los ancestros. En todos los casos, en tanto estrategia, se trata de mantener o acrecentar el capital del linaje y en última instancia, lograr la reproducción social.

Considerando que para entender las estrategias es importante revisar la historia del linaje en que estas estrategias se articulan, iniciemos nuestro recorrido por una de las familias de mayor capital social y simbólico de Salta: la casa de los Isasmendi es una de las pocas que, hacia fines del siglo XVIII, sigue nominando a sus señores como "encomenderos". Don Nicolás Severo, hacendado y encomendero de Molinos, es la cabeza de familia tras la muerte de su padre Dn. Domingo de Isasmendi, quien, oriundo de los reinos de Navarra, se

---

[21] Resulta interesante observar que hacia la segunda mitad del siglo XVIII, las familias de la elite muestran una preferencia por destinar sus hijos al clero secular, antes que a alguna de las órdenes religiosas.

[22] Cfr. Ayrolo, Valentina y Caretta, Gabriela. "Clérigos seculares del Tucumán entre la colonia y la independencia (1776-1810)". En Aguirre, Rodolfo y Henriquez, Lucrecia (coord). *La Iglesia hispanoamericana: de la colonia a la república*. México: Instituto de Investigaciones sobre la Universidad y la Educación de la UNAM – Instituto de Historia de la PUCC – Editorial Plaza y Valdés, 2008, pp. 45-70.

casa con una de las hijas mujeres de la casa Diez Gómez y Escobar Castellanos, descendientes de conquistadores y pobladores del Tucumán y propietarios del Valle Calchaquí. Doña Magdalena, la joven hacendada, muere sin descendencia y Domingo hereda la propiedad y accede a la encomienda. Podríamos considerar, en este punto, el inicio de un nuevo linaje que tiene como base el patrimonio heredado por Domingo, quien se casa en segundas nupcias con doña Josefa Gertrudis de Echalar, de cuyo matrimonio nacen cuatro hijos, dos varones y dos mujeres. Bajo la conducción de Domingo y, gracias a sus vinculaciones, se había trasladado -con autorización del obispo y del gobernador- a los indios desde Escoype (al pie de la Cuesta) hasta su hacienda del Valle Calchaquí. En compensación Isasmendi había cedido la capilla de la hacienda con su ornamento al Obispado del Tucumán, convirtiéndola en cabecera del curato del valle Calchaquí. Este acto que instituye un nuevo curato asegura a la familia la mano de obra necesaria y une la sede de la jurisdicción eclesiástica a la casa-propiedad.[23]

---

[23] Cfr. Mata, Sara. *Tierra y poder en Salta. El noroeste argentino en vísperas de la independencia*. Sevilla: Diputación de Sevilla, 2000.

Figura 3. Mapa de la división del Curato del Calchaquí, ca. 1799

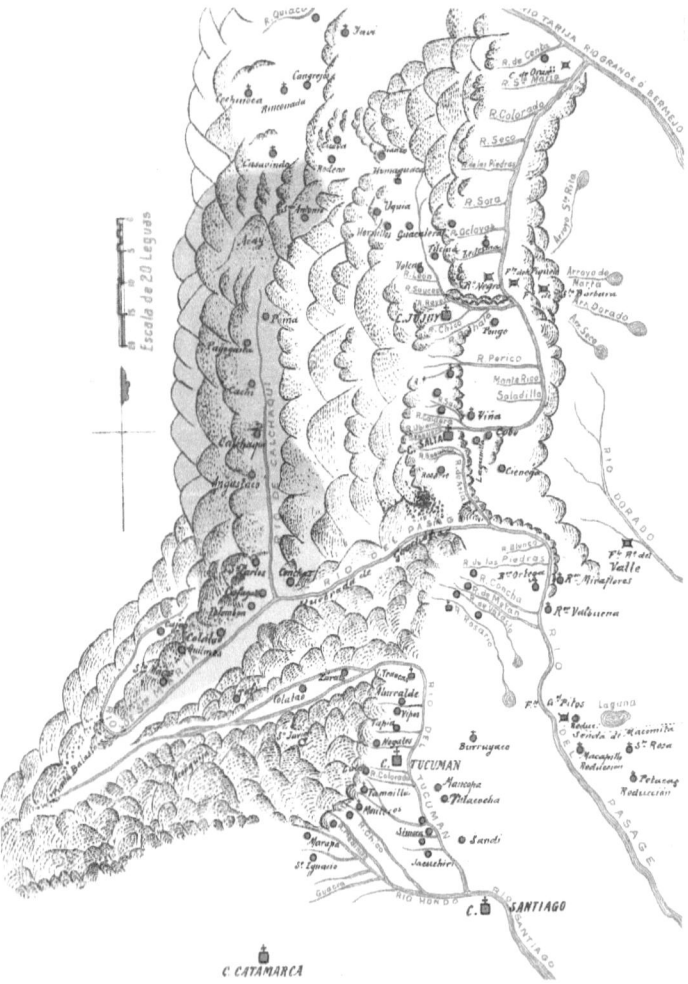

Publicado en Toscano, Julián. *El Primitivo Obispado del Tucumán y la Iglesia de Salta*. Buenos Aires: Biedma, 1908. P.1.

En este caso, el hijo mayor -a diferencia de lo que observa mayoritariamente Roberto Di Stefano para el Río de la Plata- no será el destinado al clero, aunque sí cumplirá con la función del señor de la casa, encargado de administrar y asegurar el patrimonio a la muerte de Domingo. Nicolás (hijo mayor) y Vicente Anastasio heredaron junto con su madre (Josefa) la hacienda de Calchaquí o Molinos y los derechos a la encomienda de indios pulares y tonocotés. Sin embargo, Nicolás Severo conservará indivisa la propiedad, base de su poder y riqueza, apartando a las mujeres, comprando parte de la herencia y generando las condiciones para que su hermano Vicente ingrese al clero, pagando sus estudios en Córdoba y Charcas y fundando patrimonio de órdenes por tres mil pesos.[24]

El ingreso al clero como estrategia para apartar el peligro de la división del patrimonio no parece ser el único objetivo del ingreso del segundo hijo varón de la familia Isasmendi. Vicente Anastasio, ordenado de clérigo, es designado cura propietario del curato del Calchaquí. De esta manera suma, al patrimonio familiar, la posibilidad de control sobre la población y el capital simbólico que le da su condición de cura párroco. Del análisis de uno de los conflictos que enfrenta el cura Isasmendi con uno de sus ayudantes advertimos indicios del control que ejerce sobre la población del curato y el cuidado de los intereses familiares.

En mayo de 1791 Vicente Anastasio acuerda con Francisco Xavier Granillo, cura de la Rioja, la atención del curato del Calchaquí en calidad de ayudante. Antes de que se cumpla el año, el cura Isasmendi lo denuncia por malversar la parte que le corresponde de los ingresos parroquiales y

---

[24] Este título de órdenes se impone sobre la hacienda de Molinos y por él pagará anualmente el cinco por ciento correspondiente. Cfr. Caretta, Gabriela. "Con el poder de las palabras y de los hechos: El clero colonial de Salta entre 1770-1840". En Mata, Sara (comp.). *Persistencias y cambios en Salta y el noroeste argentino, 1770-1840*. Rosario: Prohistoria, 2000, pp. 81-118.

los de la fábrica de la iglesia de Molinos.[25] Los asientos que hace Granillo sobre ingresos están, según el cura párroco, llenos de errores que Isasmendi denuncia como fraudulentos, en especial lo ha podido comprobar en las anotaciones de Molinos por la declaración del sacristán y los libros de la parroquia. Una de las razones que el mismo Isasmendi expresa es que el arancel no siempre marca los estipendios parroquiales, ya que a veces se hacen siguiendo la "práctica y costumbre" del lugar. Y, según él mismo afirma, es la capilla donde tiene amplio conocimiento "porque están todos los suyos". Todas y cada una de las cuestiones que Isasmendi observa a las cuentas de ingresos parroquiales o de ofrendas y *ricuchicos*[26] recibidos por el Pbro. Granilllo son expresión de su conocimiento del curato, de sus gentes, prácticas y costumbres.

Esta práctica, de asumir cargos en aquellos curatos en los que la familia tiene su asiento y del que es originario el clérigo, es un recurso que aparece en reiteradas ocasiones, manifestado, incluso como motivo para el acceso al curato en los Concursos: el maestro Juan Gregorio Brizuela, clérigo de menores órdenes, hace oposición a la mitad del curato, recientemente dividido de Arauco, aquel de la parte de la Costa, donde dice tener "fincadas capellanías" para

---

[25] Archivo Arzobispal de Salta (en adelante AAS), Expedientes de ordenación, Carpeta 194, "Autos seguidos por el Dr. Dn. Vicente Anastasio de Isasmendi, cura propio del beneficio de Calchaquí contra el Pbro. Dn. Francisco Javier Granillo, su ayudante por varios cargos que le hace", 1792.

[26] *Ricuchicos*: es el "socorro de las ofrendas" que reciben los curas en las diferentes fiestas del calendario religioso del curato. Del expediente se desprende la importancia de los ricuchicos en la manutención, alimento y bebida de los curas durante el desarrollo de las fiestas. Su cantidad es variable, según el testimonio de José Miguel Arteaga los de la fiesta de Molinos le alcanzan al cura para vivir 20 días y los de Cachi y San Antonio "puede caerle al Sr. Cura de ofrenda, un mes, días más o menos", aunque según los otros testigos esto es muy variable, depende de la generosidad de los mayordomos y alférez y de la economía del cura. Cfr. AAS, Expedientes de ordenación, Carpeta 194, "Autos seguidos por el Dr. Dn. Vicente Anastasio de Isasmendi, cura propio del beneficio de Calchaquí contra el Pbro. Dn. Francisco Javier Granillo, su ayudante por varios cargos que le hace", 1792.

acceder a sagradas órdenes y hace presente también a su favor el "práctico conocimiento de aquel vecindario, y de más indios naturales, que con el motivo del trato y familiaridad me tienen natural inclinación por haberme criado en su País, y que soy inteligente en el idioma de la lengua quichua, que profesan dichos naturales...".[27]

Las carreras ascendentes de los clérigos pertenecientes a familias de la elite los llevarán, en muchos casos, a los curatos urbanos en las sedes del obispado o las iglesias matrices.[28] Así Vicente Anastasio dejará el curato de Molinos para presentarse a los concursos de oposición al curato rectoral de Salta, desde donde entenderá, entre otros asuntos, en la división del Curato del Calchaquí, pedida desde 1783 y efectivizada recién en 1799. Reemplazar a Vicente en su cargo de cura del calchaquí no será tarea solo de las autoridades eclesiásticas. Nicolás Isasmendi, invocando su calidad de encomendero, le escribe al obispo Moscoso en 1798, manifestándole su preocupación por el desamparo en el que se encuentran los indios. Señala que desde 1775 el curato del Calchaquí había tenido siete curas, de los que merecen buen recuerdo, según Nicolás, los maestros Pedro López, Tomás Burgos y el Dr. Vicente Anastasio, de quien destaca que conocía el quechua y de ahí su ventaja en el desempeño como cura entre los indios (argumento que también había sido usado por nuestro cura de Arauco). Señala además que sacó para su doctrina "mucha parte de la feligresía de Atacama". He aquí dos marcas centrales para entender la importancia de unir en la persona del cura las condiciones de célibe y cura párroco del curato de origen:

---

[27] Archivo Arzobispal de Córdoba (en adelante AAC), Concursos a curatos y oposiciones, Leg. 25, T.2, 1780-1792, fs. 17.
[28] Cfr. Ayrolo, Valentina y Caretta, Gabriela. "Clérigos seculares del Tucumán entre la colonia y la independencia (1776-1810)". En Aguirre, Rodolfo y Henriquez, Lucrecia (coord). *La Iglesia hispanoamericana: de la colonia a la república*. México: Instituto de Investigaciones sobre la Universidad y la Educación de la UNAM – Instituto de Historia de la PUCC – Editorial Plaza y Valdés, 2008, pp 45-70.

su capacidad de relacionarse con las poblaciones indígenas quechua-parlantes, a partir de su manejo de lenguas, y además tienen capacidad, bajo la figura de la doctrina, de incorporación de población y control sobre la mano de obra.

Podemos adentrarnos también en la casa de los Figueroa, que se inicia en Salta con la llegada de don Antonio de Figueroa. Heredero de una familia de notables de Córdoba, logra en Salta amasar una importante fortuna y emparentarse con una de las casas locales, los Toledo Pimentel. A partir de allí, reconocemos una serie de acciones que llevan a don Antonio a posicionarse como el *maître de maison*, adquiriendo propiedades urbanas y rurales y controlando el poder local personalmente o por medio de sus parientes.[29] El parentesco político con los presbíteros Pedro Ángel (residente en Madrid) y Francisco Solano Toledo Pimentel, hermanos de su esposa, se refuerza con la compra que don Antonio realiza de la propiedad capellánica que da congrua a su cuñado Francisco, pagando las rentas anuales correspondientes.[30]

La estrategia de vinculación con el clero se evidencia en el envío de uno de sus hijos varones, José Gabriel, a estudiar a Córdoba, quien, tras alcanzar el título de Doctor en Teología, es nombrado como cura propio de Chicoana (1799), donde la casa posee las estancias de El Bañado y San Lorenzo. Seis años más tarde, el Dr. Funes lo designa como Vicario Foráneo de Salta y ya para la década de 1820 ha logrado el cargo de mayor poder dentro de la diócesis en sede vacante. A comienzos del siglo XIX, la casa Figueroa destinará al clero a Antonio González Sanmillán, miembro de la segunda generación, quien encontrará tempranamente en su tío el apoyo necesario para su carrera eclesiástica. Él también es hijo de un comerciante avecindado que -al igual

---

[29] Cfr. Mata, Sara. *Tierra y poder en Salta. El noroeste argentino en vísperas de la independencia.* Sevilla: Diputación de Sevilla, 2000.
[30] Cfr. Caretta, Gabriela. "Propiedades capellánicas: ¿bienes cautivos?". *Población y Sociedad*, Tucumán, núm.6 y 7, pp. 229-250, 1998/1999.

que su abuelo Figueroa- es un ejemplo de ascenso social por sus negocios, vinculaciones parentales y permanencia en el poder local.[31] En 1807 es doctor en teología y se recibe de bachiller en sagrados cánones en la Universidad de San Felipe de Santiago de Chile.[32] Durante el año de 1808 recibe órdenes menores y mayores, de manos del nuevo obispo de Salta, Nicolás Videla del Pino, y en diciembre de ese mismo año el prelado lo designa, a instancias del cura propietario José Gabriel de Figueroa, cura excusador del beneficio de Chicoana.

Observamos cómo las carreras de tío y sobrino son ascendentes y comienzan por el curato en el que tienen propiedades. Esto da a la casa una concentración de poder y de capacidad coercitiva: son los dueños de la tierra, los dispensadores de sacramentos, los que registran la población y los mediadores entre el cielo y la tierra. Capital económico, social, cultural y simbólico.

Si bien los casos analizados corresponden a familias de la elite, entendemos que la incorporación de un varón al clero en términos de estrategias puede extenderse a otros sectores sociales.

La familia Juárez pertenece al grupo de pequeños propietarios del valle de Lerma, zona de invernada de mulas y de tierras de *pan llevar* cercanos a la ciudad. Desconocemos su adscripción étnica y, en general, resulta muy difícil identificarlos en la documentación preservada en los archivos, a pesar de lo cual, el pedido de órdenes para Ignacio Juárez plantea la posibilidad de pensar la noción de casa y sus estrategias, en sectores sociales diferentes a los de la elite terrateniente.

---

31 Mata, Sara. *Tierra y poder en Salta. El noroeste argentino en vísperas de la independencia.* Sevilla: Diputación de Sevilla, 2000.
32 AAS, Expediente ordenación Antonio González Sanmillán, Carpeta 1 del 1er Obispo de Salta, 1808.

El cura de Chicoana Dr. José Ignacio Thames le pide al obispo que ordene a don Ignacio Juárez a título de ayudante de cura del beneficio al que él sirve interinamente. Asegura que Juárez es "mozo de juicio, de virtud, y aplicado a los libros (de cuyas cualidades respondo yo en todo evento)".[33] Si bien no contamos con el expediente de ordenación, es claro que Juárez no ha alcanzado ningún grado académico ya que es el obispo, en su estadía en Salta, quien le reconoce suficiencia en letras morales por haber aprobado un examen al que se expuso por su orden. Vive en el curato en casa de sus padres, donde aprendió el oficio eclesiástico, ya que lo encontramos firmando los registros del libro parroquial de Chicoana algunos años antes del pedido de órdenes, más exactamente desde 1789.[34]

Pasados algunos años, en la matrícula de confesión levantada en 1808, la casa de los Juárez en el curato de Chicoana se registra como casa "del Presbítero Don Ignacio Juárez". La componen sus padres, una hermana casada con su hija y dos criados.[35] La figura de Ignacio parece consolidar un proceso de ascenso social: junto al cura Thames, había iniciado su formación en el curato, como ayudante administró sacramentos y registró a sus vecinos, para terminar consolidándose como cabeza de familia, aún en vida de su padre.

En algún sentido, el caso de don José Dionisio Vélez reconoce una trayectoria opuesta. Originario de San Carlos, pertenece a una familia de propietarios del valle Calchaquí que a fines del siglo XVIII han parcelado y vendido muchas de sus tierras.[36] Si bien la familia vive en el valle, envían

---

[33] AAC, Leg 24, T.3, 1792.
[34] Zacca, Isabel. "Las prácticas matrimoniales de los sectores populares en el valle de Lerma: normativas de la Iglesia y discrecionalidad de los párrocos". En SEPOSAL, 2005, Salta. Actas de Congreso: GREDES, 2005.
[35] AAS, Matrícula de Chicoana, 1808, agradezco la información a la Lic. Isabel Zacca.
[36] El valle calchaquí es una de las zonas de ocupación tardía en la región (S. XVII), vinculada a la resistencia de las parcialidades indígenas a los que genéricamente los españoles llamaron indios calchaquíes. Estos valles se

a su hijo a estudiar a la ciudad en las aulas de Gramática. De retorno en San Carlos, José Dionisio cumplió el oficio de preceptor de primeras letras por lo que cobró cincuenta pesos anuales. Hacia 1802 pide toda la documentación para marchar a Córdoba a ordenarse. Cuenta además con una contrata como ayudante de Tomás Almonte, cura y propietario de tierras en San Carlos.[37] Consigue ordenarse rápidamente y retorna a San Carlos, donde permanecerá como ayudante hasta la década de 1820. Así esta casa de antiguos propietarios del Calchaquí, nombrados como Vélez de Alcoser, que han parcelado su patrimonio y perdido, en la generación del cura, el segundo apellido, encuentran en la figura del hijo clérigo José Dionisio la posibilidad de contar con un cabeza de familia que, a falta de capital material, pueda sostener el linaje familiar con su red de relaciones, solidificadas en sus funciones parroquiales y en su capital cultural y simbólico.

Encontramos también casos de familias de blancos empobrecidos, como los Mendiolaza, que destinan todos los hijos varones al clero secular y/o regular. Ello nos permite enunciar la importancia de vinculaciones familiares previas con miembros del clero que facilitan este ingreso, dando a los varones del linaje una existencia digna, amparados en los fueros eclesiásticos y asumiendo la jefatura familiar en caso de necesidad.

---

extiende en forma longitudinal hacia el sur desde la localidad de la Poma, lindante con la puna. La porción de estos valles que correspondieron a la jurisdicción de la ciudad de Salta llegaba varias leguas más al sur de San Carlos, tal como puede observarse en el mapa de la demarcación del Curato del Calchaquí y de Cachi.

[37] AAS, Expediente de órdenes de José Dionicio Velez, Expediente ordenaciones Nº 125, 1803.

"Hacer de necesidad el mayor honor". Para repensar la noción de *inclinación al estado*

Lucrecia Enríquez señala que, en las sociedades de Antiguo Régimen, la familia decidía las carreras de sus miembros. Sin embargo, "la incorporación al estado eclesiástico debía aprobarse por un superior y era el punto final de una inclinación manifestada desde la infancia y desarrollada, en muchos casos, en un paulatino ascenso de órdenes sagradas que culminaba en el presbiterado". Se pregunta por tanto: "¿Qué elementos se consideraban expresión de una auténtica inclinación al estado?".[38] El primero de ellos, la buena conducta del aspirante, junto a su gusto por las cosas de la Iglesia -manifestado desde la infancia- y, por último, una vida piadosa. Entre las justificaciones señaladas por los propios protagonistas no estaban ausentes las motivaciones materiales y las necesidades familiares: madres viudas, hermanas doncellas sin estado, hermanos menores o sobrinos que mantener fueron considerados como constitutivos de la inclinación a recibir órdenes.[39]

Tal como lo señala Bourdieu, sería artificial y totalmente extrínseca la interrogación sobre las relaciones entre las estructuras y los sentimientos: los individuos y las familias pueden conocer solo los criterios más abiertamente confesables, como la virtud, la fe, la buena conducta, la inclinación al estado, sin dejar de identificar bajo estas construcciones los criterios realmente pertinentes. Si esto sucede es porque "la primera educación, reforzada por todas las experiencias sociales, tiende a imponer unos principios de

---

[38] Enríquez, Lucrecia. "La incorporación al clero secular: ¿inclinación al estado, vocación o carrera eclesiástica?". En Enríquez, Lucrecia. *De colonial a nacional: la carrera eclesiástica del clero secular chileno entre 1650 y 1810*. México: Instituto Panamericano de Geografía e Historia, 2006.
[39] Idem.

percepción y de apreciación, en una palabra, unos gustos",[40] es decir, un *habitus*, en el que se conforma, en nuestro caso, la noción de "inclinación al estado".

En la práctica de solicitud de órdenes mayores[41] los candidatos exponían su situación económica, los estudios realizados y la inclinación al estado clerical. Los tres aspectos debían estar debidamente documentados. El primero comprobándose poseer un beneficio. El segundo, acreditando certificaciones de los grados, a lo que se sumaba la constancia de las órdenes menores. La conducta y vida del aspirante aparece generalmente en la información de *vita et moribus* que el ordenando presentaba y en la que, al menos, dos testigos acreditaban su buena conducta y vocación religiosa. Asimismo, los testigos debían declarar sobre quiénes eran los padres y abuelos del candidato y si este era hijo legítimo y de legítimo matrimonio.

Entendemos que existen, por tanto, dos cuestiones a considerar al momento de estudiar la construcción de esta noción que da sentido y sostiene el ingreso al clero en esta sociedad barroca. Por un lado lo que los propios postulantes dicen acerca de sí y, por el otro, lo que enuncian los testigos. Así la "vocación" del ordenado se construye escriturariamente a partir de una polifonía: es la propia voz, pero también la de aquellos que dicen conocerlo y conocer a su familia, las que dan cuenta y sostienen esa "inclinación al estado". Y es que, en una sociedad donde la teatralidad, la mirada y las voces de los otros es considerada y reconocida como constitutiva de las prácticas, no alcanza con la profesión personal e individual -que reconocemos construida también socialmente-; son los otros quienes

---

[40] Bourdieu, Pierre. *El sentido práctico*. Buenos Aires: Siglo XXI, 2007.
[41] El concilio de Trento estipulaba que el obispo investigara y examinara cuidadosamente "el linaje de los ordenandos, la persona, la edad, la crianza, las costumbres, la doctrina, y la fe". *Concilio de Trento*, sesión 23, de Reformatione, cap. 7.

pueden y deben dar cuenta de esa vocación manifestada, necesariamente, por actos externos visibles, visibilizadores del deseo de ordenarse.

El análisis de los expedientes de ordenación nos ha permitido adentrarnos en este tema, se trata de la declaración de testigos sobre linaje, vida y costumbre de los ordenandos. Esta circunstancia, formalizada por un protocolo, se sostiene en la necesidad de que sean la mirada y los oídos de los otros los que atestigüen la "conducta arreglada". Declarantes que lo conocen de tiempo atrás y que también pueden refrendar la condición social de la familia y de los antepasados, desplegando toda una construcción selectiva del linaje. Así esta normativa tridentina, encarnada en los cuerpos con la temprana socialización familiar,[42] y que permite que los hombres, así dispuestos, actúen según corresponda, necesita de los otros. En algunos casos las respuestas aparecen repetidamente desencarnadas, en otros, las voces surcan derroteros que abren intersticios en el interrogatorio formal y que parecen acercarnos más al proceso de construcción social de esa elección.

El general don Francisco Antonio de Azebey declara que conoce al maestro don Felipe Antonio Martínez de Iriarte, colegial decano del Monserrate, en Córdoba –sede del obispado– y actual pasante de su universidad, a sus padres, abuelos paternos y maternos y hasta a sus bisabuelos, detalla los ascendientes hasta el tercer grado y señala que ocuparon cargos importantes, se destacan sus funciones públicas, inclusive el padre de Diego, don Domingo, "tuvo en la poca edad que vivió quasi los mismos honores de sus causantes".[43]

---

[42] Pierre Bourdieu señala que en el largo proceso dialéctico conocido como "vocación, uno se hace a aquello por lo cual uno es hecho y uno elige aquello por lo que uno es elegido, y al término del cual los diferentes campos se aseguran los agentes dotados del habitus necesario...". Boudieu, Pierre. "La creencia y el cuerpo". En *El sentido práctico*. Buenos Aires: Siglo XXI, 2007, p. 108.

[43] AAC, Solicitud de órdenes de Felipe Antonio Martínez de Iriarte, Leg. 24 T.1, 1781.

La familia de don Bernardino del Castillo, aunque eran "cristianos viejos", no podían desplegar aquella parafernalia de tenientes gobernadores y cabildantes de los Iriarte. Sin embargo, don Joseph Infante reconoce en la familia una presencia significativa de clérigos: el maestro Eugenio del Castillo, tío carnal del ordenando y que por esos años se hallaba en la ciudad de Tarija y don Pedro del Castillo, cura y vicario que fue de la ciudad de Jujuy, tío carnal del padre de Bernardino. Don Filiberto de Mena aludirá, inclusive, a un primo hermano, el maestro Carlos de Hoyos.[44]

Entre los rasgos del linaje de los ascendientes se describe una genealogía construida que busca entroncar al postulante con los primeros pobladores o con ramas de la familia llegadas de España, armando una sucesión cuasi continua del linaje, enraizado en la pertenencia al grupo de españoles, blancos y "cristianos viejos". Resultan significativos también, en esta mirada selectiva que construye las condiciones necesarias para acceder a las órdenes, los cargos políticos desempeñados por los miembros del linaje, en cuanto refuerzan este primer aspecto y pueden ser asociados, además, a los servicios prestados a la corona y al ejercicio del poder local. Igualmente significativa parece la genealogía de ramas laterales que rescata la presencia de tíos en primer, segundo y hasta tercer grado que han sido clérigos, referenciando los lugares que alcanzaron en la propiedad de curatos o de cabildos catedralicios. El Dr. Dn Joseph Zabala en la presentación a concurso de curatos afirma que sus ascendientes son de "distinguida prosapia, y méritos, tanto en los empleos políticos como en los militares acreditaron su fidelidad, y amor al Soberano, despeñándolos con tanto fervor y honradez, que consiguieron la Real memoria…".[45]

---

[44] AAC, Solicitud de órdenes de Bernardino del Castillo, Leg. 24, T.1, 1781-82.
[45] AAC, Concursos a curatos y oposiciones, Leg. 25, T.2, 1780-1792, fs.

Las "costumbres recogidas", la "asistencia a los oficios religiosos", el "gusto por la lectura y por las cosas eclesiásticas" constituyen otros de los aspectos a considerar. Del maestro Iriarte los testigos dicen que era muy pequeño cuando salió de la ciudad de Jujuy hacia la de Córdoba a estudiar como para saber de sus costumbres y que "más bien conocidas serán en Córdoba a donde se puede decir que *llegó a edad donde pueda descubrirlas*".[46] Podemos leer en esta expresión por un lado la partida a edad temprana, es decir, lo que los propios ordenandos señalan como un llamado sentido desde sus "tiernos años", la socialización en el seno familiar parece estar construyendo y sosteniendo esta marca que se reforzará en el ingreso al Colegio Monserrate. El cuerpo que conoce el mundo a partir de la experiencia familiar, sumará las vivencias y las experiencias de la estadía en Córdoba. Es un cuerpo que, como señala Bourdieu retomando a Hegel,

> al tener la propiedad biológica de estar abierto al mundo y por lo tanto expuesto al mundo y en consecuencia, susceptible de ser condicionado por el mundo, moldeado por las condiciones materiales y culturales de existencia en las que está colocado desde el origen, se halla sometido a un proceso de socialización cuyo fruto es la propia individualización, ya que la singularidad del "yo" se forja en las relaciones sociales y por medio de ellas.[47]

Quizás por esto mismo sean los otros los que deban dar cuenta de su vida y costumbres.

Los testigos de don Celedonio Molina, hombre maduro y viudo que solicita órdenes al obispo Nicolás Videla del Pino, señalan que nunca han oído ni visto que fuese reprendido por sus superiores y que siempre han reconocido en el mencionado

---

[46] AAC, Solicitud de órdenes de Felipe Antonio Martínez de Iriarte, Leg. 24 T.1, 1781. El remarcado es nuestro.
[47] Bourdieu, Pierre. "El conocimiento por cuerpos". En *Meditaciones pascalianas*. Barcelona: Anagrama, 1999, pp. 174-181.

Molina un trato modesto y muy honesto en el vestir.[48] En este sentido la forma de actuar, con modestia en el trato y en el vestir, asistiendo a los oficios religiosos y en los últimos años "trayendo el hábito clerical con aquella moderación debida"[49] componen, a falta de una vocación temprana, la "inclinación al estado".

La disposición al estudio y haberse iniciado en las aulas de gramática de la ciudad o trasladarse a la de Córdoba como estudiante en su Colegio, señalan también una disposición al orden: el vicario José Alonso de Zavala señala que a José Dionisio Vélez "se le ha observado manifiestas muestras de vocación al estado eclesiástico en su aplicación al estudio, en su asistencia a la Iglesia y en su compostura y arreglada costumbre".[50]

Si bien Felipe Martínez de Iriarte había partido a temprana edad como para conocer la vida disipada, su padrino de confirmación afirmaba que "continuamente reconocía en él desde chico mucha inclinación a las cosas eclesiásticas, pues sus padres lo vestían de monigote[51] viéndole la inclinación que tenía".[52] La cita es elocuente y remite en primer término a la acción de los padres de vestirlo como lego del convento, haciendo referencia a alguna forma particular de ropaje, en un tiempo en el que todavía no podía discernir (tal como lo había manifestado otro testigo) y que se confirma en el uso por extensión de esta palabra, que se refiere a los ignorantes en su profesión.[53] Por otro lado, está presente la importancia del vestido, este aspecto había sido recomendado particularmente por Trento para sus clérigos y repetido por los concilios y disposiciones de los

---

[48] AAS, Expediente de órdenes de Celedonio Molina, Expediente ordenaciones N° 121, 1809.
[49] Idem.
[50] AAS, Expediente de órdenes de José Dionicio Vélez, Expediente ordenaciones N° 125, 1803.
[51] "Monigote: voz que da el vulgo a los legos de las religiones. Y por extensión llámase así a otro cualquiera que juzgan ignorante en su profesión". *Real Academia Española* U 1780, p. 631, 3.
[52] AAC, Solicitud de órdenes de Felipe Antonio Martínez de Iriarte, LEG. 24 T.1, 1781.
[53] Cfr. *Real Academia Española* U 1780, p. 631, 3.

obispos de la región, y si es cierto que "el hábito hace al monje", en este caso hace a la vinculación con la religión, o mejor, a la inclinación al estado.

Por esto podemos entender que don José Dionicio Vélez se preocupe porque los declarantes en su expediente de órdenes testifiquen si saben que él y sus compañeros del curso de Filosofía que dictaba el Dr. Castro en la ciudad de Salta "se habían vestido de hábitos clericales y con este motivo asistían a las funciones y festividades de la Iglesia"; el vicario Zavala confirma esta situación y agrega que "el vestir hábitos era con el fin de que concurriesen a la Iglesia a servir en las festividades [...] y se abstuviesen de la disipación, que se observa en la juventud...".[54]

El vestido aparta el cuerpo del ordenando de los otros cuerpos, pone –según lo expresa el propio Vicario- un freno a la disipación, una distancia, distingue a quienes lo usan. Una separación que es producto de la mirada de los otros, quienes son los que pueden dar cuenta de este proceso. El hábito y la conducta a él asociada se hacen cuerpo en los elegidos, construyendo un sentido práctico que les permite obrar "como es debido". Esta idea de apartados y a la vez integrados a sus linajes o familias resulta el eje sobre el que se estructura el proceso de naturalización del poder simbólico.

Desandando caminos: entre las estrategias y el honor

En el trabajo hemos pretendido mostrar al lector que pensar el ingreso al clero en términos de estrategia familiar no es un recurso que deba aplicarse exclusivamente a la elite. Reconocemos como uno de los primeros desenlaces del trabajo que el ingreso al clero de los hijos se orienta a acrecentar, consolidar o sostener el patrimonio de la casa, incorporando posibilidades de acceso a bienes y dinero, a red de relaciones sociales y al

---

[54] AAS, Expediente de órdenes de José Dionicio Vélez, Expediente ordenaciones N° 125, 1803.

capital simbólico de los clérigos. Sin embargo, en este planteo general podemos enunciar algunas particularidades -relacionadas con los diferentes casos analizados- del ingreso al clero como estrategia familiar para:

a) mantener el patrimonio indiviso;

b) sostener las actividades económicas, el poder y el control sobre espacios y población significativos para la reproducción del linaje;

c) constituirlos en cabeza de familia en ausencia de los padres y/o en procesos de empobrecimiento, como condición de posibilidad en el mantenimiento del capital social y simbólico;

d) conseguir un ascenso social y/o blanqueamiento para el clérigo y para su familia.

En síntesis, como lo expresa el alcalde ordinario de primer voto de Jujuy, coronel de Milicias Francisco Basterra, consultado sobre la necesidad de clérigos en el curato que justifique las órdenes de Felipe Martínez de Iriarte a título de ayudante, señala:

> En cuanto a la falta de sacerdotes, o sobra de ellos, no se puede inferir asertivamente, y solo que los Padres tendrían mayor honor en el mejor empleo de su hijo, y siendo el estado sacerdotal uno de los mayores es regular que aunque haya de sobra (puedan hacerlos ordenar teniendo con qué; y cómo) para su consuelo.[55]

En esta expresión de Basterra están articuladas las dos vertientes desarrolladas en el trabajo, aquella que se refiere a la decisión de los padres sobre la vocación de sus hijos y la que muestra el desplazamiento de la necesidad al honor. La "inclinación al estado" resulta, en este contexto, una construcción social que cubre veladamente las estrategias de reproducción social de los grupos y las luchas en el espacio social. Si bien el deseo por ingresar al clero tiene

---

55 AAC, Solicitud de órdenes de Felipe Antonio Martínez de Iriarte, LEG. 24 T.1, 1781.

que ser declarado por los postulantes, debe contar también con la mirada y la palabra de los otros, en un registro que recorre la pertenencia a la casa -con su linaje destacado de funcionarios y eclesiásticos y la fundación de capellanía y patrimonios-, el honor en el destino de los hijos, las necesidades de protección y resguardo de la familia, las costumbres recatadas, la dedicación al estudio, la asistencia a los oficios y el vestido, particularmente el hábito.

De esta manera, la "inclinación al estado" se constituye en una categoría histórica compleja, construida polifónicamente, que necesita mostrar que el cuerpo del postulante ha sido domesticado, que el hábito, el del ropaje y el de las disposiciones, se ha hecho cuerpo en el ordenando, velando las estrategias. Que el cuerpo del inclinado ya no es el mismo, ponerlo en contacto con los objetos religiosos, más aun, cubrirlo con el hábito, distanciándolo y diferenciándolo de los otros cuerpos es hacerlo entrar en comunicación con lo sagrado, reconocerlo como el actor principal de las utopías.[56] El Concilio de Trento recomendaba particularmente el uso del hábito como condición de la vida religiosa, así la vestidura se vuelve hacia adentro, transforma el cuerpo del lego en un cuerpo inclinado, un cuerpo en genuflexión, con la mirada baja, tal como exige el recato en la costumbre y de esta manera "hace entrar todo el espacio de lo religioso y lo sagrado, todo el espacio del otro mundo, todo el espacio del contra-mundo, en el interior mismo que le está reservado".[57]

---

[56] Cfr. Foucault, Michel. "El cuerpo utópico". En *El cuerpo utópico. Las heterotopías*. Buenos Aires: Nueva Visión, 2010, pp. 7-18.
[57] Foucault, Michel. "El cuerpo utópico". En *El cuerpo utópico. Las heterotopías*. Buenos Aires: Nueva Visión, 2010, pp. 15.

Bibliografía

AYROLO, Valentina. *Funcionarios de Dios y de la República. Clero y política en la experiencia de las autonomías provinciales*. Buenos Aires: Biblos, 2007.

AYROLO, Valentina. "El clero rioplatense en contextos de secularización". En Ayrolo, V.; Barral, M.E. y Di Stefano, R. *Catolicismo y secularización. Argentina, primera mitad del siglo XIX*. Buenos Aires: Biblos, 2012. P. 17-38.

AYROLO, Valentina y CARETTA, Gabriela. "Clérigos seculares del Tucumán entre la colonia y la independencia (1776-1810)". En Aguirre, Rodolfo y Henriquez, Lucrecia (coord). *La Iglesia hispanoamericana: de la colonia a la república*. México: Instituto de Investigaciones sobre la Universidad y la Educación de la UNAM – Instituto de Historia de la PUCC – Editorial Plaza y Valdés, 2008, pp. 45-70.

BARRAL, María Elena. *De sotanas por la Pampa. Religión y sociedad en el Buenos Aires rural tardocolonial*. Buenos Aires: Prometeo, 2007.

BOURDIEU, Pierre. "El conocimiento por cuerpos". En *Meditaciones pascalianas*. Barcelona: Anagrama, 1999, pp. 174-181.

BOURDIEU, Pierre. *El sentido práctico*. Buenos Aires: Siglo XXI, 2007.

CARETTA, Gabriela. "Propiedades capellánicas: ¿bienes cautivos?". *Población y Sociedad*, Tucumán, N° 6 y 7, pp. 229-250, 1998/1999.

CARETTA, Gabriela. "Con el poder de las palabras y de los hechos: El clero colonial de Salta entre 1770-1840". En Mata, Sara (comp.). *Persistencias y cambios en Salta y el Noroeste Argentino, 1770-1840*. Rosario: Prohistoria, 2000, pp. 81-118.

CHAILE, Telma. *Devociones religiosas, procesos de identidad y relaciones de poder en Salta*. Salta: Fundación Capacitar Noa, 2011.

DI STEFANO, Roberto. *El púlpito y la plaza. Clero, sociedad y política de la monarquía católica a la República Rosista*. Buenos Aires: Siglo XXI, 2004.

ENRÍQUEZ, Lucrecia. *De colonial a nacional: la carrera eclesiástica del clero secular chileno entre 1650 y 1810*. México: Instituto Panamericano de Geografía e Historia, 2006.

FOGELMAN, Patricia. "Una economía espiritual de la salvación. Culpabilidad, purgatorio y acumulación de indulgencias en la era colonial". *Andes*, N° 15, Salta, 2004, pp. 55-86.

FOUCAULT, Michel. "El cuerpo utópico". En *El cuerpo utópico. Las heterotopías*. Buenos Aires: Nueva Visión, 2010, pp. 7-18.

IRIGOYEN LÓPEZ, Antonio. "Servicio doméstico de clérigos y clérigos en el servicio doméstico: el caso de Murcia en la Edad Moderna". En Congreso de la Asociación de Demografía Histórica, VII, 2006, Granada.

IRIGOYEN LÓPEZ, Antonio. "Los tratados de perfección sacerdotal y la construcción de la identidad social del clero en la España del siglo XVII". *Hispania Sacra*, N° 230, España, 2008, pp. 707-734.

LEMAITRE, Nicole. *Histoire des curés*. París: Fayard, 2002.

MARCHIONNI, Marcelo. "El Cabildo de Salta y la creación de la Intendencia". Tesis (Graduación en Historia) – Licenciatura en Historia, Universidad Nacional de Salta, Salta, 1997.

MATA, Sara. *Tierra y poder en Salta. El Noroeste Argentino en vísperas de la independencia*. Sevilla: Diputación de Sevilla, 2000.

PEIRE, Jaime y DI STEFANO, Roberto. "De la sociedad barroca a la ilustrada: aspectos económicos del proceso de secularización en el Río de la Plata". *Andes*, N° 15, Salta, 2004, pp. 117-150.

REVEL, Jacques. "Micro versus macro: escalas de observación y discontinuidad en la historia". *Tiempo Histórico*, N° 2, Santiago de Chile, 2011, p. 19.

TAYLOR, William. *Ministros de lo sagrado. Sacerdotes y feligreses en el México del siglo XVIII*. Zamora-Michoacán: Colegio de México, 1999.

ZACCA, Isabel. "El matrimonio legítimo en Salta, 1750-1800". Tesis (Graduación en Historia) – Licenciatura en Historia, Universidad Nacional de Salta, Salta, 1997.

ZACCA, Isabel. "Las prácticas matrimoniales de los sectores populares en el valle de Lerma: normativas de la Iglesia y discrecionalidad de los párrocos". En *SEPOSAL*, 2005, Salta. Actas de Congreso: GREDES, 2005.

2

A carreira eclesiástica no bispado do Maranhão[1]

O clero secular no norte da Colônia

POLLYANNA GOUVEIA MENDONÇA MUNIZ[2]

Os estudos sobre o clero e, especialmente, a tentativa de elaboração de uma história social desse segmento é matéria relativamente nova na historiografia brasileira. Muitos estudos têm sido feitos nas últimas décadas com o objetivo de se alcançar os perfis sociais e os desvios de comportamento do clero tanto na metrópole quanto na colônia.[3] Há

---

1 Agradeço ao CNPq e à FAPEMA pelo financiamento desta pesquisa.
2 Universidade Federal do Maranhão (UFMA), Licenciatura em Estudos Africanos e Afro-Brasileiros.
3 No Brasil destacam-se: LIMA, Lana Lage da Gama. *A confissão pelo avesso*. O crime de solicitação no Brasil colonial. São Paulo: FFLCH/ USP. 1990; VILLALTA, Luiz Carlos. "A igreja, a sociedade e o clero", In VILLALTA, Luiz C RESENDE, MARIA E. L (Orgs.). As Minas Setecentistas. Vol II, Belo Horizonte: Autência; Cia. do Tempo, 2007. MENDONÇA, Pollyanna, G. *Parochos imperfeitos:* Justiça Eclesiástica e desvios do clero no Maranhão colonial. 2011. Tese (Doutorado em História) – Programa de Pós-Graduação em História da Universidade Federal Fluminense, Niterói, 2011; LAGE, Lana. As Constituições da Bahia e a Reforma Tridentina do Clero no Brasil. In FEITLER, Bruno; SOUZA, Evergton (org.). *A Igreja no Brasil:* Normas e Práticas durante a vigência das Constituições Primeiras do Arcebispado da Bahia, São Paulo: Editora Unifesp, 2011; SANTOS, Fabrício Forcato dos. *Conflitos setecentistas: sociedade e clero nas vilas de Curitiba e Paranaguá*. Mestrado em História – Programa de Pós-Graduação em História da Universidade Federal do Paraná, 2008. NUNES, Aline. *A capitania de Minas Gerais entre 1750 e 1777:* Clero secular e regalismo. Mestrado em História – Programa de Pós-

ainda muito que investigar. Pouco se sabe sobre os concursos para colação sacerdotal, sobre o patrimônio ou sobre a formação intelectual desse clero. Estudos quanto à constituição de um corpo clerical nativo são ainda muito recentes. Maria Beatriz Nizza da Silva[4] já chamava atenção para a carência de estudos que abordem o clero no Brasil. As pesquisas que os contemplam, diz ela, só "privilegiam inventários e testamentos que permitem a avaliação das fortunas de seus membros" ou utilizam, como aponta Guilherme Pereira das Neves, "processos *de genere* que informam sobre sua formação e antecedentes familiares, mas sem qualquer preocupação com os problemas do cotidiano nem com as relações entre os curas e os paroquianos".[5]

Graduação em História da Universidade Federal do Estado do Rio de Janeiro, Rio de Janeiro, 2010. SANTOS, Gustavo Mendonça dos. *Transgressão e cotidiano:* a vida dos clérigos do hábito de São Pedro nas freguesias do açúcar em Pernambuco na segunda metade do século XVIII (1750-1800). Mestrado em História – Programa de Pós-Graduação em História da Universidade Federal Rural de Pernambuco, Recife, 2013; SANTOS, Gustavo; ALMEIDA, Suely. O clero secular: a formação de um clero mestiço em Pernambuco no século XVIII. In II Encontro Internacional de História Colonial, 2008, Natal; OLIVEIRA, Anderson de. Padre José Maurício: "dispensa da cor", mobilidade social e recriação de hierarquias na América portuguesa. In GUEDES, Roberto (org.). *Dinâmica imperial no antigo regime português*: escravidão, governos, fronteiras, poderes, legados: séc. XVII-XIX. Rio de Janeiro: Mauad, 2011; em Portugal: PAIVA, José Pedro. "Os mentores" In AZEVEDO, Carlos Moreira (Dir.) - *História Religiosa de Portugal*. Lisboa: Círculo de Leitores, 2000, vol. II, p. 201-237; OLIVAL, Fernanda; MONTEIRO, Nuno. Mobilidade social nas carreiras eclesiásticas em Portugal (1500-1820). *Analise Social*. Lisboa: Instituto de Ciências Sociais da Universidade de Lisboa, 2003, v. XXXVII, n. 165, p. 1213-1239, inverno de 2003; GOUVEIA, Jaime Ricardo. A Quarta Porta do Inferno. A vigilância e disciplinamento da luxúria clerical no espaço luso-americano (1640-1750). Florença: IUE, 2012, dentre outros.
4   SILVA, Maria Beatriz Nizza da. *Vida privada e quotidiano no Brasil:* na época de D. Maria I e D. João VI. Lisboa: Editorial Estampa, 1993, pp. 63-189.
5   NEVES, Guilherme Pereira das. *E receberá mercê:* a Mesa de Consciência e Ordens e o clero secular no Brasil (1808-1828). Rio de Janeiro: Arquivo Nacional, 1997, p. 19.

O bispado do Maranhão, ambiente do estudo que ora apresento, foi criado em 1677. Território muito extenso,[6] pouco contou com a presença de bispos durante o século XVIII. Foram 63 anos de sé vacante nessa centúria e isso afetou sobremaneira a formação e ordenação do corpo de sacerdotes. Por outro lado, o funcionamento efetivo do Tribunal Episcopal -mesmo sem presença de antístite durante esse período- nos permite alcançar muitos detalhes sobre o modo de vida do clero maranhense.[7] Tribunais desse tipo existiam em todos os bispados. O bispo poderia julgar causas cíveis e crimes. Sua jurisdição era competente em duas situações distintas: quanto à pessoa e à matéria. Quanto à pessoa, pois podia julgar os delitos cometidos por clérigos seculares. Quanto à matéria, porque havia comportamentos ilícitos que, independentemente da pessoa que os praticava, mas antes pela natureza do delito, ficavam sob alçada do foro episcopal. As causas julgadas nesses tribunais permitem penetrar muito profundamente no modo de vida do clero secular e conhecer detalhes sobre o funcionamento do aparato jurídico-normativo da justiça eclesiástica.

Neste texto apresentarei um panorama amplo sobre o clero maranhense em todo o século XVIII. Privilegiarei num primeiro momento aspectos como a distribuição dos padres pelo território e as agruras de administrar os sacramentos em um bispado tão amplo, tecendo comparações com outros bispados do Brasil e da Metrópole sempre que possível. Num segundo momento, o foco da análise será a tentativa de responder quais razões levavam um indivíduo a ingressar na carreira eclesiástica e como as estratégias familiares poderiam ser decisivas no momento da disputa por

---

[6] Em 1719, quando foi criado o bispado do Pará, o bispado do Maranhão perdeu grande faixa de terra. Para compensar essa nova divisão, o território do Piauí, antes pertencente ao bispado de Pernambuco, foi anexado à jurisdição episcopal do Maranhão em 1724.
[7] Tratei longamente dos desvios do clero no século XVIII apresentando dados quantitativos sobre os crimes e punições aplicadas em caso de transgressão. MENDONÇA, Pollyanna, 2011.

cargos e por boas colocações no seio da Igreja. Por fim, com base nas Habilitações de *Genere* e *Vita et Moribus* analisarei o(s) perfil(s) do clero maranhense.

Relatos do sertão: dificuldades e distribuição irregular do clero secular

No que diz respeito à distribuição dos clérigos pelo território do bispado do Maranhão pouco se pode dizer. Não se dispõe de numeramentos ou cotações populacionais muito aprofundadas que permitam avaliar a proporção de clérigo por habitante para o século XVIII. Há dados apenas para o ano 1783, quando o governador José Teles da Silva ordenou uma contagem populacional que resultou no *"Mappa das cidades, villas, lugares e freguezias das Capitanias do Maranhão e Piauhy..."* que dá conta de uma população total para as duas capitanias, Piauí e Maranhão, de 98.743 habitantes.[8] Para cuidar de todas essas almas, o mapa aponta que tinham "as duas Capitanias, entre Frades, Clérigos e Minuristas: 189".[9] Se assim era, isso significa dizer que a proporção era de 1 padre para cada 522,4 habitantes. Dados ainda assim irreais, já que não se sabe quantos dentre esses 189 eram presbíteros seculares. Número altíssimo se comparado, por exemplo, com dados de outros lugares.

---

[8] *Mappa das cidades, villas, lugares e freguezias das Capitanias do Maranhão com número geral dos abitantes das ditas capitanias e em particular de cada huma das referidas povoações e da distância em que ficam da capital vindo-se pela notícia dos mortos e nascidos no conhecimento do aumento da população desde XIII da Fevereiro de MDCCLXXXIII athé XVII de Dezembro de MDCCLXXXIII que foy o tempo do governador Jozé Telles da Silva*, Biblioteca Nacional, setor de Cartografia, ARC 023, 04, 013. Detalhadamente vê-se que eram 57.556 escravos de ambos os sexos; 1.145 mulatos e pretos forros de ambos os sexos; 9.804 índios de ambos os sexos e 30.238 genericamente definidos como brancos.

[9] *Idem.*

Quase no mesmo período, em Portugal, na comarca de Vila Real a relação de clérigo por habitante era de 1 para cada 98 habitantes. Números, segundo José Pedro Paiva, muito próximos dos que se observavam para toda a província de Tras-os-Montes que, em 1796, contava com 1 clérigo para cada 97,5 habitantes e o Minho, que apresentava 1 padre para 123 pessoas. No centro-litoral da metrópole, especialmente na diocese de Aveiro, em 1775, tinha-se a proporção de 1 clérigo por 335 habitantes. Em Beja, mais ao Sul, em 1776, havia 1 padre por cada 294 habitantes.[10]

Para o Brasil há dados conhecidos para o bispado de Pernambuco. Por volta de 1740, como aponta Gustavo Mendonça dos Santos com base na *Informação Geral da Capitania de Pernambuco*, havia uma população de 53.626 habitantes nas freguesias do açúcar[11] e cada clérigo deveria atender aproximadamente 130,7 fregueses. Número muito mais elevado que os do bispado do Maranhão e seus 522,4 padres/habitante. Tais dados demonstram certamente uma grande disparidade daqueles da metrópole e de outras regiões da colônia, como é o caso de Pernambuco. Não se pode negligenciar, no entanto, que a extensão territorial do bispado maranhense era imensamente superior a todo o território de Portugal e também ao bispado de Pernambuco. Há que se levar em consideração ainda os sérios problemas estruturais que as igrejas mais ao Norte da colônia e as dos sertões apresentavam. Eram terras de conquista, sem dúvida.

As grandes distâncias, os longos anos de vacância, a parca formação do clero, são citados entre os muitos elementos que dificultavam o árduo exercício de paroquiar

---

10 PAIVA, in AZEVEDO, 2000, p. 210.
11 Sé do Salvador da Cidade de Olinda, Freguesia de São Pedro da Cidade de Olinda, São Frei Pedro Gonçalves do Corpo Santo do Recife, Santo Amaro de Jaboatão, São Gonçalo de Uma, Nossa Senhora da Conceição da Vila de Serinhaém, São Cosme e Damião da Vila de Iguarassu, Nossa Senhora do Rosário da Vila de Goiana, Nossa Senhora doo Rosário da Varzea, Santo Antonio do Cabo, São Lourenço da Mata.

almas. Na colônia, como disse, isso ficava mais evidente. Em longa descrição que foi pedida a todos os párocos do bispado do Maranhão nos idos de 1755 pode-se acompanhar isso de perto. Esses são os únicos dados que tratam da distribuição geral da população pelo bispado e sobre quem eram os pastores que atendiam essas comunidades na segunda metade do século XVIII. Os relatos, entretanto, não tratam de todas as freguesias existentes.

O padre Antonio Vidal de Almeida, por exemplo, enviou os dados da sua freguesia de São Bernardo de Parnaíba afirmando ter esta "460 pessoas de comunhão e 190 menores pouco mais ou menos";[12] todos sob sua administração espiritual. O padre Francisco Xavier Nogueira disse que na freguesia de Icatu contava com a colaboração de religiosos de Santo Antonio e da Companhia de Jesus que também paroquiavam naquela comunidade que continha "juntos os freguezes todos de comunhão entre homens e mulheres, brancos e pretos 741".[13] O vigário do Itapecuru, padre João da Rocha, foi mais detalhado ao descrever a sua freguesia no ano de 1757. Disse que havia "nas margens do rio 590 pessoas de comunhão entre brancos e escravos", na região "dos Perizes, que eram os campos de criar gado, existiam 323 pessoas" e "para a freguesia mais 260 almas. Além disso, a região contava ainda com 3 aldeias de índios, mas que ficavam sob administração dos regulares".[14]

O vigário de Aldeias Altas, padre José Cardozo, afirmou que naquelas terras havia no ano de 1757 um total de "608 pesoas de comunhão espalhadas por 30 fazendas de gado vacum e cavalar, a mayor parte gente miserável por falta de bens da fortuna, e pelo estado da escravidão".[15] Não contou se havia outro pároco para lhe auxiliar no cargo de atender àquelas almas. A freguesia de Santo Mathias de

---

12 IHGB, Manuscritos do Conselho Ultramarino, Arq 1. 1. 12, fl. 473.
13 *Idem*, fl. 476.
14 *Ibidem*, fl. 485.
15 *Ibidem*, fl. 496.

Tapuitapera, na vila de Alcântara, administrada pelo padre Roberto Muniz Corralles tinha, nessa mesma época, "três mil e setecentas almas de confissão"[16] e, em Parnaguá, a última freguesia do Maranhão, viviam "conforme o rol da desobriga do anno de 1757 –mil e quinhentas pessoas de comunhão, entrando nesta conta brancos e pretos, escravos e forros".[17] Apenas um coadjutor é citado como auxiliar do pároco.

Quanto à sede do bispado, não consta no relato do cura Baltazar Friz de Barros Homem a quantidade de clérigos que atendia àquela população, mas apenas o número total de habitantes, com se pode contemplar na seguinte relação.[18]

Relação do número de habitantes

Esta Cidade tem em sy so huma freguesia com a invocação de Nossa Senhora da Vitória ereta na Sé Cathedral desta Cidade

Fogos que há nesta Cidade	475
Freguezes de homens brancos de confissão e comunhão são	815
Freguezas de mulheres brancas de confissão e comunhão são	1161
Homens escravos e outros forros de confissão e comunhão são	2311
Mulheres escravas e forras de confissão e comunhão são	2874
Que todos juntos fazem o numero de	7161

---

[16] IHGB, Manuscritos do Conselho Ultramarino, Arq 1. 1. 12, fl. 527.
[17] *Idem*, fl. 536.
[18] *Ibidem*, fl. 492.

Nessa mesma descrição da população e da geografia das suas respectivas freguesias, os pastores aproveitaram para tecer longos e interessantes relatos de como era difícil ser padre àquela época. As condições para exercer as ordens eram muito precárias, o que lhes podia "impor" que alguns paroquianos ficassem sem receber os sacramentos. Em 1756, por exemplo, padre Nicolau Ferreira de Brito, clérigo em Sorubim, já nas terras do Piauí, distante 101 léguas da sede do bispado, contou que lá havia três capelas e explicou que

> Como as terras deste sertão não são como as de Portugal, que em qualquer parte que se cultivao frutificao, cada hum se arrancha onde milhor lhe vae; huns vaquejando gado no campo, outros plantando mantimentos nas rossas, que por estas não se darem em toda terra, vai cada hum buscar o seu canto: ficando assim uns apartados dos outros sem aquella comunicação de vizinhança, e formalidade de povoação: distantes uns dos outros duas, três, quatro, e cinco légoas. De maneira que tendo esta Freguezia quatrocentos (400) fogos pouco mais ou menos, e pessoas de comunhão mil e cem (1100), tem de circuito noventa e seis légoas (96). Fica o último freguez distante desta Matriz para o Nascente treze légoas, para o Poente catorse, para o Norte vinte e seis, para o Sul vinte e sete.[19]

Descrição ainda mais detalhada deu o clérigo de Mocha, padre Antonio Luis Coutinho. Ele informou em tom quase lamurioso:

> Deixo a consideração dos pios leitores o excecivo trabalho que tem o pobre Parocho na administração dos Sacramentos aos seus freguezes tanto em artigo de morte; que muytas vezes he chamado de trinta, corente e oytenta légoas; como por dezobriga dos preceitos da Quaresma, para cujo effeito he necessário andar para suas cazas a custo próprio e de seus cavallos, e escravos, em tanta distancia, que correndo eu em

---

[19] IHGB, Manuscritos do Conselho Ultramarino, Arq 1. 1. 12, fl. 497-502.

dezobriga do anno de cincoenta e cinco, toda a minha freguezia e, chegando a certa paragem me pus a contar por curiosidade as légoas que tinha andado, e achey serem quinhentas e tantas légoas, que com humas que depois disso andei havia de ser perto de seiscentas; ganhando talves com este grande trabalho huma doença em que logo cahi, com a qual me acho entrevado em huma cama há mais de quatorze mezes com poucas esperanças de alcançar saúde pello dezabrido da terra, tanto por falta de quem cure, como por falta de medicamentos e sustento necessário para doentes.[20]

Alguns detalhes sobre a dificuldade de exercer o ministério nas terras do Maranhão também ficaram expressas em páginas de autos de crimes no juízo eclesiástico. Em processo contra si aberto no Auditório Eclesiástico do Maranhão em 1795, padre Manoel Rodrigues Covette descreveu também sua árdua batalha como pastor de almas no Piauí na tentativa de amenizar as suas culpas. Contou detalhadamente como era difícil exercer o ofício, já que

se vio por muitas vezes entre os riscos de perder a sua vida, em passagens de Rios cheyos, sem embarcação alguma, até o passo de se mandar atar com cordas para o puxarem, e puder assim atravessalos tao somente afim de acodir aos enfermos, seus Paroquianos e administralos os Sacramentos [...] no que trabalhou muito mais de vinte e quatro annos, com aggrado e satisfação.[21]

Havia, certamente, uma distribuição irregular de sacerdotes pelo território, como também foi possível perceber pelas queixas de faltas de párocos em algumas freguesias. José Pedro Paiva aponta, por exemplo, que a atração pelos maiores aglomerados urbanos era comum. Afinal, era lá que se encontravam os melhores recursos. Estando nesses centros estava-se mais próximo dos aparelhos burocráticos

---

[20] *Idem*, fl. 509-510.
[21] APEM, Autos e Feitos de Libelo Crime, doc. 4254, fl.48-49 v.

administrativo-judiciais das dioceses, do cabido da Sé e de suas dignidades, um maior número de igrejas paroquiais, muitas capelas e, sem dúvida, mais oportunidades.[22]

Não é à toa que muitos padres reagiam ao receber ordens para se transferirem para freguesias mais afastadas. O padre Henrique José da Silva, por exemplo, foi processado no Auditório Eclesiástico por ter resistido a assumir a freguesia dos Índios do lugar do Turi em 1782, como ordenou o vigário-geral João Duarte da Costa. O padre teve as ordens suspensas sob a alegação de desobediência ao superior.[23] Outro padre, João Raimundo Pereira de Cáceres, foi processado por evadir-se da sua freguesia, em Monção, para ir viver na Vila de Viana no ano de 1797. Na sua defesa disse que tinha mesmo saído da sua freguesia "tão somente a confesar-se ou a prover-se do que lhe era preciso para poder subsistir em aquella dezerta Villa de Monção", local, em que, segundo contou "faltava de tudo, por não haver commercio de qualidade alguma".[24]

Muitas correspondências enviadas ao Conselho Ultramarino davam conta da carência de clérigos em lugares mais afastados do bispado do Maranhão. Entre 1709 e 1720 várias missivas alarmavam a falta de párocos nas freguesias de Icatu[25] e Itapecuru[26] que nem eram tão distantes da sede do bispado e outras afirmavam que o problema da falta de ministros era de todo o território.[27] As queixas eram também sobre a precariedade das instalações e falta

---

[22] PAIVA, In AZEVEDO, 2000, p. 212.
[23] Arquivo Público do Estado do Maranhão (doravante APEM), Autos e Feitos Diversos, doc. 4305.
[24] APEM, Autos e Feitos de Libelo Crime, doc. 4259, fl. 8.
[25] Arquivo Histórico Ultramarino (doravante, AHU), Conselho Ultramarino (doravante, CU), Capitania do Maranhão (doravante, CM), doc. 1105 e doc. 1258.
[26] AHU, CU, CM, doc. 1181, doc. 1225 e doc. 2260.
[27] AHU, CU, CM, doc. 1137.

de paramentos nas matrizes.[28] Incontáveis eram também as reclamações pelo atraso no pagamento das côngruas e sobre os vários pedidos de alvarás de mantimento.[29]

Foi exatamente essa carência de sacerdotes que levou o Cabido da Sé a processar o padre Antonio Felipe Ribeiro no ano de 1758. Ele era clérigo beneficiado do mesmo Cabido, mas não residia em São Luís, condição *sine qua non* para gozar do privilégio. Nos autos consta que

> esta Sé se acha com notável falta de Ministros para a assistência do Côro huns porque se achao vagos e não estão providos outros porque tendo posse de seos benefícios não rezidem nelles com grande prejuízo segundo as suas obrigaçoens e entre elles he o Rdo Beneficiado Antonio Phelipe Ribeiro q tendo posse de hum dos benefícios desta Sé há mais de dez annos athe o prezente não consta fizesse residência formal antes já foy notificado e se lhe tem quebrado a rezidencia varias vezes.[30]

Em 1758 o vigário-geral julgou o pedido como sentença e o padre foi obrigado a abrir mão de seu benefício, já que tinha se transferido sem autorização para a Vila do Vinhais, distante uma légua de São Luís. Por igual motivo o clérigo José da Rocha Bravo teve que desistir do seu benefício. A questão, entretanto, foi resolvida pela Mesa de Consciência e Ordens. Depois de notificado, o padre escreveu uma petição em que desistia do seu canonicato e benefício no Cabido da Sé de São Luís porque "não devia servir, nem devia conservar", já que não mais residia no bispado.[31]

---

[28] AHU, CU, CM, doc. 1389 e doc. 1528.
[29] Só para citar alguns casos, AHU, CU, CM, doc. 1388, 1392, 1586, 1950, 2120, 2253, 2542, dentre outros.
[30] APEM, Autos e Feitos de Notificação, doc. 4729, fl. 2.
[31] Arquivo Nacional da Torre do Tombo (doravante ANTT), Mesa de Consciência e Ordens, Padroados do Brasil. Maranhão, caixa 4, maço 4, documentos sem catalogação.

Ser padre: motivações e estratégias familiares

No que concerne aos motivos que levavam os indivíduos a ingressar na carreira eclesiástica, ainda é difícil chegar a conclusões mais precisas. Eram muitos, não há dúvidas. Em Portugal, aponta o mesmo Paiva, não se pode excluir que muitos ingressassem nessa carreira "no contexto de estratégias pessoais ou familiares de ascensão social", já que o estado sacerdotal representava naquele momento um mecanismo privilegiado de promoção social, no caso dos setores intermediários da sociedade, e de confirmação de poder e prestígio, para os setores mais abastados.[32]

Paiva aponta para o fato de que em Portugal até meados do século XVIII houve um aumento das fileiras de homens que ingressavam na vida sacerdotal. A busca por dignidades nos cabidos, por colações e outras quaisquer rendas no contexto político-administrativo das dioceses servia também para ratificar o poder de algumas famílias e para "dar um futuro mais digno a descendências bastardas", o que seria observável na metrópole ainda nos meados de Setecentos.[33]

Em se tratando do Brasil, a historiografia já atentou para o fato de ser comum encaminhar ao menos um dos filhos para a carreira sacerdotal. Augustin Wernet afirma que a vida eclesiástica representava sempre uma boa opção tanto para homens considerados desqualificados, como mulatos, pardos e filhos ilegítimos de padres, bem como àquelas famílias mais abastadas que desejavam manter sua condição.[34] Em Minas Gerais, segundo José Ferreira Carrato, o que se observou foi uma tendência a encaminhar o futuro dos filhos, segundo o cabedal da família e a ordem de nascimento. A fortuna, as regalias e o nome ficariam com os primogênitos; estudos em Coimbra, ao que nascesse

---
[32] PAIVA, In AZEVEDO, 2000, p. 212.
[33] *Idem.*
[34] WERNET, Augustin. *A igreja paulista no século XIX*. São Paulo; Ática, 1987, p. 63.

depois; ao terceiro, caberia o ingresso na vida eclesiástica e aos demais, matrimônios endogâmicos ou com outras famílias abastadas.[35]

O que foi observado no Nordeste brasileiro do período colonial também não diferia muito. Em que pese o predomínio dos engenhos no Pernambuco colonial, os primogênitos, como afirma Evaldo Cabral de Melo, ficavam encarregados de administrá-los, a buscar postos administrativos e a fazer um bom casamento. A partir do segundo filho já havia um incentivo para o ingresso na carreira eclesiástica. Nela, eles buscariam os rendosos benefícios que poderiam galgar com o incentivo do poder de suas famílias. Os demais filhos ganhariam um partido de cana do engenho da família e, assim como as filhas, buscariam matrimônios.[36] A esse respeito, Luiz Carlos Villalta comenta que

> A utilização do acesso à carreira sacerdotal como mecanismo para solução de problemas relativos à divisão da herança ou de sobrevivência no seio das famílias ligava-se à própria forma como o sacerdócio era encarado na sociedade colonial. Tratava-se, sobretudo, de uma profissão à qual a pessoa se dedicava como se fazia em relação às outras então existentes.[37]

A carreira sacerdotal apresentava pois, muitas possibilidades, mas dependeria de muitos fatores. José Pedro Paiva afirma que, mesmo sem poder tirar conclusões mais gerais que possam demonstrar um padrão de comportamento, "não restam todavia dúvidas de que a "qualidade" do nascimento e a ligação a um padroeiro podiam ser decisi-

---

[35] CARRATO, José Ferreira. *Igreja, Iluminismo e Escolas Mineiras Coloniais*. São Paulo: Edusp, 1968, pp. 74 e sgs.
[36] MELLO, Evaldo Cabral de, *O nome e o sangue*. Rio de Janeiro: Topbooks, 2000, p. 55.
[37] VILLALTA, Luiz Carlos. "A igreja, a sociedade e o clero", In VILLALTA, Luiz C RESENDE, MARIA E. L (orgs.). *As Minas Setecentistas*. Vol II, Belo Horizonte: Autência; Cia. do Tempo, 2007, p. 29.

vas".[38] O que se confirmaria pelo preenchimento dos lugares através de nomeação. Essas estratégias familiares foram observadas de maneira tangencial na documentação do bispado do Maranhão. Através de algumas reclamações, de alguma referência esparsa nos processos do Auditório Eclesiástico e mesmo em algumas correspondências, foi possível reconstruir algumas dessas relações que ratificam a importante influência das famílias quando o assunto era a busca por boas colocações.

Exemplo disso é a carta enviada pelo bispo D. Fr. Manoel da Cruz ao arcebispo da Bahia em 02 de Setembro de 1740 em que pede conselhos sobre a administração do bispado. Por ela fica claro, dentre outros elementos, que o parentesco, seja sanguíneo ou espiritual, contava muito quando o assunto era alcançar algumas ocupações nas igrejas. Em atenção ao que lhe tinha pedido o arcebispo, o bispo do Maranhão respondeu: " ao padre José Aires fiz vizitador do Parnaguá e se elle satisfizer desta obrigação como deve o attenderei para outras occupaçoens, que basta ser afilhado de V. Exa para a minha atenção ter primeiro lugar".[39] O problema é que o padre não se portou como desejara o prelado. Dados apurados na Inquisição de Lisboa dão conta de que nessa mesma visita o padre José fingira-se de comissário do Santo Ofício e por isso foi preso e julgado em Lisboa.[40]

O mesmo D. Fr. Manoel da Cruz escreveu ao Frei João de Santo Antonio, outro amigo, no ano de 1740. A carta tratava das vicissitudes de se governar um bispado extenso e com muitos vícios depois de longo período de vacância. Em certa passagem conta ao amigo que "seu afilhado João Antonio Baldez" servia de "capellão na Sé". Afirmou ainda que

---

[38] PAIVA, José Pedro. *"Os mentores"*. In AZEVEDO, Carlos Moreira (Dir.) - *História Religiosa de Portugal*. Lisboa: Círculo de Leitores, 2000, vol. II, p. 222.
[39] RODRIGUES, Flávio (Mons.); SOUZA, Maria José Ferro. *O copiador de Dom Frei Manoel da Cruz*. Cadernos Históricos do Arquivo Eclesiástico de Mariana, vol. 5, 2008, p. 60.
[40] ANTT, Tribunal do Santo Ofício (doravante, TSO), Inquisição de Lisboa (doravante, IL), doc. 8059.

o tinha "enformado em hum beneficio da mesma Cathedral" ponderando que, "se nelle for despertando no estudo como vay", o havia "de attender em tudo por respeito de seu padrinho".[41] Esse foi mais um que certamente desapontou o padrinho e o bispo que tanto lhe apoiou. Tornou-se, anos depois, um dos mais transgressores sacerdotes que o bispado conheceu.[42]

Se era comum procurar colocações e facilidades para parentes, também o era ter muitos padres na família. Verdadeiros clãs de sacerdotes puderam ser observados entre as famílias abastadas e influentes do bispado. Assim foi o caso dos irmãos João Antonio da Silva, José da Silva e Feliciano da Silva. Quando eles entraram com pedido para ordenarem-se, ficou claro nos autos que sua família já tinha dois outros dois padres, Feliciano Elias e José da Silva,[43] que eram irmãos mais velhos do habilitandos. Todos foram considerados aptos.

O vigário-geral João Rodrigues Covette, por sua vez, também acompanhou de perto a carreira sacerdotal de seus sobrinhos. José Caetano Covette, Manoel Rodrigues Covette e Antonio Luis Covette ordenaram-se quando o tio esteve à frente do governo do bispado. Chama atenção o fato dos dois últimos terem recebido todas as ordens sacras no mesmo ano. Ambos receberam o grau de subdiácono em 21 de Janeiro de 1759 e os graus de diácono e presbítero, em 20 de Maio e 25 de Maio daquele ano, respectivamente.[44] Mais relevante ainda é o fato de outro de seus sobrinhos, padre

---

41   RODRIGUES; SOUZA, *idem*, p. 61.
42   Sobre o padre João Antonio Baldez pesaram acusações de concubinato adulterino, concubinato incestuoso, envolvimento em negócios e mercancias, desrespeito com as obrigações sacerdotais, embriaguez, violência, dentre muitas outras acusações. Para saber mais, consultar: MENDONÇA, Pollyanna Gouveia. *Dos principais da terra:* padre João Baldez, concubinato e transgressão na Igreja do Maranhão Setecentista. In XII ENCONTRO REGIONAL DE HISTÓRIA: ANPUH, Usos do Passado, 2006, Rio de Janeiro. *Anais...* Rio de Janeiro: Colorgraf. v. 1, pp. 180-181.
43   APEM, Habilitações *de genere*, caixa 42, doc. 1565.
44   APEM, Livro de Ordenações, n. 175.

Aires Antonio Rodrigues Branco, ter chegado a promotor do juízo eclesiástico nos idos de 1790, quando já era falecido o tio Covette.[45] A família entregou ao menos quatro indivíduos à carreira sacerdotal.

Dados sobre parentescos também podem ser acompanhados através das Habilitações *de Genere* e dos Autos de Justificação de Fraternidade. Quando da consulta sobre a genealogia do habilitando era comum que ele dissesse se tinha outros padres na sua família. Afinal, isso era demonstrativo de que outros membros passaram pelas habilitações e foram julgados aptos. Exemplo disso é o processo *de Genere* do padre João Cordeiro Goulart. Na sua representação, ele alegou ser sobrinho do padre André Cordeiro Gonçalves. Disse ainda que sua avó materna tinha dois irmãos que também eram padres, João Cordeiro e José Gonçalves Goulart.[46]

José Teles Vidigal também tratou de explicitar longamente a sua genealogia sacerdotal nos idos de 1740. Disse no seu processo de habilitação que tinha vários parentes clérigos, entre eles os acima citados José Gonçalves Goulart, que foi provisor e vigário-geral do bispado e era irmão legítimo da sua avó materna; o padre Andre Cordeiro Gonçalves que era filho de uma irmã da sua avó; o padre Francisco Spinola, bisneto de Barbara de Brito, que era também irmã da sua avó e, finalmente, o padre Francisco Xavier Vidigal que era neto do primeiro matrimonio do seu pai.[47]

Ter parentes padres numa família, mesmo que eles apresentassem algum defeito de sangue era também ótima alegação para justificar a possibilidade de, mesmo sob impedimento, ingressar na carreira sacerdotal. Assim fez João da Rocha em 1744. Seu pai, Francisco da Rocha, era filho ilegítimo. Sua avó, Andresa, tinha casta de mulato, mas as

---

[45] Há várias referências do padre Aires Antonio Rodrigues Branco ocupando a função. À guisa de exemplo: APEM, Autos e Feitos de Libelo Crime, doc. 4252.
[46] APEM, Habilitações *de genere*, caixa 46, doc. 1580.
[47] APEM, Habilitações *de genere*, caixa 42, doc. 1557.

testemunhas não souberam dizer em que grau. Afirmaram apenas que ela tinha cabelo frisado, mas a pele alva. Andresa tinha, no entanto, um primo que era sacerdote secular, padre André Lopes, além de outros parentes padres que ele não citou os nomes. O habilitando foi considerado apto para receber as ordens.[48]

Outros dados que confirmam a força das genealogias nas carreiras sacerdotais maranhenses podem ser acompanhados muito amiúde na família Camelo de Brito. Incontáveis membros da família ingressaram na carreira sacerdotal e ocuparam os cargos mais eminentes do governo diocesano e do juízo episcopal. Em inícios do século XVIII, ordenaram-se José Rodrigues de Távora, que foi visitador, provisor, vigário-geral e governador do bispado, e Ignácio Rodrigues de Távora, seu irmão, que foi cura da Sé de São Luís. Todos os filhos da irmã deles, Leonor de Távora, ingressaram também na carreira sacerdotal: Ignacio Camelo de Brito –que foi secretário do bispo dom frei Manoel da Cruz-, Antonio dos Santos Camelo, Felipe Camelo de Brito –que foi provisor, juiz das habilitações *de genere* e vigário-geral-, Francisco Xavier Camelo e Theodoro Camelo de Brito. Ainda tornaram-se padres o neto do padre José Rodrigues de Távora, Alexandre Everton, que chegou a secretário do bispo dom frei Francisco de São Tiago em 1752,[49] além de muitos de seus primos.[50]

Outros dados de parentesco puderam ser localizados a partir de dados fornecidos pelos próprios processos do Auditório Eclesiástico. O promotor do bispado em 1797, padre Bernardo Bequeman, foi afastado dos seus ofícios em

---

[48] APEM, Habilitações *de genere*, caixa 43, doc. 1585.
[49] SILVA, Francisco de Paula e. *Apontamentos para a História eclesiástica do Maranhão*. Bahia: Tipografia de São Francisco, 1922, p. 122.
[50] A trajetória de Felipe Camelo de Brito e sua família pode ser acompanhada em: MENDONÇA, Pollyanna Gouveia. Um cristão-novo governando o bispado? A trajetória de Filipe Camelo de Brito no Maranhão setecentista. In COSTA, Yuri; GALVES, Marcelo Cheche (orgs.). *Maranhão*: ensaios de biografia e história. São Luís: Café & Lapis; EDUEMA, 2011, pp 231-252.

processo contra um parente seu, o padre João Raimundo Pereira de Cáceres.[51] As relações de parentesco também influenciavam sobremaneira na estrutura administrativo-burocrática do bispado. Exemplo disso foi o processo aberto contra o padre Manoel Rodrigues Covette, sobrinho do então já falecido vigário-geral João Rodrigues Covette que, processado por ter confessado alguns fiéis sem ter licença para tal, dizia-se vítima de inimigos que desejavam o seu afastamento da igreja de Oeiras no ano de 1796. Ele alegou que era clérigo beneficiado da freguesia de Campo Maior, benefício esse que "com força e engano lhe foi arrancado para se introduzir como se introduziu nelle o padre Francisco Raymundo Araujo". Padre Manoel disse ainda que "foi constrangido a sair da dita sua Igreja para se introduzir nella o Pe. Francisco Raymundo Araújo que era parente do dito Rdo Cônego João Maria da Luz Costa",[52] o vigário-geral à época.

Outro que se disse vítima de "arrumações de parentes" foi o padre Francisco Antonio Gonçalves. Em 1799 ele foi denunciado em Vila Viçosa de Tutoia por muitos crimes como não administrar os sacramentos, se envolver em negócios seculares e, inclusive, sodomia. Na sua defesa afirmou que o capitão-mor que o acusou falsamente pretendia expulsá-lo da freguesia para colocar em seu lugar um parente, "Lino de tal, homem pardo e vigário dos Anapurus"[53] que se tornou responsável por averiguar as denúncias. Tudo isso, disse ele, com o apoio do então vigário-geral, padre João de Bastos de Oliveira. Padre Francisco disse ainda que se fazia "reparável que havendo tres vigários mais vezinhos a Tutoya a ser os da Parnayba, Arayozes e S. Bernardo além de outros clerigos capazes para aquella averiguaçam, se prefirisse o Pe. Lino" que, para fazer o sumário das testemunhas, viajou a "distancia de quase setenta légoas ou seis dias

---

[51] APEM, Autos e Feitos de Libelo Crime, doc. 4259.
[52] APEM, Autos e Feitos de Libelo Crime, doc. 4254, fl 39.
[53] APEM, Feitos Crimes de Apresentação, doc. 4679, fl. 18.

de viagem".⁵⁴ Alegava, portanto, que não só as acusações eram falsas, bem como o inquérito, já que tinha sido feito por gente suspeita.

Outros motivos que poderiam levar esses homens a ingressarem na carreira eclesiástica podem ser atribuídos à possibilidade de, em alguns casos, conseguir um rendoso benefício. Se, por um lado, os padres tinham a possibilidade de receber de El Rei as côngruas que, em tese, eram um chamariz à carreira eclesiástica, por outro, já vimos aqui como era complexo, demorado e às vezes muito difícil que essa remuneração chegasse às mãos desses párocos. As cartas em que se reclamavam o pagamento dessas côngruas são provas disso. Monsenhor Eugenio de Andrade Veiga afirma, por sua vez, que os relatórios da Fazenda Real apresentavam uma linha sempre crescente nas arrecadações e cobranças dos dízimos "a ponto de proporcionar ao erário público um *superavit* em vista do diminuto pagamento dado aos clérigos".⁵⁵ Assim, os dízimos eclesiásticos representavam uma fonte considerável de receita para a economia da colônia. Os impostos cobrados, sob a ameaça de pena canônica, deveriam canalizar para os cofres públicos elevadas somas. Veiga afirma baseado em listas de aplicações de dízimos, que parte deles eram desviados para outras finalidades completamente alheias a fins eclesiásticos.⁵⁶

Para o caso das Minas Gerais, Villalta afirma que os reajustes das côngruas jamais correspondiam às necessidades reais dos párocos. Dessa maneira, eles cobravam as conhecenças, ou seja, taxas pedidas por ocasião da desobriga pascal. Nesse bispado, o valor das conhecenças passou

---

⁵⁴ *Idem.*
⁵⁵ VEIGA, Eugênio de Andrade (Mons.). *Os párocos no Brasil no período colonial (1500-1822).* Salvador: Coleção Cardeal Brandão Vilela, 1977, p. 105.
⁵⁶ Ele apresenta uma longa lista no apêndice da sua obra em que é possível acompanhar que na Bahia, em 1759, parte dos dízimos eram aplicados no pagamento de fardas da infantaria, em mercês ordinárias, para ajudas de custo do correio e despesas dos Tribunais, para o azeite de peixe dos lampiões do Palácio, etc. *Idem,* p. 153.

a ser de 300 réis e as côngruas concedidas aos padres a 200$000 réis anuais. Dessa feita, conclui Villalta que "os chamarizes dos mais eficazes para as vocações sacerdotais foram as conhecenças e demais emolumentos paroquiais e eclesiásticos".[57]

No bispado do Maranhão, a população ficava muito atenta às cobranças feitas por seus párocos a ponto de denunciar o que consideravam abusivo. A comunidade da freguesia de Pastos Bons, por exemplo, denunciou ao Auditório Eclesiástico o seu pároco João José Siqueira Tavira d'Eça em 1779, dentre outros motivos, porque queria receber por cada batismo a quantia de 2000 réis.[58] Padre Fernando José Ribeiro de Freitas foi igualmente denunciado na mesma freguesia, só que no ano de 1796, acusado de levar "demais nos emolumentos que lhe pertenciam do mais que era costume assim em baptizados casamento e enterros".[59] Anos antes, em 1792, o mesmo padre já tinha sido denunciado por que levava "por cada cazamento nesta matriz quatro mil oitocentos e oitenta reis sendo costume nos mais Parochos so levarem quatro mil reis e que hera isto fora dos banhos".[60]

Em Minas Gerais essas cobranças consideradas abusivas tornaram-se motivo de reclamações à Coroa. O ministro de D. Maria I, Martinho de Melo e Castro, para resolver o problema, recomendou ao visconde de Barbacena, então governador de Minas Gerais, que interviesse no sentido de combater a extorsão no ano de 1788. Aconselhando-o a debater o assunto com o bispo de Mariana, dizia ser necessário elaborarem um novo regimento eclesiástico para "reduzir as excessivas e intoleráveis contribuições com que até agora se têm oprimido e vexado os povos debaixo de especiosos pretextos de direitos paroquiais". Afirmava que

---

[57] VILLALTA; RESENDE (orgs.), 2007, p. 30.
[58] APEM, Autuamentos de Petições e Requerimentos, doc. 66, fl. 3.
[59] APEM, Autos e Feitos de Libelo Crime, doc. 4256, fl. 6.
[60] APEM, Autos Sumários, doc. 4504, fl. 11.

deveriam reduzir "estes a umas justas e moderadas prestações dos povos", o que evitaria assim, a contribuição anual da Real Fazenda para se sustentarem os clérigos.[61] O objetivo era reduzir ¾ dos vencimentos do clero. Essa tentativa de redução era uma tendência constante em diminuir as despesas do erário público, o que atingia duramente, segundo Veiga, as folhas eclesiásticas.[62]

Mais do que o recebimento de côngruas, Villalta esclarece que, o que mais atraía esses indivíduos à vida eclesiástica era, sem dúvida, "o fato de o sacerdócio dar foros de nobreza, no interior da sociedade brasileira, de caráter estamental", ou seja, os clérigos gozavam "dos privilégios equivalentes aos dos nobres e, por isso, constituía um dos instrumentos de ascensão social"[63]. Isso, sem dúvida, garantido, dentre outras coisas, pelas próprias constituições diocesanas que estabeleciam os critérios de diferença, distinção e "qualidade" como fundamentais até para julgar aqueles que eram infratores.

Um clero nativo?

O bispado do Maranhão conserva apenas um *Livro de Ordenações*[64] para todo o século XVIII. Ele aponta números que, se não forem os mais precisos, certamente são confiáveis, visto que relatam detalhadamente os indivíduos que receberam a primeira tonsura, os graus menores e as ordens sacras entre os anos de 1718 e 1789. Não há qualquer outro livro desse tipo no acervo eclesiástico do bispado, o que

---

[61] IHGB, T. VI, p. 10 e segs.
[62] VEIGA, 1977, p. 119.
[63] MESGRAVIS, 1983, pp. 799-811 *apud* VILLALTA; RESENDE, (Orgs.), 2007, p. 31.
[64] APEM, Livro de Ordenações, n. 175.

implica dizer que as ordenações feitas durante a prelazia de D. Joaquim Ferreira de Carvalho, ou seja, na década de 1790, não têm números conhecidos.

O *Livro de Ordenações* aponta um total de 681 indivíduos que deixaram o estado laico e ingressaram no clerical. Destes, 370 tornaram-se padres seculares e 311 ingressaram nas mais variadas ordens regulares. Analisando apenas os dados do contingente de clérigos seculares conclui-se que dos 370 que ingressaram na carreira sacerdotal, 197 tornaram-se presbíteros, ou seja, 53,2%. No que tange ao caso português, José Pedro Paiva mostra dados da diocese de Coimbra em fins do século XVI, o que, diz ele, se pode confirmar também para o século XVIII a partir de algumas sondagens. Tais dados apontam que total de ordens menores recebidas representava quase o dobro da população de clérigos que acediam ao presbiterato, ou seja, só cerca de 45% dos que entravam no estado clerical alcançavam o último grau das ordens sacras.[65] Dados nem tanto disformes se comparados com o bispado do Maranhão.

Como outrora já comentado, longos 63 anos de vacância marcaram a história eclesiástica do Maranhão. Assim foi entre os anos de 1700 e 1717, o que justifica que todas as ordenações daquela década foram feitas entre 1717-1718 sob a chancela do bispo do Pará. Na prelazia de dom frei José Delgarte, entre 1716 e 1724, por exemplo, consta que ele teria ordenado 111 padres e 5 diáconos, sendo 44 seculares e 72 regulares.[66] Os dados do *Livro de Ordenações* apontam que nesse período foram ordenados apenas 81 padres, sendo 56 padres seculares. Outro período

---

[65] PAIVA, in AZEVEDO, 2000, p. 210.
[66] Há controvérsias quanto a esses dados. Diz Pacheco que teriam sido 121 indivíduos ordenados por D. Fr. José Delgarte. PACHECO, Felipe Condurú D. *História eclesiástica do Maranhão*. São Luís: S.E.N.E.C/ Departamento de Cultura. 1969, p. 101.

de vacância ocorreu entre 1723 e 1738. Há que se ressaltar, entretanto, na época em que Dr. Antonio Troiano foi vigário capitular, em 1727, teve ordens para ordenar clérigos.[67]

O gráfico abaixo permite vislumbrar o total de ordenados por cada uma das décadas contempladas no referido *Livro de Ordenações,* bem como o total de indivíduos que receberam as ordens de presbítero no bispado do Maranhão.

Gráfico 1. Quantidade geral de ordenados e dos que se tornaram presbíteros entre 1718-1789

Década	Núm. total de ordenados	Núm. de presbíteros
1710	42	25
1720	81	56
1730	5	5
1740	78	38
1750	23	13
1760	45	28
1770	0	0
1780	96	30

Fonte: APEM, Livro de Ordenações, n. 175.

---

[67] Talvez o contexto conflituoso pelo qual passava o bispado do Maranhão permitiu que um vigário capitular enviado pelo cabido de Lisboa Oriental pudesse proceder às ordenações. Nenhum documento foi localizado que esclarecesse amiúde esse processo. José Pedro Paiva afirma, por exemplo, que em Coimbra entre 1730-1733 o vigário capitular também conferiu ordens, mas ele era também bispo de Angola. PAIVA, in AZEVEDO, 2000, p. 211.

Na prelazia de dom frei Manoel da Cruz (1738-1747), segundo a historiografia local, foram ordenados 81 padres, a maior parte do clero secular.⁶⁸ Os dados do *Livro* apontam para um total de 78 ordenados apenas desse segmento do clero. Na década de 1750, houve vacância apenas entre os anos de 1752 e 1756, o que justifica também que as ordenações daquela década tenham se concentrado nos anos de 1758 e 1759, já no governo de dom frei Antonio de São José que ficou nessas terras até 1766. Nessa década, as ordenações se concentraram nos dois primeiros anos e nos três últimos, antes da partida do prelado para o Reino. Novo período de vacância teve lugar a partir de 1767 durando até 1780, o que explica a inexistência de ordenados para a década de 1770. A partir de 1780, novas ordenações foram feitas na prelazia de dom frei Antonio de Pádua.

Estudos sobre as ordenações na metrópole apontam uma certa ruptura no fluxo das ordenações sacerdotais a partir da década de 1750. Tais conclusões não podem ser aplicadas para o caso do bispado maranhense. Segundo José Pedro Paiva, o ano de 1753 seria de viragem, já que a partir dele se vai notando um refluxo nas ordenações, o que se acentuaria a partir de 1762.⁶⁹ Isso seria reflexo das ordens reais de 25 de Outubro daquele ano que, em carta enviada aos superiores eclesiásticos, aconselhava que se refreassem a atribuição de ordens. Tal medida pombalina, comenta Paiva, vinha apenas a confirmar que, ainda antes da primeira experiência liberal, o número de padres seculares vinha diminuindo.⁷⁰

Para o Maranhão, como disse, o quadro é outro. Mesmo com todos os conflitos entre as autoridades seculares e eclesiásticas que foram observadas no governo diocesano

---

68 MEIRELES, Mário Martins. *História da Arquidiocese de São Luís*. São Luís: Universidade do Maranhão/ SIOGE. 1977, p. 119. Pacheco diverge ao afirmar terem sido ordenados 110 novos sacerdotes. PACHECO, op. cit., pp. 101-102.
69 PAIVA, in AZEVEDO, 2000, p. 211.
70 MILLER, Samuel. *Apud* PAIVA, In AZEVEDO, 2000, p. 212.

do bispado no período pombalino, o que se tem é um contexto marcado pelas vacâncias. Quando da chegada de um novo bispo, o contexto político que poderia influenciar nessas ordenações ficava pequeno perante a crescente necessidade de ordenações depois de longas épocas sem que elas tivessem sido conferidas. O que se pode perceber, por exemplo, para as décadas de 1760 e 1780, visto que na de 1770 não havia prelado.

Esse quadro é ainda mais explicitado pela maneira como eram conferidas as ordenações após longas vacâncias. No bispado do Maranhão foi comum que os habilitandos recebessem todos os quatro graus menores, incluindo também a primeira tonsura, no mesmo dia, o que não difere muito do que ocorria em outros lugares.[71] Se analisadas apenas as ordens maiores, impressiona a falta de rigor com que eram conferidas. Dos 197 indivíduos que chegaram ao grau de presbítero no bispado do Maranhão, 108 receberam os graus de subdiácono e diácono no mesmo ano. A maioria, inclusive, no mesmo dia. Esse número se apura ainda mais quando se tem que destes 108 ordenados, 83 receberam as três ordens maiores também no mesmo ano, ou seja, receberam os graus de subdiácono, diácono e presbítero em simultâneo.[72] Pelas Constituições Primeiras do Arcebispado da Bahia[73] não só era necessária uma idade mínima para alcançar cada uma dessas ordens, bem como se exigia o período de um ano em cada uma delas e o seu bom exercício para galgar o grau seguinte. Era, de certo, um contexto

---

[71] José Pedro Paiva afirma que isso foi comum em Portugal até pelo menos o século XVIII. Além das ordens menores, ele observou que os candidatos recebiam também a primeira tonsura em simultâneo. PAIVA, in AZEVEDO, 2000, p. 220.
[72] Dados calculados a partir do Livro de Ordenações. APEM, Livro de Ordenações, n. 175.
[73] *Constituiçoens Primeiras do Arcebispado da Bahia*, São Paulo: Typografia Dois de Dezembro, 1853, Liv II, n 49, § 207, fl. 91.

específico que permitia e mesmo impunha que isso não fosse seguido à risca nas terras maranhenses. Dados que devem ser semelhantes para muitos bispados da colônia.

Para conhecer o(s) perfil(s) do clero ou, melhor dizendo, dos indivíduos que buscavam ingressar na carreira eclesiástica, é necessário avaliar os processos de habilitação *De Genere* e *Vitae et Moribus.*. Luiz Carlos Villalta, analisando o caso de Minas Gerais, concluiu que em períodos que havia bispo as inquirições eram bem mais rigorosas. Nessas épocas seguiam-se os critérios exigidos pelas constituições diocesanas, como por exemplo, a necessidade de apresentação de certidões que comprovassem batismo, ascendência e que o habilitando não tinha defeitos de sangue ou outros problemas que maculassem seu acesso à carreira eclesiástica. Assim foi, segundo Villalta, durante as prelazias de dom frei Manoel da Cruz (1748-1765) e dom frei Domingos da Encarnação Pontevel (1779-1783).[74]

Na época de vacância, entre os anos de 1765-1779, o que se observou, segundo o autor, foi outro quadro. Nesse período de "governo do cabido diocesano e da gestão de procuradores, se afrouxavam os critérios de recrutamento do clero".[75] Para chegar a tal conclusão, consultou 113 processos *De Genere* num universo de 1820, ou seja, 6,2%. Os dados levantados por Villalta buscaram recobrir sempre 10% do total de ordenados para cada prelazia ou época de sede vacante. Tais números -embora muito reduzidos se observarmos o quantitativo geral dos processos- proporcionaram ao autor concluir que havia muitas maneiras de se "burlarem" as normas.

Mais do que "burlarem" a norma, como defende Villalta, tais práticas eram comuns e podem ser entendidas melhor como estratégias. Alguns omitiam as certidões exi-

---

[74] VILLALTA, Luiz Carlos. "A igreja, a sociedade e o clero", In; VILLALTA, Luiz C RESENDE, MARIA E. L (orgs.). *As Minas Setecentistas*. Vol II, Belo Horizonte: Autência; Cia. do Tempo, 2007, pp. 38-39.
[75] *Idem*, p. 41.

gidas; outros tratavam de habilitarem-se em outros bispados onde fosse mais fácil encobrir nódoas ou onde houvesse mais tolerância por parte das autoridades eclesiásticas. Villalta carrega nas tintas, ao meu ver, quando nomeia tais práticas como fraudes. É certo que as relações de poder que existiam entre as famílias dos habilitandos e o restante da comunidade podem ter influenciado nessas inquirições ou mesmo que muitos fregueses compactuavam ao não denunciarem seja por medo de futuras represálias ou em busca de qualquer benesse.[76] Tudo isso, entretanto, estava tão enraizado no cotidiano da população a ponto de não ser considerado um crime. Esses sujeitos agiam no limite do permitido e se utilizaram do fraco controle e da dificuldade de comunicação em muitos bispados para se ordenarem mesmo sob impedimentos variados.

Evaldo Cabral de Mello chegou a conclusões semelhantes para o Pernambuco colonial. Segundo ele, as análises genealógicas àquela época eram, na realidade, "um saber vital, pois classificava ou desclassificava o indivíduo e sua parentela aos olhos dos seus iguais e dos desiguais, contribuindo assim para a reprodução dos sistemas de dominação".[77] O autor analisou o que considerou uma manipulação genealógica de uma importante família local para esconder durante segunda metade do século XVII e ao longo do XVIII o seu costado sefardita. Mello aponta, por exemplo, que "ficaram célebres as irregularidades praticadas pelo Cabido de Olinda nos longos períodos em que, a sé vacante, governava a seu bel prazer a diocese, como durante os anos de 1715 a 1725".[78] Nessa época, foi comum, segundo ele, que se dispensassem os defeitos de sangue, o que foi até "vulgar" entre o clero de Olinda.

---

[76] VILLALTA, 2007, pp. 4041.
[77] MELLO, 2000, p. 13.
[78] *Idem*, pp. 54-55.

Para o caso do Maranhão, constam 212 processos de Habilitação *De Genere* e 147 processos *Vitae et Moribus* para todo o século XVIII. Como a miscigenação era uma das características populacionais da colônia, muitos foram os mulatismos, as "parte de índios" e toda a sorte de "mixturas" que apareceram nesses processos. Além, é claro, de uma grande variedade de comportamentos inadequados como o concubinato, por exemplo, que apareceram nas investigações de vida e costumes. Vejamos o total de habilitações *De Genere* do período setecentista a partir da década de 1720, já que não há processos para datas anteriores.

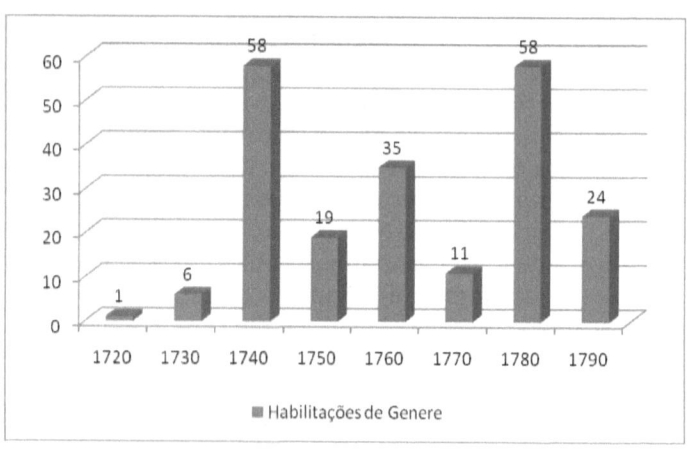

Gráfico 2. Total de Habilitações de genere para o século XVIII

Fonte: Arquivo Público do Estado do Maranhão, APEM.

Do total de 212 processos, 168 indivíduos foram considerados aptos para ingressar no estado sacerdotal e em 44 processos não foi possível acompanhar o desfecho das averiguações. Até 1783 os processos ainda tratam de casos de impedimento por sangue infecto. Há 11 processos até essa data em que os defeitos de sangue foram dispensados e os indivíduos considerados aptos ao sacerdócio. Pode-se perceber pelos dados do gráfico acima que na prelazia de dom frei Manoel da Cruz, na década de 1740 e no governo de dom Antonio de Pádua e Bellas, na década de 1780, foram os períodos de maior número de processos localizados. O que se pode concluir ainda é que mesmo nas épocas de vacâncias, inquirições desse tipo não deixavam de ocorrer. Pelo contrário, a máquina burocrática tanto da câmara eclesiástica quanto do auditório eclesiástico não deixava de operar na ausência do prelado. Além disso, os indivíduos que desejassem ingressar na carreira sacerdotal em outras dioceses precisavam ter suas vidas investigadas na sua diocese de origem.

Os períodos de menor número de processos coincidiram com épocas de vacância e isso não é de se estranhar. Entre 1723-1738, período em que não havia bispo na diocese, apenas 7 indivíduos entraram com pedido de investigação *De Genere*. Na década de 1750, apenas 9 indivíduos passaram por tais averiguações. Entre 1767-1780, período também de sede vacante, 46 candidatos ao sacerdócio foram analisados. Na chegada do bispo em 1783 houve grande leva de ordenações.

Cumpre analisar mais detalhadamente os dados da primeira metade do século em virtude do seu maior rigor na avaliação dos candidatos ao sacerdócio. Até o fim da prelazia de dom frei Manoel da Cruz, 52 processos investigaram os ascendentes dos candidatos ao sacerdócio. Desse total, apenas 6 tratam de habilitandos com defeito de sangue mulato ou índio. Três deles, no entanto, estão incompletos. Nos autos restantes, em 2 processos o Juiz das Habilitações minimizou o antepassado mulato ou índio e habilitou o indivíduo para ordenação. Em apenas 1 caso o antepassado indígena foi reconhecido na conclusão do processo e o Juiz dispensou textualmente o "defeito" que advinha do avô paterno do candidato.

Quarenta e quatro processos -envolvendo 56 indivíduos-[79] se concentram no período da prelazia de dom frei Manoel da Cruz. Destes, 44 foram considerados aptos ao sacerdócio, 4 receberam dispensa dos defeitos e 4 foram considerados inaptos, os demais não tem conclusão. Os quatro que foram considerados inaptos eram irmãos, a saber: Felipe Benício da Silva, Vitorino Gomes da Silva, Marcelino Gomes da Silva e Alexandre Gomes da Silva. Eles almejavam entrar para a carreira eclesiástica, mas esbarraram nos impedimentos da sua genealogia. Seus avós paternos tinham parte de mameluco e foram sentenciados na cidade durante a prelazia de dom frei Timóteo do Sacramento, em fins do século XVII. O avô deles, conhecido como Garapim, teve o "baraço pregado e recebeu aSoutes pela Rua". Sobre a avó, as testemunhas disseram que ela foi sentenciada pelo mesmo bispo "em caroxada por dizerem que uzava de feitissarias". O parecer do vigário-geral foi de que eles eram indignos "do que pretendiam tanto pelo sangue como pela villeza de seus pais".[80]

Os que receberam dispensa de defeito por apresentaram ascendentes indígenas, como foi o caso de José Francisco da Silva que tinha "parte de mameluco" pelo lado materno[81] e Manoel Rebelo que, malgrado não saberem ao certo se sua bisavó materna era negra ou mameluca,[82] foram considerados aptos ao sacerdócio. José de Abreu Carvalho, por sua vez, recebeu dispensa especial do bispo para se ordenar mesmo sendo filho ilegítimo.[83] Relevante exemplo é o processo de habilitação de Manoel de Souza. Consta nos seus autos que ele teria impedimento de mulatismo "por ter uma avo materna mulata" que era "filha de huma preta legitima, e de hum branco tão bem legitimo".[84]

---

[79] Há processos avaliando mais de dois habilitandos.
[80] APEM, Habilitações *de genere*, caixa 42, doc. 1555.
[81] APEM, Habilitações de *genere*, caixa 42, doc. 1544.
[82] APEM, Habilitações *de genere*, caixa 42, doc. 1564.
[83] APEM, Habilitações *de genere*, caixa 43, doc. 1579.
[84] APEM, Habilitações *de genere*, caixa 42, doc. 1553, fl. s/n.

Manoel, no entanto, buscou a dispensa do defeito. A esse respeito, dizem os autos que "este já não he impedimento do dito Manoel de Souza por essa sua avo mulata, ou mestizza, se ir sempre mixturando nas geracoens descendentes athe o dito Manoel de Souza com Brancos legítimos".[85] Pelo que se conclue que "a mixtura dessa mulata com hum Branco puro constitue so huma parte de mulato pela mesma razão. Isto he hum sojeito já com 3ª parte de Branco e huma so de preto". O que resultaria em "hum sojeito sem impedimentos para qualquer dignidade eccleziastica".[86] A argumentação chega a ser mais incisiva quando afirma que "o tal Manoel de Souza tendo huma única parte de sangue não puramente preto, mas mixto e essa parte mixta já confundida nas 7 de branco" tinha condições de ser aceito para o sacerdocio.[87] Manoel recebeu a dispensa do seu "defeito de mulatismo" em 15 de Junho de 1740, recebeu as ordens menores em 06 de Maio de 1741 e as ordens maiores no mesmo ano, chegando ao grau de presbítero em 14 de Maio daquele mesmo ano.[88]

No que diz respeito às inquirições de *Vitae et Moribus*, ou vida e costumes, consta no acervo do bispado do Maranhão, como disse, 147 inquirições para o século XVIII. Desse total, 26 não apresentam conclusão ou estão incompletas. No universo de 121 processos foi possível apurar que 10 indivíduos receberam dispensa para se ordenarem. A esse respeito é pertinente citar alguns exemplos para se ter uma idéia geral de quais tipos de impedimento usualmente apareciam. José Abreu Carvalho, por exemplo, recebeu dispensa por ser filho ilegítimo em 1744.[89] Pedro Luis Dutra, por sua vez, passou por duas inquirições. Em 1746 foi considerado inapto ao sacerdócio por andar mal encaminhado

---

[85] *Idem*.
[86] *Ibidem*.
[87] *Ibidem*. fl. s/n. Trecho baseado no que dizia Doutrina de Salorzano, tomo 2, de Jure Indianu, Livro 2, c 68, ann 28.
[88] APEM, Livro de Ordenações, n. 175, fl. s/n.
[89] APEM, *Vitae et Moribus*, doc. 2087.

com uma mulher de quem diziam ter até filhos. Em 1747, porém, foi considerado apto malgrado a sua fama de concubinário.[90] Nesse mesmo ano, em 08 de Setembro, alcançou o grau de presbítero.[91]

Igualmente dispensado do impedimento foi José Pinheiro Lobo. Antes, porém, ele passou por duas inquirições. Em ambas foi acusado por várias testemunhas de viver em concubinato.[92] Depois de dispensado, conseguiu receber as ordens maiores no ano de 1761 e chegou ao grau de presbítero em 01 de Março de 1762.[93] Quem teve que passar por três inquirições para finalmente ser considerado apto foi João de Sousa e Castro Cavalcanti. Ele foi investigado nos anos de 1758, 1768 e 1770[94] e não desistiu de se ordenar. As testemunhas o acusavam de viver em concubinato com uma mulata. Ele, porém, não teria alcançado o presbiterato. Há referência apenas que ele tenha recebido as ordens menores em 21 de Janeiro de 1759.[95]

O único que recebeu dispensa por ser viúvo foi Carlos José da Câmara no ano de 1785.[96] No mesmo ano recebeu as três ordens maiores. Tornou-se subdiácono em 18 de Maio daquele ano; dois dias depois recebeu o grau de diácono e dali um dia, o de presbítero, em 21 de Maio de 1785.[97] Sua ordenação aconteceu na prelazia de dom frei Antonio de Pádua. Esse era um contexto também delicado e grande era a carência de sacerdotes depois de alguns anos de vacância. O bispo então precisou ordenar clérigos em caráter de

---

[90] APEM, *Vitae et Moribus*, doc. 2102.
[91] APEM, Livro de Ordenações, n. 175, fl. s/n.
[92] APEM, *Vitae et Moribus*, docs. 2121 e 2129.
[93] APEM, Livro de Ordenações, n. 175, fl. s/n.
[94] APEM, *Vitae et Moribus*, docs. 2123, 2141, 2142.
[95] APEM, Livro de Ordenações, n. 175, fl. s/n.
[96] APEM, *Vitae et Moribus*, doc. 2147.
[97] APEM, Livro de Ordenações, n. 175, fl. s/n. Nos processos de Assinação de Dez Dias consta a informação de que ele tinha um filho, Manoel do Nascimento da Câmara. APEM, Feitos Cíveis de Assinação de Dez Dias, doc. 2596.

urgência, o que talvez explique o fato das ordens maiores do padre Carlos José da Câmara terem sido conferidas tão abruptamente.[98]

Outro elemento acerca do perfil dos padres do Maranhão que ainda carece de investigação mais apurada é o de sua formação intelectual. Esparsos e raros são os dados que permitem chegar a conclusões mais precisas. O que, na verdade, é comum para outras partes do mundo católico português. Antes da conclusão do Concílio de Trento, afirma José Pedro Paiva, "pode-se dizer que a formação geral do clero era de má qualidade". Essa situação, conta ele, "foi mesmo reconhecida por muitos prelados que, cientes da impossibilidade de mudar o desempenho da Igreja"[99] tomaram iniciativas localizadas para tentar resolver esses problemas.

Paiva aponta, por exemplo, o caso do governo do cardeal dom Afonso em Lisboa no qual, em 1537, editaram-se as primeiras constituições diocesanas que incluíam um título sobre o sacramento da ordem. Entre as condições mínimas que estipulavam para ter acesso ao estado clerical exigia-se "aos candidatos a prima tonsura e ordens menores que pelo menos soubessem algumas orações (Ave Maria, Credo e Salve Rainha) bem como ler e ajudar na missa". Aos que desejassem receber as ordens sacras impunha-se "que fossem gramáticos competentes, o conhecimento do Breviário, dos Mandamentos e da administração dos sacramentos".[100]

No século XVII várias obras foram publicadas com o intuito de conferir melhor formação aos sacerdotes, dentre ela *O parocho perfeito*, uma espécie de espelho dos párocos. A boa formação já aparece nesse texto como uma das exigências para se ter um bom clérigo. Antonio Moreira

---

98 Em fins do século XVIII esse mesmo padre alcançou a função de escrivão do auditório eclesiástico do bispado do Maranhão Só para citar um exemplo de processo em que padre Carlos José da Câmara serviu de escrivão: APEM, Autos Cíveis de Execução, doc. 4862.
99 PAIVA, in AZEVEDO, 2000, p. 213.
100 *Idem*.

Camelo diz que "Medico de almas, e Cirurgião, o Parocho, para curallas há mister os livros, instrumento por que deve obrar na cura de feridas, & achaques espirituaes".[101] A obra, dividida em três tratados[102] serviria para orientar prelados e os próprios indivíduos que optavam pela vida eclesiástica sobre como deveriam se comportar para agir bem no delicado governo das almas.

A obra toca ainda numa questão fundamental: o ingresso de vários indivíduos de uma só vez nas ordens sacras sem qualquer preparo. A esse respeito, questiona-se: "para que tanto Clerigo, sem em muitos centos dos que se ordenão se achara apenas hum perfeito, & capaz, proveitoso, & de importância à Igreja: com tanto entulho, & pouca pedra, pudera temerse ruína ao edifício della".[103] As preocupações de Camelo, embora seiscentistas, tiravam ainda a paz dos prelados do bispado do Maranhão. O próprio padre Antonio Vieira, logo que chegou ao Maranhão, teria escrito que, "no seu tempo, os mais dos padres que haviam no Maranhão eram degradados e todos eles de má vida e muito ruim exemplo".[104] Nos períodos de grandes vacâncias que caracterizaram o século XVIII, a nomeação de ministros esperava a chegada de um bispo. Quando isso acontecia, muitos eram ordenados ao mesmo tempo e as "ordenações em massa demonstram pouco cuidado na seleção dos candidatos".[105] O objetivo principal seria, na verdade, aumentar o número de sacerdotes para responder à demanda populacional.

---

[101] CAMELO, Antonio Moreira. *Parocho perfeito Deduzido do Texto Sancto, e Sagrados Doutores para a pratica de reger e curar almas*. Lisboa: João da Costa, 1765, Sessão III, § TERCEIRO, AVISO XIV.
[102] O primeiro deles é TRATATO PRIMEIRO. Das virtudes, sciencia e mais parte, que no parocho se requerem; seguido por TRATADO SEGUNDO. Como se ham de administrar os Sacramentos e, finalmente, PAROCHO PERFEITO, TRATADO PERFEITO, Obrigacoens do Parocho fora dos Sacramentos.
[103] *Ibidem*, TRATADO SEGUNDO. Como se ham de administrar os Sacramentos. CAPITULO OCTAVO, fl. 198.
[104] Carta de 20/2/1653 *apud* MEIRELES, 1977, p. 79.
[105] HOORNAERT, Eduardo; AZZI, Riolando (orgs). *História da Igreja no Brasil: primeira época*. 4ª ed. Petrópolis: Vozes, 1992, p. 190.

Sobre essa questão, dom Francisco de Paula é até irônico quando afirma que, para o caso do bispado do Maranhão, folgaria em "saber de onde provinham tantas vocações sacerdotais". Dizia "extranhar tantas vocações num tempo em que não havia seminários organizados" afirmando que "si houvesse seminário onde fossem seguidos de perto, muitas dessas vocações teriam desaparecido, pelo simples fato de que só existiam no fervor do momento".[106]

Esse processo de exigência de melhor preparo ao clero ia se mostrando tortuoso não só na Europa como também em toda parte. Para o caso de Minas Gerais, por exemplo, Luiz Carlos Villalta aponta que essas medidas para a dignificação do clero "se sujeitaram à dinâmica da própria instituição eclesiástica local, às limitações impostas pelo regime do padroado" e ainda "às demandas, tensões e injunções da sociedade mineradora". Sociedade essa, como afirma o autor, "simultaneamente, colonial, estamental, escravista, patriarcal e mestiça".[107]

Para o caso do bispado do Maranhão, os relatos apontam para a construção de um seminário apenas no século XIX. O que havia eram colégios preparatórios, via de regra gerenciados por jesuítas, que ficaram responsáveis pela instrução dos candidatos até meados do século XVIII. Em inícios desse século, durante a prelazia de dom frei José Delgarte, houve a ordenação dos que haviam se graduado nos cursos de Teologia mantidos nos diversos conventos da cidade, o que demonstrava a preocupação do prelado em aumentar o número de sacerdotes.[108] Este bispo teria tratado da "fundação de escolas, nomeando pessoas habilitadas, professores de escripta, de leitura e de contas".[109] A respeito da iniciativa desse antístite, Mário Meireles chega a afirmar que

---

[106] SILVA, Francisco de Paula e (Dom). *Apontamentos para a História eclesiástica do Maranhão*. Bahia: Tipografia de São Francisco, 102.
[107] VILLALTA, 2007, p. 25.
[108] MEIRELES, 1977, p. 114.
[109] SILVA, 1922, p. 104.

Era a primeira vez que, na colônia, se cogitava de, em escolas de caráter público, ministrar instrução às crianças, sem distinções ou privilégios, pois os cursos que então existiam, mantidos pelos diferentes conventos, só eram acessíveis aos filhos da nobreza, dos chamados homens bons da terra; além disso, mais serviam aos que se destinavam à carreira eclesiástica regular.[110]

Grande fama passaria a ter depois o Convento dos Carmelitas que, segundo o mesmo Meireles,

> Famoso se fez, também, desde o início, pelas aulas de latim e música que nele seriam ministradas aos filhos dos colonos; e o curso de noviciado, depois nele mantido foi de tal qualidade que já em 1727 era autorizado, pelo Papa Bento XIII (1724-1730), a conceder o título de Doutor aos que nele se graduassem em Teologia.[111]

Quanto à instrução do clero, destacava-se mesmo no Maranhão, assim como no restante do Brasil, a contribuição dos discípulos de Santo Inácio, visto que, "em 1731 os jesuítas teriam construído um prédio, na Madre Deus, destinado a um curso de Teologia, Filosofia, Retórica, Gramática e Primeiras Letras, que também foi autorizado a conferir o grau de Doutor *ex jure pontifício*".[112]

Durante a prelazia de dom frei Manoel da Cruz há indícios de que ele teria instalado um seminário. Na carta que escreveu ao dom frei Manoel da Rocha em 1740 afirma que já tinha "sete seminaristas com suas becas no seminário velho que pode recolher até doze ou quinze emquanto se não faz o novo". Afirmava que já tinha outros pretendentes ao seminário e que Sua Majestade estava tão satisfeito com a construção do novo que "mandou hum vestido feito para o

---

[110] MEIRELES, 1977, p. 114.
[111] *Idem* p. 32.
[112] *Ibidem*, p. 123.

seminário na mesma forma que o trazem os Seminaristas da Patriarchal".[113] Nada se sabe sobre a instituição após a transferência do antístite para ser o primeiro bispo de Mariana.

Em 1752, durante o governo de dom frei Francisco de São Tiago teria se dado "a fundação, em São Luís, do Seminário de Santo Antonio e o Recolhimento de Nossa Senhora da Anunciação e Remédios, ambos por iniciativa do Pe. Gabriel Malagrida", o que César Marques aponta como decorrência "da autorização que a este jesuíta fora dado pelo Alvará Régio de 2/3/1751 e de conformidade com o Decreto Real de 23/7/1750".[114] Nos livros do Cabido da Sé consta que

> os inacianos fizeram construir na capital maranhense, em fins de 1752, um seminário em meio da cidade, numa morada de casas que alugaram para esse efeito ao capitão Manuel Gaspar Neves e depois a compraram e nelas introduziram uns poucos estudantes, com seu mestre e reitor.[115]

Segundo Hoornaert e Azzi, os jesuítas seriam os responsáveis por uma política de instrução e moralização do clero e, desde 1688, teriam inaugurado cursos de teologia moral, iniciando-se os estudos de formação sacerdotal nestas terras. Esse projeto, contudo, viria a ser interrompido com a expulsão dos inacianos idealizada pelo Marquês de Pombal, em 1761. No Maranhão, seu colégio foi entregue ao governo da Província, para educar os filhos de colonos mais abastados.

---

[113] RODRIGUES, Flávio (Mons.); SOUZA, Maria José Ferro, op. cit., pp. 64-65.
[114] MEIRELES, 1977, p. 136. Localizei este pedido feito pelo padre Malagrida nos fundos documentais do Conselho Ultramarino. Ele propôs ainda, a fundação de um seminário de estudantes no Pará. IHGB, Arq. 1. 2. 13, fl. 142.
[115] *Apud* MEIRELES, 1977, p. 136.

Lana Lage também destaca o forte papel do padre Malagrida nesse surto de criação de seminários e associa essas iniciativas à atuação reformadora do clero paroquial, que deveria primar pela sofisticação intelectual dos religiosos. Lana Lage defende ainda que

> Esse surto reformador recém-chegado ao Brasil foi, no entanto, interrompido na gestão pombalina, por um lado, pela expulsão dos jesuítas – principais responsáveis pela formação intelectual do clero diocesano colonial, e por outro, pelo crescimento do regalismo e pelo próprio processo de laicização da sociedade verificado em fins do século XVIII.[116]

Não há dados que permitam avaliar essa questão mais profundamente para o caso do bispado do Maranhão. Não constam no acervo eclesiástico os testes que eram aplicados aos candidatos ao sacerdócio. Mas, no geral, não se deve crer que tenha sido um clero dos mais preparados intelectualmente. Excelente exemplo do mau preparo que lhe deveria ser peculiar é o caso do padre André Cordeiro Gonçalves que tentou habilitar-se a comissário do Santo Ofício no ano de 1726. Foi comum que as testemunhas dissessem que o candidato só sabia "ser musico, e não he estudante, nem aprendeo Philosofia, nem sabe moral".[117]

O seu professor, Dr. Pedro Correa de Britto, no entanto, deu testemunho firme da incompetência de seu ex-aluno. Afirmou que não o julgava capaz para exercer ofício de comissário porque tinha sido seu "ultimo mestre de grammatica" e por isso podia afirmar que padre Andre "não soube nunca bem o latim, e para o exame de ordens foy necessário muito favor, depois disso nunca mais estudou, nem trata senão de solfa, e de suas rossas, e canas, e mais lavouras".[118] Ele não seria a exceção. Havia, por outro lado, os clérigos muito bem preparados, que tinham estudado em

---

[116] LIMA, 1990, p. 89.
[117] ANTT, TSO, CGSO, Habilitações incompletas, doc. 124, fl. 8.
[118] *Idem*, doc. 124, fl. 11.

Coimbra e que foram ocupando os cargos mais importantes do juízo eclesiástico maranhense.[119] Contraste, é certo, mas aquela era já uma terra de muitos contrastes.

Esse foi o retrato do clero maranhense, do norte da Colônia e muito provavelmente dos sertões do Brasil. Indivíduos que ingressavam na carreira seja por condicionantes familiares, seja na busca das côngruas pagas pelo rei; sujeitos que enfrentavam longas e tortuosas distâncias para paroquiar almas, mas que ao mesmo tempo se valiam dessas agruras para justificar eventuais falhas; indivíduos que tinham seus defeitos de sangue ou de comportamento minimizados dada a tibieza com que apareciam os candidatos ao sacerdócio. Ordenados padres, tinham que enfrentar as grandes dimensões das suas freguesias, os parcos benefícios e uma população sempre crescente. Somado a isso, estava a difícil tarefa de ser parte importante na moralização dos comportamentos da comunidade que lhes circundava. Seus desvios, contudo, logo eram alarmados pelos fiéis. A Igreja católica foi se adaptando e sobrevivendo a essas circunstancias. Aceitava e mesmo tolerava alguns transgressores. Antes um mau pároco do que pároco algum.

---

[119] Analisei profundamente as trajetórias e formação intelectual dos indivíduos que ocupavam as mais importantes funções do juízo eclesiástico do Maranhão. A imensa maioria dos que chegariam à vigairaria-geral tinha grau de doutor pela Universidade de Coimbra e acumulou outras funções no governo diocesano local antes de ingressar no auditório eclesiástico. Para saber mais consultar: MENDONÇA, Pollyanna, G. *Parochos imperfeitos:* Justiça Eclesiástica e desvios do clero no Maranhão colonial. 2011. Tese – Programa de Pós-Graduação em História da Universidade Federal Fluminense, Niterói, 2011, pp. 46-72.

Bibliografia

CAMELO, Antonio Moreira. *Parocho perfeito Deduzido do Texto Sancto, e Sagrados Doutores para a pratica de reger e curar almas*. Lisboa: João da Costa, 1765, Sessão III, § TERCEIRO, AVISO XIV.

CARRATO, José Ferreira. *Igreja, Iluminismo e Escolas Mineiras Coloniais*. São Paulo: Edusp, 1968, pp. 74 e sgs.

Constituiçoens Primeiras do Arcebispado da Bahia, São Paulo: Typografia Dois de Dezembro, 1853.

GOUVEIA, Jaime Ricardo. A Quarta Porta do Inferno. A vigilância e disciplinamento da luxúria clerical no espaço luso-americano (1640-1750). Florença: IUE, 2012, dentre outros.

HOORNAERT, Eduardo; AZZI, Riolando (orgs). *História da Igreja no Brasil: primeira época*. 4ª ed. Petrópolis: Vozes, 1992, p. 190.

LIMA, Lana Lage da Gama. *A confissão pelo avesso*. O crime de solicitação no Brasil colonial. São Paulo: FFLCH/USP. 1990.

LIMA, Lana Lage da Gama.As Constituições da Bahia e a Reforma Tridentina do Clero no Brasil. In FEITLER, Bruno; SOUZA, Evergton (org.). *A Igreja no Brasil:* Normas e Práticas durante a vigência das Constituições Primeiras do Arcebispado da Bahia, São Paulo: Editora Unifesp, 2011.

MELLO, Evaldo Cabral de. *O nome e o sangue*. Rio de Janeiro: Topbooks, 2000, p. 55.

MEIRELES, Mário Martins. *História da Arquidiocese de São Luís*. São Luís: Universidade do Maranhão/ SIOGE. 1977, p. 119. Pacheco diverge ao afirmar terem sido ordenados 110 novos sacerdotes. PACHECO, op. cit., pp. 101-102.

MENDONÇA, Pollyanna Gouveia. *"Dos principais da terra:* padre João Baldez, concubinato e transgressão na Igreja do Maranhão Setecentista". In XII ENCONTRO

REGIONAL DE HISTÓRIA: ANPUH, Usos do Passado, 2006, Rio de Janeiro. *Anais*... Rio de Janeiro: Colorgraf. v. 1, pp. 180-181.

MENDONÇA, Pollyanna Gouveia. *Parochos imperfeitos:* Justiça Eclesiástica e desvios do clero no Maranhão colonial. 2011. Tese (Doutorado em História) – Programa de Pós-Graduação em História da Universidade Federal Fluminense, Niterói, 2011.

MENDONÇA, Pollyanna Gouveia. "Um cristão-novo governando o bispado? A trajetória de Filipe Camelo de Brito no Maranhão setecentista". In COSTA, Yuri; GALVES, Marcelo Cheche (orgs.). *Maranhão:* ensaios de biografia e história. São Luís: Café & Lapis; EDUEMA, 2011, pp. 231-252.

NEVES, Guilherme Pereira das. *E receberá mercê:* a Mesa de Consciência e Ordens e o clero secular no Brasil (1808-1828). Rio de Janeiro: Arquivo Nacional, 1997, p. 19.

NUNES, Aline. *A capitania de Minas Gerais entre 1750 e 1777:* Clero secular e regalismo. Mestrado em História – Programa de Pós-Graduação em História da Universidade Federal do Estado do Rio de Janeiro, Rio de Janeiro, 2010.

OLIVAL, Fernanda; MONTEIRO, Nuno. "Mobilidade social nas carreiras eclesiásticas em Portugal (1500-1820)". *Analise Social.* Lisboa: Instituto de Ciências Sociais da Universidade de Lisboa, 2003, v. XXXVII, n. 165, pp. 1213-1239, inverno de 2003.

OLIVEIRA, Anderson de. "Padre José Maurício: 'dispensa da cor', mobilidade social e recriação de hierarquias na América portuguesa". In GUEDES, Roberto (org.). *Dinâmica imperial no antigo regime português*: escravidão, governos, fronteiras, poderes, legados: séc. XVII-XIX. Rio de Janeiro: Mauad, 2011.

PACHECO, Felipe Condurú D. *História eclesiástica do Maranhão.* São Luís: S.E.N.E.C/ Departamento de Cultura. 1969, p. 101.

PAIVA, José Pedro. "Os mentores". In AZEVEDO, Carlos Moreira (Dir.) - *História Religiosa de Portugal.* Lisboa: Círculo de Leitores, 2000, vol. II, pp. 201-237.

RODRIGUES, Flávio (Mons.); SOUZA, Maria José Ferro. *O copiador de Dom Frei Manoel da Cruz.* Cadernos Históricos do Arquivo Eclesiástico de Mariana, vol. 5, 2008, p. 60.

SANTOS, Fabrício Forcato dos. *Conflitos setecentistas: sociedade e clero nas vilas de Curitiba e Paranaguá.* Mestrado em História – Programa de Pós-Graduação em História da Universidade Federal do Paraná, 2008.

SANTOS, Gustavo Mendonça dos. *Transgressão e cotidiano:* a vida dos clérigos do hábito de São Pedro nas freguesias do açúcar em Pernambuco na segunda metade do século XVIII (1750-1800). Mestrado em História – Programa de Pós-Graduação em História da Universidade Federal Rural de Pernambuco, Recife, 2013.

SANTOS, Gustavo; ALMEIDA, Suely. "*O clero secular*: a formação de um clero mestiço em Pernambuco no século XVIII". In II ENCONTRO INTERNACIONAL DE HISTÓRIA COLONIAL, 2008, Natal.

SILVA, Francisco de Paula e. *Apontamentos para a História eclesiástica do Maranhão.* Bahia: Tipografia de São Francisco, 1922, p. 122.

SILVA, Maria Beatriz Nizza da. *Vida privada e quotidiano no Brasil:* na época de D. Maria I e D. João VI. Lisboa: Editorial Estampa, 1993, pp. 63-189.

VEIGA, Eugênio de Andrade (Mons.). *Os párocos no Brasil no período colonial (1500–1822).* Salvador: Coleção Cardeal Brandão Vilela, 1977, p. 105.

VILLALTA, Luiz Carlos. "A igreja, a sociedade e o clero". In VILLALTA, Luiz C RESENDE, MARIA E. L (orgs.). *As Minas Setecentistas.* Vol II, Belo Horizonte: Autência; Cia. do Tempo, 2007.

WERNET, Augustin. *A igreja paulista no século XIX.* São Paulo; Ática, 1987, p. 63.

3

Sacerdotes en la encrucijada

Reflexiones sobre la vida clerical. El caso rioplatense, entre el antiguo régimen y los Estados nacionales

VALENTINA AYROLO[1]

La renovación de los estudios sobre el clero secular tiene por lo menos dos décadas en la historiografía argentina. El interés que despertó en tanto actor del proceso histórico es tributario de la trasformación de la propia historiografía argentina que en los años ochenta del siglo XX, se renovaba al calor de la vuelta a la democracia de nuestro país.

El desarrollo y crecimiento de la historia social y económica y con ella de los estudios rurales llevó a algunos investigadores a dedicar su trabajo al clero rural, sus espacios de actuación, sus carreras, sus formas de intervención social y política entre otros aspectos.[2] Lo mismo ocurrió con los cambios en la mirada, en los temas y focos de análisis de la historia política cuyo resultado también se vio

---

[1] Consejo Nacional de Investigaciones Científicas y Técnicas de la Argentina (CONICET) - Centro de Estudios Históricos (CEHis) - Universidad Nacional de Mar del Plata (UNMDP).

[2] Sobre todo se destaca la vasta producción de BARRAL, María Elena. Por una cuestión de espacio citaré solo el libro que condensa y amplía su tesis doctoral: *De sotanas por la Pampa*. Buenos Aires: Prometeo, 2007 y su reciente libro *Curas con los pies en la tierra. Una historia de la Iglesia en Argentina contada desde abajo*. Buenos Aires: Sudamericana, 2016.

plasmado en la elección del clero como tema de estudio.[3] A partir de ese momento, otras cuestiones vinculadas al clero, la religión y la religiosidad empezaron a ser objeto de interés por parte de nuevas generaciones de historiadores y gracias a ese proceso se produjeron varias tesis de grado y posgrado, que hoy nutren nuestra historiografía.

Por otra parte, el resurgir de estos temas de mano de historiadores profesionalizados generó confianza e interés por parte del resto de la historiografía que de a poco toma en cuenta la cuestión. En los últimos años los historiadores argentinos están más atentos a los estudios sobre la Iglesia y sus actores institucionales (no solo el clero) porque hay una aceptación de su importancia y de la necesidad de conocimiento para comprender de una manera más completa los procesos históricos.

Las páginas que siguen intentarán mostrar una parte de esta cosecha de veinte años de estudios sobre clero, por eso se nutren del trabajo colectivo de un conjunto de importantes historiadores y de mis propias investigaciones. Mi texto pretende ser una suerte de cotejo de la situación del clero que llamaré rioplatense, por ser este el virreinato al que pertenecieron aquellos que tomaré en mi examen. Desde el punto de vista cronológico, abarcaré las últimas décadas del siglo XVIII y las primeras décadas del XIX. Pasaré revista a cuestiones que se vinculan principalmente con cómo eran los sacerdotes disponibles en Río de la Plata.[4]

---

3 En este sentido son varios los trabajos que retoman la arista política de la participación del clero en el siglo XIX. Yo misma he desarrollado esta vía en mi tesis doctoral aparecida como: *Funcionarios de Dios y de la república. Clero y política en las autonomías provinciales*. Buenos Aires: Biblos, 2007 y en mi producción más reciente. Sobre la producción de otros autores y a modo de ejemplo pueden mencionarse los aportes de María Elena BARRAL, uno de los cuales presenta en este libro junto a V. Agustín GALIMBERTI, algunos trabajos de Roberto DI STEFANO, de Fernando URQUIZA y los trabajos de Gabriela CARETTA, de los cuales uno está incluido en este libro. Otros colegas han abordado también este tema pero de manera tangencial.

4 En sentido más estricto este espacio abarcaba el territorio de las diócesis del Tucumán (1570-1806) y a partir de 1806 se desmembra en dos: Salta y Córdoba y Buenos Aires (1620). Cabe señalar que en 1836 se crea la diócesis de

El trabajo se divide en tres partes conforme nos vamos acercando a quienes eran estos hombres. En el primer apartado, "Clérigos, ¿por qué?", nos ocupamos de una de las cuestiones más complicadas de determinar pero tal vez por ello fascinantes, ¿por qué un hombre de aquella época elegía ser sacerdote? ¿Vocación al sacerdocio? ¿Elección de una forma de vida? ¿Un deseo? Sin ánimo de proponer la lista posible de causas que habrían llevado a un hombre de aquellos siglos al sacerdocio aquí elegimos explorar estas tres aristas: vocación, elección y deseo.[5] El segundo subtítulo es "Clérigos, ¿para qué?". Aquí la pregunta se vincula con las funciones del clero, lo que se esperaba de él y el alcance de su ministerio. En el tercer subtítulo nos preguntamos por el lugar que ocupaba un clérigo en la sociedad de la que formaba parte. En "Un lugar para el clero" fijaremos nuestra atención en la función parroquial en relación con el espacio pero sobre todo con la comunidad que le daba sentido a su trabajo. Sin dudas en este recorrido atenderemos variables diversas que por un camino u otro nos permitirán seguir completando nuestra visión del clero rioplatense en contextos marcados por profundos cambios. No obstante sabemos que muchas cuestiones quedan abiertas.

Cuyo (las jurisdicciones de San Juan, Mendoza y San Luis) con sede en San Juan desmembrando una parte de la de Córdoba para conformar su territorio.

[5] Usaremos para nuestro análisis otro texto de esta misma compilación que ha nutrido nuestras reflexiones. Me refiero al texto de Gabriela CARETTA "La inclinación al estado" como categoría para pensar el ingreso al clero en el Tucumán colonial". En él su hipótesis descansa en la idea de que el ingreso al clero fue una forma o estrategia utilizada por una "casa" para establecer alianzas a través de los hijos varones, no ya con otra familia, sino con la institución eclesiástica y no a través del matrimonio (alianza matrimonial) sino gracias a otro sacramento, el orden sagrado.

1. Clérigos, ¿por qué?

La primera pregunta que desearíamos responder es aquella que se refiere a las causas por las cuales un joven del siglo XVIII o XIX destinaba su vida al sacerdocio. La respuesta es seguramente difícil y está encerrada en una serie de cuestiones que se vinculan con el entorno, esto es, con su familia y su medio cultural, y mucho menos con el individuo. Aunque resulta casi imposible precisar qué es la vocación, hoy la primera definición que se nos aparece remite a una elección individual, a un deseo propio. Por el contrario en el período que elegimos para este estudio los individuos no podían "leer" su propio deseo. Aunque en 1757 David Hume, en su libro *Disertación sobre las pasiones y otros ensayos morales*, mencionaba el deseo unido a la pasión como uno de los motores de la acción humana, para que estas observaciones fueran reconocidas y atendidas por los propios individuos, en general, pasaron muchas décadas. En este sentido la moral cristiana no colaboró.

Es por ello que parece necesario explorar aquellos estímulos que habrían inducido a un joven a tomar estado clerical sin olvidar que el sacerdocio era concebido como una profesión, tal como otras. Quien se ordenaba clérigo no lo hacía necesariamente en vistas de alcanzar y sostener una vida dedicada al servicio del prójimo. En general respondía, como veremos, a las necesidades de su entorno. Hace un tiempo afirmábamos que "los sacerdotes, atravesados por múltiples identidades, se mostraron ocasionalmente identificados con su profesión de 'curas de almas'".[6] Hoy podemos agregar que ciertamente esta dificultad para identificarse con su tarea, sobre todo en épocas de independencias,

---

[6] AYROLO, Valentina. "Entre los fieles y dios, hombres. Observaciones acerca del clero secular de la Diócesis de Córdoba en las primeras décadas del siglo XIX", en Valentina Ayrolo (comp.). *Estudios sobre clero iberoamericano, entre la independencia y el Estado-Nación*. Salta: Centro Promocional de las Investigaciones en Historia y Antropología (CEPIHA), EUNSa, 2006, pp. 93-114.

podría deberse a que el contenido y las funciones ligadas a esa profesión habían cambiado en un contexto en el que la sociedad se transformaba. Estos cambios tienen que ver con un proceso de especialización que implicó la profesionalización de las carreras, entre ellas de la propia actividad sacerdotal, en un escenario de lenta redefinición de esferas.

Sin dudas en la elección de una profesión, de una función social, la propia cultura del sujeto constituida por lo aprendido, lo observado, lo valorado, ese *habitus* que modelaba las formas de la sensibilidad y el pensamiento de los sujetos jugaron un rol fundamental,[7] más aun en épocas en que el propio deseo, la realización propia, no se expresaba. Por ello, la noción de inclinación al estado, tal como dan cuenta de ella los expedientes de órdenes, expresa con más fidelidad el proceso, que el deseo. En el por qué se elegía una profesión se habría manifestado una predisposición o tendencia del individuo a realizar lo que se esperaba de él. Aunque reflexionando sobre la época contemporánea, Pierre Bourdieu lo resume muy bien al decir que la vocación sería el resultado de un proceso dialéctico según el cual "uno se hace a aquello por lo cual uno es hecho y uno elige aquello por lo que uno es elegido".[8] De allí que lo que hoy denominamos "vocación" deba pensarse y concebirse como una construcción social.

Pero, como venimos repitiendo, esto sorprende menos incluso en un mundo que aún no ha experimentado la diferenciación de esferas y en el que los individuos todavía no se piensan como diferentes de los grupos que los representan y a través de los cuales se integran a la sociedad. Por lo tanto no tienen registro y/o percepción de sus deseos

---

7   El sentido en que tomamos la noción de *habitus* responde a la definición que de él dio Norbert Elias. Puede encontrarse un excelente estado de la cuestión al respecto en CORCUFF, Philippe. *Las nuevas sociologías. Principales corrientes y debates, 1980-2010.* Buenos Aires: S. XXI, 2013.
8   BOUDIEU, Pierre. "La creencia y el cuerpo", en *El sentido práctico*. Buenos Aires: Siglo XXI, 2007, p. 108.

personales, individuales.⁹ Veamos el caso de la presentación que realiza Fray Juan Manuel Olmo para obtener su secularización ya que nos servirá para pensar el tema. Según él mismo dice, había sido:

> inducido [a tomar estado eclesiástico VA] por los Superiores de la misma Orden, con quienes vivía desde su niñez *por causa de su educación, a emitir sin reflexión alguna y contra toda la inclinación de su ánimo la profesión religiosa*. De esto se ha seguido el no haber satisfecho nunca plenamente las obligaciones de la Regla.¹⁰

En el pedido de Olmos vemos aparecer los elementos que organizaron su "inclinación al estado".¹¹ En este ejemplo la decisión de ingresar al sacerdocio estuvo influida por la educación que recibió en el Convento. Allí se habría empapado del *habitus* propio del monasterio, situación que, según él mismo relata, lo habría condicionado a tomar estado eclesiástico.

Si nos remitimos a las interpretaciones acerca de este fenómeno podemos señalar algunas similitudes y diferencias entre los estudios sobre el espacio luso-brasileño y los que remiten al mundo hispanoamericano. Los trabajos sobre el primer grupo consideran que la elección del sacerdocio como forma de vida podría estar ligada a la posibilidad de ascenso social que esta profesión ofrecía para

---

9   ELIAS, Norbert. *La Société des individus*. Paris: Agora-Fayard, 1991.
10 GÓMEZ FERREYRA, Avelino (traducción, introducción y notas). *Viajeros pontificios al Río de la Plata y Chile (1823-1825): la primera misión pontificia a Hispano-América relatada por sus protagonistas*. Córdoba: Gobierno de la Provincia, 1970, pp. 133-134. En el expediente de ordenación de Mariano José Sánchez, hay expresiones similares que dan peso a nuestras afirmaciones. Dice Sánchez: "deseando servir a Dios en el estado sacerdotal a que me parece ser llamado, he vivido desde mi tierna edad en el servicio de sacristán menor de aquella iglesia [se refiere a alguna de las de la ciudad de Buenos Aires] por el dilatado espacio de trece años, hasta ponerme en aptitud de poder recibir los sagrados órdenes". Solicitud de ordenación con dimisorias, Archivo del Arzobispado de Córdoba (AAC), Legajo n° 24, año de 1796.
11 Ver el capítulo de Gabriela CARETTA en este mismo libro.

hijos bastardos o segundones, aunque también fue concebida como una forma de garantizar la unidad patrimonial de algunas familias.[12] Como en el caso lusitano, en el hispanoamericano, sabemos que durante la colonia y como parte de las estrategias familiares de las élites coloniales, un hijo clérigo también podía garantizar la indivisibilidad del patrimonio familiar, y en parte la salvaguarda de su patrimonio a través de la fundación de capellanías para la ordenación de varones de sus familias. También las donaciones extraordinarias realizadas a conventos femeninos donde muchas veces moraban hijas, sobrinas y nietas o la creación de iglesias mediante el sistema de patronato laical tenían el mismo propósito. Pero además, un sacerdote en la familia aumentaba las posibilidades de intervención de una "casa" en los espacios del poder.[13] Tan es así que puede observarse tanto en el caso lusiano como en el rioplatense, y sin dudas podría ocurrir lo mismo en otros lugares del espacio hispano, que algunas parroquias estuvieron ocupadas por determinadas familias durante años. Sin dudas, el interés social se conjugaba con el familiar impulsando a los jóvenes a tomar estado clerical.

Para el Río de la Plata y el Tucumán hay varios trabajos que permiten constatar que algunas parroquias estuvieron administradas por una suerte de "linaje de curas" que incluían tíos y sobrinos que se sucedían entre sí. Para ello

---

[12] VILLALTA, Luiz Carlos. "A igreja, a sociedade e o clero", en VILLALTA, Luiz C.; RESENDE, Maria E. L. (orgs.). *As Minas Setecentistas*. Vol II, Belo Horizonte: Autência; Cia. do Tempo, 2007.

[13] Hacemos referencia a la lógica de las Casas -entendida esta como familia extensa- tan propia del periodo colonial en los espacios americanos. Las Casas se identifican por un apellido, una compleja trama de relaciones familiares, pero además por un patrimonio material y simbólico. Ver por ejemplo: BOIXADOS, Roxana. "Familia, herencia e identidad. Las estrategias de reproducción de la elite en la Rioja colonial (Gobernación del Tucumán, siglo VII y principios del XVIII)". *Revista de demografía histórica*, XIX, II, Segunda época, 2001, pp. 160-161.

fueron utilizados diversos mecanismos.[14] Esto pasó con los Cossio y Terán, en San Nicolás de los Arroyos (Buenos Aires), quienes ocuparon durante varias generaciones la misma parroquia, como lo ha estudiado María Elena Barral.[15] En otros casos el control sobre todos los resortes de una jurisdicción estaba en manos de una familia, como en el caso de los Isasmendi del curato de Molinos, Salta, que estudió Gabriela Caretta.[16] Para La Rioja sabemos, por ejemplo, que Juan de Dios y Juan Gregorio Villafañe, hermanos, cumplieron funciones dentro de la vicaría contemporáneamente. Lo mismo ocurrió con José Gabriel y José Nicolás Ortiz de Ocampo mientras que un tercer hermano de estos, Andrés Nicolás, habría estado viviendo en Córdoba -cabecera diocesana- desde donde podía realizar gestiones en función de la familia. El caso de tíos y sobrinos coetáneos en el ejercicio sacerdotal era también muy común. Así, por ejemplo, en 1819 Julián Carmona es cura excusador del beneficio rectoral del que era propietario su tío Nicolás.[17] Lo mismo es observado por Pollyanna Gouveia Mendonça Muniz para el obispado de Maranhão, de modo tal que podríamos aventurarnos a pensar que era una práctica común al mundo ibérico.[18]

---

[14] Ver CARETTA, Gabriela. "Con el poder de las palabras y de los hechos", en Sara Mata (comp.). *Persistencias y cambios: Salta y el Noroeste Argentino. 1770-1840*. Rosario: Prohistoria, 1999; BARRAL, María Elena. *De sotanas por la Pampa...*, op. cit., pp. 36-38; BARRAL, María Elena. "Las parroquias rurales de Buenos Aires entre 1730 y 1820", *Andes. Antropología e Historia*, N° 15, 2004, CEPIHA-UNSa, pp. 30-33 y DI STEFANO, Roberto *El púlpito y la plaza...*, op. cit., pp. 44-45.

[15] BARRAL, María Elena. *De sotanas por la Pampa...* op. cit., pp. 36-38; BARRAL, María Elena "Las parroquias...", op. cit.

[16] Ver CARETTA, Gabriela. "Con el poder de las palabras...", op. cit.

[17] AYROLO, Valentina. "El mundo clerical riojano en la vicaría foránea de la rioja, entre finales del siglo XVIII y principios del XIX", Dossier de *Temas sobre Clero en espacios iberoamericanos*, coord. Ayrolo, Valentina; MACHADO DE OLIVEIRA, Anderson, Revista ANDES n° 25, 2014, pp. 1-22.

[18] Consultar el capítulo de Gouveia Mendonça Muniz de este libro.

Además muchos clérigos, gracias a su ordenación a título de patrimonio o capellanía, quedaban exceptuados de las cargas pastorales y en sentido estricto de la obediencia al obispo, situación que les daba cierta libertad de movimiento que supieron aprovechar para construirse mejores carreras y dotarse de variados recursos. Muchas veces las actividades combinaban la impartición de sacramentos con los negocios familiares o privados. Otras veces la sola administración de un curato se convertía en un negocio.

Consideremos ahora algunos indicadores que podrían dar cuenta de la importancia del sacerdocio en el Río de la Plata entre finales del siglo XVIII y mediados del siglo XIX revelando cómo la sociedad marcó "la inclinación al estado sacerdotal". Para ello contamos con datos que han sido recogidos de trabajos anteriores por muchos de mis colegas y por mí misma.[19] Nos preguntamos entonces si la cantidad de ordenaciones puede ser leída como un posible indicador del interés que esta profesión tenía en las sociedades rioplatenses. Observando el número de ordenaciones entre finales del siglo XVIII y principios del XIX, sabemos que tanto en Buenos Aires como en Córdoba y Salta a finales del siglo XVIII no se produjo la caída del número de ordenados, aunque en Buenos Aires parece sí haberse producido una disminución en el número de sacerdotes antes de la Revolución de 1810 como consecuencia de la llegada de un nuevo obispo de la sede porteña.[20] Se han buscado diversas explicaciones para justificar el aumento o disminución de las ordenaciones, pero lo cierto es que en todos los espacios se observa una merma en las ordenaciones durante la

---

[19] Los datos que mencionaremos fueron presentados en AYROLO, Valentina. "El clero rioplatense en contextos de secularización", en Valentina AYROLO, María Elena BARRAL y Roberto DI STEFANO (coord.). *Catolicismo y secularización. Argentina en la primera mitad del siglo XIX*. Buenos Aires: Biblos, 2012, pp. 17-37.
[20] Los trabajos que apoyan empíricamente estos datos están citados en AYROLO, Valentina. "El clero rioplatense en contextos de secularización", op. cit. Por una cuestión de espacio remito al lector a dicho trabajo.

primera década del siglo XIX, situación que puede explicarse por el contexto revolucionario que abren las invasiones inglesas al Río de la Plata en 1806. El período que se inicia en 1810 con la Revolución en nombre de Fernando VII, que traerá la independencia en 1816, pero sobre todo los acontecimientos que siguen al año de 1820, sumó a la inestabilidad política un largo período de incomunicación con Roma y vacancia de las diócesis. Esta conjunción de eventos produjo situaciones como las vividas en la diócesis de Córdoba, donde las ordenaciones se concentraron en dos períodos, 1804-1815 y 1829-1835, momentos que coincidieron con la llegada de algún prelado de paso por el obispado o bien, con la ocupación efectiva, aunque inestable, de la mitra cordobesa.

Pero en las primeras décadas del siglo XIX las cosas comenzaron a cambiar. Si miramos particularmente el mundo rioplatense, tener un hijo clérigo ya no era una de las vías más buscadas para garantizar prestigio y poder a una familia. Como resultado de un complejo proceso que implicó coetáneamente el inicio del desarrollo de separación de esferas y la autonomización de las mismas, así como la construcción de los Estados nacionales, otras profesiones hicieron su aparición para resolver las nuevas necesidades de la modernidad política convirtiéndose en opciones para ganarse la vida. Es justamente en ese momento cuando los historiadores observamos una baja en el número de ordenaciones en coincidencia con una profunda crisis de las órdenes regulares y un proceso acotado de secularización de frailes que no llegó a cubrir los requerimientos diocesanos.[21]

---

[21] AYROLO, Valentina. "¿Nuevos integrantes para el clero secular? La inserción del clero secularizado en las estructuras diocesanas de Cuyo (1824-1840)", en BARRAL, Mará Elena y SILVEIRA, Marco Antonio (coord.). *Diálogos entre Brasil y Argentina*, Rosario: PROHISTORIA, 2015, pp. 191-209.

Por eso no sería vano considerar que la decadencia del clero y la falta de vocaciones pueden estar hablando del agotamiento de un modelo de clérigo y de la necesidad de transformar tanto su perfil como su articulación con la sociedad. En este sentido los datos sobre el número podrían leerse como la adecuación del clero a los nuevos tiempos.

2. Sacerdotes, ¿para qué?

La pregunta que orienta este apartado se vincula con las funciones del clero, lo que se esperaba de él y el alcance de su ministerio. Para ello nos conviene recordar algunos aspectos del trabajo clerical pero sobre todo aquello que mencionamos en cuanto a que los sacerdotes estaban atravesados por múltiples identidades. Reconocer este hecho deja al descubierto sus otras identidades, sus otros compromisos: los personales, los familiares, sus "amigos", sus aliados, sus intereses y nos permite sostener que este clero conservará un perfil antiguo-regimental durante un largo tiempo.

Si bien en Trento se habían tratado de delinear los rasgos que debía tener el clero, es solo tardíamente que se alcanza a completar, y solo en parte, esta transformación. Las pautas mínimas que se establecieron se referían en primer lugar a la forma de vida de los sacerdotes llamando la atención sobre la necesidad de garantizarles su sustento para evitar la mendicidad o la ocupación de estos en otros oficios. La idea de que pudiesen vivir de su profesión, como lo indica la sesión 21º del Concilio, descansa en que de ahora en adelante solo podrían cumplir una función y dedicarse a ella y únicamente así, realizándola, obtendrían una remuneración que les permitiese vivir. De algún modo el planteo remite al proceso de profesionalización que, para el clero, será muy posterior.

La segunda cuestión concernía a la figura del sacerdote como mediador entre los fieles y Dios, como lo señalaba el propio Concilio. Aquí sí el Concilio definía una nueva función para el clero vinculándola a dos sacramentos: la eucaristía y la confesión. En ambos casos recibir la gracia dependía de la intercesión del sacerdote, él era un verdadero mediador.[22] Sin dudas, la función de intermediario fue útil a la monarquía española y luego a los gobiernos independientes en tanto y en cuanto estimuló el carácter de funcionarios de los ministros, resultado que puede apreciarse en la actuación y desempeño del clero durante principios del siglo XIX.

La situación abierta por la crisis política de 1808 en la península ibérica traerá aparejada una revolución en el Río de la Plata que estallará en los primeros días de mayo de 1810. Este proceso finalmente desembocará en la declaración de la Independencia en 1816. Estas circunstancias reafirmarán al clero rioplatense en su rol de portavoz del nuevo poder. Por ello, los gobiernos exigirán fidelidad y predicamento entre la feligresía como una forma de garantizar la perdurabilidad de la Revolución. La idea de que el clero actuara como generador de consenso estuvo presente desde el inicio del proceso revolucionario.[23]

Como vimos, en las primeras décadas del siglo XIX el entorno político no fue propicio para la incorporación de nuevos hombres al sacerdocio. La necesidad de párrocos, en un contexto de escasez, se agravó con el correr de los años ya que debido a su gran versatilidad muchos sacerdotes fueron convocados por los nuevos gobiernos para cumplir funciones políticas. Legisladores, asesores, catedráticos, maestros e incluso, en casos extremos, gobernadores fueron destinos usuales para los clérigos de principios del siglo

---

[22] Ver LEMAITRE, Nicole (dir.). *Histoire des curés*, Paris: Fayard, 2002, cap. VII.
[23] AYROLO, Valentina. "Una nueva lectura de los informes de la misión Muzi: La Santa Sede y la Iglesia de las Provincias Unidas", *Boletín del Instituto de Historia Argentina y Americana "Dr. Emilio Ravignani"* (UBA), Nº 14, 3era. serie, 1996/97, pp. 31-60 y AYROLO, Valentina. *Funcionarios de Dios*, op. cit.

XIX, que convertidos en funcionarios pusieron sus saberes a disposición del poder civil. Sin dudas esta reconversión, vista a los ojos de hoy, parece una estrategia de supervivencia. Y en un sentido lo fue. Incluso los regulares secularizados optaron y fueron convocados a participar en política.

En los primeros años de la década de 1820, en la región rioplatense, se abrió un proceso de reformas que implicó básicamente pero no solo a las Órdenes regulares masculinas.[24] Muchos frailes pidieron su secularización y pasaron a ocupar cargos en la estructura diocesana pero no siempre en una parroquia. Un ejemplo, que no es el único, es el del dominico fray José Ignacio Grela, a quien se le atribuían dotes de buen orador y un "indiscutible ascendente sobre los núcleos más humildes y turbulentos".[25] Según dicen sus biógrafos, el fraile antes de alcanzar su secularización participó abiertamente en política desde las invasiones inglesas a la ciudad de Buenos Aires en 1806 y 1807. Luego de ello, cumplió funciones como provincial de su orden en Buenos Aires en 1815 -elección realizada con la presión del gobierno político de la Revolución-, y participó unos años después en una revolución desatada en la misma ciudad, en 1820. En 1823 Grela pide y obtiene su secularización. Luego de ella, sabemos que fue director de la biblioteca de la ciudad y entre 1827 y 1828 fue legislador de la Sala de Representantes de Buenos Aires. Este ejemplo y muchos otros nos permiten pensar que durante estos años el lugar del clero cambió, y no solo el del secular sino también el del regular, siguiendo una tendencia que marcó, por lo menos, al mundo ibérico.

Por ello, consideramos que el hecho de haber convertido al clero en funcionario de Dios y de las repúblicas inició un proceso de extrañamiento que derivó en la percepción

---

24 Buenos Aires promueve su reforma en 1822, Mendoza en 1823 y San Juan en 1824.
25 TONDA, Américo. "El proceso de secularización del dominico José Ignacio Grela", en *Revista del Instituto de Historia del Derecho*, nº 20, Buenos Aires, 1969, pp. 288-310.

de los sacerdotes como individuos que debían separarse de las tareas políticas y ocupar su rol de "pastores de rebaño".[26] En cierta manera este proceso coadyuvó a la separación de esferas. Esto ocurrió mientras se producía el natural envejecimiento y desaparición del clero antiguo-regimental. Lo que arrancó para ellos como una aventura en 1810, en 1820 aparecía como una oportunidad atractiva y beneficiosa de recomponer su lugar en el concierto social. Luego, el grupo de clérigos que había estado activo durante la colonia y había intervenido exitosamente en la coyuntura de la independencia era anciano hacia 1830 y había desaparecido casi por completo para 1850.

3. Un lugar para el clero, ¿cuál?

En este tercer y último título nos preguntamos por el lugar que ocupaba un clérigo en la sociedad fijando nuestra atención en una dimensión diferente, la de la comunidad que daba sentido a su trabajo. Para ello utilizaremos, a modo de ejemplo, un espacio en Córdoba, y mostraremos tres tipos diferentes de perfiles clericales que cohabitaron en aquel tiempo. Curas turbulentos, clérigos sabios y "pastores de almas" cubrieron con mayor o menor eficacia las tareas que se les encomendaron y para las que se supone estaban preparados.

---

[26] Ejemplo de lo que digo son las palabras del legislador provincial Modestino Pizarro pronunciadas en la Sala de Representantes en 1852: "Los ministros del evangelio tomaban parte en las facciones políticas, y concitaban las masas contra los de opinión contraria, llamándolos herejes, se escribía en un pendón de sangre, la palabra religión y con ella se encubrían sus pasiones e ideas mundanas. [...] El pueblo entonces como ahora no necesitaba tener Richelieu ni Mazarinos, entre sus pastores; ahora como entonces necesita tener hombres viriles, sacerdotes dogmatizantes como La Cordair y Le Couer". Citado por PAVONI, Norma. *Córdoba y el Gobierno nacional*. Córdoba: ed. Banco de Córdoba, 1993, T.II, Apéndice documental, p. 101.

Antes es necesario hacer mención al contexto político en que estos hombres, los de nuestros ejemplos, desarrollaron sus labores. Como ya hemos mencionado, en el espacio rioplatense la atención espiritual en las parroquias se había nutrido hasta mediados de la década de 1820, por lo menos, de un heterogéneo grupo de eclesiásticos conformado por clérigos seculares y regulares que prestaban servicios religiosos en las parroquias aunque sus funciones eran diferenciadas. Los curas diocesanos generalmente eran los propietarios de los beneficios parroquiales y los frailes sus ayudantes o sus excusadores, esto es, quienes los sustituían durante sus ausencias. Hasta principios del siglo XIX, los eclesiásticos de la campaña contaban con recursos que potenciaban su mediación social, como la capacidad de resolver asuntos judiciales locales a través de formas específicas de intervención en la situación que los ubicaba en un lugar diferente y jerarquizado socialmente.[27] Como ya mencionamos varias veces, la Revolución y la independencia conllevaron un proceso de politización que tuvo como efecto cambiar el sentido y el curso de las acciones sacerdotales.[28]

Como solía ocurrir, cada parroquia contaba con un cura párroco, el cual, dependiendo de las circunstancias, bien variadas, tenía uno o más ayudantes permanentes o circunstanciales.[29] Pero además, como era costumbre,

---

[27] Para este asunto ver por ejemplo: BARRAL, María Elena. "Fuera y dentro del confesionario. Los párrocos rurales de Buenos Aires como jueces eclesiásticos a fines del período colonial", *Quinto Sol*, n° 7, pp. 11-36, 2003 y MORICONI, Miriam. "La administración de la justicia eclesiástica en el Río de la Plata, s. XVII-XVIII: un horizonte historiográfico", *Historia de la Historiografía*, Ouro Preto, n° 11, abril 2013, pp. 210-229.

[28] Sobre este particular puede consultarse AYROLO, Valentina y BARRAL, María Elena. "El clero rural, sus formas de intervención social y su politización (las Diócesis de Buenos Aires y Córdoba en la primera mitad del siglo XIX)", *Anuario de Estudios Americanos de Sevilla*, volumen 69, n.° 1, 2012.

[29] Según decía Orellana en un documento de 1814 dirigido al gobernador de Córdoba Antonio Ortiz de Ocampo, a los ayudantes "... siempre se les ha dejado la elección y arbitrio de servir con aquel Párroco que más les acomode, y por el tiempo de su voluntad, lo mismo que a los párrocos se les precisa

algunos clérigos ordenados a título de patrimonio o capellanía vivían en sus propiedades con sus familias ajustando el modelo clerical a la lógica de las Casas y de la Iglesia antiguo-regimental. De esta forma, la cantidad de sacerdotes existentes en una parroquia variaba sin que podamos tener un panorama ajustado del total de clero para cada jurisdicción debido a los altos niveles de movilidad de los hombres en aquellos tiempos. Precisamente por eso parece bien lógico que entre los curas de la jurisdicción cordobesa podamos contar díscolos y conflictivos, instruidos y respetados, como así también a sacerdotes comprometidos con su feligresía y su ministerio. Ninguno de estos extremos fueron norma y de todos hubo casos en Córdoba y La Rioja. Para poder observar las diversas formas en que fue entendida la cura de almas y en que ella se impartió adivinando el sentido de la función sacerdotal, nos sumergiremos en algunos ejemplos.

A. Revoltosos

En 1816, los vecinos de la parroquia de Río Tercero Abajo se quejan del "furioso carácter" de su cura Cosme Damián Blanes.[30] Según mencionan los que firman el pedido de separación del cura de su parroquia, este "llegó a ultrajar a algunas personas honradas" dentro de la propia iglesia cuando iban a cumplir con su precepto anual. Tambien se mencionan sus "palabrotas indecentes" tratando a sus feligreses de "guasos" y "guancos", su compostura exterior de la que se dice: "ha tenido la costumbre de vestirse de un modo tan profano y charro que más parece un barbero o

---

tener ayudantes, dejando a su arbitrio la elección de sujetos; porque siendo tan interesante al ministerio pastoral la unión y buena armonía de los sacerdotes que deben desempeñarle, se ha querido más bien dejarles en esta libertad a precisarles que se valgan de sujetos con quienes no pueden congeniar". Archivo del Arzobispado de Córdoba (AAC) Leg. 39 *Comunicaciones con el Gobierno Provincial*, T.1.

[30] AAC, Legajo n° 35, T, IV, 12 de noviembre de 1816.

farsante que sacerdote"[31] y el mal ejemplo dado "con una mujer de medio pelo e incógnita", son los motivos aducidos por los feligreses para solicitar se cambie a este cura por su ayudante. La denuncia al cura Blanes derivó en su arresto y juicio posterior por el que resultó removido de su cargo de cura párroco propietario.[32] El reconocimiento y denuncia del mal comportamiento del cura en varias áreas que implicaban principalmente su ministerio y luego su comportamiento individual, siempre en este orden, fue el límite puesto por los propios feligreses para tolerar a un párroco. Iguales motivos son señalados por Nicole Lemaitre para la Europa pretridentina. Según reconoce la autora esto comenzó a ser así porque para entonces

> el cuerpo eclesial reconocía cada vez más que el cura debía guiar a su pueblo hacia la salvación, por el ejemplo y la enseñanza. Para esto debía ser capaz de predicar ya que según una máxima de las sagradas escrituras frecuentemente utilizada: "si un ciego guía a otros ciegos caerán todos en una fosa". Debía ser un hombre de consejo, porque todos sus parroquianos estaban obligados a confesarse con él por lo menos una vez al año. Debía ser también un modelo de moral.[33]

Aunque con cierto retraso, se puede afirmar que a finales del siglo XVIII, en la diócesis de Córdoba, los fieles ya habían transitado este camino y estaban en condiciones de reconocer a un cura eficiente en sus labores.

---

31 En el Concilio de Trento se había decretado que los sacerdotes "... mediante el aspecto externo muestren la rectitud interior y su moral", *Concilio de Trento*, sesión 14, *Reformatione*, cap. 6. La decencia y decoro exterior fue la forma de representar el lugar preeminente que les correspondía en la sociedad.
32 El juicio es muy interesante si consideramos la acusación pero también por la propia defensa que elabora Blanes. Todo está en el mismo legajo anteriormente citado.
33 LEMAITRE, Nicole (coord.). *Histories des cures*, op. cit., p. 166 (traducción de Elvira Ezcurra).

En 1822 el presbítero Juan Ignacio Becerra vivía en el curato de Piedra Blanca, jurisdicción de San Luis, diócesis de Córdoba. No era su párroco, sino el ayudante. En el mes de mayo el provisor del obispado recibía una carta del cura de dicho lugar en la que se quejaba amargamente del comportamiento, a su juicio incorregible, de Becerra. Las imputaciones que se le hacían eran las siguientes: "ser este eclesiástico un hombre infatigable en promover la discordia entre los vecinos sembrando la cizaña de los cuentos, chismes y enredos, para cuyo fin no reserva, y aun hace servirlo más sagrado que es el sigilo sacramental".[34] La fama de pendenciero precedía a Becerra, quien habiendo sido llamado para cubrir una ayudantía en la capilla del Talar del curato de San Javier (jurisdicción de Córdoba), había sido expulsado -tres meses después- por idénticas razones. Según agregaba la carta luego de describir varios casos, era voz común que el cura Becerra "contaba los pecados que oía en la confesión".[35] Aparentemente los vecinos no pudieron removerlo y el incorregible cura siguió viviendo en Piedra Blanca sin poder cubrir, aparentemente, una sola de las calidades que se le exigían a un sacerdote desde Trento. ¿Cómo logró seguir en dicho lugar? La respuesta está en una de las cuestiones que hemos mencionado antes, el contexto revolucionario habilitó nuevos canales para negociar, por eso Becerra logró permanecer en San Luis gracias a su capacidad de tratar con el poder de turno y a las relaciones que tenía en dicha jurisdicción. Por eso en 1826, aunque los problemas seguían, para entonces Becerra había podido dar vuelta la partida a su favor objetando al cura párroco, inhabilitándolo, a través de una red de relaciones personales que alcazaba al gobernador de la provincia.

---

[34] ACC, Legajo n° 34, T. IV. Carta del cura José Hipólito Ramallo, Parroquia de Piedra Blanca, San Luis, mayo de 1822.
[35] ACC, Legajo n° 34, T. IV. Carta del cura José Hipólito Ramallo, *ibidem*.

B. Ilustrados

Las condiciones de vida en la región del Tucumán llevaron a que el clero secular se formara en la Universidad de Córdoba, donde compartió aulas, saberes y espacios de sociabilidad con sus pares seglares. Este hecho, más la imbricación entre poder político-administrativo e Iglesia, consolidó un único grupo de intelectuales de igual origen (la elite rioplatense), quienes con una formación semejante solo separaron sus caminos en el ámbito de algunas funciones sociales específicas e intransferibles (sagradas) que le eran conferidas al clero por sobre el resto. Esta legitimidad incuestionable convertía a estos hombres en interesantes e imprescindibles para la administración política.

Ilustraremos este perfil con otro par de ejemplos que sin duda son solo dos casos entre los muchos que podríamos mencionar. La presencia de la única universidad de la región y de su seminario conciliar explican la importante proporción de sacerdotes-letrados que hubo en la jurisdicción cordobesa.[36] Por eso muchos de ellos ejercieron tareas docentes o políticas permaneciendo en las ciudades. La educación para estos hombres fue un capital de primer orden que los habilitó a intervenir en varios campos, no solo en el eclesiástico. Las relaciones que allí se tejieron dieron lugar a otros ámbitos de sociabilidad en los que estos hombres se encontraron para discutir, leer, opinar e intercambiar

---

[36] La importancia que los ámbitos de educación tuvieron para la formación de "cuadros" políticos en los nuevos Estados fue subrayada por varios estudios. Me interesa aquí destacar el trabajo de Clément Thibaud, *La Academia Carolina y la independencia de América. Los abogados de Chuquisaca (1776-1809)*, Sucre, Editorial Charcas, Fundación Cultural del Banco Central de Bolivia, Archivo y Biblioteca Nacionales de Bolivia, 2010. Personalmente me ocupé del asunto en AYROLO, Valentina. "La Universidad de Córdoba en el siglo XIX. Escuela de políticos, intelectuales y administradores de los nuevos Estados", en Servetto, Alicia y Saur, Daniel, *Universidad Nacional de Córdoba y sociedad: escenarios y sentidos. Cuatrocientos años de historia*. Córdoba: Editorial de la UNC, 2013, Tomo 1, pp. 209-226. Sobre el mundo luso-brasileño recomiendo la lectura del muy interesante capítulo que al respecto escribe Antonio Jorge Siqueira en este mismo volumen.

ideas. En tiempos de revolución y cambio, estos vínculos se fortalecieron o se quebraron según el rumbo que tomó cada uno. No obstante, el haber compartido aulas creó lazos que las diferencias políticas no lograr romper del todo.

Gregorio Funes había nacido en Córdoba en 1749. Allí se formó en las primeras letras y comenzó sus estudios en la universidad. Luego de haber obtenido el título de doctor en teología en Córdoba, pasó a España en 1775 para estudiar en la Universidad de Alcalá de Henares, donde en 1777 recibió el título de bachiller en derecho civil. Un año después fue premiado por el rey con una canonjía de gracia en el Cabildo Catedral de Córdoba. Su nuevo puesto lo obligó a volver a América en 1778 acompañando al obispo Joseph de San Alberto que había sido elegido para ocupar la mitra cordobesa. Aunque en su autobiografía Funes escribía de sí mismo: "No hubo empleo en su carrera eclesiástica que después no obtuviese",[37] la verdad es que tuvo que pelear por cada espacio nuevo que quiso ocupar: la dirección de la Universidad, el cargo de provisor del obispado, etc. Elegido como diputado por Córdoba para la Junta que se celebraría allí con motivo de la Revolución de 1810, Funes partió a Buenos Aires a finales de ese año. Allí permaneció y durante dos años asumió, a través de su rol de publicista, la voz de los revolucionarios en las páginas del periódico *La Gaceta de Buenos Aires*. Gracias a sus actividades fue ampliando sus redes relacionales, lo que finalmente le traería otros beneficios, como el nombramiento de cónsul colombiano en Buenos Aires, pero también deán de la Catedral de la Paz (Bolivia). Como señaló el historiador argentino Tulio Halperin Donghi:

---

[37] *Archivo del Dr. Gregorio Funes de la Santa Iglesia Catedral de Córdoba*, Buenos Aires, 1949, p. 195.

...la revolución [se refiere a la de independencia] abre para el más ilustre de los Funes [Gregorio] una carrera que, aunque rica en altibajos e incapaz de asegurarle estabilidad económica, hace del ambicioso eclesiástico cordobés una de las figuras más célebres -ya que no más influyentes- del nuevo Estado.[38]

Se dijo de Pedro Antonio de la Colina, que estaba "...adornado de aquellas bellas cualidades que exigen los sagrados cánones para el sacerdocio...".[39] Cursó sus estudios en la Universidad de Córdoba donde alcanzó el grado de Maestro en Artes y de Doctor en Sagrada Teología. En 1791 se ordenó sacerdote a título de patrimonio con 3000 pesos. Si realizamos un rápido recorrido por su carrera vemos que una vez sacerdote, desempeñó diversas funciones ligadas a la iglesia matriz de La Rioja hasta que en 1795 se lo traslada como cura en propiedad al partido de Arauco, donde la presencia indígena era importante. Ejerce poco tiempo el ministerio aduciendo que el ejercicio sacerdotal lo enloquecía y que su feligresía lo molestaba a causa de su ignorancia.[40] Una vez lejos de Arauco, y ya al final de su vida, entre los años 1836 y 1838, de la Colina se desempeñó como vicario foráneo de La Rioja. En ese rol, una de sus tareas más destacadas siguió siendo la de instruir y direccionar su clero, tarea para la cual se sentía preparado. De la Colina se presenta como el clásico caso del clérigo que por su educación más esmerada, aspiró a ocupar los espacios más prestigiosos dentro de su región de pertenencia.

---

38 HALPERIN DONGHI, Tulio. *Revolución y Guerra*. Buenos Aires: Siglo XXI, 1972, p. 239.
39 AAC, Legajo n° 25, T II, 1790, Obispo Mariano Moscoso.
40 "Informe que hace el canónigo de Merced Mxo. Dn. Miguel del Moral visitador de la ciudad de la Rioja a su SS. Illa el Dr. Dn. Ángel Mariano Moscoso, en cumplimiento de su superior orden, sobre el número de clérigos que residen en esta ciudad y su jurisdicción, el título a que se ordenaron y los ministerios en que se ocupan es como sigue...", 1795 - Archivo del ex Instituto de Estudios Americanistas (IEA), n?124. La cursiva es mía.

Los casos mencionados nos hablan de dos clérigos que por su preparación y sus aspiraciones encontraron en las ciudades "su lugar en el mundo" y el ámbito adecuado para el ejercicio de su ministerio y el desarrollo de sus carreras intelectuales. Estos hombres estaban preparados para ocupar los puestos más interesantes dentro de la estructura diocesana pero también en algunos ámbitos civiles. Por ello entendían sus tareas pastorales como aquellas que implicaban un cierto poder de gestión y mando. Ambas cuestiones ligadas al capital cultural y relacional que detentaban.

C. "Pastores de almas"

Joseph Manuel Guzmán era ayudante del cura Cosme Damián Blanes en la parroquia de Rio Tercero Abajo. En el marco de la denuncia que en 1816 se le realizó a dicho párroco por incumplimiento de sus tareas pastorales, los vecinos del Río Tercero piden que Guzmán sustituya a Blanes convirtiéndose en su párroco. Ahora, en función de identificar cómo percibían los feligreses las funciones que debían cumplir los sacerdotes intentaremos ver como las llevaban a cabo. Guzmán gozaba del aprecio de los fieles por "su acostumbrada bondad, y caridad, a costa de fatigas", porque "nos ha sabido siempre cuidar espiritual, y aun corporalmente, porque ha llegado a hacer sacrificios a su corta sustancia para socorrer la indigencia de los miserables".[41] Estas palabras favorables que sobre el cura pronuncian los feligreses de Tercero Abajo son parte de una larga lista que parece demostrar de manera incuestionable las virtudes de un buen párroco: "Siempre infatigable en el desempeño de su ministerio", "Dando el ejemplo en todas sus acciones", "Derramando la semilla del Evangelio no solo los días festivos", "Haciendo correr sus lágrimas públicamente a fin de mover las nuestras a verdadera penitencia", "Teniendo la bondad de galopar distancias considerables a

---

[41] AAC, Legajo n° 35, T IV.

solo socorrer a las almas". Finalmente Guzmán es definido como un sacerdote "cuyo juicio, virtud y patriotismo" lo harían merecedor del cargo de párroco propietario.[42] Tratando de alejarnos de los dichos de los vecinos y, claro está, sin cuestionarlos podemos observar que la lista de virtudes se acerca mucho a las que Trento había definido como deseables en un sacerdote. Justamente esas "virtudes" eran sobre las que los visitadores eclesiásticos pasaban revista en sus recorridas por la diócesis. En particular sabemos que el visitador debía indagar, a partir de las informaciones que le brindaban los feligreses, acerca de si todos los sacramentos se administraban en tiempo y forma, sobre cómo vivía el párroco, lo que implicaba evaluar su estilo de vida,[43] debía preguntar e informarse acerca de si le gustaba el juego, la bebida o las relaciones impropias con mujeres o la ocultación de su estado sacerdotal; estas cuestiones parecen estar salvadas en el caso de Guzmán y en el del cura Herrera que presentaremos a continuación.

Como en el caso anterior, este clérigo fue recordado por sus feligreses por haber cumplido con sus obligaciones, o más bien con lo que estos esperaban de ellos. Tal es el caso de Manuel Herrera, cura de Guandacol, La Rioja. Los estrechos vínculos que parece haber sostenido el cura Herrera con su comunidad no solo quedaron patentizados en la ayuda que el pueblo brindó para la refacción de la iglesia, sino también en la opinión que de él se emitió a la hora de la visita canónica de 1813. Según los feligreses de Guandacol, el párroco: "ha mejorado las costumbres

---

[42] AAC, Legajo n° 35, T IV.
[43] Para que se considere público pecado tiene que tener las siguientes características, según Reina Maldonado: ser "probable", distinguiéndose de lo que es "oculto" porque se puede comprobar por más de un testigo; ser "famoso", porque de él "hay fama y publicidad en la República"; ser "notorio" porque se comete "en publicidad y presencia de muchos". Citado por MARTINI, Mónica P. "Perfil jurídico de la visita pastoral. Aportes a su aplicación dentro del actual territorio argentino", en *XI Congreso del Instituto internacional de historia del derecho indiano*. Instituto de investigaciones de Historia del Derecho Indiano, Buenos Aires, 1997, nota 25, p. 270.

de sus feligreses corrompidas antes de su entrada en este curato con su ejemplo"; "Con sus palabras y ejemplo desterró el vicio de la embriaguez incluso a los muchachos y jóvenes."[44] Sus calidades fueron apreciadas por feligreses de otras parroquias. En ese año de 1813, Herrera estuvo ausente de Guandacol cumpliendo funciones de secretario de Cámara del Obispado y asistente del prelado en San Juan con motivo de la división de la parroquia de la ciudad; las actividades que desarrolló en esa función le proveyeron el aprecio de los vecinos cuyanos, quienes pidieron con insistencia, por medio de numerosas cartas, que el obispo de Córdoba Rodrigo Antonio de Orellana considerase la posibilidad de nombrar a Herrera como párroco de San Juan. Los motivos eran sus calidades: su "juiciosidad, buena moral y talento", pero pese a todas las súplicas que le cursaron Herrara siguió en Guandacol donde también, como vimos, era muy apreciado por sus feligreses.

Así, considerando los testimonios dejados por fieles podríamos decir que estos apreciaban en sus párrocos aquellos atributos que encauzaban y ajustaban la vida comunitaria. De esta suerte, bondad, caridad y buen ejemplo eran las más importantes virtudes que podía tener un sacerdote.

4. Balance de un problema

Al iniciar este trabajo nos planteábamos tres preguntas acerca del clero rioplatense: clérigos: ¿por qué?, ¿para qué? Y ¿qué lugar ocuparon en las comunidades donde interactuaron? En estas páginas, tratamos de responder brevemente a estos interrogantes como una manera de despejar parte de las respuestas a preguntas que no pueden cerrarse.

---

[44] AAC, Legajo n° 17 Visitas Pastorales, 1813.

Parece posible pensar que las razones que explican por qué un joven del siglo XVIII o principios del XIX se ordenaba sacerdote podrían estar en la prosecución de un mandato social y familiar. Fueron sacerdotes porque eso se esperaba de algunos jóvenes hijos de familias acomodadas, que tomaran los hábitos clericales como opción de vida, porque era deseable que en las familias hubiese clérigos para preservar sus patrimonios y tejer alianzas.

Las expresiones de ese deseo de hacer esta vida quedaron en locuciones como, por ejemplo: "hallándome en ánimo", "hallándome con inclinación al estado eclesiástico",[45] "habiendo sido llamado al estado sacerdotal con los más vivos deseos".[46] Pero aquellos que llegaban al sacerdocio eran hombres atravesados por múltiples identidades a las que agregaban la de "cura de almas", una actividad que en el Río de la Plata fue variando de contenido en la medida en que avanzaba la Revolución de Independencia dificultando para ellos su identificación con las tareas sacerdotales. En épocas de independencias cuando todo se trastocó, el contenido y las funciones ligadas a la profesión cambiaron, al mismo tiempo que la sociedad que los integraba y le daba sentido a su tarea se transformaba radicalmente. Y finalmente deberíamos responder clérigos, *porque* en la elección de una profesión -de una función social- la propia cultura del sujeto constituida por lo aprendido, lo observado, lo valorado, ese *habitus* que modelaba las formas de la sensibilidad y el pensamiento de los sujetos jugaron un rol fundamental

Como vimos, los sacerdotes más instruidos vislumbraron un horizonte más interesante para desarrollar sus carreras que el servicio de una parroquia. Si la cura de almas no había sido el motivo de su profesión religiosa,

---

45 Curiosamente esta es la expresión que usa Becerra en su solicitud de ordenación. AAC, Legajo n° 24, año 1796.
46 Todos las citas fueron tomadas de expedientes de órdenes del AAC, Legajo n° 24 (tomos).

estos rasgos de letrado-intelectual se acentuaron. Algunos ocuparon los mejores lugares posibles en la estructura diocesana local, como De la Colina. Para otros, no era suficiente o no pudieron alcanzar sus expectativas. Entonces, habilitados por el contexto de la Revolución de independencia, fueron capaces de transformar sus perfiles y sus funciones deviniendo políticos de los nuevos Estados como en el caso de Funes.

Para contrarrestar estos perfiles están los de aquellos sacerdotes que sirvieron sus parroquias con una presumible vocación y los que prefirieron vivir a su aire. En el primer grupo tenemos a los párrocos modélicos, buenos pastores espejos donde los feligreses podían mirarse para corregir errores y desvíos. Por otro, los revoltosos, los indisciplinados, los que parecen haber seguido la carrera sacerdotal por imposición o conveniencia. Todos ocuparon un espacio, para todos había un lugar en esa Iglesia que en pleno reacomodamiento no había iniciado el proceso de definición de sus nuevos contornos.

De las familias y la política al pulpito y el confesionario podría ser el recorrido que los sacerdotes debieron seguir en función de alinear su función con las imposiciones institucionales y las necesidades de la sociedad que los cobijaba hacia mediados del siglo XIX. El camino no fue lineal. La conversión del clero en funcionario de Dios y de las repúblicas inició -como dijimos antes- un proceso de extrañamiento que derivó en la apreciación social y autopercepción de los sacerdotes como individuos que debían separarse de las tareas políticas y ocupar su rol de "pastores de rebaño". Parecería ser que este proceso coadyuvó a la separación de esferas y a dotar de un sentido diferente a su *para qué*. Algunos pocos, por cuestiones naturales, sobrevivirán a esta conversión. Cuando el siglo XIX pase a su ultimo cuarto de siglo el sentido del sacerdocio estaría en franco cambio.

Bibliografía

AYROLO, Valentina. "Una nueva lectura de los informes de la misión Muzi: La Santa Sede y la Iglesia de las Provincias Unidas". *Boletín del Instituto de Historia Argentina y Americana "Dr. Emilio Ravignani"* (UBA), N° 14, 3era. serie, 1996/97, pp. 31-60.

AYROLO, Valentina. "Entre los fieles y dios, hombres. Observaciones acerca del clero secular de la Diócesis de Córdoba en las primeras décadas del siglo XIX". En Valentina Ayrolo (comp.), *Estudios sobre clero iberoamericano, entre la independencia y el Estado-Nación*. Salta: Centro Promocional de las Investigaciones en Historia y Antropología (CEPIHA), EUNSa, 2006, pp. 93-114.

AYROLO, Valentina. *Funcionarios de Dios y de la república. Clero y política en las autonomías provinciales*. Buenos Aires: Biblos, 2007.

AYROLO, Valentina y BARRAL, María Elena. "El clero rural, sus formas de intervención social y su politización (las Diócesis de Buenos Aires y Córdoba en la primera mitad del siglo XIX)". *Anuario de Estudios Americanos de Sevilla*, volumen 69, N° 1 de 2012.

AYROLO, Valentina; BARRAL, María Elena y DI STEFANO, Roberto (coord.). *Catolicismo y secularización. Argentina en la primera mitad del siglo XIX*. Buenos Aires: Biblos, 2012.

AYROLO, Valentina. "La Universidad de Córdoba en el siglo XIX. Escuela de políticos, intelectuales y administradores de los nuevos Estados". En Servetto, Alicia y Saur, Daniel, *Universidad Nacional de Córdoba y sociedad: escenarios y sentidos. Cuatrocientos años de historia*. Córdoba: Editorial de la UNC, 2013, Tomo 1, pp. 209-226.

AYROLO, Valentina. "El mundo clerical riojano en la vicaría foránea de La Rioja, entre finales del siglo XVIII y principios del XIX". Dossier de *Temas sobre Clero en espacios iberoamericanos* (coord. Ayrolo, Valentina y Machado de Oliveira, Anderson), *Revista ANDES* N° 25, 2014, pp. 1-22.

AYROLO, Valentina. "¿Nuevos integrantes para el clero secular? La inserción del clero secularizado en las estructuras diocesanas de Cuyo (1824-1840)". En BARRAL, Mará Elena y SILVEIRA, Marco Antonio (coord.), *Diálogos entre Brasil y Argentina*, Rosario: PROHISTORIA, 2015, pp. 191-209.

BARRAL, María Elena. "Fuera y dentro del confesionario. Los párrocos rurales de Buenos Aires como jueces eclesiásticos a fines del período colonial". *Quinto Sol*, N° 7, pp. 11-36, 2003.

BARRAL, María Elena. "Las parroquias rurales de Buenos Aires entre 1730 y 1820". *Andes. Antropología e Historia*, N° 15, 2004, CEPIHA-UNSa, pp. 30-33.

BARRAL, María Elena. *Curas con los pies en la tierra. Una historia de la Iglesia en Argentina contada desde abajo*. Buenos Aires, Sudamericana, 2016.

BARRAL, María Elena. *De sotanas por la Pampa*. Buenos Aires: Prometeo, 2007.

BOIXADOS, Roxana. "Familia, herencia e identidad. Las estrategias de reproducción de la elite en La Rioja colonial (Gobernación del Tucumán, siglo VII y principios del XVIII)". *Revista de demografía histórica*, XIX, II, Segunda época, 2001, pp. 160-161.

BOUDIEU, Pierre. "La creencia y el cuerpo". En *El Sentido Práctico*. Buenos Aires: Siglo XXI, 2007, p. 108.

CARETTA, Gabriela. "Con el poder de las palabras y de los hechos". En Sara Mata (comp.), *Persistencias y cambios: Salta y el Noroeste Argentino. 1770-1840.* Rosario: Prohistoria, 1999.

CORCUFF, Philippe. *Las nuevas sociologías. Principales corrientes y debates, 1980-2010.* Buenos Aires: S. XXI, 2013.

DI STEFANO, Roberto. *El púlpito y la plaza*. Buenos Aires, Siglo XXI, 2004.

ELIAS, Norbert. *La Société des individus*. Paris: Agora-Fayard, 1991.

GÓMEZ FERREYRA, Avelino (traducción, introducción y notas). *Viajeros pontificios al Río de la Plata y Chile (1823-1825): la primera misión pontificia a Hispano-América relatada por sus protagonistas*. Córdoba: Gobierno de la Provincia, 1970.

LEMAITRE, Nicole (dir.). *Histoire des curés*, Paris: Fayard, 2002, Cap. VII.

MARTINI, Mónica P. "Perfil jurídico de la visita pastoral. Aportes a su aplicación dentro del actual territorio argentino". En *XI Congreso del Instituto internacional de historia del derecho indiano. Instituto de investigaciones de Historia del Derecho Indiano*, Buenos Aires, 1997.

MORICONI, Miriam. "La administración de la justicia eclesiástica en el Río de la Plata s. XVII-XVIII: un horizonte historiográfico". *Historia de la Historiografía*, Ouro Preto, N° 11, abril 2013, pp. 210-229.

VILLALTA, Luiz Carlos. "A igreja, a sociedade e o clero". En VILLALTA, Luiz C. RESENDE, MARIA E. L (orgs.). *As Minas Setecentistas*. Vol II, Belo Horizonte: Autêncía; Cia. do Tempo, 2007.

4

A teologia da ilustração e o seminario de Olinda-PE

ANTONIO JORGE SIQUEIRA[1]

A revolução pernambucana de 1817 foi interpretada por um dos analistas clássicos da insurreição pernambucana, Oliveira Lima, como a "revolução dos padres".[2] E não é para menos. Afinal, na memória histórica dos revolucionários diretamente envolvidos com este movimento insurrecional contabiliza-se nada menos do que setenta eclesiásticos, citados como ativistas nos Autos de Devassa da insurreição descolonizadora.[3] Entretanto, não deixa de ser intrigante o fato de se associar diretamente ao clero um movimento político de ruptura, com características descolonizadoras,

---

[1] Professor da Universidade Federal de Pernambuco – (UFPE).
[2] "A revolução de 1817 pode quase dizer-se que foi uma revolução de padres: pelo menos constituíram o seu melhor elemento, o que mais provas deu de sinceridade, de isenção e de devotamento, aquele onde se recrutaram, com poucas exceções, seus dirigentes. A lista dos que participaram no movimento e sofreram pelas ideias que tinham feito suas... [...] Abrange no seu avultado número cônegos e governadores do bispado, vigários, coadjutores, regulares e seculares, dos quais dois se suicidaram, quatro foram supliciados e muitos condenados à pena de prisão na Bahia". LIMA, Oliveira. "Anotações". In TAVARES, Muniz. *História da Revolução Pernambucana de 1817*. 1969, Recife: Governo do Estado, Casa Civil de Pernambuco. Nota XI, pp. 256-257.
[3] Cf. SIQUEIRA, Antonio Jorge de. *Os Padres e a Teologia da Ilustração: Pernambuco 1817*. Recife: Editora Universitária UFPE, 2009, pp. 183-188, onde constam as fontes documentais da lista nominal de eclesiásticos citados nos Autos de Devassa, diretamente envolvidos nos ideais e nas lutas revolucionárias de 1817.

libertárias e republicanas, em plena vigência de uma política colonialista centralizadora do absolutismo português nos finais do século XVIII. No afã de responder a um desafio de tal envergadura, necessário se faz buscar razões dentro da própria dinâmica desse centralismo absolutista, que revelava fissuras, distorções e contradições na condução da administração colonial da América lusitana. Algo, aliás, bastante previsível naquele momento histórico, considerando-se o que acontecia com a vizinhança da América espanhola em suas lutas pelos ideais republicanos de independência. As condições políticas de disseminação de um ideário libertário, no Brasil, nesse período eram muito frágeis para serem aceitas, proferidas e postas em prática. Em razão disso, tornam-se bastante emblemáticas do desejo de ruptura descolonizadora a coragem e a ousadia do Sermão das Bandeiras, proferido pelo Deão de Olinda, governador do bispado, no Campo do Erário, em plena semeadura dos sonhos republicanos daqueles dias. Proferia ele:

> O celerado manifestou desde o princípio a reprovada sua origem, e abertamente mostrou que era filho de satanás. Reunindo a hipocrisia à iniquidade ocultou debaixo de uma Coroa a marca de Caim impressa sobre a sua fronte. Ungiu com os santos crismas os seus cabelos e disse: Eu venho da parte de Deus. Blasfêmia! [...] Nós não elegeremos Príncipe, nós o combateremos, o perseguiremos até que entre no Inferno, donde o antigo inimigo do gênero humano o extraiu.[4]

Oliveira Lima esclarece que, nesse clima de descolonização, já existia uma grande diferença na relação do antigo sistema colonial luso, comparado com os processos políticos e lutas de independência dos demais países da América Latina em sua relação com a Coroa hispânica. Afirma o autor:

---

[4] TAVARES, Muniz, op. cit., pp. 108-109.

O catecismo liberal imbuíra de tal modo o clero nacional que o governador do bispado, deão Manoel Vieira de Lemos Sampaio, chegaria a publicar uma pastoral em que declararia não ser a revolução contrária ao Evangelho, porquanto a posse e direito da Casa de Bragança eram fundados num contrato bilateral, estando os povos desobrigados da lealdade jurada por ter sido a dinastia quem faltou primeiro às suas obrigações.

Oliveira Lima conclui:

> Era esta, em sentido diverso, a doutrina invocada nas colônias espanholas, nomeadamente em Buenos Aires, para justificar o grito de independência. A fidelidade era devida ao Rei, suserano direto das colônias, não à metrópole: o era, portanto, pessoal e desaparecera, visto que o Rei se achava, se bem que sem culpa própria, coato, preso e deposto.[5]

O que se professava, pois, em Pernambuco, naquele momento, era uma consciência de ruptura que, dia após dia, ganhava mais consistência em virtude das fissuras do próprio sistema absolutista colonial lusitano.

Retomando o fio condutor de nossa reflexão, cabe nos fixar no objetivo de entender o protagonismo do clero pernambucano, enquanto sacerdotes ilustrados e libertários, seja como doutrinadores da legitimidade de ruptura com o absolutismo dos reis, seja como dirigentes revolucionários, imbuídos dos pressupostos liberais, seja, enfim, como estrategistas de guerrilhas e da luta armada, no uso dominical dos púlpitos das igrejas do Padroado. Esses padres e religiosos teriam sido, então, uma grande exceção no contexto da formação do clero colonial português que, até então, sob regime do Padroado, formava, no Brasil, um exército de funcionários pouco letrados e mal treinados para os

---

5   LIMA, Oliveira, op. cit., nota XI, p. 257.

desafios de suas funções pastorais.⁶ O que justifica, portanto, a exceção a essa regra, quando se refere ao clero de uma diocese como Olinda, que tinha todas as condições para igualar as demais da colônia, na imensidão de suas áreas físicas, no reduzido número de párocos e na mesmice da mediocridade clerical e educacional? Oliveira Lima, uma vez mais, baseando-se em dados da capitania de Pernambuco, nos anos vinte do oitocentos, informa que

> Havia mais de 120 párocos em todo o bispado de Pernambuco, praticamente autônomos pela distância que separava a mor parte deles da sede da diocese. Escreve o autor das Revoluções que os escândalos desses pastores eram maiores na razão do maior espaço entre eles e a residência episcopal.⁷

Semelhante constatação nos induz aceitar que a recente criação do seminário de Olinda não era ainda suficiente para neutralizar as deficiências de formação moral e intelectual do clero de uma vastíssima diocese como a de Pernambuco, cobrindo um território que ia do Piauí a Minas Gerais.

Nossa hipótese, sim, é que essa ilha de "excelência", no vazio tenebroso da educação patrocinada pela colonização lusa –aqui representada pelo Seminário de Olinda- poderia ser justificada pelo protagonismo educacional do Bispo D. José de Azeredo Coutinho, em que pese sua controvertida biografia de inquisidor, defensor do escravismo e

---

6 O viajante francês recém chegado ao Recife, Louis François Tollenare, dirá, do Padre João Ribeiro de Pessoa Montenegro, revolucionário de primeira hora que, "Arrastado pelas leituras das obras de Condorcet, testemunhava a mais alta confiança no progresso do espírito humano: a sua imaginação ia mais depressa do que o seu século e sobretudo adiantava-se muito à índole dos seus compatriotas". TOLLENARE, L. F. *Notas Dominicais*, Recife: Governo do Estado de Pernambuco/Secretaria de Educação e Cultura/Departamento de Cultura, 1978, p. 148. Do mesmo sacerdote-líder, parafraseando Tollenare, dirá Oliveira Lima: "O Padre João Ribeiro era o homem mais interessante com que se podia encontrar um viajante desejoso de informações sobre o Brasil". LIMA, Oliveira, op. cit., nota XIV, p. 259.

7 LIMA, Oliveira, op. cit., nota XVIII, p. 264.

personagem querelante. Olinda teria se beneficiado, então, do reformismo pombalino e do protagonismo pedagógico da ilustração lusa. Não por acaso, o mesmo bispo Coutinho, ainda no Brasil, antes mesmo de sua volta para o Reino, como futuro bispo de Elvas e Miranda, passa a ser "persona non grata" a muitos áulicos da corte. Vamos, então, tentar entender o que foi a Reforma dos Estudos, em Portugal, empreendida pelo Marquês de Pombal, reformismo esse do qual o bispo Coutinho se tornaria um lídimo representante e competente administrador.

O chamado período pombalino (1759-1777) continua sendo objeto de numerosas pesquisas educacionais e historiográficas, tanto em Portugal, quanto no Brasil, no que tange ao alcance político e cultural da reforma educacional. Especialmente no caso do Brasil colonial, tiveram amplas repercussões as reformas educacionais implementadas pelo Gabinete Ilustrado de D. José I, através de sua principal figura política, o conde de Oeiras e posterior marquês de Pombal, Sebastião José de Carvalho e Melo.

As reformas educacionais, sabe-se, integravam um leque de amplas mudanças e redefinições, especialmente na economia interna e na administração régia das colônias, levadas a cabo pelo Gabinete Ilustrado para, de um lado, corrigir as distorções que geravam a crise do chamado antigo sistema colonial, ante as novas demandas do mercantilismo triunfante e, de outro lado, safar-se da crítica cada vez mais exacerbada dos "estrangeirados"[8] contra o

---

[8] O termo "estrangeirado" tem na pessoa de Luís Antônio Verney o seu maior paladino. Nascido em Lisboa, em 1713, faleceu em Roma, em 1793. Eminente filosofo, teólogo e escritor, foi o primeiro e maior representante dos ideais iluministas em Portugal. A Ilustração portuguesa chama de "estrangeirados" os luminares dessas novas ideias –tal como Verney-, que é o autor da mais importante obra para o desencadeamento das reformas educacionais, sob D. José I, intitulada *O Verdadeiro Método de Estudar*. Formado nas escolas dos padres do Oratório, mais tarde torna-se desafeto dos cortesãos de D. José I e principalmente do Marquês de Pombal, razão pela qual se exile em Roma, onde veio a falecer. Cf. SIQUEIRA, Antonio Jorge, op. cit., pp. 47 e seguintes.

que denominavam de "atraso" em que mergulhara a formação social luso metropolitana. Os estudiosos afirmam que essas reformas tinham uma dupla base de apoio. Em primeiro lugar, a sua sustentação política e ideológica, no caso, o *absolutismo ilustrado*, tão ao gosto da época; em segundo lugar, uma *nova estrutura educacional e pedagógica* que deveria garantir, com eficácia, a mudança dos rumos políticos e econômicos metropolitanos.

Vamos nos deter nesse segundo argumento para esclarecer que os autores seminais da ilustração portuguesa –os "estrangeirados"– se propunham reformar o saber da *Ratio Studiorum* no objetivo de fazer com que o campo da ciência como um todo, incluindo os estudos eclesiásticos e literários pudesse se pautar pelos seguintes marcos balizadores: 1. Em se tratando dos estudos filosóficos e teológicos, observa-se uma discreta refontização doutrinaria, onde se utiliza de modo muito especial a Sagrada Escritura, os documentos conciliares e um cultivo da patrística e da história eclesiástica. 2. No tocante aos estudos físicos e matemáticos, busca-se uma aproximação entre religião e ciência exata, entre natureza e razão, entre natural e sobrenatural, derivando daí toda uma abertura temática que vai do racionalismo ao experimentalismo. 3. No que tange aos métodos e estilos pedagógicos, observa-se um nítida convergência com um ecletismo, derivada especialmente da rejeição ao monopólio prevalente que se iniciava com a escolástica decadente e às formas gongóricas de discursividade, buscando uma pedagogia substitutiva da escolástica rebarbativa do jesuitismo. Os padres do Oratório, então, se apresentavam como alternativa pedagógica e política na substituição aos inacianos que terminariam sendo defenestrados das plagas do reino lusitano.[9]

---

[9] Quanto ao pensamento e a espiritualidade do Oratório de São Felipe Neri, poder-se-ia dizer que Felipe foi visto pela Igreja como modelo de humanismo no qual a autoridade combinava com a liberdade humana e a suntuosidade cedia lugar à simplicidade. A piedade oratoriana incluía as dores e sofrimentos da vida cotidiana. Segundo ele, o heroísmo da santidade é subs-

Dentre as reformas educacionais e, no objetivo de nosso estudo, elegemos aquela que introduziria decisivos marcos de orientação para se elaborar um novo pensamento filosófico, científico e teológico e que teriam, como se verá, decisiva influência na educação dos leigos, especialmente na formação do futuro clero português, com desdobramentos historicamente verificáveis na colônia e, mais precisamente, no clero formado no seminário de Olinda, em Pernambuco.

Em Portugal, a importância pedagógica e política da educação e formação dos futuros padres remonta, historicamente, à vigência do regime político de cristandade que caracterizou a formação social européia, durante o longo período da Idade Média e que persistiu de forma bastante específica no espaço da península ibérica, graças a instituições político-religiosas, como a Inquisição, entre outras. No caso lusitano, além dessa, havia o histórico privilégio do instituto do Padroado.

Com a emergência da Reforma protestante, Roma, através do Concílio de Trento, cria mecanismos institucionais estreitamente vinculados à manutenção da ortodoxia da moral e dos dogmas católico-cristãos, privilegiando, neste fito, uma ação estratégica de natureza pedagógico-educacional. É o caso da criação de ordens religiosas como a dos inacianos ou jesuítas. A partir daí, o clero secular e, de modo especial, as ordens religiosas serão, simultaneamente, produtores e disseminadores de um típico saber cristão, essencialmente devocional, sacramentalista e, portanto, ortodoxo-conservador e que pode se resumir no seguinte: o clérigo sabe, o leigo ignora. Se isso vale para a Europa, incluindo Portugal, imagine-se o que representa para os espaços periféricos da colonização, onde se inclui o Brasil. Ainda mais em se sabendo que, no caso de Portugal e do

---

tituído pela espiritualidade da vida, na alegria e na simplicidade. Caberia dizer, também, que os manigrepos já tinham uma casa conventual em Pernambuco, no Recife, de onde partiam para missionar pelo interior dos sertões e, na cidade, oferecer educação à juventude. Cf. SIQUEIRA, Antonio Jorge, op. cit., p. 54.

Brasil, no regime do Padroado, o clero era *útil* ao Estado e *fiel* à Igreja e, portanto, funcionário e súdito da Coroa portuguesa, a quem cabia prover as necessidades afetas ao culto, ao patrimônio e aos vencimentos financeiros.

Com base nessa contextualização, a formação educacional e profissional dos futuros padres na Colônia tem sido objeto de acuradas análises, que dão conta de inúmeras insuficiências e percalços. De resto, essas precariedades são extensivas à educação colonial, de modo geral, revelando um completo descaso por parte da metrópole lusa no que concerne ao saber, as artes e ofícios. José Maria de Paiva,[10] num curto ensaio sobre os pilares da educação jesuíta na Colônia, cita um fragmento atribuído ao Padre Manuel de Nóbrega, em suas *Cartas do Brasil* a Simão Rodrigues, cujo testemunho sobre os clérigos da Colônia não deixa dúvida que, durante muitos séculos, a clericatura do Brasil mais se aproximava de uma escória do que mesmo de uma elite intelectual ou moral. Segundo ele,

> os clérigos desta terra têm mais ofício de demônios que de clérigos: porque, além do seu mau exemplo e costumes, querem contrariar a doutrina de Cristo, e dizem publicamente aos homens que lhes é lícito estar em pecado com suas negras, pois que são suas escravas; e que podem ter os salteados, pois que são cães, e outras coisas semelhantes, por escusar seus pecados e abominações, de maneira que nenhum demônio temo agora que nos persiga, senão estes.[11]

Mesmo considerando-se que este testemunho data do século XVI, sabe-se, entretanto, que semelhante avaliação do clero na Colônia perdura nos séculos seguintes, até a romanização da Igreja no Brasil, no início do século XIX,

---

[10] PAIVA, José Maria de. "Educação Jesuítica no Brasil Colonial", p. 54. Acessível em goo.gl/o0slnO [acessado em 19 de setembro de 2016].
[11] NOBREGA, Manuel de. *Cartas do Brasil*, apud PAIVA, José Maria de. "Educação Jesuítica no Brasil Colonial", p. 54. Acessível em goo.gl/o0slnO [acessado em 28 de abril de 2014].

com a vinda da Corte para o Brasil. Como reitera Paiva em outro dos seus estudos, desta feita sobre os Bispos do Brasil na formação da sociedade colonial, "Até aos indícios do século XVII, não há estudos que sustentem que este quadro era substancialmente distinto do apresentado por Nóbrega nas vésperas da criação da diocese da Bahia".[12] Em Pernambuco, no início do século XIX, às vésperas da insurgência de 1817, o viajante e comerciante francês, François Tollenare, a despeito de reconhecer os ventos iluministas que sopraram na colina do seminário de Olinda, chamava a atenção para os dividendos que em Pernambuco ainda se pagava, tanto na zona rural quanto nas cidades, por conta dessa longa história de desvios de conduta e da frágil qualidade na formação do clero na colônia. O que o francês reportava sobre Pernambuco, pode-se generalizar para o Brasil colonial:

> Ora, sabe-se que é na reforma moral que as administrações encontram os maiores obstáculos. Os padres, as escolas podem talvez servir-lhes de agentes; aqui não há escolas e apenas alguns padres ignorantes ou escandalosos. Certo não se pode contar com o efeito das raras Missões de alguns frades que vêm tirar esmolas e pagar as esmolas abafando os remorsos.[13]

No espaço urbano das cidades, praticamente se repete a mesma impressão de Tollenare, notadamente o seu ranço escravagista, sobre os clérigos das ordens religiosas:

> O número dos frades em Pernambuco não é muito considerável [...] A maior parte é da ordem de S. Francisco; há no Recife um convento de capuchinhos italianos. Nem uns nem outros puderam substituir os jesuítas, que civilizaram os índios e os converteram a um tempo à religião e às artes; os frades atuais, que correm os engenhos, as casas e as tabernas das cidades, para mendigar têm contribuído muito para

---

12 PAIVA, José Pedro de. "Os Bispos do Brasil e a Formação da Sociedade Colonial (1551-1706)". *Texto de História*, v. 14, Nº 1-2, 2006.
13 TOLLENARE, Louis François, op. cit., p. 76.

diminuir a consideração de que gozava a cor branca. Não é mais possível que o negro veja um ser superior num branco que se humilha perante ele para obter algumas esmolas.[14]

Historicamente, sabe-se que a reforma dos estudos filosóficos e teológicos empreendidos por Pombal, transitou num clima bastante passional, dado à expulsão dos jesuitas de todo o reino, eles que, até então, eram detentores da hegemonia pedagógico-educacional na colônia. Um dos principais mentores dessa reforma educacional pombalina será o bispo D. Frei Manuel do Cenáculo Vilas Boas, religioso franciscano, pedagogo iluminista, nascido em 1724 e que morreria em 1814, como bispo da diocese de Évora. Cursou estudos de humanidades e teologia na universidade de Coimbra, onde obteve o título de doutor, em 1749. Lecionou no Colégio das Artes e na universidade de Coimbra. Foi eleito provincial da Ordem Terceira de Portugal e deputado da Real Mesa Censória Trata-se de um dos mais influentes colaboradores do gabinete pombalino, com amplo acesso à pessoa do Rei, D. José I, de quem foi preceptor e confessor. Foi nomeado por Pombal para a presidência da Junta da Providência Literária, especialmente criada para viabilizar a reforma dos estudos. Cenáculo se propôs reformar o ensino jesuíta, até então baseado na *Ratio Studiorum* dos inacianos, fazendo prevalecer, a partir daí, uma tendência teórico-metodológica *eclética*, na qual sobressaem traços nitidamente iluministas, fundamentados no que os "estrangeirados" chamavam de *"boa razão"* e que, em Portugal, se chamará de "Ilustração".[15] Particularmente a formação teológica dos

---

14 *Id.*, p. 94.
15 O Iluminismo é também chamado de "Movimento das Luzes", "Filosofia das Luzes" ou simplesmente "Ilustração". O Iluminismo foi, antes de qualquer coisa, uma revolução cultural na medida em que, a partir dele, se impôs uma nova maneira de ler, perceber e entender a sociedade e sua relação com a natureza, significando uma profunda mutação na maneira de pensar, rompendo com os padrões de uma civilização de cristandade que o antecedeu. Vale salientar que apenas uma diminuta parcela da sociedade europeia assimilou esse novo caudal de Luzes que incidia na Razão. Grande parte conti-

futuros padres diocesanos e do clero português em geral será caudatária dessa matriz conceitual "ilustrada", ao modo lusitano, bem entendido.[16] O que seria essa matriz que chamamos de "Teologia da Ilustração"?[17]

---

nuou a pensar o mundo, a aceitar os valores e os princípios da política a partir de paradigmas e teses religiosas e sobrenaturais. Em Portugal, as Luzes foram introduzidas como Ilustração fomentada pelos "estrangeirados", ou seja, aquela plêiade de intelectuais que viviam fora de Portugal, "exilados" do gongorismo e do conservadorismo da maior facção nobiliárquica, ancorada no neoescolasticismo da Igreja, principalmente da teologia jesuítica de Coimbra.

16 Com a expulsão dos Jesuítas do Brasil, a estrutura educacional da colônia, que era precária, tornou-se ainda mais fragilizada. Havia um seminário episcopal no Pará, a Escola de Artes e Edificações Militares, na Bahia, e a Escola de Artilharia no Rio de Janeiro. Com a saída dos inacianos, com eles foi embora também a organização educacional e pedagógica da *Ratio Studiorum*. Enquanto as escolas jesuítas tinham finalidade de servir à fé, a reforma pombalina concebia uma escola dedicada aos interesses primaciais do Estado. No Alvará de 28 de junho de 1879, Pombal cria aulas régias de Latim, Grego e Retórica. Criava também uma Diretoria de Estudos e instituiu o Subsídio Literário para financiar o ensino do primário e do nível médio. No bojo dessa política pombalina para os estudos surge, no Rio de Janeiro, em julho de 1776, um curso de Estudos Literários e Filosóficos e o Seminário de Olinda, em 1798, criado pelo Bispo D. José de Azeredo Coutinho. Antes já haviam sido indicados professores régios para Pernambuco e Bahia. O Seminário de Olinda teria sido aquele que mais incorporou o pedagogismo da Ilustração pombalina. "Tinha uma estrutura escolar propriamente dita, em que as matérias apresentavam uma sequência lógica, os cursos tinham uma duração determinada e os estudantes eram reunidos em classe e trabalhavam de acordo com um plano de ensino previamente estabelecido". PILETTI, Nelson. *História da Educação no Brasil*. 6. ed., São Paulo: Ática, 1996.

17 A expressão "Teologia da Ilustração" tem seu significado atrelado aos ideais reformistas da educação pombalina, implementada no reinado de D. José I, em plena vigência do "absolutismo esclarecido", mais particularmente na sua correlação e nos seus desdobramentos com a Filosofia, a Teologia, a Patrística e as ciências da natureza do reformismo luso "estrangeirado. Já professada pelos Oratorianos, seu grande mentor, na metrópole, foi D. Frei Manuel do Cenáculo Vilas Boas. No Brasil, essa vertente da teologia serviu de paradigma para a educação e o ensino em Pernambuco, sob inspiração do bispo D. José Joaquim da Cunha de Azeredo Coutinho, no seminário, em Olinda e no Recolhimento da Boa Vista, no Recife. Cf. SIQUEIRA, Antonio Jorge, op. cit., p. 47.

Em primeiro lugar, ela se fundamenta numa visão iluminista do mundo, da natureza e do saber, onde se destacam: pragmatismo, culto da razão e, finalmente, um novo olhar sobre a natureza. Afinal de contas, era isso o que a Ilustração portuguesa buscava, em Coimbra, no domínio das ciências exatas, no ensino das ciências humanas, na filosofia e na teologia de então. Criticava-se uma teologia de então que não contemplava as demandas de um novo século e que, por isso tinha sérios rebatimentos no perfil dos ministros da igreja, na pastoral e no tipo de religiosidade praticada pelos fiéis:

> ... ficando por este modo a Igreja destituída de pastores e ministros ilustrados e sábios; os povos em uma grande ignorância da Religião e dos seus mais importantes deveres; e a Teologia impedida de poder florescer pelo desprezo de todos os estudos necessários e úteis para o seu perfeito e sólido conhecimento.[18]

E, no caso da filosofia, assim se expressava o Bispo e pedagogo Vilas-Boas:

> Desta Ciência do Mundo razão é que o Sacerdote tenha conveniente instrução para dela saber tirar matéria e argumentos que sirvam em mil usos do seu Ministério, ou persuadindo, ou ajustando-se às circunstâncias que se lhe oferecerem. E também para que não ignore as maravilhosas obras do Criador.[19]

Nesse sentido, convém atentar ainda para a estrutura argumentativa daquele que foi um dos principais artífices e responsáveis pelas diretrizes das reformas dos estudos pombalinos. Ministros *ilustrados*, teologia *florescente*, *utilidade* dos estudos e *solidez* de conhecimento. Nada mais

---

[18] *Compêndio histórico da Universidade de Coimbra...* Lisboa, na Regia Officina Typographica, 1772.
[19] CAIEIRO, Francisco da Gama. *Frei Manuel do Cenáculo; aspectos da sua formação filosófica.* Lisboa, Instituto da Alta Cultura, 1979.

iluminista do que esses conceitos. Ainda mais quando se sabe que a vertente do iluminismo português, no caso, a ilustração, enfatizava de modo particular, de um lado, um novo olhar sobre a natureza: "as maravilhosas obras do Criador" e, de outro, a força da argumentação discursiva, num contexto mercantilista, que deveria se sustentar mais na persuasão do que mesmo nos argumentos de autoridade, conforme recomendação do próprio bispo ao seu clero, acima transcrita.

Em segundo lugar, essa nova teologia se caracteriza por uma significativa valorização das fontes históricas, exegéticas e refontização doutrinária, significando, portanto, um salto qualitativo em relação ao escolasticismo verborrágico e querelante que predominava até então, sob influxo dos jesuítas. O D. Frei Cenáculo Vilas-Boas, nesse sentido, batalhou pela implantação de uma refontização doutrinária inspirada na patrística, na exegese bíblica e principalmente na história da Igreja. Para tal advogava o gosto pelo estudo das línguas, principalmente as orientais e, entre essas, o grego e o hebraico.

Em terceiro lugar, finalmente, insistia-se no gosto da erudição, que já era, por si só, um traço característico da mentalidade iluminista. A erudição como fonte auxiliar do saber e da história dos homens. Dizia-se, na época, que "o Pai espiritual dos povos (o Sacerdote) deve ter luzes para se atrever com sagacidade e sabedoria a erros populares".[20] Essa reforma pombalina teve então rebatimento na educação das colônias lusas, propondo mudanças para a reversão de um quadro desalentador na qualidade do ensino, no ultramar lusitano. Foram criados os cursos régios, nas principais províncias, regidos por professores contratados.[21]

---

20 VILAS BOAS, D. Frei Manuel do Cenáculo. *Instrucção pastoral do Excellentissimo, e Reverendissimo Senhor Bispo de Beja sobre os estudos fysicos do seu clero*. Lisboa, na Regia Off. Typographica, 1786.
21 "A Reforma Pombalina dos Estudos Menores (que se desdobra, de fato, em duas grandes reformas, a de 1759 e a de 1772) é, sem dúvida, um momento decisivo na história da profissão docente no mundo luso-brasileiro. A ação

Instituiu-se a unificação do ensino da gramática e da língua portuguesa. É bem verdade que essas providências gestionárias do Gabinete pombalino pouco ou nada resultaram na implementação de uma nova e efetiva política de educação no ultramar lusitano. Entretanto, quase por acaso, elas deitaram raízes e chegaram a produzir frutos, como veremos, no caso do seminário de Olinda, no final do século XVIII.

A Teologia da Ilustração teve acolhida no Brasil colonial, via seminário de Olinda, fundado pelo Bispo D. José Joaquim da Cunha de Azeredo Coutinho (1742-1821). O bispo Coutinho fora nomeado para a diocese de Olinda, que assume em 1798 e se inscreve na dinâmica dessa vertente da pedagogia ilustrada. Dessa escola, que se distinguiu pela pedagogia ilustrada dos reformadores pombalinos, saíram padres seculares e religiosos profundamente empenhados no projeto político de descolonização, como se verá mais adiante. Frei Caneca, por exemplo, cita o D. Frei Manuel do Cenáculo em um dos seus escritos sobre constitucionalismo. É sinal que a elite econômica e intelectual da Colônia, no Nordeste brasileiro, se preparava com argumentos sólidos para fundamentar suas propostas políticas de ruptura com o absolutismo português, *soi–disant* ilustrado.

Quanto a Azeredo Coutinho, pode-se afirmar que foi um personagem identificado com a mentalidade "liberal-mercantil", vigente em Portugal, e fomentada pela dissidência interna em defesa de uma modernização mercantil e administrativa, sob auspícios e influxos do Absolutismo Esclarecido europeu. Ao fundar o seminário de Olinda, torna-se importante realçar os traços característicos desse

---

reformadora de Pombal no campo da instrução pública contribui para a emergência de um sistema de ensino estatal e cria, simultaneamente, as condições necessárias para a profissionalização da atividade docente. Os professores régios de gramática latina, grego, retórica e filosofia e os mestres de ler, escrever e contar constituem os dois primeiros grupos de professores selecionados, nomeados, pagos e controlados pelo Estado". Cf. MENDONÇA, Ana Waleska Pollo Campos. "A Reforma Pombalina dos estudos secundários e seu impacto no processo de profissionalização do professor". Acessível em goo.gl/mXhQYC [acessado em 27 de abril de 2014].

prelado para que se possa aquilatar a natureza e o protagonismo de uma formação que destoaria com a mesmice da mediocridade da formação dos clérigos do seu tempo. Quanto ao prelado, Gilberto L. Alves resume o seu perfil com muita propriedade:

> Azeredo Coutinho, típico caso do intelectual produzido pelas reformas pombalinas da instrução, se formara em um ambiente cultural marcado pela tibieza da burguesia, como já foi exposto. Em favor do Bispo de Olinda, reconheça-se que em face de todas as candentes questões de seu tempo, assumiu posições claras e favoráveis à plataforma política de modernização burguesa do reino. Foi impregnado pelas ideias dos estrangeirados; envolveu-se com o ideário das reformas pombalinas da instrução pública; assumiu bandeiras liberais visando criar condições de competição propícias à absorção de produtos brasileiros pelo mercado e, opondo-se ao poder feudal representado pela supremacia inquestionável da autoridade papal dentro da Igreja Católica, optou pelo regalismo que, dentro dessa própria instituição, ousava apostar no fortalecimento do absolutismo real para liderar e realizar a urgente modernização burguesa de Portugal.[22]

O que vai notabilizar a ação pastoral e pedagógica do prelado olindense será o timbre de ilustração de sua pedagogia, no sentido em que privilegia a ciência como fator de regeneração que, aliás, transparece significativamente nos primeiros parágrafos do "Estatuto do Seminário" e, de igual modo, no "Estatuto do Recolhimento da Glória", destinado esse último à educação das moças. De acordo com Azeredo,

> Persuadidos Nós, que a maior parte dos crimes e desordens que inquietam a sociedade e a Igreja, traz a sua origem na falta de uma boa educação dos filhos, pois é quase impossível que eles, sem a sólida instrução que é necessária para conter as paixões humanas da natureza corrompida, não se

---

[22] ALVES, Gilberto Luiz. *Azeredo Coutinho* [Coleção Educadores], Recife: Fundação Joaquim Nabuco / Editora Massangana, 2006, p. 49.

inclinem facilmente aos vícios , os quais, crescendo com a idade e passando com o exemplo de pais a filhos, se vão perpetuando nas famílias até o ponto de causar entre os povos uma geral desordem.[23]

Pode-se inferir, portanto, a importância que o prelado atribuía ao fator educacional para indução de um processo civilizador e cristão. O Seminário de Olinda é, pois, um marco nessa história que busca trilhar os caminhos e descaminhos de uma mentalidade ilustrada, cristã e civilizacional. Se constitui como honrosa exceção, em razão do protagonismo político e educacional de sua proposta.

Qual era, finalmente, o diferencial desse seminário de escol, que a memória descolonizadora do Brasil chamará de "Escola de Heróis"? Nas palavras de Gilberto Alves,

> Foi com essa motivação nitidamente burguesa, marcada pela preocupação com o domínio do mundo material, que Azeredo Coutinho instalou solenemente o Seminário de Olinda, no dia 16 de fevereiro de 1800. Mas o que se implantou não foi um seminário pio, restrito a jovens destinados à carreira religiosa, e, sim, um colégio-seminário, pois absorvia, também, estudantes que prosseguiriam seus estudos de nível superior em Portugal, recrutados entre as mais importantes e abastadas famílias do nordeste, que remuneravam o estabelecimento escolar pela educação de seus filhos.

O autor, logo em seguida, faz referencia ao que seria o aspecto primacial daquela instituição: os seus mestres e professores.

> A escolha dos professores fora meticulosa e levada a cabo pelo próprio Bispo. Contatados em Portugal, alguns deles viajaram para o Brasil especialmente para assumir o magistério na escola recém fundada. Entre esses professores, ganha-

---

[23] COUTINHO, José Joaquim da Cunha de Azeredo. *Estatutos do Recolhimento de Nossa Senhora da Glória do lugar da Boavista de Pernambuco*, Lisboa: Na Typographia da Academia Real das Ciências, 1798, p. 1.

ram destaque Miguel Joaquim de Almeida Castro, o padre Miguelinho, natural do Rio Grande do Norte, líder e mártir da Revolução Pernambucana de 1817, que assumiu a aula de Retorica; José da Costa Azevedo, frade franciscano, responsável pela aula de filosofia e, mais tarde, lente de Mineralogia e primeiro diretor do Museu Nacional de sua terra, o Rio de Janeiro, bem como João Ribeiro Pessoa de Mello Montenegro, professor de Desenho, pernambucano, outro líder e vítima da Revolução de 1817.[24]

No que tange a estrutura programática e disciplinar do Estatuto do Seminário, observa-se nesta um naipe de cadeiras teóricas e práticas que constituem uma grande novidade na formação dos futuros padres e jovens da Colônia. Antenado com o espírito reformador e ilustrado do liberalismo mercantilista antiescolástico, o Seminário de Olinda inova em sua estrutura curricular, com disciplinas novas, práticas, inovadoras e persuasivas. "Na Terceira Parte do 'Estatuto' trata da estrutura programática do ensino no seminário, oferecendo minúcias de grande relevância, seja no que tange ao conteúdo do ensino, seja no perfil que se delineia para a formação dos padres do seu tempo na colônia. Essa terceira parte contém sete capítulos, cada um com as disciplinas que comporiam a estrutura de currículos, e essas, por sua vez, com o detalhamento de conteúdo. *Cap. I: Das Primeiras Letras*: a arte de ler; a arte de escrever; a arte de contar; religião. *Cap. II: Do canto*: música harmônica. *Cap. III: Da Gramática*: gramática latina e portuguesa (1ª, 2ª e 3ª classes);[25] *Cap. IV: Da Retórica*: a arte da oratória; a arte da poesia, história universal. *Cap. V: Da Filosofia*: filosofia racional; filosofia moral; filosofia natural. *Cap. Vi: Da Geometria*: aritmética; geometria elementar; trigonometria plana; álgebra elementar. *Cap. VII: Da Teologia, a) Teologia Especulativa ou Teorética*: dogmática; simbólica; positiva; polémica. *b)*

---

[24] ALVES, Gilberto Luiz, op. cit., p. 54.
[25] Observe-se que a Gramática Latina adotada era a de Luís António Verney, o grande e famoso "estrangeirado" da Ilustração.

Teologia Prática: moral; disciplina; litúrgica. *c) Teologia Moral*: história da Igreja[26]. Aí está, segundo palavras do bispo Azeredo Coutinho, "o estabelecimento que não havia nesse bispado e que, certamente não há segundo em todo o ultramar. Eu lhe dei Estatuto próprio para a educação dos homens dignos de servirem à Igreja e ao Estado"[27].

O que o Seminário de Olinda contribuiria, então, para a formação de um modelo de padre, nos moldes da "Teologia da Ilustração", a história se encarregará de contar, sobretudo no que representou a capacidade e iniciativa desses homens idealistas ao liderar revoltas em nome do patriotismo e da liberdade republicana-descolonizadora. Isso, a bem da verdade, foi ignorado durante muito tempo pela historiografia do Brasil.[28]

---

[26] ESTATUTO do seminário episcopal..., pp. 53 ss. In SIQUEIRA, Antonio Jorge de, op. cit., p. 150.
[27] DEFESA de D. José Joaquim da Cunha de Azeredo Coutinho, p. 56. In SIQUEIRA, Antonio Jorge de, op. cit., Os grifos e os destaques são nossos.
[28] Não faltou quem julgasse esse traço ilustrado do bispo pernambucano à luz da condenação canônica e apologética, acusando-o de galicanismo, de jansenismo e até da maçonaria, como o fez Vilhena de Morais. Na análise e nas afirmações do autor, percebe-se um "ranço preconceituoso" contra o clero ilustrado de Pernambuco, muito particularmente condenatório quando se trata dos padres diretamente envolvidos nas escaramuças descolonizadoras de 1817. Falando, por exemplo, da suposta ligação daqueles padres com a maçonaria, diz o autor: "Uma explicação de semelhante hibridismo temo-la certamente nas doutrinas deletérias professadas, como vimos, em Coimbra e nas quais se abeberaram os intelectuais do famoso seminário de Olinda, preparados assim para todo gênero de defecções até quase uma abolição inconsciente, talvez, do seu verdadeiro caráter sacerdotal. Frades secularizados, como Abreu e Lima e Miguelinho, simples diáconos, como Alencar e o próprio Padre Roma, que nem sequer se sabe ao certo se chegou realmente ao presbiterato, ou padres de verdade, o certo é que a participação desses eclesiásticos, como tais, na revolução, não somente não apresenta nenhum aspecto grandioso em que se mostrem eles à altura da missão que exercitavam, mas se cobre, não raro, de uma nódoa de irreverência e de ridículo". Observe-se, no entanto, que o mesmo autor, referindo-se ao clero da Inconfidência mineira, promove um julgamento totalmente oposto: "No triste estado em que fora pelos dominadores do tempo reduzida, a mais próspera, a mais rica e a mais importante das capitanias da Coroa, sem indústria, sem escolas, sem liberdade, vergando o peso de elevadíssimos tributos, difícil era, para não dizer impossível, que deixasse o clero, historicamente favorável às justas reivindicações populares, de prestar ouvidos àqueles amáveis

Gostaríamos ainda de enfatizar a relevância desse Cap. VII do Estatuto, que trata dos diferentes aspectos da teologia a ser ministrada no seminário. Significa uma ruptura e relevante descontinuidade com aquela da *Ratio Studiorum* escolástica. Decerto, um novo paradigma de formação do clero a serviço do Estado e da Igreja. Como enfatiza, mais uma vez, Gilberto Alves,

> Nos três anos de duração dos estudos de Teologia, eram ministrados conteúdos dos diversos campos da teologia teorética ou especulativa e da teologia prática ou moral. Para evidenciar o caráter regalista desses estudos podem ser arrolados alguns expressivos indicadores. A primeira classe de teologia, cujos estudos se assentavam sobre a história eclesiástica, foi colocada sob a responsabilidade do Padre José Miguel Reinau, filiado ao galicanisno. O segundo ano, focalizado sobre os estudos da teologia especulativa, feria a ortodoxia católica quando, no desenvolvimento da "doutrina dos Lugares Teológicos", invertia dois escalões da hierarquia dos "lugares derivativos secundários": a autoridade papal caía para plano inferior em relação ao "consenso dos bispos". Finalmente, no último ano, centrado sobre a teologia prática ou moral, em claro antagonismo à orientação jesuítica, os estudos ganharam caráter sistemático. Entre os jesuítas, continuadores da tradição escolástica, esses estudos foram desenvolvidos de forma fragmentária através dos "casos de consciência". A busca de princípios que ordenassem os estudos e os debates dos casos, no Seminário de Olinda, expressava, portanto, uma crítica ao próprio pensamento feudal, encarnado classicamente na escolástica.[29]

---

jurisconsultos, que placidamente andavam arquitetando a construção de uma pátria nova, autônoma, independente, instruída e próspera, sem nódoa de escravos e, em toda a nossa história, um dos mais belos e atraentes episódios". Cf. MORAES, Eugênio Vilhena de. "O Patriotismo e o Clero no Brasil", R.I.H.G.B., pp. 122-128, et passim.

[29] ALVES, Gilberto Luiz, op. cit., p. 56.

Como se percebe, trata-se de uma proposta inovadora nos limites do desvão que significavam, seja a deficiência educacional da metrópole, seja a retrógrada formação do clero português do Padroado, principalmente aquele do Brasil colonial. Pena que tal iniciativa não tenha prosperado, fenecendo nas escumas da brutalidade raivosa e repressiva da Coroa lusa, que logo suplantou com sangue e vingança os sonhos libertários plantados no coração e mente dos patriotas pernambucanos e brasileiros.

A guisa de conclusão

Decerto que o correto entendimento da relevância do estatuto do clero na colônia lusitana, na América Latina, passa primeiramente pela centralidade da instituição do regime do Padroado. O Padroado foi uma instituição que moldou a fisionomia do clero no Brasil, onde cada religioso, bispo, vigário, pároco e confessionais era um funcionário da Coroa, um burocrata das coisas sagradas. Como tal, era obediente e prestador de serviços ao Estado. Dele dependiam orgânica e institucionalmente, financeira e economicamente. "Fiel e útil ao Estado", como rezavam as cartas de nomeações da Coroa. A Igreja, no Brasil, colonial deixou-se moldar por esse regime de mútua convivência e estreita conivência com os desdobramentos políticos, com os mandos e desmandos do poder secular. A saúde religiosa da comunidade dos homens e mulheres era um corolário das providencias do poder secular. A clericatura, nesse regime, era um mero penduricalho das complacências, ausências, leniências e incongruências do poder absolutista da Coroa. Inclusive, ou sobretudo na área da educação, que capacitava o clero secular e regular para as suas funções ministeriais.

Esse campo educacional se configura, a nosso ver, como um segundo gradiente mediante o qual se pode aquilatar a natureza, importância e relevância do papel eclesial desempenhado pelo clero durante o regime colonial português. Vimos como era deplorável o baixo nível da formação intelectual desses clérigos, a partir de um recorte que foi a província de Pernambuco e da Diocese de Olinda, nos anos iniciais do século XIX. Mas que se pode generalizar para toda a colônia lusitana, baseados em estudos e análises como as de E. Hoornaert e J. Carrato. Nada mais compreensível, pois, levando-se em conta o descaso escandaloso da colonização portuguesa no que diz respeito à pouca ou nenhuma importância que tinha a educação. Algo que afetava tanto a educação quanto a indústria, menos o comércio. Uma particularidade que, historicamente, impregna e envergonha o perfil do colonizador luso, mormente se comparado com as demais colônias da América espanhola.

Esse "desvão" educacional da colonização lusa no Brasil –e o dinamismo de sua incidência sobre o nível intelectual do clero– é, paradoxalmente, visto e analisado aqui como uma circunstância nada acidental para se colocar em evidência o fato histórico da criação do Seminário de Olinda, sob influxos da reforma dos estudos pombalinos e sob auspícios de um prelado como Azeredo Coutinho. Bastou que a reforma educacional proposta pelo gabinete pombalino fosse levada a sério para se perceber que o investimento em educação, seja ele onde for e quando for, se assevere como algo transformador, libertador e, como se diz frequentemente, "um caminho sem volta". E esse protagonismo no uso, aplicação e inspiração da reforma ilustrada dos estudos, em nosso caso, cabe à iniciativa de um Bispo, como A. Coutinho. E, mais ainda, em plena periferia da metrópole colonizadora, caso de Pernambuco. Olinda será historicamente lembrada como "escola de heróis".

Quais os frutos colhidos dessa iniciativa pastoral e educacional do bispo olindense? O texto tentou ser claro que o clero pernambucano e nordestino era uma ilha nos mares da feição de uma igreja amordaçada pelo Padroado. E constituía, assim, um diferencial, seja na robustez do letramento de sua cultura, seja nos vastos horizontes de percepção dos horizontes daqueles padres, cujo imaginário dava provas reais de uma consciência política avançada para os padrões de seu tempo de absolutismo. É certo que o clero brasileiro da colônia não pode ser generalizado pelo diferencial da natureza e características dos padres de Olinda, em Pernambuco. Mas ele se faz mais visível em seu perfil identitário de estamento colonizado e burocratizado quando trazemos a lume o protagonismo descolonizador, libertário, republicano e constitucionalista desses padres de Olinda, de Pernambuco, de 1817, especialmente dos seus mártires, no altar daquilo que viria a ser a pátria brasileira.

Bibliografia

ALVES, Gilberto Luiz. *Azeredo Coutinho* [Coleção Educadores], Recife: Fundação Joaquim Nabuco / Editora Massangana, 2006.

CAIEIRO, Francisco da Gama. *Frei Manuel do Cenáculo; aspectos da sua formação filosófica*. Lisboa, Instituto da Alta Cultura, 1979.

COUTINHO, José Joaquim da Cunha de Azeredo. *Estatutos do Recolhimento de Nossa Senhora da Glória do lugar da Boavista de Pernambuco*, Lisboa: Na Typographia da Academia Real das Ciências, 1798.

HOORNAERT, Eduardo, "O Padroado Português", *História da Igreja no Brasil*, t. 2 Petrópolis: Vozes, 1977.

LIMA, Oliveira. "Anotações". In TAVARES, Muniz. *História da Revolução Pernambucana de 1817*. 1969, Recife: Governo do Estado, Casa Civil de Pernambuco. Nota XI, p. 256-257.

MENDONÇA, Ana Waleska Pollo Campos. "A Reforma Pombalina dos estudos secundários e seu impacto no processo de profissionalização do professor". Acessível em goo.gl/zlBvJx [acessado em 27 de abril de 2014].

MORAES, Eugênio Vilhena de. "O Patriotismo e o Clero no Brasil", *R.I.H.G.B.*, pp. 122-128,
PAIVA, José Maria de. "Educação Jesuítica no Brasil Colonial", p. 54. Acessível em
goo.gl/vKeJUb [acessado em 19 de setembro de 2016].
PAIVA, José Pedro de. "Os Bispos do Brasil e a Formação da Sociedade Colonial (1551-1706)". Centro de História da Sociedade e da Cultura, Universidade de Coimbra. *Texto de História*, v. 14, nº 1/2, 2006.
PILETTI, Nelson. *História da Educação no Brasil*. 6. ed., São Paulo: Ática, 1996.
SIQUEIRA, Antonio Jorge de. *Os Padres e a Teologia da Ilustração: Pernambuco 1817.* Recife: Editora Universitária UFPE, 2009.
TAVARES, Muniz. *História da Revolução Pernambucana de 1817.* Recife: Governo do Estado, Casa Civil de Pernambuco, 1969.
TOLLENARE, L. F. *Notas Dominicais*. Recife: Governo do Estado de Pernambuco/Secretaria de Educação e Cultura/Departamento de Cultura, 1978.
VILAS BOAS, D. Frei Manuel do Cenáculo. *Instrucção pastoral do Excellentissimo, e Reverendissimo*
Senhor Bispo de Beja sobre os estudos fysicos do seu clero. Lisboa, na Regia Off. Typographica, 1786.

5

A Irmandade de São Pedro dos Clérigos do Rio de Janeiro (c. 1790-c. 1820)[1]

Reforma do clero, distinções e hierarquias sociais

ANDERSON JOSÉ MACHADO DE OLIVEIRA[2]

Introdução

Este artigo foi motivado pela possibilidade de análise de parte da documentação colonial que foi possível recuperar para a consulta no Arquivo da Irmandade de São Pedro dos Clérigos do Rio de Janeiro. Destacam-se nesta documentação dois livros que apresentam informações sobre o período final do século XVIII e a primeira metade do século XIX, a saber: o Livro 5º. de Receitas e Despesas da Venerável Irmandade de São Pedro (1793-1821) e o Livro 3º. de Termos de Entradas de Irmãos da Venerável Irmandade de São Pedro (1798-1849).[3] Por outro lado, ao avançar na análise dos dados fornecidos por estes dois livros, percebi a possibilidade de conexão entre suas informações e a pesquisa que venho desenvolvendo sobre o clero de

---

[1] As pesquisas que tornaram possíveis este trabalho são financiadas pelo CNPq (Bolsa de Produtividade em Pesquisa) e pela FAPERJ (Bolsa Jovem Cientista Nosso Estado).
[2] Universidade Federal do Estado do Rio de Janeiro (Unirio).
[3] Disponho ainda de dois livros de Entrada e Falecimento de Irmãos (1700-1830); (1781-1825); que não apresentam dados tão completos e que serão eventualmente utilizados.

origem negra na América Portuguesa. Neste sentido, foi possível realizar cruzamentos entre a documentação da irmandade e os processos de habilitação sacerdotal depositados no Arquivo da Cúria Metropolitana do Rio de Janeiro.

Com efeito, que questões podem emergir desta conexão de informações? Qual o sentido da análise deste corpo documental em meio a esta conjuntura que abarcaria o chamado período "colonial tardio"? No que tange ao papel do catolicismo como elemento de construção do "consenso" social, pode-se afirmar que tanto a Igreja quanto o Estado, mesmo diante de inúmeros conflitos, empenharam-se em preservar este elemento de coesão. Ao se tomar as Reformas Pombalinas como um ponto de inflexão nas transformações que marcaram as relações entre Igreja e Estado na segunda metade do século XVIII, observar-se-á que a ação governamental não se dirigiu expressamente contra a Igreja, mas sim em limitar a atuação de grupos específicos que se colocavam como obstáculos à modernização da sociedade nos moldes ilustrados. Deste modo, a ação de Pombal veio a contar inclusive com a colaboração de eclesiásticos que participaram diretamente da formulação de suas políticas e na sustentação de um novo modelo de Igreja.[4] Nestes moldes, a tradição católica portuguesa ensejou preservar uma tácita conciliação entre os ideais ilustrados, a preservação da religião[5] e um Estado confessional. Ao que tudo indica, nos governos posteriores de D. Maria e D. João VI esta postura não foi abandonada. Embora algumas das reformas da sociedade e do Estado tenham tido prosseguimento, a atitude conciliatória com as instâncias católicas foi mantida, com associações religiosas, como as Ordens Terceiras, preservando privilégios quanto ao seu patrimônio imobiliário e levando adiante práticas devocionais, como os encargos excessivos com missas, que haviam sido

---

4   SOUZA, Evergton Sales. "Igreja e Estado no período pombalino". *Lusitania Sacra*, 23, janeiro-junho, 2011, p. 208.
5   DOMINGUES, Francisco Contente. "Ilustração e Catolicismo (1751-1800)", in COSTA, Fernando Marques; DOMINGUES, Francisco Contente; MONTEIRO, Nuno Gonçalves (orgs.). *Do Antigo Regime ao Liberalismo 1750-1850*. Lisboa: Veja, s/d, pp. 62-65.

limitados pelas leis régias.⁶ Sendo assim, a religião continuaria ainda em boa parte do oitocentos a desempenhar o papel que exercera no Antigo Regime, ocupando, como afirma Pereira das Neves, o lugar de uma "ideologia secular" que cumpria o papel de servir à política⁷ e garantir a manutenção de um edifício social hierarquizado e excludente.

Para além do quadro que assinalava a influência do catolicismo, o período em questão foi distinguido pelas transformações que marcaram a América portuguesa na segunda metade do século XVIII, principalmente, em função do intenso e contínuo crescimento do tráfico atlântico de cativos. A migração forçada de africanos contribuiu para tornar a eles e a seus descendentes o maior contingente populacional da América lusa. Por outro lado, consolidavam-se novas formas de acumulação econômica que estiveram cada vez mais dependentes do capital mercantil, pavimentando a hegemonia de uma nova elite econômica marcadamente ligada ao comércio que gradativamente iria avançando sobre os espaços tradicionalmente controlados pela velha "nobreza da terra"⁸. A afirmação deste segmento de elite não se caracterizou somente pelo vínculo ao comércio, mas sim pelo uso deste vínculo como um elemento de sua identidade principal. Embora conflitos tenham sido demarcados com a antiga elite senhorial, não se pode desconsiderar as aproximações que foram construídas entre ambos os grupos.⁹

---

6   MARTINS, William de Souza. *Membros do Corpo Místico: Ordens Terceiras no Rio de Janeiro (1700-1822)*. São Paulo: Edusp, 2009, pp. 513-514.
7   NEVES, Guilherme Pereira das. E Receberá Mercê: a Mesa da Consciência e Ordens e o clero secular no Brasil (1808-1828). Rio de Janeiro: Arquivo Nacional, 1997, p. 353.
8   FRAGOSO, João. "A noção de economia colonial tardia no Rio de Janeiro e as conexões econômicas no Império português: 1790-1820", in FRAGOSO, João; BICALHO, Maria Fernanda e GOUVÊA, Maria de Fátima (orgs.). *O Antigo Regime nos Trópicos: a dinâmica imperial portuguesa (séculos XVI-XVIII)*. Rio de Janeiro: Civilização Brasileira, 2001, pp. 332-333.
9   SAMPAIO, Antonio Carlos Jucá de. "A curva do tempo: as transformações na economia e na sociedade do Estado do Brasil no século XVIII", in FRAGOSO, João e GOUVÊA, Maria de Fátima (orgs). *O Brasil Colonial 1720-1821*. Rio de Janeiro: Civilização Brasileira, 2014, pp. 328-329.

Tais transformações promovidas pela intensificação do tráfico e pela consolidação de uma economia mercantil se refletiriam em novos arranjos sociais. Os padrões hierárquicos do Antigo Regime continuavam ainda como balizadores das relações sociais, no entanto, não só a dependência da mão de obra cativa, mas a ampliação significativa do número de manumissões exigiria a redefinição dos arranjos hierárquicos entre a população no geral, mas também entre os segmentos descendentes de africanos e escravos. Por sua vez, a acumulação via comércio e trabalho manual implicava em maiores flexibilizações em relação aos antigos padrões de enobrecimento e prestígio. Deste modo, antigos símbolos de ascensão social continuavam a ser valorizados, no entanto, o acesso a eles tornava-se mais diversificado, porém, não menos hierarquizado.

É, portanto, diante desta conjuntura que pretendo tentar responder às questões acima enunciadas, buscando verificar possíveis sentidos assumidos pela Irmandade de São Pedro dos Clérigos tanto para a formação do clero secular quanto para os grupos que buscaram acesso a este segmento clerical e à própria irmandade.

Confrarias e Clero Secular à Época Moderna

Segundo Catherine Vincent, a partir do século XII e enquanto um dos desdobramentos das Reformas Gregorianas, difundiu-se no Ocidente cristão a ideia em torno dos benefícios que a vida associativa poderia trazer para a renovação do clero paroquial. Entre os aspectos destacados estavam: o papel que as confrarias clericais desemprenhariam como um fator de controle sobre os cabidos eclesiásticos favorecendo o poder dos bispos; o lugar destes sodalícios como reserva de celebrantes que poderiam suprir as deficiências na prestação cotidiana de serviços litúrgicos; o auxílio que dariam na melhoria da qualidade desses serviços já que exerceriam também o papel de um lugar privilegiado onde poder-se-ia aprofundar a reforma do clero diocesano.[10]

A questão da reforma do clero e dos meios para realiza-la constituiu-se numa das discussões centrais da Igreja moderna, fundamentalmente, após a Reforma Luterana. Todavia, antes mesmo da cisão da cristandade, bispos e autoridades leigas já demonstravam esta preocupação com a formação de um clero mais digno e afeito às suas obrigações paroquiais. Preocupação que também inquietava os humanistas cristãos que igualmente insistiram na necessidade de uma renovação sacerdotal. O Concílio de Trento seguiu esta tendência não inovando substancialmente na matéria, mas consolidando normas fixadas desde o final da Idade Média e reafirmando o papel do sacerdote como mediador privilegiado entre os fiéis e Deus.[11]

Sob este aspecto, é importante ressaltar que a reforma preconizada por Trento acabou por assumir um caráter bastante pragmático e menos dogmático. Levou-se em consideração, nesta perspectiva, o grande poder de enquadramento espiritual concentrado na Igreja, mas também a ambição das nascentes monarquias em controlar parte do aparato eclesiástico em benefício do poder dos reis. O concílio, portanto, visou preservar a importância da ação da Igreja, inclusive para os Estados monárquicos, reforçando o papel da instituição eclesiástica enquanto um importante instrumento de controle das consciências. A Igreja reconhecia que, diante da emergência dos Estados, perdia parte substancial de seu poder de ingerência na regulação jurídica da vida de seus fiéis e passava a concentrar-se

---

10 VINCENT, Catherine. "Les confrérie de bas clercs, un expédient pour la reforme des seculiers? L'exemple du Mans, XIIe-XIIIe siècles". *Actes de congrès de la Societé des historiens médiévistes de l'enseigment súperieur public*. 22e congrès, Amiens, 1991, pp. 263-274.
11 LEMAITRE, Nicole. "Entre réformes et Contre-Réforme", in LEMAITRE, Nicole (dir.). *Histoire de curés*. Paris: Fayard, 2002, pp. 167-171; 181-182.

no controle dos seus comportamentos no plano ético. Deste modo, como afirma Talon, a reforma assumia um caráter mais político e social do que propriamente moral.[12]

Em meio a tais premissas, o clero, principalmente o paroquial, foi pensado como um corpo cada vez mais profissionalizado, separado do resto da comunidade cristã e servindo como modelo para os fiéis leigos. O enquadramento destes dependeria de um novo tipo de sacerdote com uma sólida formação intelectual, atento à vida sacramental de seus paroquianos, presente no cotidiano dos mesmos, respeitando a obrigação da residência paroquial e obediente às diretrizes traçadas pelo bispo.[13] Entre os mecanismos para efetivar este programa das reformas, além das visitas pastorais, da instituição dos seminários diocesanos, das conferências eclesiásticas e da obrigação do uso das vestes sacerdotais, destacar-se-á também a promoção da vida associativa entre os clérigos seculares.

A "escola francesa de espiritualidade" destacou-se ao longo do século XVII pelo estímulo à fundação de institutos de clérigos seculares, iniciativa que atingiria a Baviera. O ideal destes institutos era congregar sacerdotes extremamente devotos, instruídos, submetidos à hierarquia e que não medissem esforços para conduzir moralmente os fiéis confiados ao seu múnus pastoral[14]. Para além dessa nova fórmula congregacional entre os clérigos, as antigas confrarias e irmandades tiveram um valor destacado no projeto de reforma. Na Itália, ao longo dos séculos XVII e XVIII, as confrarias de sacerdotes em homenagem a São Pedro e a São Paulo conseguiram, através de ações mutualistas e rituais, atingir uma estabilidade muitas vezes não alcançada por sodalícios leigos.[15] Na América Espanhola, em 1577,

---

[12] TALON, Alain. *Le Concile de Trente*. Paris: Editions du Cerf, 2000, pp. 65-70; PRODI, Paolo. *Uma história da justiça: do pluralismo dos foros ao dualismo moderno entre consciência e direito*. São Paulo: Martins Fontes, 2005, pp. 298-299.
[13] TALON, Alain, op. cit., p. 76; DELUMEAU, Jean. *Le catholicisme entre Luther et Voltaire*. Paris: PUF, 1994, pp. 272-284.
[14] LEMAITRE, Nicole, op. cit., pp. 199-200.
[15] GRENDI, Edoardo. "Le confraternite urbane nell'età moderna: l'esempio genovese", in GRENDI, Edoardo. *In altri termini: etnografia e storia di una società di antico regime*. Feltrinelli Editore: Milano, 2004, pp. 77-82.

com o apoio do Arcebispo do México, um grupo de clérigos seculares fundou a confraria de São Pedro. O Arcebispo, Dom Pedro Moya de Contreras, tornou-se o primeiro irmão associado e expressou claramente o desejo que o sodalício contribuísse para a melhoria da qualidade do clero, tornando seus confrades modelo para todos os sacerdotes daquele arcebispado.[16] Em Portugal e suas conquistas, a devoção dos clérigos ao "Príncipe dos Apóstolos" também se difundiu como um meio de reforma dos sacerdotes e como reforço de uma identidade clerical que dever-se-ia estabelecer como modelo de conduta e distinção social. No Sermão I de São Pedro pregado em Lisboa para a Venerável Congregação dos Sacerdotes, em 1644, Antônio Vieira exaltava:

> Tão alta –muito reverendos senhores– tão alta, tão sublime e tão verdadeiramente divina é a suprema dignidade, debaixo de cujo nome e proteção se uniu, se conserva e floresce esta tão venerável como religiosa Congregação dos Clérigos de S. Pedro. E quando considero a todos os congregados dela segregados, como diz S. Paulo, e distintos dos outros homens pela impressão do caráter sacerdotal, não sei mais o que devo venerar neles: se o que Cristo disse a S. Pedro, se o que S. Pedro disse a Cristo.[17]

Segundo Vieira, Pedro foi a quarta pessoa da trindade, pois foi o que de fato penetrou no entendimento e conhecimento do Verbo oculto sob a humanidade de Cristo. Isto se deu, pois Pedro fora o único a responder a indagação de Jesus sobre quem ele era: Vós, Senhor, sois Cristo, Filho de Deus vivo (Mateus, XVI, 13-20). A resposta indicava ser ele da mesma essência do salvador, filho do espírito santo, pois recebera a revelação diretamente do Pai. Por isso sobre Pedro a Igreja fora edificada e este transmitira aos sacerdotes, dos quais era patrono, a graça,

---

[16] SCWALLER, John F. "Los membros fundadores de la Congragación de San Pedro, México, 1577", in LÓPEZ-CANO, Pilar Matínez; VON WOBESER, Gisela; MUÑOZ, Juan Guillermo (coord). *Cofradías, Capellanías y Obras Pías*. México: UNAM, 1998, pp. 109-110.
[17] VIEIRA, Padre Antônio. "Sermão I do S. Pedro", in VIEIRA, Padre Antônio. *Sermões*. Tomo Primeiro. Rio de Janeiro: Livraria Garnier, 1928, p. 506.

por meio do sacrossanto sacrifício da missa, de fazer outra vez encarnar o Cristo.[18] Distintos pois os filhos de Pedro e a congregação que os reunia.

O aprofundamento da Reforma Tridentina na América Portuguesa, no decorrer do século XVIII, acentuaria o discurso em torno da distinção dos filhos de Pedro e da necessidade de reforma dos mesmos.[19] Dentro deste espírito, os bispos insistiram na importância das confrarias de clérigos seculares. A Irmandade de São Pedro dos Clérigos da Bahia havia sido criada, em 1594, recebendo do Papa Clemente VIII indulgência plenária que seria repassada àqueles que na Sé catedral comungassem, rezassem pela conversão dos índios e pela exaltação da Igreja e propagação da fé católica.[20] Embora sua longevidade, a irmandade ganharia impulso de fato com o bispo reformador D. Sebastião Monteiro da Vide que, também sacerdote do hábito de São Pedro, foi o responsável pela construção da igreja da irmandade, inaugurada em 1716, vindo o sodalício a tornar-se um relevante instrumento de educação e formação do clero secular no Arcebispado da Bahia.[21] No Recife nota-se processo semelhante, no qual a iniciativa do bispo –D. Francisco de Lima– conjugada à dos membros do cabido criou em 1700 a Irmandade de São Pedro dos Clérigos daquela cidade, instalada inicialmente na Matriz do Corpo Santo e a partir de 1734 em igreja própria.[22]

---

18 *Idem*, pp. 478-514.
19 LAGE, Lana. "As Constituições da Bahia e a Reforma Tridentina do Clero no Brasil", in FEITLER, Bruno e SOUZA, Evergton Sales (orgs). *A Igreja no Brasil: normas e práticas durante a vigência das Constituições Primeiras do Arcebispado da Bahia*. São Paulo: Editora Unifesp, 2011, pp. 147-177.
20 PEREIRA, André Luiz Tavares. "Os retábulos das Irmandades de São Pedro dos Clérigos de Salvador, Recife e Mariana. Estudos de caso e problemas metodológicos". *XXIV Colóquio CBHA*, 2004, p. 02
21 *Idem*; RUBERT, Arlindo. *A Igreja no Brasil. Expansão Territorial e Absolutismo Estatal (1700-1822)*. Santa Maria (RS): Editora Pallotti, 1988, p. 283.
22 MEDEIROS, Amaury. *A Igreja de São Pedro dos Clérigos do Recife*. Recife: CEPE, 2002, pp. 25-28.

O protagonismo episcopal, conjugado à perspectiva de reforma do clero secular, juntamente com o discurso em torno da distinção do corpo clerical, acabaram por conformar certa identidade às confrarias sacerdotais ao longo da Época Moderna. Tais elementos talvez possam permitir visualizar, em parte, algumas interações entre o catolicismo e sua ação como um dos elementos conformadores de práticas e concepções sobre religião e sociedade na América Portuguesa. Objetivando compreender esta questão, passo ao exame da Irmandade de São Pedro dos Clérigos na Cidade do Rio de Janeiro.

Os Irmãos de São Pedro no Rio de Janeiro Colonial

As *Memórias Históricas do Rio de Janeiro*, escritas por Monsenhor Pizarro, consideram a Irmandade de São Pedro dos Clérigos entre as mais antigas da cidade, tendo sido criada por volta de 1639, na Igreja de São José, e organizado seu primeiro compromisso em 1661. Em 1705, a confraria transferiu-se para a Igreja de Nossa Senhora do Parto e, em 1732, por incentivo do bispo D. Frei Antônio de Guadalupe iniciou a construção de seu templo em terras doadas pelo Padre Francisco Barreto de Menezes.[23] Foi ainda durante o múnus de D. Guadalupe, em 1732, que se fez a reforma do compromisso que vigoraria praticamente ao longo do setecentos com alguns adendos. No Tratado 4º. Capítulo 1º. o bispo passava a desempenhar a função de protetor da irmandade e na sua ausência aquele que estivesse no governo do bispado.[24]

---

[23] ARAUJO, José de Souza Azevedo Pizarro e. *Memórias Históricas do Rio de Janeiro*. Rio de Janeiro: Imprensa Nacinoal, 2º. volume, 1945, pp. 242-244.
[24] Biblioteca Nacional do Rio de Janeiro (BN) – Seção de Manuscritos (SM) – Compromisso da Irmandade do Pe. S. Pedro Príncipe dos Apóstolos na cidade de S. Sebastião do Rio de Janeiro, 1732. Agradeço a Beatriz Catão dos Santos a indicação deste documento.

No espírito do que já foi acima destacado, o estreitamento dos laços dos diocesanos com a irmandade, ao longo do século XVIII, traduziu-se na perspectiva de transformar a instituição em um dos mecanismos de reforma do clero e dos costumes dos fiéis, como se evidenciou na carta pastoral de D. Antônio do Desterro[25] dirigida, em 1760, à Irmandade de São Pedro:

> *É do nosso Pastoral ofício zelar com toda vigilância que as Irmandades que são eretas para maior glória culto e honra de Deus e de seus Santos não se esfrie no fervor da devoção com que principia, antes sim se conservem e aumentem de sorte que sirvam de edificação e exemplo as que de novo se erigem;* e querendo Nós quanto *é da nossa parte cumprir com esta devida obrigação muito mais o desejamos fazer a respeito da Irmandade do Glorioso Apóstolo São Pedro* ereta na sua própria igreja pelos clérigos desta cidade cuja proteção com gosto abraçamos e procuramos satisfazer e porque em virtude desta a isentamos de ser visitada pelo nosso Reverendo Visitador reservando para a nossa própria pessoa esta diligência o que por hora não podemos fazer e pela conta do estado da Irmandade que nos fez presente como são obrigados os Irmãos da Mesa atual viemos no conhecimento com bem mágoa nossa das frequentes faltas que tem havido nos Irmãos em assistirem aos atos e funções da Irmandade com escândalo geral de todos; *porque sendo sacerdotes devem servir de exemplo, como espelhos que são dos seculares,* e o que mais é que nem ainda sendo nomeados e avisados assistem aos seus irmãos moribundos como são mandados pelos seus estatutos, que se obrigaram guardar com juramento o que deverão fazer por ato de pura caridade ainda quando não fossem irmãos de uma Irmandade, que justamente perderia a denominação de Venerável tão somente por tão escandalosa falta e querendo Nós com todas as forças da nossa alma emendar e prover de oportuno e pronto remédio a tão gravíssimo dano.[26]

---

25 Bispo do Rio de Janeiro no período de 1746 a 1773.
26 Arquivo da Cúria Metropolitana do Rio de Janeiro (ACMRJ) – Encadernados - *Pastoral porque Sua Excelência Reverendíssima exorta e manda aos Irmãos da Venerável Irmandade de São Pedro que não faltem aos atos e funções da Irmandade principalmente na assistência dos moribundos* (Grifos meus).

As assertivas do diocesano não deixavam dúvidas, ou seja, não só os sacerdotes deveriam ser exemplo para os fiéis como também a sua irmandade deveria ser espelho para as demais. Foi perseguindo este objetivo que conjugava a ação da Irmandade de São Pedro com a edificação de um clero de melhor qualidade e controlado pelo bispo que se passou a exigir que os candidatos ao sacerdócio se filiassem àquela irmandade. É diante desta obrigatoriedade que é possível situar a passagem do processo de *vita et moribus* que integrou a habilitação sacerdotal de Lourenço Leite de Magalhães:

> Diz Lourenço Leite de Magalhães, Colegial do Seminário de Nossa Senhora da Lapa, natural de Goiás que para ser promovido a Ordens precisa demostrar e mesmo (sic) é Irmão da Venerável Irmandade de São Pedro; pelo que/
> P. a N. S. se digna mandar que se passe a dita Certidão.
> E.R.M.ce
> Certifico, que o Suplicante se acha assentado por Irmão da Venerável Irmandade de São Pedro, como consta do Livro das entradas... Passa na verdade.
> Rio 12 de Dezembro de 1799.
> O Conego Cura Antônio Rodrigues de Miranda.[27]

A normatização deste requisito que, segundo Rubert, foi seguida pelos bispos que sucederam D. Guadalupe demonstraria o prestígio que os diocesanos passaram a conferir à irmandade,[28] o que me parece confirmar-se não só pelo trecho do processo acima transcrito, mas pela própria composição da associação entre o fim dos anos 1790 e 1820.

---

27 ACMRJ – Habilitações Sacerdotais (HS) – Lourenço Leite de Magalhães (1795-1800).
28 RUBERT, Arlindo, op. cit., p. 284.

Tabela 1. Identificação dos Ingressantes na Irmandade de São Pedro dos Clérigos (1798-1820)

Irmãos Ingressantes	N°	%
Padres	40	11,0
Reverendos	46	12,7
Vigários/Párocos/Coadjutores	11	3,0
Membros do Cabido e da Câmara Eclesiástica	8	2,2
Capelães	2	0,5
Religiosos	6	1,7
Religiosos Secularizados	10	2,8
Minoristas	25	6,9
Tonsurados	2	0,5
Ordinandos/Seminaristas	191	52,6
Leigos	22	6,1
Totais	363	100,0

Fonte: Arquivo da Venerável Irmandade de São Pedro dos Clérigos do Rio de Janeiro (AVISPRJ) – Livro 3°. de Termos de Entradas de Irmãos da Venerável Irmandade de São Pedro (1798-1849).
Observação: De um total de 447 registros para o período, 363 fazem menção a alguma identificação dos ingressantes. Optou-se por separar padres e reverendos, pois esta última menção é uma titulação honorífica que poderia ser dada tanto a sacerdotes seculares quanto a regulares.

Destaca-se no conjunto dos ingressantes aqueles pleiteantes às ordens sacras (minoristas, tonsurados e ordinandos), o que ratifica a ideia dos bispos que a qualificação do clero diocesano passava também pela irmandade. Durante o governo episcopal de D. José Joaquim Justiniano Mascarenhas Castelo Branco,[29] as conferências de moral, que visavam habilitar os confessores, foram proferidas na Igreja da Irmandade de São Pedro antes de serem definitivamente instaladas no Seminário São José.[30] Portanto, o espaço da irmandade como um *lócus* formativo dos sacerdotes foi igualmente assinalado pelos bispos. Concomitantemente também se definia a confraria como um ambiente de consolidação da identidade clerical, fato que reforçava a ideia do clero como um corpo, já que a maioria dos seus membros, como se vê na Tabela 1, eram habilitandos às funções eclesiásticas ou eclesiásticos já ordenados e também em exercício nas funções paroquiais, no cabido, na câmara eclesiástica e em capelanias.

A identidade eclesiástica que se construiu em torno da irmandade, no entanto, não estava isenta da definição de uma hierarquia que se expressava na direção da associação. Como observou Asunción Lavrin,[31] em relação ao México, o domínio sobre a mesa diretora geralmente recaiu sobre os altos dignitários eclesiásticos que exerceram o cargo de provedor. No caso do Rio de Janeiro, um exemplo desta situação, foi o fato de que além da provedoria ter sido geralmente ocupada por membros do cabido, os próprios diocesanos predispuseram-se a dirigir a irmandade em determinadas ocasiões: D. Antônio do Desterro ocupava o cargo quando faleceu em 1773, D. Castelo Branco ocupou a provedoria entre 1798 e 1799 e D. José Caetano da Silva Coutinho[32] exerceu a mesma função entre 1808 e 1809 e entre 1809 e 1810.[33]

---

[29] Bispo do Rio de Janeiro entre 1773 e 1805.
[30] LAGE, Lana, op. cit., p. 161.
[31] LAVRIN, Asunción. "La Congregación de San Pedro –una cofradía urbana del México colonial– 1604-1730". *Historia Mexicana*, vol. 29, abril-junio 1980, p. 577.
[32] Bispo do Rio de Janeiro entre 1808 e 1833.
[33] AVISPRJ – Livro 1 de Entrada e Falecimento de Irmãos (1700-1830); Livro 5º. de Receitas e Despesas da Venerável Irmandade de São Pedro (1793-1821).

A valorização que se dava ao exercício do mando na irmandade pode ser vista como um indício do caráter seletivo e elitista da instituição, desenvolvendo inclusive entre os membros mais humildes a consciência de pertencimento a um grupo de prestígio.[34] Com efeito, a carreira eclesiástica, ainda que numa sociedade em transformação, mantinha seu valor como elemento de "enobrecimento" e mobilidade social.[35] Este fator contribuía para realçar o papel de uma irmandade voltada para os sacerdotes, mas que não excluía os leigos. Parece-me que este perfil permite explicar as razões de alguns destes leigos com grau de distinção buscarem filiar-se ao sodalício.[36] Em seu compromisso, no que tangia à admissão de leigos, a Irmandade de São Pedro determinava no Tratado 1º. Capítulo 5º. que:

> Os seculares que se admitirem por nossos Irmãos serão homens graves e de conhecida nobreza, darão a esmola de 200$000 rs e daí para cima segundo a Mesa arbitrar e 4$800 rs de propina para a sacristia; e sendo mulher da mesma qualidade dará ao menos 240$000 rs e de propina 8$000 rs para a dita sacristia e desta maneira gozarão dos sufrágios e de tudo quanto se fizer a qualquer sacerdote nosso Irmão.[37]

A advertência sobre a qualidade exigida aos leigos para filiarem-se parece ser um fator que se sustentava no período colonial tardio, como se pode observar no Quadro 1.

---

[34] LAVRIN, Asunción, op. cit., p. 571.
[35] NEVES, Guilherme Pereira das, op. cit., p. 205; OLIVEIRA, Anderson José Machado de. "Padre José Maurício: 'dispensa da cor', mobilidade social e recriação de hierarquias na América Portuguesa", in GUEDES, Roberto (org). *Dinâmica Imperial no Antigo Regime Português: escravidão, governos, fronteiras, poderes, legados*. Rio de Janeiro: Mauad X, 2011, pp. 60-65.
[36] LAVRIN, Asunción, op. cit., p. 570.
[37] BN – SM – Compromisso da Irmandade do Pe. S. Pedro Príncipe dos Apóstolos na cidade de S. Sebastião do Rio de Janeiro, 1732.

Quadro 1. Titulação dos leigos ingressantes em São Pedro dos Clérigos (1798-1820)

Titulação	N°
Capitão	9
Dona	4
Coronel	2
Ilustríssima Dona	2
Sargento Mor	1
Capitão Mor	1
Comerciante desta Corte	1
Tenente Coronel	1
Bacharel Formado	1
	22

Fonte: AVISPRJ – Livro 3°. de Termos de Entradas de Irmãos da Venerável Irmandade de São Pedro (1798-1849).

Todos os 22 leigos identificados na Tabela 1 possuíam alguma titulação, destacando-se entre os homens as patentes militares, as quais eram inegavelmente um signo de nobreza entre as famílias proeminentes na América Portuguesa.[38] Entre as mulheres o tratamento "Dona" indica a mesma distinção relacionada a foros de nobreza. Observa-se a menção a um comerciante entre os ingressantes, fato que já indicava a ascensão deste segmento em meio às transformações da sociedade colonial a partir da segunda metade do século XVIII. Não seria também impossível que as patentes militares estivessem sendo ostentadas por integrantes da elite mercantil, fato que

---

[38] SILVA, Maria Beatriz Nizza da. *Ser nobre na colônia*. São Paulo: Editora da Unesp, 2005, pp. 234-238.

pelas informações somente desta fonte não é possível averiguar. No entanto, esta única menção pode se tornar significativa levando-se em consideração que, no período de 1700 a 1770, no Livro de Entrada e Falecimento de Irmãos de um total de 492 registros que mencionaram a titulação dos irmãos, as patentes militares foram mencionadas assim como as menções às "Donas", mas nenhuma menção foi feita a comerciantes.[39]

Estes leigos para ingressarem neste grupo que conferia prestígio, como se observa no próprio texto compromissal, despendiam dez vezes mais que os sacerdotes, pois enquanto estes pagavam 2$400 réis de esmola, os primeiros desembolsavam em torno de 200$000[40] réis, a exemplo de José Antônio de Matos que em 1808 pagou de entrada 200$000 réis e do Sargento Mor José Pinto Dias que no mesmo ano gastou 350$000 por sua entrada e de sua mulher Dona Maria Luiza de Souza.[41] A ligação com a irmandade para este segmento leigo intensificava-se também através da pertença de seus filhos à associação, dos 447 registros de entradas para o período de 1798 a 1820, em 91 deles é possível não só identificar a ascendência dos irmãos como a titulação de seus pais. Com relação aos irmãos, em termos de seus títulos temos a seguinte situação: 51 (habilitandos às ordens sacras); 12 (reverendos);[42] 7 (padres); 1 (vigário); 3 (militares de alta patente); 2 (donas); 15 (titulação não mencionada). Em relação à titulação de seus pais temos o seguinte quadro:

---

[39] AVISPRJ – Livro 1 de Entrada e Falecimento de Irmãos (1700-1830).
[40] O preço médio do escravo homem adulto no meio rural fluminense, entre 1790 e 1820, atingiu o valor médio de 97$000 réis para os africanos e 107$000 réis para os crioulos. Cf: FLORENTINO, Manolo. *Em Costas Negras: uma história do tráfico de escravos entre a África e o Rio de Janeiro (séculos XVIII e XIX)*. São Paulo: Cia. das Letras, 1997, p. 220.
[41] AVISPRJ – Livro 5º. de Receitas e Despesas da Venerável Irmandade de São Pedro (1793-1821), fol. 161v.
[42] Como na Tabela 1 optamos por separar padres e reverendos, pois esta última menção é uma titulação honorífica que poderia ser dada tanto a sacerdotes seculares quanto a regulares.

Quadro 2. Titulação identificada dos pais de irmãos da Irmandade de São Pedro dos Clérigos (1798-1820)

Pai com título		Mãe com título		Pai e Mãe com título	
Capitão	12	Dona	34	Capitão/Dona	13
Alferes	4			Capitão Mor/Dona	5
Tenente	2			Tenente/Dona	4
Doutor	2			Alferes/Dona	3
Sargento Mor	1			Sargento Mor/Dona	3
Capitão Mor	1			Cirurgião Mor/Dona	2
Cirurgião Mor	1			Doutor/Dona	2
				Ilustríssimo Mestre de Campo/Dona	1
				Coronel/Dona	1

Fonte: AVISPRJ – Livro 3º. de Termos de Entradas de Irmãos da Venerável Irmandade de São Pedro (1798-1849).

Considerando os dados da Tabela 1, observar-se-á que entre estes 91 irmãos se reproduz a maior proporção de habilitandos às ordens e sacerdotes ordenados. Somando-se a isso a titulação de seus pais, pode-se inferir que as "boas famílias" continuavam a ver no sacerdócio uma carreira de prestígio para a qual encaminhavam seus filhos e, para tanto, seguindo o que os diocesanos do Rio haviam normatizado também tratavam de filiá-los à Irmandade de São Pedro dos Clérigos. A ligação destes leigos com a confraria através de sua associação direta ou de seus filhos ratificava a manutenção do caráter elitista da associação, controlando de forma seletiva a entrada dos não eclesiásticos[43] e por meio do investimento na carreira sacerdotal de seus descendentes afirmando a irmandade enquanto um espaço de aquisição e expressão de prestígio social.

Assunción Lavrin argumenta, em relação à confraria de São Pedro no México, que o crescimento na admissão de leigos mais abastados a partir de finais do século XVII pode ter contribuído para o aumento dos recursos da associação. Todavia, esta questão não poderia ser considerada como o fator decisivo para a manutenção da irmandade. Segundo a autora, ao longo do século XVIII, a maioria dos fundos da confraria advinha não das joias pagas pela entrada dos leigos, mas sim pelo crescimento das propriedades urbanas sob o controle daquele sodalício, além das atividades de crédito também desenvolvidas.[44] Em relação à situação da Irmandade de São Pedro no Rio de Janeiro haveria a necessidade de um estudo mais detalhado de suas condições econômicas, no entanto, em exame preliminar do livro de receitas e despesas, selecionando intervalos de 5 anos a partir de 1793, é possível observar uma situação semelhante àquela descrita para o México:

---

[43] Asunción Lavrin observa movimento semelhante em relação à Confraria de São Pedro no México. Cf: LAVRIN, Asunción, op. cit., pp. 575-576.
[44] *Idem*, pp. 587-590.

Tabela 2. Amostragem das Receitas da Irmandade de São Pedro dos Clérigos (1793-1820)

Ano	Receita Total da Irmandade	Receita oriunda de imóveis urbanos	% da Receita de Imóveis Urbanos na Receita Total
1793	1.807$305	570$615	31,6
1798	1.837$460	766$850	41,7
1803	1.990$390	1.539$350	77,3
1808	3.166$593	1.085$900	34,2
1813	2.335$118	1.427$850	61,1
1818	3.241$521	2.320$238	71,6

Fonte: AVISPRJ – Livro 5º. de Receitas e Despesas da Venerável Irmandade de São Pedro (1793-1821).
Observação: valores em contos de réis.

A participação dos bens urbanos nas receitas da irmandade também cresceu a partir de fins do setecentos, com exceção do ano de 1808 quando volta a um patamar semelhante ao ano de 1793. Todavia, este percentual para o período coberto pelos dados que disponho nunca é inferior a 30%, o que por si só já é uma proporção bastante significativa. Seria necessária uma comparação com períodos anteriores para avaliar a transformação no padrão das receitas da irmandade e observar se na primeira metade do século XVIII os bens rurais teriam mais impacto na receita, como Lavrin[45] observa para o caso mexicano. No entanto, os dados que são apresentados na Tabela 2 apontam para as transformações que a sociedade e a economia passaram ao longo do século XVIII no Rio de Janeiro com o crescimento da população urbana e a evolução dos preços

---

[45] *Idem*, p. 587.

imobiliários urbanos relacionados ao fortalecimento do capital comercial.[46] A irmandade, neste aspecto, adaptava-se a uma nova lógica de gestão de seus recursos diante do processo de transformação da América Portuguesa. Tomando como parâmetro os dados referentes ao pagamento da décima urbana para o ano de 1808, pode-se observar que das 55 instituições religiosas que detinham a posse de 12,7% dos imóveis urbanos, a Irmandade de São Pedro ocupava o 6º. lugar controlando um total de 36 prédios.[47]

Neste sentido, no Rio de Janeiro também não se pode atribuir à entrada dos leigos, que pagavam uma joia maior, o sustento da irmandade e sim a sua ação de reconversão de suas riquezas em bens imobiliários urbanos. Como observou-se também na Tabela 1, os leigos continuavam a ser uma minoria na associação, embora as famílias da "boa sociedade" não deixassem de estar ligadas à confraria por meio de seus filhos como já se demonstrou. Com efeito, São Pedro dos Clérigos mantinha-se como um sodalício eminentemente voltado para os clérigos, com objetivos precípuos de construir sua identidade como corpo e, na concepção dos diocesanos, ser um instrumento a serviço da reforma dos seculares. Tais objetivos, no entanto, não entravam em contradição com a admissão de leigos julgados de "qualidade", reforçando o papel de distinção da associação enquanto um *lócus* de construção e reconstrução das hierarquias na sociedade colonial. Tentarei observar mais detidamente esta questão analisando a presença de descendentes de negros no interior desta associação, casos que além da questão das hierarquias colocavam em cena a problemática da mobilidade hierarquizada em sociedades com traços antigos.

---

[46] SAMPAIO, Antônio Carlos Jucá de. *Na encruzilhada do Império: hierarquias sociais e conjunturas econômicas no Rio de Janeiro (c.1650-c.1750)*. Rio de Janeiro: Arquivo Nacional, 2003, pp. 84-85.

[47] CAVALCANTI, Nireu. *O Rio de Janeiro Setecentista: a vida e a construção da cidade da invasão francesa até a chegada da corte*. Rio de Janeiro: Jorge Zahar Editor, 2004, pp. 272-273.

Os Irmãos de Cor de São Pedro dos Clérigos

No dia 18 de janeiro de 1805, assentou-se como irmão de São Pedro dos Clérigos o ordinando ao clero secular Luiz Xavier de Moraes que no ato de admissão foi registrado como filho natural de Ana Apolinária.[48] Em outubro do ano anterior, o mesmo Luiz dera entrada, junto à Câmara Eclesiástica do Rio de Janeiro, em seu processo de habilitação sacerdotal onde fora identificado como nascido e batizado na freguesia de São José e filho natural de Ana Apolinária Rosa nascida e batizada na mesma freguesia. Os avós paternos eram dados como incógnitos assim como o avô materno, sendo a avó materna inicialmente identificada como Bárbara Maria que era natural e batizada na freguesia da Candelária. A primeira impressão do Vigário de São José, o Padre Ignácio Pinto da Conceição, foi que lhe constava ser o "suplicante de pura e limpa geração, [por] ser sua Mãe branca (sic)".[49]

Seguindo os trâmites determinados pela legislação canônica, o Vigário Geral do bispado solicitou que para dar início ao processo fossem feitas as diligências quanto às origens do suplicante que deveriam ocorrer nas freguesias de São José e da Candelária, locais onde haviam sido batizados o habilitando, sua mãe e sua avó materna. Para o cumprimento desta exigência seis testemunhas foram convocadas: a) Sebastião Marques Vaz, natural do Arcebispado de Braga, que declarou ser mascate; b) Mauricio José da Costa, natural da cidade do Rio de Janeiro, que declarou ter loja de alfaiate; c) Feliciano José, natural da cidade do Rio de Janeiro, que disse ser latoeiro; d) Antônio José de Carvalho, natural de Chaves, que era Sargento do Regimento de Moura; e) Manoel Antônio Pereira Pacheco, natural do Arcebispado de Braga, que vivia de mascatear; f) Baltazar Luís Martins,

---

[48] AVISPRJ - Livro 3º. de Termos de Entradas de Irmãos da Venerável Irmandade de São Pedro (1798-1849).
[49] ACMRJ – HS – Luiz Xavier de Moraes, 1804.

natural da cidade do Rio de Janeiro, que disse ser "correio". Foi comum às testemunhas a declaração que conheciam o habilitando desde criança por razão de vizinhança, também conhecendo a mãe e alguns a avó materna. Todos os depoentes repetiram a seguinte afirmação:

> que não sabe nem lhe consta que o Habilitando, ou algum dos seus Ascendentes seja ou fosse herege ou Apostata da nossa Santa Fé; nem que cometessem crime de lesa Majestade Divina, ou humana ou incorressem em alguma infâmia pública, ou pena vil de facto ou de Direito; e que nesta geração não sabe nem lhe consta haja alguma nota de mulatismo (sic).[50]

Encerrados os depoimentos, de modo a dar prosseguimento ao processo, o Vigário Geral solicitou que fossem apensadas ao mesmo as certidões de batismo do suplicante, de sua mãe e de sua avó materna. O assento de Luiz, que fora feito no livro dos brancos e libertos da Freguesia de São José, afirmava ter sido ele batizado no dia 8 de agosto de 1783, filho de Ana Apolinária Rosa e pai incógnito, sendo padrinho Manoel Antônio da Silva, sem outras informações. Já o assento de sua mãe agregou ao processo dados importantes até aquele momento ignorados ou omitidos. Fora ela batizada aos 19 dias do mês de agosto de 1760 como "Ana párvula parda filha natural de Barbara Maria mulher parda solteira". Diante destas certidões, o Vigário Geral afirmou que o processo não estava em termos de ser deferido, já que fora identificado o impedimento da cor.[51]

Ao recorrer da decisão quanto ao indeferimento de seu processo, Luiz argumentou que se havia aplicado aos estudos necessários com o propósito de ordenar-se e que o:

> Reverendo Doutor Juiz de Gênere por seu respeitável Despacho *julgou o Suplicante em termos de não ser deferido por constar da Certidão do batismo de sua mãe, que esta era parda, sendo*

---

50 Idem.
51 Idem.

certo, que se o foi, já se achava em grau tão remoto, que não era reputada por tal, como julga, juraram as testemunhas; porém como não pode conseguir seus louváveis desejos, e o estado Eclesiástico, que sempre tem sido o objeto da sua constante vontade, sem ser dispensado, tanto no defeito da cor, como na irregularidade proveniente ex defectu natalium; e não se fazendo o Suplicante imitador da incontinência paterna roga a Vossa Excelência Reverendíssima se digne conceder-lhe as Graças, que implora, e que seja habilitado para todas as Ordens Menores, e Sacras até Presbítero inclusive...[52]

Em 15 de janeiro de 1805, o Vigário Geral, usando das faculdades que lhe haviam sido dadas pelo bispo, acolheu a argumentação de Luiz dispensando-o dos defeitos da cor e da ilegitimidade, permitindo que desse prosseguimento a seu processo de habilitação. Como mencionei acima, três dias depois desta dispensa Luiz foi admitido como irmão em São Pedro dos Clérigos. O processo do habilitando concluiu-se em 1806 com a comprovação do patrimônio e da habilitação de *vita et moribus* e com sua consequente ordenação a presbítero.

O caso aproxima-se às histórias de outros 12 habilitandos e irmãos que localizei na irmandade no período analisado por este trabalho. A identificação destes associados foi possível mediante o cruzamento com os dados dos processos de habilitação sacerdotal. A dificuldade em localizar estes homens advém em grande parte do fato que reunir as condições para pleitear o acesso ao clero secular demandava o delineamento de um processo de ascensão social em curso que, no caso do chamados "homens de cor", implicava no silenciamento sobre a cor. Deste modo, a informação nas habilitações nunca é imediatamente evidente, como o caso acima relatado do habilitando Luiz Xavier de Moraes, onde sua ascendência de cor só foi revelada com o avançar das inquirição de gênere. Com efeito, um levantamento superficial dos processos não permite identificar casos como

---

[52] *Idem.* (grifos meus).

esses, sendo necessário avançar na leitura do documento ou cruzar informações com outras fontes como testamentos, genealogias, entre outras.[53]

Entre a segunda metade do século XVII e as duas primeiras décadas do século XIX, existe um total de 3. 482 processos de habilitação sacerdotal. A empreitada de identificação dessa massa documental passou a ser feita empreendendo-se a leitura de cada processo, mediante a coleta de dados em uma ficha de classificação, o que vem demandando um esforço coletivo de pesquisa. De qualquer forma, o que interessa para o âmbito deste trabalho é que até o presente localizou-se um total de 64 processos referentes a descendentes de negros com datas limites entre 1669 e 1821. A leitura dos processos entre os anos de 1702 e 1745 já está concluída e neste período encontramos 39 processos relativos aos homens de cor num total de 477 processos analisados, algo em torno de 8% do total de documentos. O processamento para a segunda metade do século XVIII, onde se situa a maioria dos processos, ainda está em andamento. Todavia, em um levantamento preliminar, localizou-se 17 processos para o período explorado por este trabalho e, entre estes, 13 indivíduos eram comprovadamente irmãos de São Pedro dos Clérigos. Para efeito de cruzamento dos nomes desses habilitandos, considerar-se-á somente a amostra da Tabela 1, universo no qual estes 13 nomes perfazem não mais que 2,9% dos irmãos filiados à irmandade. Entretanto, nada assegura que este percentual não possa ser maior em função de não se ter ainda concluído a classificação de todos os processos para o período.

---

[53] OLIVEIRA, Anderson José Machado de. "Os Processos de Habilitação Sacerdotal dos Homens de Cor: perspectivas metodológicas para uma História Social do Catolicismo na América Portuguesa", in FRAGOSO, João, GUEDES, Roberto e SAMPAIO, Antônio Carlos Jucá. *Arquivos Paroquiais e História Social na América Lusa, Séculos XVII e XVIII: métodos e técnicas de pesquisa na reinvenção de um corpus documental*. Rio de Janeiro: Editora Mauad X, 2014, pp. 329-363.

Com efeito, para além do dado quantitativo, parece-me ser importante atentar para o significado destas trajetórias e o papel da ação individual que elas descrevem enquanto processos significativos de mobilidade social. Ou como salienta Edoardo Grendi, o que esta excepcionalidade pode ajudar a revelar da normalidade[54] dos processos de interação entre catolicismo, mobilidade e hierarquias em sociedades ainda marcadas pelos traços da cultura política do Antigo Regime. De forma a evidenciar as questões que quero afirmar, creio ser importante visualizar melhor os 13 habilitandos e irmãos que fazem parte do universo referido.

---

[54] GRENDI, Edoardo. "Microanálise e história social", in OLIVEIRA, Mônica Ribeiro de & ALMEIDA, Carla Maria Carvalho de (orgs.). *Exercícios de micro-história*. Rio de Janeiro: Editora FGV, 2009, p. 27.

Quadro 3 - Habilitandos/Irmãos de Cor de São Pedro dos Clérigos

HABILITANDO	ORIGEM	COR/QUAL IDADE	FILIAÇÃO	PAIS CONDIÇÃO		PAIS ORIGEM		COR		TITULAÇÃO		OCUPAÇÃO	
				PAI	MÃE	PAI	MÃE	PAI	MÃE	PAI	MÃE	PAI	MÃE
José Maurício Nunes Garcia	Freg. a Sé/RJ	–	Legítimo	Forro	Forra	Freg. De Nossa Senhora da Ajuda da Ilha do Governador /RJ	Freg. de Nossa Senhora da Cachoeira do Ouro Preto – Minas Gerais	Parda	Parda	–	–	Alfaiate	–
Lourenço Leite de Magalhães	Freg. de S. José – Tocantins – Capt. de Goiás	Pardo	Natural	–	Escrava	–	Costa da Mina	–	Preta	–	–	–	Tida e havida como meretriz
Miguel Correa Maia	Freg. de Sta. Rita/RJ	Pardo	Natural	Livre	Forra	Freg. de Sto. Idelfonso – Cidade do Porto	Costa da Mina	–	Preta	Alferes	–	–	–
Joaquim Valério Lizardo e Rego	Freg. de Nossa Senhora do Amparo de Maricá – Capt. do Rio de Janeiro	Pardo	Natural	–	Forra	–	Freg. Da Candelária/ RJ	–	Parda	–	–	Vive de seu negócio	–
Antônio Joaquim da Silva	Freg. da Sé/RJ	Pardo	Natural	–	Forra	–	Costa da Mina	–	Preta	–	–	–	–
Luiz Caetano Gomes	Freg. da Sé/RJ	Mulato	Natural	–	–	–	Freg. de São José – Capt. de Minas Gerais	–	Mulata	–	–	–	–

Historia de clérigos y religiosas en las Américas • 177

Nome	Freguesia					Angola	Preta			
Mariano José da Purificação	Freg. de S. José/RJ	-	Natural	-	-	-	-	-	-	-
Luiz Xavier de Moraes	Freg. de S. José/RJ	Pardo	Natural	-	-	Freg. de S. José/RJ	-	Parda	-	-
Agostinho José da Silva	Freg. da Candelária/RJ	Pardo	Legítimo	-	-	Freg. da Candelária/RJ	Parda	Parda	-	Alfaiate
Geraldo Leite Bastos	Freg. da Sé/RJ	Pardo/Mulato	Natural	-	Livre	-	-	Parda	-	-
Manoel José Pereira Brados	Freguesia de S. Salvador dos Campos dos Goitacazes – Capt. do Rio de Janeiro	-	Legítimo	Forro	Forra	Vila de São Sebastião – Capt. de São Paulo	Freguesia de S. Salvador dos Campos dos Goitacazes – Capt. do Rio de Janeiro	Parda	Parda	-	Alfaiate
Simplício José de Albuquerque	Freg. de São Sebastião de Itaipú – Capt. do Rio de Janeiro	-	Natural	-	-	-	Freg. de São Sebastião de Itaipú – Capt. do Rio de Janeiro	-	Parda	-	-
Mariano Leite Silva Escobar	Freg. de São Salvador dos Campos dos Goytacazes – Capitania do Rio de Janeiro	-	Natural	Incógnito	-	-	Freg. de São Salvador dos Campos dos Goytacazes – Capitania do Rio de Janeiro	-	Parda	-	-

Fontes: ACMRJ – HS 1620-1958/ AV/ISPRJ - Livro 3°. de Termos de Entradas de Irmãos da Veneravel Irmandade de São Pedro (1798-1849).

Retomando-se o universo dos 64 processos nos quais estes 13 casos estão inseridos, embora não se tenha uma amostragem concluída no que tange ao longo período coberto, pode-se notar, pelo menos, algumas tendências. Entre elas seria possível destacar a questão da origem familiar dos candidatos ao sacerdócio entre os chamados "homens de cor". Entre os processos situados entre a segunda metade do século XVII e primeira do século XVIII constatou-se a maior presença de pais titulados, na sua maioria homens livres, proprietários fundiários e ligados à "nobreza da terra", enquanto a maioria das mães eram forras ou escravas, refletindo um quadro de uniões desiguais, onde foi possível de alguma forma perceber a reprodução de um padrão da nobreza europeia relido na América portuguesa. Em casos como esses, foi incidente a procura da Igreja e dos ofícios reais como forma de favorecer a mobilidade social dos chamados filhos bastardos e livrá-los de condições mais subalternas.[55] Para o período que abrange a segunda metade do século XVIII e décadas iniciais do século XIX, constata-se que, embora os valores aristocráticos associados ao papel do catolicismo como elemento de distinção tenham persistido, outros grupos começaram a acessar o "hábito de São Pedro", expressando a diversificação pela qual passava aquela sociedade, notadamente com a projeção dos setores mercantis e também com a mobilidade de famílias de forros que construíram estratégias de melhor posicionar-se na escala social.[56]

Ao observar-se o Quadro 3, nota-se que entre os 13 habilitandos/irmãos, 7 deles tiveram alguma menção no processo de habilitação que os identificou como pardos, um foi identificado como mulato e 5 não tiveram qualquer

---

[55] OLIVEIRA, Anderson José Machado de. "A administração do sacramento da ordem aos negros na América Portuguesa: entre práticas, normas e políticas episcopais (1702-1745)". In *Locus: revista de história*, Juiz de Fora, v. 21, N° 2, 2015, pp. 430-431.

[56] OLIVEIRA, Anderson José Machado de. "Os Processos de Habilitação Sacerdotal dos Homens de Cor", op. cit.

menção em relação à cor. Considerando que o termo mulato carregava ainda uma conotação mais negativa, quando comparado com a qualidade pardo, observa-se que esta qualidade juntamente com a não menção à cor identificava a maioria dos habilitandos/irmãos. Partindo-se da afirmação já corrente na historiografia brasileira de que cor corresponde a lugar social construído a partir da referência à escravidão pode-se considerar que ser pardo, embora denotasse a persistência do estigma, expressava o reconhecimento de alguma mobilidade na hierarquia social.[57] Se bem que, como afirma Guedes, esta própria hierarquia de cor era fluida e o universo do ser pardo dependia em larga escala das circunstâncias sociais associadas ao tráfico de escravos, quando a maior presença de africanos determinava a maior ou menor identificação de pardos nos diversos contextos da sociedade escravista. De qualquer forma, feitas as ressalvas pertinentes, o maior número de pardos, já assim reconhecidos, iniciando os processos de habilitação denotava a necessidade de algum grau de mobilidade precedente e da junção de algum patrimônio material e imaterial construído geracionalmente.[58] A não menção à qualidade de cor reforçava igualmente todo este processo.

Como já destaquei em outro artigo,[59] a mobilidade que conduzia ao sacerdócio e aos quadros da irmandade de São Pedro não era também nestes casos algo individual, mas representava o coroamento das estratégias da família.

---

57 FARIA, Sheila de Castro. *A colônia em movimento: fortuna e família no cotidiano colonial*. Rio de Janeiro: Nova Fronteira, 1998, pp. 135-139; CASTRO, Hebe Maria Mattos de. *Das cores do silêncio: os significados da liberdade no sudeste escravista – Brasil século XIX*. Rio de Janeiro: Arquivo Nacional, 1995, pp. 34-35.
58 GUEDES, Roberto. *Egressos do cativeiro: trabalho, família, aliança e mobilidade social (Porto Feliz, São Paulo, c. 1798-1850)*. Rio de Janeiro: Mauad X/Faperj, 2008, pp. 101-105; 267-278. Reforço aqui a concordância a análise de Roberto Guedes quanto ao fato da mobilidade das famílias egressas do cativeiro ter um caráter geracional.
59 OLIVEIRA, Anderson José Machado de. "Padre José Maurício: "dispensa da cor", mobilidade social e recriação de hierarquias na América Portuguesa", p. 61.

Como alertou Giovanni Levi, garantir a entrada dos filhos no meio eclesiástico era não só uma forma de transmissão de prestígio, mas também de posicioná-los em locais de exercício do controle moral sobre a sociedade, assim como permitir-lhes o acesso aos bens materiais da Igreja.[60] Irmandade e sacerdócio, sob este aspecto, consolidavam um processo de projeção da família e do conjunto de relações nas quais essa envolvia-se para viabilizar suas estratégias.

O caso de Luiz Xavier pode permitir retomar esta dimensão. Embora não haja qualquer menção no processo às atividades exercidas por sua mãe, não parece restar dúvidas que os recursos investidos na formação do filho estiveram ligados ao trabalho por ela exercido. Para os forros, de uma forma geral, o trabalho manual foi um meio de ascensão, mesmo que estas atividades gozassem de estigmas sociais.[61] Sheila Faria demonstrou como as mulheres forras, em especial, conseguiram acumular significativos pecúlios por meio do trabalho em geral associado ao comércio de varejo.[62]

Os depoentes no processo de Luiz podem dar algumas pistas quanto à natureza da atividade de sua mãe, e talvez avó, e suas respectivas de relações. Entre eles havia dois mascates, um alfaiate e um latoeiro que eram ofícios tipicamente urbanos e que mantinham relações com este pequeno comércio varejista. Mãe e avó de Luiz estavam inseridas em relações mais amplas no espaço urbano, as quais poderiam denotar relações de vizinhança, como afirmado nos depoimentos, mas também relações profissionais que

---

[60] LEVI, Giovanni. *A herança imaterial*. Rio de Janeiro: Civilização Brasileira, 2000, pp. 192-193.
[61] GUEDES, Roberto. *Egressos do cativeiro...* pp. 69-125.
[62] FARIA, Sheila de Castro. "Sinhás Pretas: acumulação de pecúlio e transmissão de bens de mulheres forras no sudeste escravista (sécs. XVIII-XIX)", in SILVA, Francisco Carlos Teixeira da, MATTOS, Hebe Maria, FRAGOSO, João. *História e Educação*. Rio de Janeiro: Mauad/Faperj, 2001, pp. 289-329.

ensejavam solidariedades[63] que foram acionadas a depor nas inquirições de origem de Luiz. Não seria demais supor que tais solidariedades, de alguma forma, tentaram insistir na ausência de impedimentos, mesmo considerando-os remotos, de forma a facilitar o intento do habilitando. Afinal, depor em processos desta natureza em sociedades antigas significava declarar apoio a uma causa.[64]

A solidariedade, manifesta com o apoio, traduzia o caráter significativo que se dava ao bem simbólico em vias de aquisição e como a comunidade relacional também se via beneficiada pelo mesmo. Talvez um outro exemplo possa reforçar o que acabo de dizer. Em 12 de dezembro de 1799, Lourenço Leite Magalhães também foi assentado como confrade de São Pedro dos clérigos, sendo filho natural de Josefa "preta".[65] Diferente de Luiz, já no assento da irmandade a qualidade de sua mãe sinalizava para as origens de Lourenço. Em maio deste mesmo ano, Lourenço havia retomado o seu processo de ordenação sacerdotal, solicitando à Câmara Eclesiástica que fossem feitas as suas inquirições de gênere. Natural da freguesia de São José de Tocantins na Capitania de Goiás, era filho de Josefa uma preta da Costa da Mina que, segundo Lourenço, faleceu escrava de Manoel Leite de Magalhães. De acordo ainda com a narrativa do próprio Lourenço, nunca soube quem era seu pai, pois sua mãe era uma meretriz e sempre lhe respondeu que não sabia de quem se tratava. Seguindo o texto da exposição, o habilitando ainda relatou que foi liberto

---

[63] BERTRAND, Michel. "Del actor a la red: análisis de redes e interdisciplinaridade". *Nuevo Mundo Mundos Nuevos*, 2009. Acessível em goo.gl/DOoDXf [acessado em 28 de dezembro de 2011].

[64] OLIVAL, Fernanda; GARCIA, Leonor Dias; LOPES, Bruno; SEQUEIRA, Ofélia. "Testemunhar e ser testemunha em processos de habilitação (Portugal, século XVIII)", in LOPEZ-SALAZAR, Ana Isabel, OLIVAL, Fernanda, FIGUEIRÔA-REGO, João (coordenação). *Honra e Sociedade no mundo ibérico e ultramarino: inquisição e ordens militares – séculos XVI-XIX*. Lisboa: Caleidoscópio, 2013, p. 325.

[65] AVISPRJ - Livro 3º. de Termos de Entradas de Irmãos da Venerável Irmandade de São Pedro (1798-1849).

pelo mesmo Manoel Leite que lhe tomando amor o criou e o pôs nos estudos.[66]Fica a questão sobre a possibilidade de Manoel ser o pai de Lourenço, mas não houve este reconhecimento por parte do primeiro e nenhuma testemunha do processo aventou esta probabilidade.

Os depoentes do processo de gênere de Lourenço diziam muito sobre a rede de relações em que este estava inserido muito provavelmente através da proteção de Manoel. Foram partícipes dos depoimentos: *na Capitania de Goiás*: a) o próprio Manoel Lourenço Magalhães que disse ser homem de negócio no Arraial de Traíras, Capitania de Goiás, onde também ocupava o cargo de Juiz Ordinário; b) o Alferes Antônio José Ribeiro Freitas que era tabelião no mesmo arraial; c) o Capitão Jacinto José Pinto que era inquiridor, contador e distribuidor do juízo ordinário do Arraial de Traíras; d) o Capitão José Pereira Monteiro homem de negócio no mesmo arraial; *na Cidade do Rio de Janeiro*: e) Manoel Ribeiro de Freitas morador no Arraial de Traíras que estava no Rio a seu negócio; f) Joaquim Ribeiro de Freitas, natural da mesma freguesia do habilitando, que também estava no Rio a seu negócio; g) José Eustáquio Lobão, morador em Traíras, que vivia de seu negócio; h) o Reverendo Silvestre Alves Presbítero Secular, natural do Arraial de Traíras, assistente no Seminário de Nossa Senhora da Lapa no Rio; i) Manoel Ferreira da Silva, natural da mesma freguesia do habilitando e como ele ordinando no Seminário de Nossa Senhora da Lapa no Rio de Janeiro.[67]

Destaca-se nesta rede o peso de uma elite mercantil residente no Arraial de Traíras, onde localizava-se a Freguesia de São José de Tocantins na Capitania de Goiás. Este grupo além da identidade com a atividade comercial também ostentava altas patentes militares, além do controle sobre a justiça local em mãos do juiz ordinário Manoel Leite de Magalhães, patrono de Lourenço. Uma das estratégias

---

[66] ACMRJ – HS – Lourenço Leite de Magalhães, 1799.
[67] *Idem*.

de poder das elites locais foi atrair para o seu concurso elementos dos setores subalternos, estabelecendo com estes relações de reciprocidade, por meio de laços de compadrio, auxílios e redistribuição de mercês.[68] Se de fato Lourenço não era filho de Manoel, ele passou a desempenhar um papel importante para este que colocou à sua disposição o poder e a legitimidade conferida por sua rede de relações e com certeza esperava de Lourenço a contrapartida no investimento que realizou não só financiando seus estudos, mas disponibilizando para ele seu capital relacional. Com efeito, poderia ser importante ter um sacerdote no Arraial de Traíras que, por meio do controle moral sobre a população, pudesse agregar força a uma rede de poder local. Não parece ser mero acaso a justificativa de Lourenço ao solicitar ao bispo que o dispensasse dos defeitos da cor e da ilegitimidade para poder prosseguir com seu processo de ordenação:

> O Suplicante Excelentíssimo Senhor não desmerece estas graças pela sua parte, pois vendo-se na sua Pátria destituído de meios para qualquer diligência da vida, um bem feitor cheio de caridade, tomou conta do Suplicante e o fez aprender a língua Latina, fazendo o ao mesmo tempo servir de Sacristão na sua própria Freguesia por mais de quatro anos, e conhecendo por informações do Seu Mestre, e do Reverendo Vigário da mesma Freguesia a habilidade, e conduta do Suplicante; O transportou desta cidade, e por mercê de Vossa Excelência o recolheu no sobredito Seminário a três anos, onde tem dado provas de seu adiantamento, e bom procedimento, por misericórdia de Deus e por grande benefício de Vossa Excelência espera ser elevado ao Estado Sacerdotal, não só para fazer serviços a Deus Nosso Senhor naquela

---

[68] FRAGOSO, João. "Fidalgos e parentes de pretos: notas sobre a nobreza principal da terra no Rio de Janeiro (1600-1750)". In FRAGOSO, João Luís Ribeiro; ALMEIDA, Carla Maria de Carvalho; SAMPAIO, Antonio Carlos Jucá de (orgs.). *Conquistadores e Negociantes. Histórias de elites no Antigo Regime nos trópicos. América Lusa, séculos XVII a XVIII*. Rio de Janeiro: Civilização Brasileira, 2007, pp. 69-107.

sua Freguesia aonde tem distancias de mais de 30 Léguas por pântanos pestíferos que arruínam a saúde dos estranhos daquele País, e o Suplicante como Nacional e robustez pode muito bem sofrer as inconstâncias dos ares tão pestilentos nos sobreditos lugares; *como também para que seu bem feitor veja bem empregadas as suas despesas, e Satisfeitos os seus desejos, concorrendo estes com os do Suplicante* para enfim conseguir este Santo Estado não o pode adiantar sem que Vossa Excelência reparta com ele os efeitos da sua piedade, que vem a ser dispensar o Suplicante da irregularidade que lhe provem da ilegitimidade e defeito de cor, o que espera por efeito só mente da grande piedade que Vossa Excelência costuma usar com os seus ditosos Diocesanos ...[69]

A pertença à Irmandade de São Pedro e a ordenação eram os elementos mediadores para as finalidades objetivadas por Lourenço e seu benfeitor. O catolicismo, através de suas instâncias, apresentava-se como um fator significante tanto para o processo de mobilidade social do habilitando quanto para os propósitos de uma rede de comerciantes e controladores da justiça local que, enquanto um segmento emergente da elite colonial, necessitava fortalecer-se e legitimar-se. As transformações pelas quais a sociedade passava ainda não se colocavam como suficientes para deslocar a religião de seu papel mediador e legitimador das relações sociais em seus diversos aspectos.

Conclusões

Ao retomar a proposição inicial deste trabalho, que era refletir sobre os possíveis significados da Irmandade de São Pedro dos Clérigos para a formação do clero secular e para os grupos que buscaram a irmandade, creio poder ordenar estas conclusões em dois eixos fundamentais. O primeiro

---

[69] ACMRJ – HS – Lourenço Leite de Magalhães, 1799 (grifos meus).

diz respeito ao papel que o catolicismo ainda conservava enquanto um elemento a garantir a condução moral da sociedade. Mesmo diante de um claro processo de modernização na condução das políticas de Estado que deveriam reorientar as suas relações com a Igreja, marca que se tornou mais nítida a partir das reformas pombalinas, não se perdeu a perspectiva de que a religião católica guardava uma forte relação com a justificação do poder e com o modelo de sociedade que ainda se julgava ideal. Neste sentido, um clero nos moldes tridentinos era um objetivo almejado pela hierarquia eclesiástica que atendia e não se chocava com as perspectivas reformistas de um Estado que estava em vias de garantir foros mais autônomos, mas que ainda não poderia prescindir da Igreja e do catolicismo enquanto meios de ação sobre a sociedade. Com efeito, a conjugação da ideia da Irmandade de São Pedro com a constituição do clero como um corpo era um fator extremamente bem vindo mesmo em meio a um contexto de transformações.

Por outro lado, a valorização do clero como um corpo guardava relação não só com uma reforma do sacerdócio em si, mas também com uma concepção ainda bastante hierarquizada de sociedade. A carreira eclesiástica preservava foros de nobreza e a maior ou menor acessibilidade a ela influenciava em perspectivas de distinção social. Deste modo, os filhos da "boa sociedade" dirigiam-se a mesma como uma forma de reafirmar suas posições sociais, assim como os leigos pertencentes à Irmandade de São Pedro viam na ligação àquela irmandade um elemento de diferenciação.

Para o segmento dos chamados "homens de cor" a conjugação da pertença à irmandade com o acesso ao sacerdócio era um elemento de uma mobilidade social hierarquizada. Conseguir a dispensa do defeito da cor representava o coroamento do processo de uma mobilidade coletiva e geracional que, a partir da segunda metade do século XVIII, tornou-se mais viável para os grupos familiares de homens forros. Todavia esta acessibilidade não era uma panaceia que a todos atingida, já que, por vezes, tais estratégias dependiam do poder de inserção destes forros em sistemas relacionais mais amplos e poderosos. Com efeito, reproduzia-se igualmente os padrões hierárquicos no interior do segmento dos "homens de cor", reforçando-se a ideia da diferença, mesmo que de alguma forma a mobilidade destes segmentos instaurasse um certo equilíbrio instável[70] ao acenar para os grupos subalternos com a possibilidade de transformação da ordem vigente. Todavia, a perspectiva seletiva que colocava nas mãos da hierarquia eclesiástica e do corpo diretor da irmandade o controle do acesso reafirmava a ideia de uma mobilidade conservadora. Deste modo, o acesso à irmandade e a sua relação com o acesso à carreira sacerdotal, embora se abrissem à participação de novos segmentos não deixava de ainda preservar o catolicismo como um mediador na manutenção de um padrão antigo de sociedade.

Bibliografia

ARAUJO, José de Souza Azevedo Pizarro e. *Memórias Históricas do Rio de Janeiro*. Rio de Janeiro: Imprenta Nacional, 2º Vol., 1945.
BERTRAND, Michel. "Del actor a la red: análisis de redes e interdisciplinaridad". *Nuevo Mundo Mundos Nuevos*, 2009.
CASTRO, Hebe Maria Mattos de. *Das cores do silêncio: os significados da liberdade no sudeste escravista – Brasil século XIX*. Rio de Janeiro: Arquivo Nacional, 1995.
CAVALCANTI, Nireu. *O Rio de Janeiro Setecentista: a vida e a construção da cidade da invasão francesa até a chegada da corte*. Rio de Janeiro: Jorge Zahar Editor, 2004.

---

[70] ELIAS, Norbert. *A sociedade de corte*. Lisboa: Estampa, 1995, p. 63.

DELUMEAU, Jean. *Le catholicisme entre Luther et Voltaire*. Paris: PUF, 1994.
DOMINGUES, Francisco Contente. "Ilustração e Catolicismo (1751-1800)". In COSTA, Fernando Marques; DOMINGUES, Francisco Contente e MONTEIRO, Nuno Gonçalves (orgs.). *Do Antigo Regime ao Liberalismo 1750-1850*. Lisboa: Veja, s/d.
ELIAS, Norbert. *A sociedade de corte*. Lisboa: Estampa, 1995.
FARIA, Sheila de Castro. *A colônia em movimento: fortuna e família no cotidiano colonial*. Rio de Janeiro: Nova Fronteira, 1998.
FARIA, Sheila de Castro. "Sinhás Pretas: acumulação de pecúlio e transmissão de bens de mulheres forras no sudeste escravista (sécs. XVIII-XIX)". In SILVA, Francisco Carlos Teixeira da, MATTOS, Hebe Maria, FRAGOSO, João. *História e Educação*. Rio de Janeiro: Mauad/Faperj, 2001.
FLORENTINO, Manolo. *Em Costas Negras: uma história do tráfico de escravos entre a África e o Rio de Janeiro (séculos XVIII e XIX)*. São Paulo: Cia. das Letras, 1997.
FRAGOSO, João. "Fidalgos e parentes de pretos: notas sobre a nobreza principal da terra no Rio de Janeiro (1600-1750)". In FRAGOSO, João Luís Ribeiro; ALMEIDA, Carla Maria de Carvalho e SAMPAIO, Antonio Carlos Jucá de (orgs.). *Conquistadores e Negociantes. Histórias de elites no Antigo Regime nos trópicos. América Lusa, séculos XVII a XVIII*. Rio de Janeiro: Civilização Brasileira, 2007.
FRAGOSO, João. "A noção de economia colonial tardia no Rio de Janeiro e as conexões econômicas no Império português: 1790-1820". In FRAGOSO, João; BICALHO, Maria Fernanda e GOUVÊA, Maria de Fátima (orgs.). *O Antigo Regime nos Trópicos: a dinâmica imperial portuguesa (séculos XVI-XVIII)*. Rio de Janeiro: Civilização Brasileira, 2001.

GRENDI, Edoardo. "Le confraternite urbane nell'età moderna: l'esempio genovese". In *In altri termini: etnografia e storia di uma società de antico regime*. Feltrinelli Editore: Milano, 2004.

GRENDI, Edoardo. "Microanálise e história social". In OLIVEIRA, Mônica Ribeiro de & ALMEIDA, Carla Maria Carvalho de (orgs.). *Exercícios de micro-história*. Rio de Janeiro: Editora FGV, 2009.

GUEDES, Roberto. *Egressos do cativeiro: trabalho, família, aliança e mobilidade social (Porto Feliz, São Paulo, c. 1798-1850)*. Rio de Janeiro: Mauad X/Faperj, 2008.

LAGE, Lana. "As Constituições da Bahia e a Reforma Tridentina do Clero no Brasil". In FEITLER, Bruno e SOUZA, Evergton Sales (orgs). *A Igreja no Brasil: normas e práticas durante a vigência das Constituições Primeiras do Arcebispado da Bahia*. São Paulo: Editora Unifesp, 2011.

LAVRIN, Asunción. "La Congregación de San Pedro – una cofradía urbana del México colonial – 1604-1730". *Historia Mexicana*, vol. 29, abril-junio 1980.

LEMAITRE, Nicole. "Entre réformes et Contre-Réforme". In LEMAITRE, Nicole (direction). *Histoire de curés*. Paris: Fayard, 2002.

LEVI, Giovanni. *A herança imaterial*. Rio de Janeiro: Civilização Brasileira, 2000.

MARTINS, William de Souza. *Membros do Corpo Místico: Ordens Terceiras no Rio de Janeiro (1700-1822)*. São Paulo: Edusp, 2009.

MEDEIROS, Amaury. *A Igreja de São Pedro dos Clérigos do Recife*. Recife: CEPE, 2002.

NEVES, Guilherme Pereira das. *E Receberá Mercê: a Mesa da Consciência e Ordens e o clero secular no Brasil (1808-1828)*. Rio de Janeiro: Arquivo Nacional, 1997.

OLIVAL, Fernanda; GARCIA, Leonor Dias; LOPES, Bruno e SEQUEIRA, Ofélia. "Testemunhar e ser testemunha em processos de habilitação (Portugal, século XVIII)". In LOPEZ-SALAZAR, Ana Isabel; OLIVAL, Fernanda e FIGUEIRÔA-REGO, João (coordenação). *Honra* e *Sociedade no mundo ibérico e ultramarino: inquisição e ordens militares – séculos XVI-XIX*. Lisboa: Caleidoscópio, 2013.

OLIVEIRA, Anderson José Machado de. "A administração do sacramento da ordem aos negros na América Portuguesa: entre práticas, normas e políticas episcopais (1702-1745)". *Locus: revista de história*, Juiz de Fora, Vol. 21, N° 2, 2015.

OLIVEIRA, Anderson José Machado de. "Os Processos de Habilitação Sacerdotal dos Homens de Cor: perspectivas metodológicas para uma História Social do Catolicismo na América Portuguesa". In FRAGOSO, João; GUEDES, Roberto e SAMPAIO, Antônio Carlos Jucá. *Arquivos Paroquiais e História Social na América Lusa, Séculos XVII e XVIII: métodos e técnicas de pesquisa na reinvenção de um corpus documental*. Rio de Janeiro: Editora Mauad X, 2014.

OLIVEIRA, Anderson José Machado de. "Padre José Maurício: 'dispensa da cor', mobilidade social e recriação de hierarquias na América Portuguesa". In GUEDES, Roberto (org). *Dinâmica Imperial no Antigo Regime Português: escravidão, governos, fronteiras, poderes, legados*. Rio de Janeiro: Mauad X, 2011.

PEREIRA, André Luiz Tavares. "Os retábulos das Irmandades de São Pedro dos Clérigos de Salvador, Recife e Mariana. Estudos de caso e problemas metodológicos". *XXIV Colóquio CBHA*, 2004.

PRODI, Paolo. *Uma história da justiça: do pluralismo dos foros ao dualismo moderno entre consciência e direito*. São Paulo: Martins Fontes, 2005.

RUBERT, Arlindo. *A Igreja no Brasil. Expansão Territorial e Absolutismo Estatal (1700-1822)*. Santa Maria (RS): Editora Pallotti, 1988.

SAMPAIO, Antonio Carlos Jucá de. "A curva do tempo: as transformações na economia e na sociedade do Estado do Brasil no século XVIII". In FRAGOSO, João e GOUVÊA, Maria de Fátima (orgs). *O Brasil Colonial 1720-1821*. Rio de Janeiro: Civilização Brasileira, 2014.

SAMPAIO, Antônio Carlos Jucá de. *Na encruzilhada do Império: hierarquias sociais e conjunturas econômicas no Rio de Janeiro (c.1650-c.1750)*. Rio de Janeiro: Arquivo Nacional, 2003.

SCWALLER, John F. "Los membros fundadores de la Congragación de San Pedro, México, 1577". In LÓPEZ-CANO, Pilar Matínez; VON WOBESER, Gisela; MUÑOZ, Juan Guillermo (coord). *Cofradías, Capellanías y Obras Pías*. México: UNAM, 1998.

SILVA, Maria Beatriz Nizza da. *Ser nobre na colônia*. São Paulo: Editora da Unesp, 2005.

SOUZA, Evergton Sales. "Igreja e Estado no período pombalino". *Lusitania Sacra*, 23, janeiro-junho, 2011.

TALON, Alain. *Le Concile de Trente*. Paris: Editions du Cerf, 2000, pp. 65-70.

VIEIRA, Padre Antônio. Sermão I do S. Pedro. In *Sermões*. Tomo Primeiro. Rio de Janeiro: Livraria Garnier, 1928.

VINCENT, Catherine. "Les confrérie de bas clercs, un expédient pour la reforme des seculiers? L'exemple du Mans, XIIe-XIIIe siècles". *Actes de congrès de la Societé des historiens médiévistes de l'enseigment súperieur public*. 22e congrès, Amiens, 1991.

6

Los "otros" curas de la Revolución[1]

Algunas formas de intervención política del bajo clero en Buenos Aires (1810-1830)

MARÍA ELENA BARRAL, VICENTE AGUSTIN GALIMBERTI[2]

El "bajo clero" en contextos políticos cambiantes

En los años de la Revolución de Mayo -y en los distintos escenarios políticos de las décadas siguientes- se reconocía en Buenos Aires al clero y a las instituciones religiosas del mundo católico. Allí estaban, entre los agentes y los ámbitos de la "nueva política", en los primeros planos, y en los segundos y terceros, también.

El propósito de este artículo es múltipe. Busca mostrar, en primer lugar, a estos segmentos menos visibles de los agentes eclesiásticos -el "bajo clero" que definimos más abajo- así como las nuevas tareas que desempeñaron en el marco de su ministerio sacerdotal y como parte de decisiones que tomaron individualmente o como grupo de cara a los desafios de los nuevos tiempos. En segundo lugar analiza-

---

[1] Este artículo ha sido elaborado durante una estancia de investigación en el Institut d'Études Avancées de Paris, con el apoyo del Estado francés en el marco del programa "Investissements d'avenir" de la Agence Nationale de la Recherche (ANR-11-LABX-0027-01 Labex RFIEA+).
[2] M. E. Barral: CONICET/Instituto Ravignani - UNLu. V. A. Galimberti: UNLu.

mos en profundidad uno de estos espacios en los cuales los eclesiásticos -en particular los párrocos- desempeñaron un papel relevante: los procesos electorales desarrollados en estos primeros años. Por último, consideramos el lugar de algunas instituciones como las parroquias y las cofradías en tanto soportes transicionales de esta misma experiencia electoral que era parte de otra, política, más amplia.

Para concretar estos propósitos resulta imprescindible analizar algunas de las redefiniciones que se impulsaban en el papel de los párrocos, por ejemplo, desde los poderes políticos seculares en el contexto de la Revolución y de la postrevolución. En esta dirección es ostensible cómo el conjunto de los eclesiásticos se vio sometido a nuevas formulaciones acerca de su posición en relación con el Estado y la sociedad: un tipo de vínculos por demás complejos desde el momento en que formaban parte de uno y de la otra. Sin embargo, y a diferencia de otros conjuntos susceptibles de ser pensados en estas interacciones, de los curas se esperaban acciones muy precisas -aunque cambiantes- en relación con el orden social y político.

Así, la presencia de los eclesiásticos en los cabildos y las juntas de 1810, en la Asamblea del año XIII o el Congreso de Tucumán –doce de los diecinueve firmantes- ha sido señalada hasta el cansancio.[3] No podía ser de otra manera. Como grupo o estamento eran de los mejores preparados –por su formación y por la posición central que ocupaban en sus comunidades- para hacer frente a los desafíos que abría la nueva situación política. Y en este contexto deben entenderse algunas medidas que apelaban a su autoridad en el plano local, como por ejemplo el decreto de la Junta de Gobierno que imponía la lectura de *La Gaceta de Buenos Aires* desde el púlpito. Las circulares de los sucesivos gobiernos que ordenaban a los curas "para que con la

---

[3] Puede verse para este sector del clero: CALVO, Nancy; DI STEFANO, Roberto y GALLO, Klaus, *Los curas de la Revolución. Vida de eclesiásticos en los orígenes de la Nación*, Buenos Aires: Emecé, 2002.

posible frecuencia instruyan a sus feligreses en sus derechos y obligaciones, en obedecer escrupulosamente a las Leyes, al Soberano Congreso y demás autoridades del Estado"[4] no harían más que multiplicarse en los años siguientes.

En este sentido tampoco llama la atención encontrarlos llevando a cabo una intensa actividad en los procesos electorales abiertos en la década de 1810. El análisis de esta intervención en particular es la que realizamos en este artículo y el mismo favorece además otro conjunto de reflexiones de alcance más amplio vinculadas a los viejos dispositivos y agentes en la nueva política. Buscamos acercarnos a un problema de cardinal importancia como es el del cambio político y algunas de las formas transicionales -agencias y espacios- que lo acompañaron e hicieron posible a partir del conocimiento acumulado en las últimas décadas sobre la religión y la Iglesia católica.[5] De este modo nos preguntamos sobre las condiciones de posibilidad de este cambio tomando como punto de observación las instituciones y jurisdicciones eclesiásticas y algunas de las prácticas que en ellas se desarrollaban.

Pero además de las nuevas "misiones" de la política revolucionaria que se concretaban por la vía de antiguas y muy antiguas instituciones, la coyuntura ofrecía nuevas posibilidades de inserción para los eclesiásticos y nuevos espacios para construirse que solo mencionaremos a los efectos de contextualizar los variados escenarios donde es posible reconocer a este clero "en estado de revolución". Desde 1810, aunque con más impulso desde 1820, muchos de ellos se convirtieron en redactores en la prensa

---

4   Archivo General de la Nación (Argentina) en adelante AGN, X-4-8-1.
5   Un reciente balance de los estudios sobre el catolicismo en la primera mitad del siglo XIX puede verse en AYROLO, Valentina; BARRAL, María Elena y DI STEFANO, Roberto (coords.), *Catolicismo y secularización. Argentina, primera mitad del siglo XIX*, Buenos Aires: Biblos, 2012.

periódica,[6] mientras que otros continuaron ejerciendo su ministerio sacerdotal en los regimientos y en los ejércitos que se multiplicaban al calor de las guerras de la Revolución.[7] El Cabildo de Buenos Aires era muy preciso a la hora de asignar funciones a los eclesiásticos: pedía a los capellanes de las fuerzas de línea "que instruyan a los oficiales, sargentos, cabos y soldados sobre la obligación que han contraído con la patria".[8]

Hubo asismismo un sector del clero que fue objeto de confinamiento, incomunicación o expulsión a causa de su actitud refractaria o manifiestamente opositora a la Revolución. La rigurosidad de las medidas variaba: se ordenaba al agustino Fr. Felipe Abroy "vivir intraclausura" en los días en que no sean precisos para atender el oratorio; otros imploraban piedad y se les alzaba la reclusión, como a Fr. Nicolás de los Dolores. O pedían el fin del confinamiento y la restitución a la capital y se la otorgan por haber entablado la solicitud "en los días memorables de la independencia".[9]

---

6 Entre ellos podemos encontrar a fray Cayetano Rodríguez (*El Redactor de la Asamblea* y *El Redactor del Congreso Nacional*); Manuel Alberti (*La Gazeta*), o el padre Francisco de Paula Castañeda, quien en la década siguiente gestaría una gran cantidad de publicaciones periódicas. También Manuel Alberti (*La Gazeta*), Vicente Pazos Kanki (*La Crónica Argentina*), fray Camilo Enriquez (*El Censor*).

7 Algunos capellanes de los ejércitos fueron muy conocidos por su importante papel en la fabricación de armas para la guerra y su intervención en el ejército de los Andes como el fraile Aldao, fray Luis Beltrán o fray Vulcano. Se trataba de dos religiosos, dominico y franciscano, que habían optado por la política y la guerra e integraban los ejércitos

8 AGN, X-4-7-1. Por ejemplo, la Comisaría de Regulares -una autoridad creada en 1813 para el conjunto de las órdenes religiosas que habían perdido sus lazos de obediencia con las autoridades externas al territorio de las Provincias Unidas- concedía tres religiosos (un dominico, un franciscano y un mercedario) para el regimiento de negros en 1816 "que ignoran los rudimentos de la doctrina cristiana". Puede verse sobre la Comisaría: DI STEFANO, Roberto y MARTÍNEZ, Ignacio. "Frailes de gorro frigio. La experiencia de la Comisaría General de Regulares en el Río de la Plata (1813-1816)". En AA.VV., *Los dominicos insurgentes y realistas, de México al Río de la Plata*, Querétaro: Instituto Dominicano de Investigaciones Históricas Miguel Ángel Porrúa, 2011, pp. 147-181.

9 AGN, X-4-8-1.

Lo interesante es ver cómo los feligreses continuaban gestionando los servicios religiosos a partir de los mismos procedimientos usados hasta ese momento: "pedían" a tal o cual fraile para que durante su confinamiento pueda administrar los sacramentos en una zona poco asistida espiritualmente. En ocasiones, durante esta suerte de destierro los eclesiásticos establecían o reforzaban sus vínculos con las comunidades locales e incluso continuaban predicando la contrarrevolución. Es el caso de un fraile confinado en la frontera de Buenos Aires al cual se lo acusaba de hacerse "capellán de las familias contrarias a América".[10]

Las evidencias sobre un clero movilizado -en su mayor parte a favor de la Revolución, aunque en menor medida, también en contra- que participó de distintas maneras en las instancias más decisivas de estos años, son numerosas. Las indicadas buscan solo señalarlas y cada uno de estos nuevos ámbitos de actuación requeriría un análisis en profundidad que aún se encuentra, en la mayoría de los cosos, pendiente.

Sin embargo la intervención de los curas y la religión católica en la vida política no era nueva. El catolicismo enseñó un orden social y los lugares que cada quien debía ocupar en función de su color, riqueza o relaciones y lo hizo a través de distintos medios, como los símbolos de los altares o las cartas pastorales con metáforas para la autoridad y la sociedad. Las ceremonias católicas, por su parte, favorecían la adopción de actitudes de obediencia hacia la autoridad que se acoplaban a la vida cotidiana. Allí también cada uno tenía su lugar y su alteración exhibía un grave conflicto. Este simbolismo católico era una usina productora de mensajes y las creencias religiosas portaban significados políticos. Su multivocalidad permitía la coexistencia de mensajes de subordinación, reconciliación, legitimación y de consentimiento, pero también de rebelión y liberación.

---

10 AGN, X-4-7-3.

El culto a la virgen María -y en especial su lugar de madre e intercesora, la única mortal "sin pecado concebida"- es un claro ejemplo de ello.[11]

Las funciones concretas desempeñadas por las instituciones eclesiásticas y la religión a lo largo de todo el período colonial cobraban particular relevancia en la medida que se situaban en las intersecciones de los poderes institucionales y jurisdiccionales, del ejercicio de las justicias, de las asociaciones religiosas -como las cofradías y hermandades-, de los lugares sacralizados -templos, campanas, atrios o cementerios-, de los momentos vitales sacralizados -el nacimiento o la muerte y los ritos que los consagraban- y de las necesidades de sus feligreses en tanto podían dar respuesta a muchas de ellas a partir de la administración de recursos de distinto tipo. Entre ellos, su capital "inmaterial" -conformado de redes sociales, información y memoria colectiva- les otorgaba un tipo de legitimidad política fundada en un sutil equilibrio de intereses y prestigio personales, de perspectivas inciertas y de responsabilidades asociadas a los cargos formales desempeñados.

En particular el siglo XVIII concentra intensas disputas entre las más altas autoridades civiles y eclesiásticas centradas en las crecientes prerrogativas vicepatronales y ellas se expresan de variadas maneras. Obispos y virreyes protagonizaron algunos de los más conocidos "conflictos de etiquetas" referidos, que ponían de manifiesto disputas

---

[11] Puede verse para el caso de la Virgen de Guadalupe: TAYLOR, William, *Entre el proceso global y el conocimiento local. Ensayos sobre el Estado, la sociedad y la cultura en el México del siglo XVIII*, México: UAM-Miguel Ángel Porrúa, 2003. TERÁN, Marta, "La virgen de Guadalupe contra Napoleón Bonaparte. La defensa de la religión en el Obispado de Michoacán entre 1793 y 1814". En *Estudios de Historia Novohispana*, N° 19, pp. 92-129, 1998; MAYER, Alicia, "El culto de Guadalupe y el proyecto Tridentino en la Nueva España". En *Estudios de Historia Novohispana*, N° 26, pp. 17-49, 2002.

políticas que atravesaban las instituciones eclesiásticas y el conjunto de la comunidad en el contexto del regalismo borbónico.[12]

A un nivel más bajo -que es el lugar de observación propuesto para este trabajo-, la investigación desarrollada demuestra que en los pueblos bonaerenses los párrocos se desempeñaron como mediadores privilegiados y como los guardianes del orden comunitario a lo largo de casi todo el siglo XVIII. Su rol -el de las parroquias, las cofradías y los rituales- fue central en la construcción del orden institucional y de la conformación de los poderes locales. Uno de los principales argumentos de este artículo busca mostrar precisamente las continuidades en el ejercicio de estos papeles en el gobierno local y las condiciones de posibilidad de las mismas. Más precisamente nos interesa mostrar la incidencia de los espacios, instituciones y agentes religiosos en los primeros tramos de la experiencia política -y en especial, la electoral- que se inició en la década de 1810 y que integraba parte de las novedades que introduce el ciclo revolucionario.

Al mismo tiempo el análisis realizado pone de manifiesto algunas de las rupturas y los quiebres en este proceso. Es evidente que uno de los principales cambios proviene de la coyuntura política que se abrió en 1808/1810 y que para la Iglesia católica implicó una crisis particular en tanto las jurisdicciones eclesiásticas se fragmentaron y las autoridades religiosas locales se vieron impedidas de tomar contacto con las sedes de poder extraterritoriales como el caso del Arzobispado de Charcas -del cual dependía la diócesis de Buenos Aires- o la misma Santa Sede. El no reconocimiento de la Santa Sede de las decisiones políticas que el proceso

---

12 Sobre conflictos de etiquetas puede verse: URQUIZA, Fernando, "Etiquetas y conflictos: El obispo, el virrey y el Cabildo en el Río de la Plata en la segunda mitad del Siglo XVIII". En *Anuario de Estudios Americanos*, t. L, N° 1, pp. 55-100, 1993 y GARAVAGLIA, Juan Carlos, "El teatro del poder: ceremonias, tensiones y conflictos en el estado colonial". En *Boletín del Instituto de Historia Argentina y Americana Dr. Emilio Ravignani*, N° 14, pp. 7-30, 1996.

revolucionario abrió en el Río de la Plata impuso que la cuestión del patronato se dirimiera rápidamente.[13] Si por un lado Mariano Moreno pocos días después de la Revolución se declaraba favorable a que el gobierno provisorio ejerciera estas funciones en los mismos términos en que lo habían hecho los virreyes, más tarde, y luego de una consulta a dos teólogos –el deán Funes y el Dr. Juan Luis de Aguirre-, se decidió que la Junta tenía derecho a ejercerlo debido a que el mismo era un atributo inherente a la soberanía y no una concesión pontificia a la persona de los monarcas. De este modo "los pueblos" al reasumir el ejercicio de la soberanía recuperaban al mismo tiempo el derecho de Patronato y lo depositaban en la Junta porteña.

A lo largo de la década de 1810 y de 1820, en varias oportunidades, se profundizaron algunas de las medidas inspiradas en el ideario galicano que dotaba de gran autonomía a las iglesias locales. Así, la Asamblea del Año XIII desligó a los regulares de sus superiores residentes en España creando la Comisaría de regulares con una autoridad única para el conjunto de las comunidades religiosas, extinguió la autoridad de la Inquisición y se declaró independiente de las autoridades eclesiásticas fuera del territorio. Luego, el Estatuto Provisorio de 1816 concedió al Director Supremo la atribución de presentar los beneficios eclesiásticos de patronato con excepción de las dignidades correspondientes a las Iglesias Catedrales. La crisis de 1820 creó otro escenario: separó de hecho a los conventos y monasterios de sus provinciales residentes en otras provincias.[14]

---

[13] AYROLO, Valentina, "Una nueva lectura de los informes de la misión Muzi: La Santa Sede y la Iglesia de las Provincias Unidas". En *Boletín del Instituto de Historia Argentina y Americana "Dr. Emilio Ravignani"*, Nº 14, 3era. serie, 2do. Semestre, 1996/7 pp. 31-60 y MARTÍNEZ, Ignacio, *Una Nación para la Iglesia argentina*, Buenos Aires: Academia Nacional de la Historia, 2013.
[14] DI STEFANO, Roberto y ZANATTA, Loris, *Historia de la Iglesia argentina desde la conquista hasta fines del siglo XX*, Buenos Aires: Grijalbo, 2000.

La segunda década revolucionaria traería los cambios más decisivos con el programa reformista rivadaviano que se proponía convertir las instituciones eclesiásticas en un segmento del Estado en formación e implicó la expropiación de recursos económicos eclesiásticos orientada por esa misma política de centralización de sus instituciones, de desamortización de los recursos y de eliminación de los fueros.[15] Sin embargo las medidas más impactantes -sobre todo para el "bajo clero"- no se circunscribían a las destinadas a la reforma de la Iglesia. Como parte de estas reformas se multiplicaron las autoridades no religiosas. Los párrocos se vieron rodeados, en el ámbito local, de nuevas figuras -como los jueces de paz- que acumulaban protagonismo y con quienes entraban en competencia y disputaban los espacios de mediación social. Estas experiencias harían que el clero de Buenos Aires de fines de la década de 1820 y de la década de 1830 –en donde se detiene el presente estudio– ya no fuera el mismo que aquel del período tardocolonial. La necesidad de pelear por un espacio de liderazgo comunitario hasta entonces fuera de discusión redefinió una vez más su politización.[16]

Para decirlo con absoluta claridad: la politización del clero no era nueva, aunque en este nuevo contexto se profundizó, reorientó algunos de sus modos de expresión y, en consecuencia, se hizo más visible. El hecho mismo de que esta transición política con sus novedades y sus rupturas impactara de este modo en los agentes e instituciones eclesiásticas muestra el grado de imbricación social y política que experimentaron en los siglos coloniales.

---

[15] Sobre este proceso puede verse DI STEFANO, Roberto *El púlpito y la plaza*, Siglo Veintiuno Editores Argentina: Buenos Aires, 2004.
[16] BARRAL, María Elena, "De mediadores componedores a intermediarios banderizos: el clero rural de Buenos Aires y la "paz común" en las primeras décadas del siglo XIX". En *Anuario del IEHS,* N° 23, UNICEN-IEHS, 2009, pp. 151-174 y "Un salvavidas de plomo. Los curas rurales de Buenos Aires y la reforma eclesiástica de 1822". En *Prohistoria* N° 13, 2009, pp. 51-68.

Por último, ¿a qué denominamos "bajo clero"? Se trata de una denominación que no es nuestra y que acumula siglos de uso y, en frecuentes ocasiones, se presentó como sinónimo de "clero parroquial", lo cual representa un primer acercamiento al recorte del grupo eclesiástico al que privilegiamos en este artículo. En el caso francés, en vísperas de la Revolución francesa, la mayor parte del bajo clero provenía de este sector de los párrocos pero sus ingresos incluían el diezmo, el beneficio curial y otros beneficios eventuales y fundaciones de misas.[17] La situación en estas lejanas latitudes sería bastante menos acomodada desde el punto de vista del sustento material. Las formas de financiamiento del culto -que descansaba casi exclusivamente en los feligreses- configuraría una relación entre párrocos y feligreses bastante peculiar sostenida en un difícil equilibrio construido entre la imposición de los límites y la tolerancia hacia quienes, en última instancia, garantizaban la "congrua sustentación"de eclesiásticos.[18]

El bajo clero se encontraba principalmente en las zonas rurales y realizaba su tarea pastoral entre una población, en su inmensa mayoría, iletrada, de cuyo excedente agrario dependía su subsistencia. Los feligreses, esos hombres y mujeres a los cuales los párrocos debían convertir en feligreses cumplidores con la Iglesia -"cumplir con la Iglesia": se trataba de un imperativo centrado en el precepto pascual-, eran de quienes dependían para su subsistencia. Los ingresos de los párrocos provenían de los derechos de estola por la administración de sacramentos o servicios litúrgicos que se regulaban a partir de un canon arancelario diocesano. Sin embargo, no recibían la totalidad de estos derechos parroquiales ya que un cuarto de estos ingresos –la cuarta episcopal– debía remitirse al obispado. Otra parte

---

[17] COUSIN, Bernard; CUBELLS, Monique y MOULINAS, René, *La pique et la croix. Histoire religieuse de la Révolution Française*, Paris: Centurion, 1989.

[18] La congrua sustentación, requerida para la ordenación sacerdotal, era la renta necesaria que debía tener el eclesiástico para evitar vivir de la mendicidad o de oficios considerados indecorosos.

de sus rentas resultaban del conjunto de las primicias: los primeros frutos de las cosechas que, aunque no tenía un valor fijo, representaban entre un 5 y un 10% del diezmo.

Entre estos eclesiásticos podemos encontrar tanto a sacerdotes seculares como a frailes de distintas órdenes religiosas, aunque sus funciones se encontraban diferenciadas: los curas diocesanos mandaban y los frailes obedecían. Sin embargo, este equilibrio numérico –y la presencia misma de los religiosos– solo es válida para los años anteriores a la reforma de Rivadavia, a inicios de la década de 1820, luego de la cual el clero regular prácticamente desaparecería.

El bajo clero tuvo la posibilidad de construir su liderazgo comunitario a partir de diversas formas de intervención social.[19] Los párrocos como administradores del derecho de *asilo en sagrado* y como jueces eclesiásticos intercedieron en disputas matrimoniales, se ocuparon de sucesiones testamentarias y batallaron para remediar *pecados públicos y escandalosos*. Además, las parroquias, como sedes de poder eclesiástico, desempeñaron un papel fundante en la creación de un orden institucional rural y, durante la mayor parte del siglo XVIII los párrocos serían las únicas autoridades de un poder institucional que la gente del campo vería, quizás, en buena parte de su vida.[20] Los curas empadronaban a la población de su curato en Cuaresma cuando controlaban el cumplimiento del Precepto Pascual, para lo cual confeccionaban la matrícula de feligreses. Cuando la educación elemental se establecía en el ámbito provincial como uno de los objetivos de las autoridades civiles, los curas integraron -junto a los alcaldes- las *Juntas Protectoras*

---

[19] Un análisis pormenorizado del papel de mediación de los párrocos rurales de Buenos Aires puede verse en BARRAL, María Elena, *De sotanas por la Pampa. Religión y sociedad en Buenos Aires rural tardocolonial*, Prometeo Libros. Buenos Aires, 2007.

[20] BARRAL, María Elena y FRADKIN, Raúl, "Los pueblos y la construcción de las estructuras de poder institucional en la campaña bonaerense (1785-1836)", *Boletín del Instituto de Historia Argentina y Americana "Dr. Emilio Ravignani"*, N° 27, pp. 7-48, 2005.

de Escuelas. Además eran los capellanes de las cofradías -la mayoría de Ánimas Benditas del Purgatorio- y mientras que estos encontraron en los cofrades un grupo de auxiliares dispuestos a colaborar en diversos tipos de tareas, para los cofrades se trataba de un espacio con distintos significados: asistían a los hermanos en una buena muerte, participaban en las distintas celebraciones de la comunidad y servían como espacios de sociabilidad y de pertenencia de los vecinos principales, quienes encontraban en estas hermandades espacios para su construcción como el sector de los notables locales.

En este contexto; desde estas instituciones, prácticas y agencias; a partir de esta experiencia histórica particular, de una red parroquial y de un conjunto de eclesiásticos, es posible dimensionar su intervención en el ciclo revolucionario y -en este caso- solo en una faceta del mismo: las elecciones que tuvieron lugar en las áreas rurales bonaerenses durante las décadas de 1810 y 1820.

Sacerdotes en las urnas: los párrocos y parroquias en los procesos electorales

Desde la crisis monárquica y a medida que el proceso revolucionario se fue desarrollando, la necesidad de realizar elecciones públicas que brindasen legitimidad a los distintos gobiernos supuso una novedad, y el conseguir votos, un desafío para los poderes existentes. Los estudios electorales de la primera mitad del siglo XIX han destacado la gran importancia que tuvieron ciertos personajes como mediadores entre "la sociedad" y "el Estado" para afrontar este desafío.[21] Estos actores, definidos como un estrato

---

[21] ANNINO, Antonio (coord.). *Historia de las elecciones en Iberoamérica, siglo XIX*. Buenos Aires, Fondo de Cultura Económica, 1994; ANINNO, Antonio. "El voto y el siglo XIX desconocido". En *ISTOR*, año V, N° 17, 2004, pp. 43-59; CHIARAMONTE, José Carlos. "Vieja y nueva representación: los

intermedio entre la elite y los votantes, lograban llevar a cabo los comicios en las secciones electorales mediante diversas acciones, como hacer las convocatorias, integrar las mesas, movilizar al electorado, decidir quiénes votaban, y en muchos casos, orientar la elección hacia el triunfo de determinados individuos. En el caso de las elecciones realizadas en las zonas rurales bonaerenses este papel fue desempeñado por la triada básica del poder pueblerino: los jueces, los curas y los jefes milicianos. Sin embargo, a pesar de esta caracterización general, contamos con escasas investigaciones que profundicen en la participación de estas autoridades.[22] Por este motivo, a continuación intentamos realizar un aporte a partir del análisis de la participación de los eclesiásticos en las elecciones.

---

procesos electorales en Buenos Aires, 1810-1820". En ANNINO, Annino (coord.), op. cit., pp. 19-63; GARAVAGLIA, Juan Carlos. "Elecciones y luchas políticas en los pueblos de la campaña de Buenos Aires: San Antonio de Areco (1813-1844)". En *Boletín del Instituto de Historia Argentina y Americana "Dr. Emilio Ravignani"*, 3º serie, N° 27, 2005, pp. 49-73; IRUROZQUI, Marta (ed.). *La mirada esquiva. Reflexiones sobre la interacción del Estado y la ciudadanía en los Andes (Bolivia, Ecuador y Perú), siglo XIX*. Madrid, CSIC, 2005; LANTERI, Sol, "¿Una frontera bárbara y sin instituciones? Elecciones y clientelismo en la formación del Estado provincial durante el gobierno de Rosas". En *Prohistoria*, N° 12, Rosario, 2008, pp. 15-40; LANTERI, Sol y SANTILLI, Daniel, "Consagrando a los ciudadanos. Procesos electorales comparados en la campaña de Buenos Aires durante la primera mitad del siglo XIX". En *Revista de Indias*, N° 249, Madrid, 2010, pp. 551-582; TERNAVASIO, Marcela. "Nuevo régimen representativo y expansión de la frontera política. Las elecciones en el estado de Buenos Aires: 1820-1840". ANNINO, Antonio (coord.), op. cit., pp. 65-105; TERNAVASIO, Marcela. *La revolución del Voto. Política y elecciones en Buenos Aires 1810-1852*. Siglo XXI, Buenos Aires, 2002; TÍO VALLEJO, Gabriela. "Rupturas precoces y legalidades provisorias. El fin del poder español en el Río de la Plata". En *Ayer*, N° 74, 2009, pp. 133-162.
22 Hemos realizado un análisis pormenorizado de la participación electoral de curas, jueces y jefes milicianos en un caso concreto en GALIMBERTI, Vicente A., "Autoridades locales y elecciones en la frontera norte bonaerense (1815-1828)". En BARRIERA, Darío G. y FRADKIN, Raúl O. (eds.). *Gobierno, justicias y milicias: la frontera entre Buenos Aires y Santa Fe (1720-1830)*. Editorial de la Universidad de La Plata, La Plata, 2014, en prensa.

¿Qué influencia tuvieron las parroquias y los eclesiásticos en los dispositivos puestos en juego en la organización electoral entre 1810 y 1830? En otra oportunidad hemos realizado un estudio cuantitativo que mostraba que la influencia de las parroquias y de los eclesiásticos fue variada y evidenció algunos cambios durante el período seleccionado.[23] En esta oportunidad presentamos las principales conclusiones a las que arribamos para poder contextualizar apropiadamente las experiencias que presentamos en el siguiente apartado.

En primer lugar, la organización territorial electoral[24] se montó sobre la organización jurisdiccional eclesiástica. Cada parroquia rural, cada pueblo de la campaña bonaerense, conformó una división electoral. Al no crearse una nueva división político-administrativa, los procesos electorales se desarrollaron a partir de las dinámicas conocidas de la vida social local. Así, los dispositivos electorales favorecieron, en un principio, la continuidad del ejercicio del poder de las autoridades del gobierno local y los notables de las comunidades, ya que no se modificaron los espacios ni las autoridades existentes para la realización de las elecciones. De esta forma, los párrocos se encontraron en inmejorables condiciones para representar a sus comunidades y feligresías.

---

[23] Los autores de este artículo han presentado versiones anteriores de este trabajo en el *Congreso Internacional "Frontiere. Rappresentazioni, integrazioni e conflitti tra Europa e America, secoli XVI-XX"*, Universita degli studi di Roma Tre, Roma, 21 de noviembre de 2013 ("Espacios, instituciones y agentes religiosos en los procesos electorales. Los partidos rurales de Buenos Aires a comienzos del siglo XIX, 1813-1828") y en las *4as Jornadas Internacionales de Historia de la Iglesia y las religiosidades en el NOA*, Cafayate, Salta, Argentina, 4 a 6 de septiembre de 2013 ("Sacerdotes en las urnas: agentes, espacios religiosos y procesos electorales del mundo rural bonaerense de principios del siglo XIX"). Agradecemos los comentarios recibidos en ambas oportunidades.

[24] Las características de la organización electoral fue estipulada por Estatuto Provisional para Dirección y Administración del Estado, dado por la Junta de Observación. 5 de mayo de 1815. En *Estatutos, reglamentos y constituciones argentinas*, Buenos Aires, Librería Platero, 1972, pp. 31 a 57. La descripción que sigue se basa en el mismo.

En segundo lugar, los curas ocuparon un lugar central en la composición de las mesas electorales. Las mismas estaban integradas por el juez principal del curato, el cura y tres vecinos de probidad. Cada sufragante debía votar frente a ellos, quienes eran, a su vez, los encargados de realizar el escrutinio y calificar la pluralidad. De esta forma, los curas rurales estaban entre los principales encargados de organizar el acto electoral desde la convocatoria de los vecinos hasta la consagración de los ganadores.

Ambas situaciones influenciaron en que los eclesiásticos se encuentren entre los principales elegidos en las elecciones rurales. Entre 1813 y 1828[25] se realizaron 21 elecciones en la campaña bonaerense para elegir electores para diputados de Asambleas y Congresos Generales, electores para nombrar al nuevo Cabildo y representantes para la Sala de Representantes. En ellas fueron nombradas 259 personas por parte de los habitantes de la campaña como electores o representantes, de los cuales el 22,77% fueron eclesiásticos. Esto significa que casi uno de cada cuatro elegidos pertenecía al clero. Salvo en tres del total de las elecciones desarrolladas, por lo menos un eclesiástico fue nombrado por los habitantes de la campaña para que los represente. Sin embargo, la participación de este sector presenta una marcada diferencia entre lo sucedido

---

[25] Hemos seleccionado este período ya que sus extremos abren y cierran un tipo de experiencia política donde las elecciones resaltan por sus especiales características: en 1813 se realizaron por primera vez en la campaña de Buenos Aires elecciones basadas en la idea de la soberanía popular y en 1828 se llevaron a cabo las últimas elecciones antes del levantamiento de Juan Lavalle contra el gobierno de Manuel Dorrego. A partir de este momento se iniciaba un proceso político que llevó a Juan Manuel de Rosas a convertirse en gobernador de la provincia de Buenos Aires y que implicó un cambio en las prácticas electorales, las cuales comenzaron a ser controladas por el gobernador buscando eliminar la competencia y las situaciones conflictivas que ellas suscitaban. Ver TERNAVASIO, Marcela. La revolución del voto..., op. cit., y GALIMBERTI, Vicente A. "La unanimidad en debate. Los procesos electorales en la campaña de Buenos Aires entre 1815 y 1828". En *Boletín del Instituto de Historia Argentina y Americana "Dr. Emilio Ravignani"*, 3º serie, Nº 37, 2012, pp. 85-114.

antes y luego de 1820. En el primer subperíodo (1813-1819) los eclesiásticos electos representaron el 41,93% del total, es decir, dos de cada cinco electos pertenecía al clero. Por el contrario, en el segundo subperíodo (1820-1828) este porcentaje se reduce a 12,04%, mostrando un pronunciado descenso de la posibilidad de que los curas rurales triunfen en las elecciones.

A su vez, el cambio en la participación global de los eclesiásticos como electos no solo fue cuantitativo, sino que también logramos apreciar una modificación sustancial en la extracción de los mismos dentro de las instituciones eclesiásticas. Mientras que entre 1813 y 1819 predominaron los párrocos, luego de 1820 solo aparecen esporádicamente y comienzan a ser reemplazados por eclesiásticos con residencia en la ciudad de Buenos Aires y que ejercían altos cargos dentro de la jerarquía eclesiástica. Entre ellos se encuentran nada menos que los provisores, es decir, gobernadores de la diócesis en ausencia del obispo, y miembros del Cabildo Eclesiástico o Senado del Clero. ¿Cómo se explican estos cambios?

El primer intento por limitar la participación de los eclesiásticos desde la normativa electoral lo encontramos en 1820 y por ello decidimos tomar este año como divisoria para realizar las estimaciones cuantitativas expuestas. Al realizarse en abril las elecciones para cubrir los cargos correspondientes a las secciones electorales rurales de la recién creada Sala de Representantes, la misma comunicó que la elección "se haga en Personas del fuero común por los inconvenientes que trae a la causa pública [...] la injerencia de Personas de otro fuero en semejantes Corporaciones, y sobre todo por ser incompatible con el Sistema Federal."[26] Aunque esta indicación fue desechada al año siguiente, la misma explica por qué en los dos comicios de 1820 los eclesiásticos estuvieron ausentes como electos, y marca el inicio de una fuerte caída en la participción de los eclesiásticos.

---

26 AGN X-3-9-9.

A su vez, esta intención de limitar la injerencia de los eclesiásticos en las elecciones se vio reforzada mediante nuevas normativas que buscaban cercenar las capacidades que habían desarrollado durante las elecciones de la primera década revolucionaria. En 1821, la Sala de Representantes confeccionó una nueva Ley Electoral.[27] La misma introdujo varias modificaciones,[28] una de las cuales es fundamental para nuestro tema. Aunque mantuvo la división territorial basada en las parroquias, modificó la composición de las mesas electorales. A partir de esta ley, las mismas serían presididas por el alcalde de Hermandad, y luego por el juez de paz, de cada partido, mientras que el resto de los integrantes se nombrarían a pluralidad de votos a comienzo de la elección entre los concurrentes. Así, la ley alteraba el tándem que formaban el alcalde y el cura de cada partido, ya que este último perdió el lugar que antes tenía asegurado, lo que debilitó su capacidad de injerir en el proceso electoral.

Este objetivo fue reforzado con otras medidas que se registraron a lo largo de la década de 1820. Por ejemplo, hacia 1823, por medio de una circular, el Gobierno informaba que las próximas elecciones debían realizarse en las casas de los jueces de paz y ordenaba que "no se hicieran [...] ni en las habitaciones de los curas, ni en piezas dependencias del templo [...] El espíritu de esta orden es [...] dar a aquel acto toda la libertad necesaria, y remover de él la influencia privada de cualquier particular".[29] Esta normativa

---

[27] Ley de Elecciones, Buenos Aires, 14 de agosto de 1821. En *Recopilación de las Leyes y Decretos promulgados en Buenos Aires desde el 25 de mayo de 1810 hasta fin de diciembre de 1835*, primera parte, Buenos Aires, 1836.

[28] Esta ley estableció un sufragio aun más amplio (hombres libres mayores de 20 años o emancipados, naturales o avecindados) e introdujo el voto directo. Ver TERNAVASIO, Marcela, *La revolución del Voto...*, op. cit. y "Las reformas rivadavianas en Buenos Aires y el Congreso General Constituyente (1820-1827)". En GOLDMAN, Noemí (comp.), *Revolución, República, Confederación (1806-1852)*, Buenos Aires, Sudamericana, 2000. CANSANELLO, Carlos. "Itinerarios de la ciudadanía en Buenos Aires. La Ley de Elecciones de 1821". En *Prohistoria*, Año V, N° 5, 2001, pp. 143-169.

[29] AGN X-32-10-4.

buscaba modificar una situación recurrente que pudimos verificar en las fuentes[30] y que no logró ser erradicada.[31] Sin embargo, la misma formó parte de una serie de medidas convergentes con otras destinadas al ámbito eclesiástico, como la Reforma del Clero de Rivadavia, orientadas a la centralización de sus instituciones, la desamortización de los recursos y la eliminación de los fueros como parte del objetivo más amplio de imponer una única soberanía y eliminar las superposiciones jurisdiccionales antiguas.[32] A su vez y en paralelo a aquellas, una serie de medidas irían transfiriendo y/o reglamentando los principales resortes de la organización electoral en favor de los jueces de paz, los alcaldes y sus tenientes, bajo la supervisión del Departamento de Policía.[33] De esta forma, la Sala de Representantes intentó ordenar una situación de competencia y conflictos electorales[34] fortaleciendo a las autoridades "civiles" -punto de apoyo de los procesos políticos generales-[35] como el centro de la organización del acto electoral, en desmedro de otros personajes locales con capacidad de liderazgo. Sobre los jueces de paz y sus dependientes comenzaba a recaer no solo la divulgación y convocatoria de la elección,

---

[30] AGN X-8-10-3 y X-11-56, donde se encuentran ejemplos para varios partidos entre 1815 y 1823.
[31] En AGN X-3-10-1 y X-13-1-8 hay ejemplos para la década de 1820 en distintos partidos.
[32] DI STEFANO, Roberto, *El púlpito y la plaza...*, op. cit.
[33] Ver por ejemplo la circular de 1823 en Archivo Histórico Estanislao Zeballos (en adelante AHEZ), Juzgado de Paz, Caja 1822-1845 X7279-X7570 (98), Documento 7280 del 03-01-1823, la circular de 1825 en *Registro Oficial del Gobierno de Buenos Aires*, Tomo 5, Buenos Aires, Imprenta de la Independencia, 1825, pp. 30 a 32 del folio 2. Hemos consultado las comunicaciones entre el jefe de policía y el juez de paz de la Villa de Luján en AHEZ, Caja - Documentos Antiguos Villa de Luján – Policía.
[34] GALIMBERTI, Vicente A. "La unanimidad en debate...", op. cit.
[35] BARRAL, María Elena y FRADKIN, Raúl. "Los pueblos y la construcción...", op. cit.; GELMAN, Jorge. "Crisis y reconstrucción del orden en la campaña de Buenos Aires. Estado y sociedad en la primera mitad del siglo XIX". En *Boletín del Instituto de Historia Argentina y Americana "Dr. Emilio Ravignani"*, 3º serie, N° 21, 1º semestre, 2000, pp. 7-32.; y FRADKIN, Raúl (comp.). *El poder y la vara*. Buenos Aires, Prometeo Libros, 2007.

la conformación de la mesa electoral, la decisión de quién podía votar o no, el control del orden y la realización del escrutinio, sino también la movilización del electorado.[36] Estas autoridades se fueron convirtieron paulatinamente -y no sin las dificultades derivadas de las disputas locales- en los principales organizadores de los procesos electorales, desplazando de este terreno a otros agentes posibles, entre ellos los eclesiásticos.

Entonces, a medida que se profundiza la experiencia electoral, la participación de los curas -y en especial de los párrocos- decrece. Esta situación parece explicarse por un conjunto de causas que actúan paralelamente. Entre ellas tres tuvieron una influencia decisiva. En primer lugar, los cambios en las leyes electorales que fluctuaron desde la inclusión del párroco como integrante de la mesa electoral a igualarlo al resto de los vecinos y que intentaron, además, en cierto momento impedir que los eclesiásticos fueran votados. A su vez, esta limitación debe asociarse a la voluntad por parte de las autoridades políticas de la década de 1810 -y con más decisión en la década siguiente- de resituar al conjunto de las autoridades eclesiásticas, transformar a la Iglesia en un segmento del Estado en formación y a los eclesiásticos en sus funcionarios. En segundo lugar hemos detectado el desplazamiento de los párrocos como electores a partir de 1820 así como la irrupción del "alto clero". A lo largo de la década de 1820, los párrocos verían con nostalgia aquellos primeros años electorales mientras que otras figuras de mayor peso político lograron ser elegidas como representantes de los distintos partidos de la campaña. Por último, parece claro el surgimiento de nuevos liderazgos que eclipsaron la posibilidad de que los curas rurales fuesen electos como lo habían sido años anteriores. De esta forma, es ostensible que en los inicios de las nuevas experiencias electorales se recurrió a los eclesiásticos en el terreno de

---

[36] AHEZ, Juzgado de Paz, Caja 1825 0352-0376 (6) 1826 0377-0379 (8) 1827 0380-0427 (10), documento 0392 del 13-07-1827.

la gestión y organización de los comicios, y que luego de 1820, los mismos fueron desplazados al privilegiarse otro tipo de autoridades.

En las páginas siguientes se analizan unos episodios que tienen a algunos de estos curas como protagonistas y ciertas experiencias previas que pudieron haberles dado una ventaja comparativa para ser los principales destinatarios de los votos durante las primeras elecciones revolucionarias.

Las cofradías como espacios de experimentación de la práctica electoral

Las elecciones no eran un fenómeno absolutamente nuevo y ciertas instituciones del antiguo régimen las incluían como práctica permanente, como el caso de los cabildos[37] o los capítulos conventuales de las órdenes religiosas.[38] Otro ámbito donde puede descubrirse la experiencia electoral de un grupo más amplio es en las cofradías y hermandades que renovaban autoridades en forma anual. En este sentido las hermandades religiosas pueden verse como espacios

---

[37] Pueden verse: TIO VALLEJO, Gabriela. *Antiguo Régimen y liberalismo. Tucumán, 1770-1830*. UNT: Tucumán, 2001; GARAVAGLIA, Juan Carlos. "Elecciones y luchas políticas...", op. cit.; MONSALVO MENDOZA, Edwin. "Ciudadanía y elecciones en el mundo hispánico. Elementos para un debate historiográfico". En *Historia Caribe*, N° 15, 2009, pp. 158-183; GALIMBERTI, Vicente A. "Las prácticas electorales coloniales. El Cabildo de Luján entre 1771 y 1821", ponencia presentada en las *XIV Jornadas Interescuelas/Departamentos de Historia* realizadas en la Universidad Nacional de Cuyo, Mendoza, 2013.

[38] Uno de los capítulos conventuales más conocidos de Buenos Aires fue el celebrado en el convento franciscano el 25 de mayo de 1810. Pueden verse: AYROLO, Valentina, "La estela de la Ley de Obispados de 1813 en la administración diocesana". En *Anuario del Instituto de Historia Argentina*, N° 13, 2013 y TROISI-MELEAN, Jorge, "Redes, reforma y revolución: dos franciscanos rioplatenses sobreviviendo al siglo XIX (1800-1830)". En *Hispania Sacra*, LX, N° 122, julio-diciembre 2008, pp. 467-484,

de experimentación de un tipo de práctica vinculada a la "nueva política" pero que formaba parte de saberes y experiencias provenientes de tradiciones muy antiguas.

Aunque en la mayoría de los casos estas asociaciones han sido estudiadas en función de sus objetivos devocionales y de su papel en las fiestas y el ciclo litúrgico y festivo anual de las comunidades católicas,[39] unos pocos trabajos han considerado su papel como espacio de experimentación del poder en diálogo con la intervención de sus miembros en otros espacios civiles de la política local, como los cabildos.[40]

Las cofradías aglutinaron a algunos hombres y mujeres de las comunidades rurales y aunque no toda la población rural participaba en estas asociaciones -algunas incluían entre los requisitos para su ingreso la "limpieza de sangre"-, a comienzos del siglo XIX la mitad del las parroquias bonaerenses contaba con una cofradía asociada, en su gran

---

[39] Estas asociaciones con fines religiosos, integradas por laicos, estaban regidas por estatutos o constituciones que debían ser aprobados por el obispo y en ocasiones confirmadas por bula papal y se organizaban con un claro objetivo devocional: el culto a una virgen o a un santo, la iluminación del Santísimo Sacramento, el rezo del rosario o el sufragio de las almas del Purgatorio. Intervenían activamente en la vida religiosa de la ciudad y de los pueblos de la campaña en los tiempos fuertes del calendario litúrgico, como la Semana Santa y la Pascua o el Corpus Christi, y también en sus celebraciones particulares. Las cofradías encarnaban una responsabilidad corporativa frente a la muerte: debían colaborar con la "buena muerte" del hermano difunto a través de su activa participación en las celebraciones colectivas. Entre los trabajos señeros sobre cofradías y hermandades en Hispanoamérica pueden verse: CELESTINO, Olinda y MEYERS, Albert, *Las cofradías en el Perú: región central*, Frankfurt-Main, Verlag Klaus Dieter Vervuert, 1981; CARMAGNANI, Marcello, *El regreso de los dioses. El proceso de reconstitución de la identidad étnica en Oaxaca. Siglos XVII y XVIII*, México: FCE, 1988; FOSTER, George M., "Cofradía y compadrazgo en España e Hispanoamérica". En *Guatemala Indígena*, v. I, 1ª época, N° 1, 1961, pp. 107-108; PLATT, Tristan, *Los Guerreros de Cristo: cofradías, misa solar, y guerra regenerativa en una doctrina Macha (siglos XVIII-XX)*. La Paz: ASUR y Plural editores: 1996.

[40] Entre ellos mencionamos ESTRUCH, Dolores, "Fundar, gobernar y rezar. Una aproximación a los vínculos entre sociedad, política y religión en el Jujuy colonial (1656-1776)". En *Runa*, v. 30, N° 1, ene./jun. 2009, pp. 61-78 y BARRAL, María Elena, *De sotanas...*, op. cit.

mayoría "de Ánimas Benditas del Purgatorio". En cada una de ellas todos los años se renovaban autoridades u oficios de distinto tipo en el marco de "Cabildos ordinarios y extraordinarios"[41] y de procedimientos de elección sumamente regulados además de diferenciados según el tipo de autoridad de que se tratara.

Todas las constituciones de estas cofradías o hermandades dedicaban un capítulo al "modo, tiempo y método que se ha de observar en las elecciones".[42] Allí se establecía cuál sería la jornada dedicada a la renovación de autoridades. Debía caer el domingo posterior al día de la devoción en torno a la cual se habían reunido los hermanos: el 19 de marzo día de San José para la Hermandad de la Caridad y Patrocinio de San José; la fiesta de Corpus -su octava- para la Cofradía del Santísimo Sacramento o el 2 de noviembre (día de la conmemoración de los difuntos para las Cofradías de Ánimas Benditas del Purgatorio).

La elección se desarrollaba en dos etapas: la Junta Particular y la Junta General. En la junta particular se reunían las autoridades de la cofradía –el hermano mayor, el alcalde, el procurador, vocales, alcalde y secretario, entre otros- y a través de distintos mecanismos elegían dos nombres para

---

[41] "Capítulo 4: Del número preciso de hermanos para hacer Cabildos y los que se han de hacer en cada mes. Los Cabildos ordinarios y extraordinarios no se hagan con menor número de hermanos de diez […] si fuese Cabildo general se han de llamar a todos los hermanos y con 20 que se junten estando el Hermano Mayor o uno de los Alcaldes se podrá celebrar", Archivo de la Curia Eclesiástica de Montevideo, Regla/Constitución de la Hermandad de la Caridad y Patrocinio de San José.

[42] AGN IX-31-8-7, exp. 1415: testimonio del expediente obrado para obtener la aprobación de las Constituciones de una hermandad del Santísimo Sacramento y Animas, para la Iglesia Parroquial del Partido de la Colonia jurisdicción de este obispado. 1805; Archivo Particular de Aldo Abel Beliera: Constitución de la Hermandad del Santísimo Sacramento y Ánimas establecida en la Parroquia del Pilar reformada por el Illmo. Sor. Obispo Dr. Dn. Mariano José de Escalada, 1857. Archivo de la Curia de Montevideo: Regla/Constitución de la Hermandad de la Caridad y Patrocinio de San José, 1790.

cada uno de los cargos a renovar. Los mismos se pondrían luego a consideración de la junta general conformada por el conjunto de los hermanos o cofrades.

En ocasiones era el hermano mayor quien llegaba a la junta particular con tres nombres y luego de un primer escrutinio los dos que obtenían más votos eran los propuestos para la segunda votación en la Junta General. Otras veces esta dupla se conformaba con las propuestas del hermano mayor, por un lado, y los vocales por el otro, y en ocasiones era el resultado de una votación general a partir de la cual quedaban seleccionados los dos o tres más votados.

A continuación se convocaba "a toque de campana" a la Junta General al resto de los hermanos. En todos los casos esta junta ampliada -con número "competente" de no menos de 13 a 20 hermanos con variaciones según la hermandad- era precedida por una oración -*Veni Creator Spiritus*- realizada por el capellán de la hermandad, por la cual se invocaba la presencia del Espíritu Santo y en la que se pedía la gracia de Dios "sin cuya luz todo es tinieblas y sin cuya dirección nada se acierta". Algunas constituciones indicaban que el padre capellán, quien presidía este momento, debía realizar:

> una breve exhortación proponiendo a la Hermandad el fin de aquella junta y la importancia del acierto en las elecciones y procurando estimular a los Hermanos a que procedan con la mayor independencia e imparcialidad poniendo toda la atención en el bien, aumentos y progresos de la Hermandad y en la consecución de sus fines.[43]

El paso siguiente consistía en la elección de los cargos a partir de las duplas que resultaban de la junta particular. Aquí el procedimiento también podía variar. En algunos

---

[43] AGN IX-31-8-7 exp. 1415: testimonio del expediente obrado para obtener la aprobación de las Constituciones de una hermandad del Santísimo Sacramento y Ánimas, para la Iglesia Parroquial del Partido de la Colonia jurisdicción de este obispado. 1805.

casos el secretario decía en alta voz: "La mesa propone a Vs para Hermano Mayor a Dn N y a Dn N vos elijan según Dios al que les pareciese más a apropósito para servir a los pobres nuestros hermanos"[44] Luego el prioste repartía a los concurrentes dos bolillas -una blanca y otra negra- advirtiendo "que la blanca aprueba al sujeto nombrado primero y la negra al segundo". Finalmente se juntaban las bolillas en una copa –vaso o taza- y el que más bolillas blancas obtenía resultaba elegido.

Si el resultado de la elección era un empate también variaban los procedimientos: decidía el hermano mayor, el hermano más antiguo o se libraba al azar llamando a un niño para que sacara una bolilla (blanca o negra) de la urna. En algunas cofradías la elección de determinados cargos –secretario, tesorero, contador y procurador general- se establecía en la junta más restringida. Por último, la mayoría de las constituciones establecían que "concluida esta función saldrá la Hermandad en procesión rezando a coros con el capellán el *Himno Te Deum laudamus* y se encaminará a la Iglesia en donde se concluirá del todo diciendo el capellán":

> [Versículo] confirma hoc Deus quod operatus est in nobis
> [Respuesta] A templo Sancto tuo quod est in Jerusalem
> [Vers.] Dominus vobiscum
> [Resp.] et cum spiritu tuo
> Oremus: actiones et electiones nostras quaesumus Domine aspirando praeveni et adiuvando prosequere ut cuncta nostra oratio et electio a te semper incipiat et per te cœpta finiatur. Per Christum Dominum nostrum. Amen[45]

---

[44] Archivo de la Curia de Montevideo: Regla/Constitución de la Hermandad de la Caridad y Patrocinio de San José, 1790.
[45] [Vers.] Confirma, Dios, lo que has obrado en nosotros/[Resp.] desde tu Santo templo que está en Jerusalem/[Vers.] El Señor esté con vosotros/[Resp.] Y con tu espíritu/Oremos: [Te rogamos, Señor,] que prevengas nuestra acciones y elecciones con tu inspiración y que las acompañes con tu ayuda, para que así toda nuestra oración y elección comience siempre en ti, y por ti se concluya. Por Cristo Nuestro Señor. Amen".

Y con esta ceremonia se deban por concluidas las elecciones anuales de la hermandad.

Las juntas para nombrar autoridades de las cofradías efectivamente se llevaron a cabo y algunas de ellas dieron lugar a conflictos que trascendían sus funciones específicas y que expresaban -y probablemente profundizaran- las disputas políticas locales. En la misma operación se jugaba la competencia por el liderazgo local. Veamos un caso.

El domingo 13 de noviembre de 1814 la Hermandad de Ánimas de San Isidro se reunía en la iglesia parroquial a efectos de nombrar autoridades. Era el domingo siguiente a la Conmemoración de los Difuntos y presidía la junta su capellán José Eusebio Arévalo, presbítero residente en el partido, y el párroco del lugar Dr. Dn. Julián Navarro. El párroco Navarro relataba que luego de reclamar a la cofradía el pago novenario y función solemne del Día de Animas que acababa de celebrarse fue agredido verbalmente por el alcalde del partido, quien le dijo: "lo que queremos es arrojar a Ud. del curato", "no lo queremos ni como cura, ni menos capellán [de la hermandad]". Otros testimonios mencionaban el hecho de que el presbítero Arévalo fue elegido hermano mayor, algo que incomodó al párroco "de cuyas resultas se trataron de palabras las que dice no tiene presentes", luego de lo cual el alcalde le dijo que no lo quería en el partido, lo que ocasionó la retirada del cura (según don Paulino López, el cura se levantó y dijo al alcalde: "Vmd me ha atropellado [...] salió luego el cura y quedándose ellos para proceder a la elección de vocales").

Es evidente que se trataba de un conflicto que excedía la cofradía aunque también se ponía de manifiesto en ella. De hecho el párroco Navarro acusaba a Arévalo de haber alarmado y seducido a varios vecinos en juntas secretas en su casa. Varios testimonios coinciden en señalar que entre 22 y 23 vecinos, "todos en tumulto llegaron a lo del citado Arévalo", y que se trataba de un episodio cuyo único responsable era el presbítero Arévalo, a la sazón también vecino del partido:

Este hecho escandaloso o esta verdadera revolución formada solamente contra su párroco por el padre Arévalo, la conducta desordenada y extremado abandono en que hace mucho tiempo vive en aquel destino dicho eclesiástico unida a la inquietud en que tiene a aquellos feligreses hacen necesaria su separación y castigo para restituir el orden.

En este caso varios testimonios precisan que el alcalde convocó a la pulpería "de Barbosa" para querellar al cura. Reunidos unos veinte vecinos fueron hasta la casa del provisor, donde hicieron representación. La demanda judicial, las representaciones, los tumultos y la acción de las montoneras o bandas armadas estaban a la orden del día por aquellos años y se inscribían en "una cultura política rural configurada por la vigencia de la tradición colonial y la experiencia revolucionaria".[46] En este nuevo contexto donde las autoridades políticas locales fiscalizaban las acciones de los párrocos con bastante recelo -conscientes de la influencia que podían llegar a tener entre los feligreses-, estos eclesiásticos recurrieron a las herramientas disponibles de la lucha política entre las que se encuentran antiguas instituciones religiosas, como las cofradías.

Un elemento interesante para señalar es que Arévalo estaba concentrando en aquellos años los cargos electivos de su comunidad: en 1814 era elegido hermano mayor de la Cofradía (un cargo que no necesariamente debía ser ocupado por eclesiásticos) y en las dos elecciones de 1815 –para el Congreso y para el Cabildo- Arévalo era, a su vez, elegido como representante de su comunidad. Es sugerente pensar que su experiencia previa en las elecciones de las cofradías le hayan otorgado una ventaja comparativa para competir en las nuevas elecciones establecidas por el Estatuto de 1815. Veamos otro ejemplo en este sentido.

---

46 FRADKIN, Raúl, "Bandolerismo y politización de la población rural en Buenos Aires tras la crisis de la independencia (1815-1830)". En *Nuevo Mundo. Mundos Nuevos*, EHESS, 2005. goo.gl/L30sSE.

Un cura "en el medio" de la crisis política de 1820

Hemos visto que en la experiencia electoral del pueblo rural de San Isidro durante estos primeros años los ámbitos religiosos y los propios eclesiásticos tuvieron un lugar destacado. El espacio de la cofradía se presentaba como un ámbito de experimentación de la práctica electoral, además de intervenir -probablemente desde las últimas décadas coloniales- en las contiendas locales contribuyendo de ese modo a configurar también la experiencia política al menos de una parte de la población del partido. Así, la cofradía colaboraba en el tránsito entre la "vieja" y la "nueva" política.

En relación con el papel de los eclesiásticos los datos son contundentes: hasta 1820 todos los electores de San Isidro fueron curas. Por eso, la historia de los eclesiásticos/representantes de este pueblo no termina con la actuación de Arévalo. En las sucesivas elecciones desde 1816 hasta 1819 encontramos como ganador a otro cura: el nuevo párroco Cirilo Estanislao Garay.

Garay había combinado algunos cargos de gestión (vicerrector del Colegio de San Carlos en los últimos años del siglo XVIII y del Seminario por algunos años entre 1806 y 1811) y la cura de almas como teniente de cura de Rosario, San Nicolás y luego de San Isidro hasta 1827.[47] Un episodio que se inscribe en el tumultuoso año de 1820 y que lo tiene a él como figura principal proporciona algunas pistas para pensar la posición de los eclesiásticos en estos espacios de representación comunitaria.

Durante los últimos años de la primera década revolucionaria un conjunto de fuertes tensiones convergían desde hacía varios años: tanto en el Congreso Constituyente -que había declarado la independencia en 1816- como en el gobierno central iban dominando las tendencias más conservadoras. La guerra en el litoral -entre artiguistas

---

[47] AVELLÁ CHÁFER, Francisco, *Diccionario biográfico del clero secular de Buenos Aires*, Buenos Aires, tomo II, 1983, p. 232.

y directoriales-, por su parte había comenzado a perder adhesión popular y, a medida que el orden directorial se derrumbaba, el ejército comenzaba a mostrar síntomas de descomposición. A partir de 1819 el proceso de disolución se aceleró y el Congreso -que había declarado la independencia en 1816, pero que para entonces ya sesionaba en Buenos Aires- sancionó una constitución de tendencias centralistas frente a la cual los jefes de las distintas jurisdicciones federales del litoral se negaron a dar su aprobación. Los enfrentamientos armados consecuentes -en particular, la batalla de Cepeda- generaron la caída del poder central y en Buenos Aires -a partir de ese momento, una provincia autónoma más- el Cabildo eligió una Sala de Representantes que proclamó, a su vez, un gobernador. Sin embargo la crisis política continuó y se desató una enconada lucha por el poder al punto de que el 20 de junio de 1820 coexistían en la provincia tres gobernadores. Los párrocos de los pueblos bonaerenses -como veremos enseguida- no serían actores pasivos en este convulsionado proceso.

El párroco de San Isidro, Cirilo Estanislao Garay, había sido nombrado diputado para la Junta de Representantes instalada en la Villa de Luján en julio de 1820 después de la batalla de la Cañada de la Cruz[48] que nombró a Alvear como gobernador. El redactor de *La Gaceta* relataba que el ejército federal se había introducido en "pueblecitos inermes y sin

---

[48] Se trata de una versión más del enfrentamiento entre porteños y las fuerzas de Santa Fe. Entre los aliados de estas últimas se encontraba Alvear. El nombramiento de Alvear no tuvo ningún efecto ya que el Cabildo de Buenos Aires desconoció su elección y a los pocos días más tarde eligió a Manuel Dorrego como gobernador. GOLDMAN, Noemí, Los orígenes del federalismo rioplatense (1820-1831). En GOLDMAN, Noemí (dir.), *Nueva historia argentina: Revolución, República, Confederación (1806-1852)*, Buenos Aires: Editorial Sudamericana, 1998, pp. 103-124.

población" y los había obligado a nombrar personas –diputados– con el único fin de nombrar gobernador a Alvear.[49] Allí estaba Garay.[50]

Esta participación le costó la prisión frente a la cual el alcalde de la Hermandad y un grupo de vecinos reaccionaron enviando una representación al gobernador por intermedio del provisor Fonseca –a comienzos de septiembre y habiendo pasado dos meses de aquel fallido intento– que pedía su libertad y justificaba la participación del párroco en la Junta que nombró a Alvear por "el imperio de las circunstancias y de la fuerza".

Y explicaban lo siguiente sobre la situación político-militar que llevó al nombramiento de Garay:

> hallándose el caudillo Alvear en principios de julio a las inmediaciones de nuestros hogares con partidas de tropa de su mando dentro de nuestro mismo pueblo nos incitó a que nombrásemos un Diputado que como representante del Partido debía pasar a los Santos Lugares a reunirse con los demás nombrados para formar la representación de la Provincia. A la sazón se hallaban las intentonas de Alvear apoyadas por un ejército que victorioso en la Cañada de la Cruz se había hecho árbitro de las acciones fuese cual fuese su opinión. El Partido y Pueblo de San Isidro eran absolutamente indefensos y el vecindario no tenía más árbitro para evadir una amenazante desolación que el escudo de su Prudencia [...] Eran ya órdenes las que sobre este particular recibía nuestro Alcalde y se impartían por un coronel a la cabeza de una gruesa partida que uniformada de paz y hospitalidad señoreaba el pueblo. Vacilábamos sobre el expediente que deberíamos tomar hasta que al fin nos decidimos al nombramiento de un Diputado

---

49 HERRERO, Fabián, *Movimientos de pueblo. La política en Buenos Aires luego de 1810*, Buenos Aires: Ediciones Cooperativas, 2007, p. 13.
50 No era el único eclesiástico presente, también se encontraba Cayetano Escola como diputado por la Villa de Luján y secretario y Manuel de San Ginés por la vecina parroquia de Las Conchas.

del mismo modo que el inerme en un despoblado se decide a dar limosna de su bolsillo a quien se lo pide con las armas en la mano.[51]

¿Cuál era la persona más adecuada? ¿Quién debía inmolarse?

Era necesario recayese aquel [nombramiento] en un individuo que por su conocido interés en el bien del vecindario, por un carácter franco, suave y sostenido por sus conocimientos y demás cualidades fuese capaz de llevar las cosas de modo que un ascendiente adquirido sobre los Jefes o caudillos incursores hiciese el logro del propuesto objeto. Elegimos pues a nuestro cura el Pbro. Dn. Cirilo Garay y desatendiendo sus excusas y renuncias bajo las protestas que dejó en manos de nuestro Alcalde se le obligó a partir del Cuartel General. Nosotros habíamos encontrado en él el hombre que buscábamos y el interés de todo el vecindario no era de posponerse a particulares miramientos.[52]

Y acerca de la capacidad mediadora del párroco agregaban: "Cuando los pueblos de la comarca se han visto entregados al pillaje, al fuego, a la muerte, el Pueblo de San Isidro ha sido cuasi inmune para ese vandalaje destructor".[53]

Una columna de más de 500 hombres pasó por él y uno u otro vecino sufrieron alguna corta extorsión y un numeroso pueblo no recibió extorsión alguna ni en sus personas ni en sus bienes. Nosotros no podemos atribuir esta excepción a otro principio que al gran interés del cura Garay por el bien de este vecindario (como los mismos de Carreras nos lo dijeron) y al ascendente que sus bellas calidades le adquirieron sobre López, Alvear y Carreras. Nosotros no dudamos que él entre ellos se hizo tan amable y respetable como lo es para nosotros y nos afirma más en este concepto el destrozo que esa misma tropa acabada de salir de nuestro pueblo ejecutó

---

[51] X-4-8-2 s/f.
[52] X-4-8-2 s/f.
[53] X-4-8-2 s/f.

en el inmediato de San Fernando. No podemos ver ni recordar las desgracias de esos nuestros vecinos sin lamentarlas pero al mismo tiempo nos complacemos en el acierto de nuestra elección y bendecimos al cura Garay que nos libertó de iguales males.[54]

Sobre la injusta prisión de Garay que motivaba la representación:

> ¿Podremos los vecinos de San Isidro tolerar fría y apáticamente la falta de nuestro cura después que las armas de la Provincia guiadas tan gloriosamente por VS lo libertó del compromiso en que nosotros le pusimos? ¿Podremos mirarle con indiferencia en un arresto a que nuestro mismo compromiso le ha conducido? No Señor: nuestra gratitud no lo permite y el Gobierno no puede menos de complacerse al ver que el vecindario de San Isidro ejerciendo aquella noble virtud ponga en movimiento los resortes que están al alcance de un justo deber, la súplica, la justa súplica a su Gobernador para que se haga regreso el cura al seno de sus feligreses, a su Pueblo.[55]

La inclusión de estas largas transcripciones de las fuentes -bastante poco habituales sobre todo en términos de la organización de una serie de argumentos que buscan defender al mismo tiempo a la comunidad y a su párroco- pretende mostrar la línea de argumentación de quienes firmaron la representación: el pueblo de San Isidro, como muchos otros, no tuvo más remedio que enviar un diputado ante la presión de la facción alvearista y sobre todo por el peligro de un ejército que se había convertido en árbitro de la situación. Además el párroco Garay era la persona más adecuada para esta misión por su capacidad mediadora, puesta de relieve tanto frente a "los jefes o caudillos incursores", como debido al "ascendente que sus bellas calidades le adquirieron sobre López, Alvear y Carreras" y a su

---

[54] X-4-8-2 s/f.
[55] X-4-8-2 s/f.

"conocido interés en el bien del vecindario".[56] Así se mueve un mediador y así se han manejado muchos eclesiásticos en contextos conflictivos. El tono de sus acciones acompañaba los vaivenes de la vida política local sin demasiados problemas de coherencia programática.

La eficacia de su mediación se resaltaba comparando "el destrozo que esa misma tropa que acababa de salir de nuestro pueblo ejecutó en el inmediato de San Fernando". Por si no quedaba claro expresan los vecinos: "No podemos ver ni recordar las desgracias de esos nuestros vecinos sin lamentarlas pero al mismo tiempo nos complacemos en el acierto de nuestra elección y bendecimos al cura Garay que nos libertó de iguales males". Como se ve, sobran los motivos para pedir su libertad.

La intervención de Garay en la política local no era nueva. Como dijimos desde 1816 era elector por su comunidad. En algunos momentos de aquellos años –en 1817- informaba al Cabildo porteño "del complot de facciones que atacaban a la potestad constituida",[57] en este caso refiriéndose a la magistratura del alcalde de la Hermandad. Los mismos facciosos habían "forjado una representación que hacen firmar por hombres sencillos e incautos que no prevén los males que depara en la sociedad una consulta altanera que ataca al poder legítimamente constituido".[58] Los hombres "sencillos" eran unos milicianos que se oponían al alcalde, al que acusaban de ser paraguayo (un Paraguay) y de haber actuado con parcialidad en el nombramiento de un elector: es decir, de Garay mismo.

---

[56] X-4-8-2 s/f.
[57] GARAVAGLIA, Juan Carlos, *Construir el Estado, inventar la nación. El Río de la Plata, siglos XVIII-XIX*, Buenos Aires: Prometeo Libros, 2007, pp. 163-164.
[58] X-4-8-2 s/f.

A modo de cierre

Las trayectorias reconstruidas de los "otros curas de la Revolución" muestran algunas de las posiciones que asumieron en el contexto revolucionario. Un grupo de ellos ocupó lugares muy visibles y comprometidos con la Revolución en curso: como capellanes, agitadores desde el púlpito, líderes de sus comunidades y como letrados o "intelectuales" participaron con gran convicción en las legislaturas provinciales, las asambleas y congresos constituyentes, mientras que otros lo hicieron más bien obligados por su condición y por las medidas represivas de los gobiernos a quienes se mostraran reticentes a apoyar en proceso revolucionario. Así, no todos los curas fueron "patriotas", no todos participaron activamente de la política y muchos mostraron posiciones ambivalentes. Otros fueron decididamente adversarios del nuevo orden, pero debieron ocultarlo, ya que quienes se declaraban realistas se exponían al destierro, el confinamiento, la confiscación de sus bienes, la cárcel o la muerte.[59]

Hemos examinado en particular las responsabilidades depositadas en el "bajo clero" -casi un sinónimo de clero parroquial, al menos en las zonas rurales- por los gobiernos revolucionarios como agentes de propaganda del orden político que se buscaba construir. Su papel, sin embargo, fue mucho más nuclear en tanto se alimentaba de una historia de vínculos -en su gran mayoría, consensuados- entre feligreses y párrocos que configuró a estos últimos como intermediarios y líderes de sus comunidades. En el proceso de cambio político que se abrió en 1810 estos mediadores se encontraron disponibles y con un conjunto de recursos en sus manos, de gran valor, para las nuevas tareas que este contexto necesitaba.

---

[59] DI STEFANO, Roberto, *El púltpito y la plaza...*, op. cit.

A lo largo de este artículo intentamos poner en relieve otra idea más amplia, que incluye las anteriores, aunque profundiza en un aspecto particular del problema que analizamos: la influencia que tuvieron los espacios, jurisdicciones, mediaciones, agentes y prácticas originadas en el período colonial para el establecimiento y desarrollo de las nuevas experiencias electorales basadas en la soberanía popular de las primeras décadas luego de la Revolución de Mayo. Entre ellas, las provenientes del ámbito eclesiástico y religioso se destacaron en los primeros tramos de esta experiencia histórica. Así, las secciones electorales superpuestas a la jurisdicción parroquial, el cura como integrante de la mesa electoral, los atrios, templos y habitaciones de religiosos como lugares de reunión, el nombramiento de eclesiásticos para representar, y mediar, a/en la comunidad nos muestran distintas facetas que ubicaron al personal eclesiástico en el centro de los primeros procesos electorales. A su vez, analizamos un tipo de saberes previos que potenciaron aquella capacidad que los espacios y jurisdicciones parecían otorgarles. Entonces, nos encontramos con que este inicial predominio se nutrió de atributos adquiridos en otros ámbitos, como las cofradías, que parecen haber funcionado como espacios de experimentación y aprendizaje de una práctica que luego sería empleada en las nuevas experiencias electorales. A su vez, el rol de mediadores construido previamente parece haber ubicado a los eclesiásticos como representantes privilegiados de sus comunidades frente a los desafíos que la Revolución y la guerra estaban generando y ante la necesidad de seleccionar individuos como electores o representantes. Sin embargo, este camino no fue lineal: mientras que durante la primera década revolucionaria los eclesiásticos -y sobre todo el "bajo clero"- lograron una cierto preponderancia, luego perderían dicha posición frente a otros liderazgos.

Estas comprobaciones resultan relevantes tanto para los estudios eclesiásticos preocupados por el rol de las instituciones y del personal eclesiástico durante la Revolución, como también para la historia política que no siempre consideró sistemáticamente a las agencias que aquí analizamos. Nuestra investigación muestra que los dispositivos y prácticas que hemos comentado, entre otros, fueron los que hicieron posible y vehiculizaron el cambio político que implicaba el paso de una sociedad organizada bajo la ficción política[60] de la soberanía real a otra sostenida sobre la base de la soberanía popular.[61] Así, estos desarrollos políticos resultaron de una síntesis compleja de las formas, tradiciones, culturas y prácticas existentes -las cuales orientaron los comportamientos de los actores ante la emergencia de otras nuevas-, de los condicionamientos de cada sociedad y de los usos que los agentes sociales hicieron de ellas, dando lugar a configuraciones históricas originales.[62] Estos usos muestran algunas de las continuidades y reelaboraciones que fueron permitiendo la transformación y la emergencia de nuevas formas de concebir, percibir y relacionarse con el poder, y que terminaron por conformar la ficción política basada en la soberanía del pueblo. En este tránsito, los eclesiásticos, las jurisdicciones y ámbitos eclesiásticos, los ritos y celebraciones religiosas cumplieron un papel muy relevante.

---

[60] Utilizamos el concepto de ficción política según MORGAN, Edmund S., *La invención del pueblo. El surgimiento de la soberanía popular en Inglaterra y Estados Unidos,* Buenos Aires: Siglo XXI, 2006.
[61] GUERRA, François-Xavier. "De la política antigua a la política moderna. Algunas proposiciones". *Anuario del IHES,* N° 18, pp. 201-212.
[62] GARAVAGLIA, Juan Carlos. "Manifestaciones iniciales de la representación en el Río de la Plata: la Revolución en la laboriosa búsqueda de la autonomía del individuo (1810-1812)", en *Revista de Indias,* 231, Madrid, mayo-septiembre, 2004. pp. 173-212; y TÍO VALLEJO, Gabriela. *Antiguo Régimen y Liberalismo,* op. cit.

Bibliografía

ANNINO, Antonio (coord.), *Historia de las elecciones en Iberoamérica, siglo XIX*, Buenos Aires: Fondo de Cultura Económica, 1994.

ANINNO, Antonio. "El voto y el siglo XIX desconocido". En *ISTOR*, año V, N° 17, 2004, pp. 43-59.

AYROLO, Valentina, "Una nueva lectura de los informes de la misión Muzi: La Santa Sede y la Iglesia de las Provincias Unidas". En *Boletín del Instituto de Historia Argentina y Americana "Dr. Emilio Ravignani"*, N° 14, 3era. serie, 2do. semestre, 1996/7 pp. 31-60.

AYROLO, Valentina, *Funcionarios de Dios y de la República. Clero y política en las autonomías provinciales.* Buenos Aires: Biblos, 2007.

AYROLO, Valentina, "La estela de la Ley de Obispados de 1813 en la administración diocesana". En *Anuario del Instituto de Historia Argentina,* N° 13, 2013.

AYROLO, Valentina y BARRAL, María Elena, "El clero rural, sus formas de intervención social y su politización (las Diócesis de Buenos Aires y Córdoba en la primera mitad del siglo XIX)", en *Anuario de Estudios Americanos*, v. 69, N° 1, 2012, pp. 139-167.

AYROLO, Valentina; BARRAL, María Elena y DI STEFANO, Roberto (coords.), *Catolicismo y secularización. Argentina, primera mitad del siglo XIX,* Buenos Aires: Biblos, 2012.

AVELLÁ CHÁFER, Francisco, *Diccionario biográfico del clero secular de Buenos Aires*, Buenos Aires, tomo II, 1983.

BARRAL, María Elena, *De sotanas por la Pampa. Religión y sociedad en el Buenos Aires rural tardocolonial*, Prometeo: Buenos Aires, 2007.

BARRAL, María Elena, "De mediadores componedores a intermediarios banderizos: el clero rural de Buenos Aires y la 'paz común' en las primeras décadas del siglo XIX". En *Anuario del IEHS,* N° 23, UNICEN-IEHS, 2009, pp. 151-174.

BARRAL, María Elena, "Un salvavidas de plomo. Los curas rurales de Buenos Aires y la reforma eclesiástica de 1822". En *Prohistoria* N° 13, 2009, pp. 51-68.
BARRAL, María Elena, "Religion catholique, conflit politique et guerre". En *Perspectives* Nº 9, printemps, 2013, pp. 11-13.
BARRAL, María Elena y GALIMBERTI, Vicente A., "Espacios, instituciones y agentes religiosos en los procesos electorales. Los partidos rurales de Buenos Aires a comienzos del siglo XIX (1813-1828)", ponencia en el *Congreso Internacional "Frontiere. Rappresentazioni, integrazioni e conflitti tra Europa e America, secoli XVI–XX"*, Universita degli studi di Roma Tre, Roma, 2013.
BARRAL, María Elena y GALIMBERTI, Vicente A., "Sacerdotes en las urnas: agentes, espacios religiosos y procesos electorales del mundo rural bonaerense de principios del siglo XIX", ponencia en las *4as Jornadas Internacionales de Historia de la Iglesia y las religiosidades en el NOA*, Salta: Red de Estudios de Historia de la Iglesia y la Religiosidad del NOA; Prelatura de Cafayate; UNSa, UNSTA, UNT, UNSE, UCSE, CEFyT, 2013.
BARRAL, María Elena y FRADKIN, Raúl, "Los pueblos y la construcción de las estructuras de poder institucional en la campaña bonaerense (1785-1836)". En *Boletín del Instituto de Historia Argentina y Americana "Dr. Emilio Ravignani"*, 3ra. serie, N° 27, 1er. semestre, 2005.
CALVO, Nancy; DI STEFANO, Roberto y GALLO, Klaus, *Los curas de la Revolución. Vida de eclesiásticos en los orígenes de la Nación*, Buenos Aires: Emecé, 2002.
CANSANELLO, Carlos. "Itinerarios de la Ciudadanía en Buenos Aires. La ley de Elecciones de 1821". En *Prohistoria*, año V, N° 5, 2001, pp. 143-169.
CARMAGNANI, Marcello, *El regreso de los dioses. El proceso de reconstitución de la identidad étnica en Oaxaca. Siglos XVII y XVIII*, México: FCE, 1988

CELESTINO, Olinda y MEYERS, Albert, *Las cofradías en el Perú: región central*, Frankfurt-Main, Verlag Klaus Dieter Vervuert, 1981.

CHIARAMONTE, José Carlos, "Modificaciones del pacto imperial". En ANNINO, A., CASTRO LAIVA, L. y GUERRA, F-X. (dir.), *De los imperios a las naciones: Iberoamérica*, Zaragoza, IberCaja, 1994, pp. 107-128.

CHIARAMONTE, José Carlos. "Vieja y nueva representación: los procesos electorales en Buenos Aires, 1810-1820". En ANNINO, Antonio (coord.), *Historia de las elecciones en Iberoamérica, siglo XIX*, Buenos Aires: Fondo de Cultura Económica, 1994, pp. 19-63.

DI STEFANO, Roberto, *El pulpito y la plaza. Clero, sociedad y política, de la monarquía católica a la república rosista*. Buenos Aires: Siglo XXI, 2004.

DI STEFANO, Roberto y MARTÍNEZ, Ignacio. "Frailes de gorro frigio. La experiencia de la Comisaría General de Regulares en el Río de la Plata (1813-1816)". En AA.VV., *Los dominicos insurgentes y realistas, de México al Río de la Plata*, Querétaro: Instituto Dominicano de Investigaciones Históricas Miguel Ángel Porrúa, 2011, pp. 147-181.

DI STEFANO, Roberto y ZANATTA, Loris, *Historia de la Iglesia argentina desde la conquista hasta fines del siglo XX*, Buenos Aires: Grijalbo, 2000.

ESTRUCH, Dolores, "Fundar, gobernar y rezar. Una aproximación a los vínculos entre sociedad, política y religión en el Jujuy colonial (1656-1776)". En *Runa* v. 30, N° 1, ene./jun. 2009, pp. 61-78.

FOSTER, George M., "Cofradía y compadrazgo en España e Hispanoamérica". En *Guatemala Indígena*, v. I, 1ª época, N° 1, 1961, pp. 107-108.

FRADKIN, Raúl, "Bandolerismo y politización de la población rural en Buenos Aires tras la crisis de la independencia (1815-1830)". En *Nuevo Mundo. Mundos Nuevos*, EHESS, 2005. Disponible en http://goo.gl/L30sSE.

FRADKIN, Raúl (comp.), *El poder y la vara*. Buenos Aires, Prometeo Libros, 2007.

GALIMBERTI, Vicente A. "Las prácticas electorales coloniales. El Cabildo de Luján entre 1771 y 1821", ponencia presentada en las *XIV Jornadas Interescuelas/Departamentos de Historia* realizadas en la Universidad Nacional de Cuyo, Mendoza, 2013.

GALIMBERTI, Vicente A., "La unanimidad en debate. Los procesos electorales en la campaña de Buenos Aires entre 1815 y 1828". En *Boletín del Instituto de Historia Argentina y Americana "Dr. Emilio Ravignani"* 3º serie, N° 37, 2012, pp. 88-114.

GALIMBERTI, Vicente A., "Autoridades locales y elecciones en la frontera norte bonaerense (1815-1828)". En BARRIERA, Darío G. y FRADKIN, Raúl O. (eds.), *Gobierno, justicias y milicias: la frontera entre Buenos Aires y Santa Fe (1720–1830)*. Editorial de la Universidad de La Plata, La Plata, 2014, en prensa.

GARAVAGLIA, Juan Carlos. "Manifestaciones iniciales de la representación en el Río de la Plata: la Revolución en la laboriosa búsqueda de la autonomía del individuo (1810-1812)", en *Revista de Indias*, 231, Madrid, mayo-septiembre, 2004, pp. 173-212.

GARAVAGLIA, Juan Carlos. "Elecciones y luchas políticas en los pueblos de la campaña de Buenos Aires: San Antonio de Areco (1813-1844)". En *Boletín del Instituto de Historia Argentina y Americana "Dr. Emilio Ravignani"*, 3º serie, N° 27, 2005, pp. 49-73.

GARAVAGLIA, Juan Carlos, *Construir el Estado, inventar la nación. El río de la Plata, siglos XVIII–XIX*, Buenos Aires: Prometeo Libros, 2007.

GELMAN, Jorge. "Crisis y reconstrucción del orden en la campaña de Buenos Aires. Estado y sociedad en la primera mitad del siglo XIX". En *Boletín del Instituto de Historia Argentina y Americana "Dr. Emilio Ravignani"*, 3º serie, N° 21, 1º semestre, 2000, pp. 7-32.

GOLDMAN, Noemí, "Los orígenes del federalismo rioplatense (1820-1831)". En GOLDMAN, Noemí (dir.), *Nueva historia argentina: Revolución, República, Confederación (1806–1852)*, Buenos Aires: Editorial Sudamericana, 1998, pp. 103-124.
GUERRA, Francisco-Xavier. "De la política antigua a la política moderna. Algunas proposiciones". *Anuario del IHES*, N° 18, pp. 201-212.
HERRERO, Fabián, *Movimientos de pueblo. La política en Buenos Aires luego de 1810*, Buenos Aires: Ediciones Cooperativas, 2007.
IRUROZQUI, Marta (ed.), *La mirada esquiva. Reflexiones sobre la interacción del Estado y la ciudadanía en los Andes (Bolivia, Ecuador y Perú), siglo XIX*. Madrid, CSIC, 2005.
LANTERI, Sol. "¿Una frontera bárbara y sin instituciones? Elecciones y clientelismo en la formación del Estado provincial durante el gobierno de Rosas". En *Prohistoria*, N° 12, Rosario, 2008, pp. 15-40.
LANTERI, Sol y SANTILLI, Daniel. "Consagrando a los ciudadanos. Procesos electorales comparados en la campaña de Buenos Aires durante la primera mitad del siglo XIX". En *Revista de Indias*, N° 249, Madrid, 2010, pp. 551-582.
MARTÍNEZ, Ignacio, *Una Nación para la Iglesia Argentina*, Buenos Aires: Academia Nacional de la Historia, 2013.
MAYER, Alicia, "El culto de Guadalupe y el proyecto Tridentino en la Nueva España". En *Estudios de Historia Novohispana*, N° 26, 2002, pp. 17-49.
MAYO, Carlos y PEIRE, Jaime, "Iglesia y crédito colonial: la política crediticia de los conventos de Buenos Aires (1767-1810)". En *Revista de Historia de América*, N° 112, jul.-dic. 1991, pp. 147-158.
MONSALVO MENDOZA, Edwin. "Ciudadanía y elecciones en el mundo hispánico. Elementos para un debate historiográfico". En *Historia Caribe*, N° 15, 2009, p. 158-183.

MORGAN, Edmund S. *La invención del pueblo. El surgimiento de la soberanía popular en Inglaterra y Estados Unidos*, Buenos Aires: Siglo XXI, 2006.

PLATT, Tristan, *Los Guerreros de Cristo: cofradías, misa solar y guerra regenerativa en una doctrina Macha (siglos XVIII–XX)*. La Paz: ASUR y Plural editores: 1996.

SÁBATO, Hilda y LETTIERI, Alberto (comp.), *La vida política en la Argentina del siglo XIX. Armas, votos y voces*, Buenos Aires: FCE, 2003.

TAYLOR, William, *Ministros de lo Sagrado: sacerdotes y feligreses en el México del siglo XVIII*, Zamora-Michoacán: Colegio de Michoacán-Secretaría de Gobernación - El Colegio de México, 1999.

TAYLOR, William, *Entre el proceso global y el conocimiento local. Ensayos sobre el Estado, la sociedad y la cultura en el México del siglo XVIII*, México: UAM-Miguel Ángel Porrúa, 2003.

TERÁN, Marta, "La virgen de Guadalupe contra Napoleón Bonaparte. La defensa de la religión en el Obispado de Michoacán entre 1793 y 1814". En *Estudios de Historia Novohispana*, N° 19, pp. 92-129, 1998.

TERNAVASIO, Marcela. "Nuevo régimen representativo y expansión de la frontera política. Las elecciones en el estado de Buenos Aires: 1820-1840". En ANNINO, Antonio (coord.), *Historia de las elecciones en Iberoamérica, siglo XIX*, Buenos Aires: Fondo de Cultura Económica, 1994, pp. 65-105.

TERNAVASIO, Marcela, "Las reformas rivadavianas en Buenos Aires y el Congreso General Constituyente (1820-1827)". En GOLDMAN, Noemí (comp.), *Revolución, República, Confederación (1806–1852)*, Buenos Aires, Sudamericana, 2000.

TERNAVASIO, Marcela. *La revolución del Voto. Política y elecciones en Buenos Aires 1810–1852*. Siglo XXI, Buenos Aires, 2002.

TIO VALLEJO, Gabriela. *Antiguo Régimen y liberalismo. Tucumán, 1770–1830*. UNT: Tucumán, 2001.

TÍO VALLEJO, Gabriela. "Rupturas precoces y legalidades provisorias. El fin del poder español en el Río de la Plata". En *Ayer*, N° 74, 2009, pp. 133-162.

TROISI-MELEAN, Jorge, "Redes, reforma y revolución: dos franciscanos rioplatenses sobreviviendo al siglo XIX (1800-1830)". En *Hispania Sacra*, LX, N° 122, julio-diciembre 2008, pp. 467-484.

Parte II.
Historias de religiosos y religiosas

7

¿Cómo reemplazar a los jesuitas?

Los franciscanos del Río de la Plata (1767-1800)

JORGE TROISI MELEAN[1]

La expulsión de los jesuitas de todos los territorios españoles en 1767 generó una incógnita crucial para la legitimidad del imperio: ¿quién reemplazaría a los educadores más preparados del hemisferio? Esta coyuntura generó una competencia vibrante entre las diferentes agencias eclesiásticas que se disponían a cubrir el cargo vacante.

Una de las organizaciones mejor preparadas para la nueva tarea era la franciscana. Este artículo analiza esta orden en el Río de la Plata, donde además de la tarea educativa, los jesuitas habían desplegado la organización misional más desarrollada del continente. Usando diferentes métodos de análisis, observamos el despliegue de recursos políticos y sociales franciscanos para negociar su espacio en la nueva coyuntura.

El artículo comienza con una descripción de las características generales de la orden en el territorio, desde sus inicios hasta principios del siglo XIX. Posteriormente, a través del estudio de patrones de carrera, y de la relación entre la orden y la corona, observaremos

---

[1] Universidad Nacional de La Plata.

cómo a nivel local los religiosos de un rincón del imperio se prepararon exitosamente para postularse para un nuevo rol, generado por una medida metropolitana.

Los franciscanos en el Río de la Plata

De acuerdo con una historia tradicional de la Orden, el 16 de abril de 1209, San Francisco de Asís se apareció frente a Inocencio III, quien tras cierta vacilación, dio sanción verbal a la Regla de San Francisco. La Orden de Frailes Menores fue legalmente fundada con la obligación de no poseer cosa alguna, individual y colectivamente, sino vivir de limosna.[2] Sus miembros, llamados también franciscanos, crecieron rápidamente en número y se expandieron en Italia, luego en Europa, y rápidamente después de la conquista ibérica de América, en el Nuevo Mundo.[3]

---

[2] HERBERMANN, Charles (ed.), *The Catholic Encyclopedia*. Robert Appleton Company, 1913. "Franciscans".

[3] En 1524, un primer grupo de franciscanos llegó a México al mando de su superior, Martín de Valencia. Por su número, se los conoce generalmente como "los Doce". Ver "Orders Given to 'the Twelve'", en MILLS Kenneth y TAYLOR William, *Colonial Spanish America. A Documentary History*. Wilmington, Scholarly Resources, 1998, pp. 46-51.

Mapa1. Ciudades con conventos franciscanos. Provincia franciscana de Asunción (1800)

Fuente: elaboración personal.

A mediados del siglo dieciséis, unos pocos frailes llegaron al territorio de la actual Argentina, específicamente a la porción sur de la provincia franciscana de *Los Doce Apóstoles*. Allí crearon la *Custodia de San Jorge del Tucumán*, en 1575. En 1612, crearon la provincia de *Nuestra Señora de la Asunción*, que reemplazaba al anterior territorio de la Custodia.[4] Hacia el segundo tercio del siglo XVIII, la Orden administraba treinta y cuatro pueblos de indios y doctrinas (comunidades de aborígenes recientemente convertidos al cristianismo), así como diecisiete conventos en Buenos Aires, Córdoba, Corrientes, Santa Fe, La Rioja, Salta, Santiago, Tucumán, Jujuy, Catamarca, Asunción, Villarica y Montevideo. Casi un 45% de los clérigos residía en la provincia de Buenos Aires, distribuidos en seis conventos, dos de los cuales tenían como propósito la formación de los franciscanos. A estas dependencias se las denominaba Conventos Grandes.[5]

Aproximadamente un 15% de todos los franciscanos residía en la provincia del Paraguay, que contaba con tres conventos y un 16%, en la provincia de Córdoba (dos conventos, que incluían casas de noviciado y la universidad jesuita). Los otros seis conventos, localizados en la

---

[4] En 1756, el nombre fue cambiado al de Provincia de la Asunción de Nuestra Señora del Paraguay. Para el desarrollo institucional de la provincia y sus casas de formación, ver CATALÁN, J. D. y FACCIANO, B. A., *Provincia de la Asunción. 1. Memoria de sus frailes 1612-2012*, Buenos Aires 2012, pp. 64-5, 84-102, 185, 195-9 y 215-8.

[5] Los franciscanos tenían dos conventos grandes en Buenos Aires (el primero, Once Mil Vírgenes, establecido entre 1620 y 1624, y el segundo, Recolección, en 1719); uno en Córdoba (San Jorge, desde 1614) y uno en Asunción (Nuestra Señora de los Ángeles, desde 1649); un colegio y una universidad (1767-1808) en Córdoba; y un convento en cada una de las siguientes ciudades: Buenos Aires, Corrientes, Santa Fe, La Rioja, Salta, Santiago, Tucumán, Jujuy, Catamarca, Asunción, Villarica y Montevideo. AHPBA, 7.4.2.68. Nómina de los religiosos del orden del Serafico Patriarca de la Pcia. de Ntra. Sra. de la Asuncion, 1791. El territorio de la Provincia de la Asunción era similar pero no idéntico al del Virreinato del Río de la Plata, fundado en 1776. En el Alto Perú (hoy Bolivia), exitía la Provincia franciscana de Charcas.

provincia del Tucumán, no contaban con casas de noviciado y representaban un 12% aproximadamente del total de franciscanos.[6]

Cuadro 1. Distribución geográfica de los franciscanos. Provincia Franciscana de Asunción (1791)

	Buenos Aires		Paraguay		Córdoba		Tucumán		Pueblos		TOTAL	
	N	%	N	%	N	%	N	%	N	%	N	%
Criollos	99	24,8	45	11,3	53	13,3	28	7	29	7,1	254	63,5
Europeos	82	20,5	11	2,8	15	3,8	25	6,3	13	3,1	146	36,5
Total	181	45,2	56	14,1	68	17	53	13,2	42	10,5	404*	100

*4 franciscanos sin información.
Fuente: AHPBA, 7.4.2.68. Nómina de los religiosos del orden del Seráfico Patriarca de la Pcia. de Ntra. Sra. de la Asunción, 1791.

Los sacerdotes que residían en los pueblos y doctrinas representaban una pequeña proporción del plan seráfico: un poco más del 10% hacia fines del siglo XVIII.[7] Eran ellos, y algunos otros pocos enviados desde los conventos, los que deambulaban por áreas rurales.[8] Era también el caso en todo el clero

---

[6] Para estos datos y siempre qua indaguemos la distribución regional, nos basamos en las informaciones de las tablas de 1788, 1791 y 1793.

[7] Los franciscanos eran también conocidos como seráficos. La palabra proviene de Serafín, el menor de los nueve ángeles de la angelología antigua, que se relaciona con la idea de frailes menores.

[8] Esta proporción es casi idéntica a la encontrada por Francisco Morales en México en el mismo período. En México, los frailes que residían en las misiones representaban solo el 12% del personal franciscano. MORALES, Francisco, "Mexican Society and the Franciscan Order in a Period of Transition, 1749-1859", *The Americas* 54: 3 (1998), pp. 333-334.

regular. La orden franciscana era una institución asentada en el Río de la Plata, y abrumadoramente concentrada en el mundo urbano (ver Cuadro 1).[9]

En México, la orden franciscana declinó a partir de la Real Cédula del 4 de octubre de 1749 que forzaba a los obispos a expropiar los conventos localizados en pueblos indígenas a fin de convertirlos en parroquias. La Real Cédula no se implementó en el Río de la Plata de la misma manera que en México. En consecuencia, no podría adjudicarse a este evento la mencionada decadencia de la orden en la región. Por otra parte, la población indígena era mucho menor que la de Nueva España, por lo que cualquier forma de modificación de la relación entre los religiosos afectados a la vida misional y los afectados a la vida monástica no habría tenido un impacto devastador en la región.

En el Río de la Plata, los franciscanos heredaron las misiones del área guaraní. Ocho de las treinta y cuatro misiones que administraban los franciscanos hacia fines del siglo XVIII habían sido originalmente de los jesuitas en aquella área. Así, por causa de la Corona española, los franciscanos rioplatenses acrecentaron su tarea misional.

Origen, edad, estructura, y distribución regional de los franciscanos

En el Río de la Plata, la proporción de europeos era mucho más elevada que en otras regiones. En México, por ejemplo, solo un 17,5% de los religiosos eran peninsulares, comparado con el 36,5% en el Río de la Plata.[10] Hacia mediados del siglo XVIII, el lugar de origen de las personas, cuestión que se manifestó tempranamente en las órdenes religiosas, comenzaba a convertirse

---

[9] *Ibidem*, p. 328.
[10] *Ibidem*, p. 338.

en un asunto importante. La facción peninsular se encontraba más consolidada en el Río de la Plata que en otras regiones hispanoamericanas.[11]

Antes de ordenarse, los franciscanos pasaban entre tres y ocho años en el noviciado. Este período variaba sustancialmente según el origen de los religiosos. Una diferencia menor entre americanos y peninsulares puede verse en las edades promedio de los sacerdotes ordenados. La edad promedio de aquellos de origen americano era de aproximadamente 44 años, y 46,5 la de los europeos. Esta diferencia puede ser atribuida a la condición inmigratoria de los sacerdotes españoles. Susan Socolow determina que el promedio de edad de llegada al Río de la Plata era de 25 años.[12] Esto se aplica también a la edad de ingreso al seminario. De este modo, un americano promedio ingresaba al seminario entre los 17 y los 18 años, mientras que un europeo lo hacía entre los 20 y 21.

En Buenos Aires, los peninsulares constituían el 45,3% de los religiosos. Más de la mitad de los religiosos que venían de España residían en los conventos de la ciudad de Buenos Aires y sus alrededores. Y solo el 31% de los peninsulares residían en las zonas rurales. Los europeos preferían quedarse en el puerto y no viajar al interior.

---

[11] En los listados de franciscanos enviados al gobierno, los clérigos nacidos en América eran catalogados como indianos o americanos, pero nunca como criollos. En este estudio, utilizamos indistintamente las últimas dos denominaciones porque el término "indiano" cambió con el tiempo el significado que tenía. Es interesante señalar que en México, los individuos nacidos en América eran catalogados como hispanoamericanos. *Ibidem*, p. 338.

[12] SOCOLOW, Susan Midgen, *The merchants of Buenos Aires 1778-1810. Family and Commerce*, Cambridge University Press, 1978, p. 18.

Los Capítulos franciscanos

Como todas las órdenes regulares, los franciscanos efectuaban elecciones cada tres o cuatro años. Estas elecciones, denominadas "Capítulos", convocaban representantes de cada convento para decidir las funciones provinciales hasta la próxima convocatoria.

La mayoría de los Capítulos eran llevados a cabo en los diferentes conventos de Buenos Aires, excepto por unos pocos encuentros en Córdoba o Santa Fe. Sin embargo, tras la Reforma Religiosa de la década de 1820 que limitó el poder de los franciscanos porteños, todos los Capítulos ocurrieron en Córdoba, la ciudad que emergió como el núcleo de la orden en la región en el período independiente.

El cargo más alto en la provincia era el de ministro provincial, quien era elegido en cada capítulo provincial.[13] Al finalizar su mandato, el ministro provincial se convertía en padre de provincia y miembro del Definitorio, una elite clerical que decidía las cuestiones principales y más importantes de la provincia. Estaba formada por nueve miembros rotativos y el padre de provincia, permanente "senador vitalicio" de un sistema que mezclaba rasgos democráticos, aristocráticos y patriarcales.

La elección, para denominarla de alguna manera, era una selección de acuerdo con la dignidad y cualidades intelectuales y morales conocidas por todos los religiosos. El acto de elección era la expresión de algo que existía antes, formalizado en el sentido antiguo de la palabra, como una representación de la "autoridad, dignidad, carácter o recomendación de una persona".[14] Sin embargo, tras la expulsión de los jesuitas, el significado de

---

[13] Había también Capítulos donde los franciscanos decidían cuestiones importantes pero no se realizaban elecciones. Se los denominaba "Capítulos intermedios".
[14] GUERRA, François-Xavier, "Ciudadanos o vecinos? Ciudadanía versus gobernabilidad republicana en México. Los orígenes de un dilema", en SÁBATO, Hilda (ed.), *Ciudadanía política y formación de las naciones: perspectivas históricas de América Latina*. México: Fondo de Cultura Económica, 1999, p. 55.

los nombramientos en las órdenes regulares se modificó. Desde 1767, elogiar o no elogiar el pasado jesuita dividió los capítulos de las órdenes regulares hasta la independencia.

Prácticamente a cada sacerdote se le asignaba una determinada función que debería cumplir hasta que se realizara un nuevo Capítulo. En estos se definía también el destino de cada clérigo (ver cuadro 2).

Cuadro 2. Listado de Capítulos. Provincia Franciscana del Paraguay (1760-1831)

Capítulo	Convento	Fecha
Provincial	San Jorge, Córdoba	14 enero, 1759
Intermedio	Once Mil Vírgenes, Buenos Aires	14 enero, 1760
Provincial	Once Mil Vírgenes, Buenos Aires	19 setiembre, 1761
Intermedio	Recolección del Rincón de San Pedro	25 mayo, 1766
Provincial	Once Mil Vírgenes, Buenos Aires	25 febrero, 1768
Reunión Definitorio	Once Mil Vírgenes, Buenos Aires	25 abril, 1768
Intermedio	Recoleta, Buenos Aires	19 agosto, 1769
Provincial	Santa Ana, Santa Fe	31 de mayo, 1770
Intermedio	San Jorge, Córdoba	31 enero, 1773
Provincial	San Jorge, Córdoba	26 febrero, 1774
Intermedio	Santa Ana, Santa Fe	28 diciembre, 1775
Provincial	Once Mil Vírgenes, Buenos Aires	16 abril, 1777

Intermedio	Once Mil Vírgenes, Buenos Aires	15 octubre, 1778
Provincial	Once Mil Vírgenes, Buenos Aires	julio,1788
Intermedio	Once Mil Vírgenes, Buenos Aires	24 setiembre 1791
Provincial	Recoleta, Buenos Aires	10 mayo 1793
Provincial	Recoleta, Buenos Aires	13 noviembre 1796
Intermedio	Once Mil Vírgenes, Buenos Aires	22 setiembre 1801
Provincial	Recoleta, Buenos Aires	29 junio 1803
Intermedio	Once Mil Vírgenes, Buenos Aires	11 marzo, 1805
Provincial	Once Mil Vírgenes, Buenos Aires	29 noviembre, 1806
Intermedio	Once Mil Vírgenes, Buenos Aires	15 octubre, 1808
Provincial	Once Mil Vírgenes, Buenos Aires	25 mayo, 1810*
Provincial	Once Mil Vírgenes, Buenos Aires	5 febrero, 1811
Intermedio	Recoleta, Buenos Aires	19 agosto, 1812
Provincial	Recoleta, Buenos Aires	8 setiembre, 1814
Intermedio	Recoleta, Buenos Aires	22 febrero, 1816
Provincial	Recoleta, Buenos Aires	8 setiembre, 1817

Intermedio	Recoleta, Buenos Aires	6 marzo, 1819
Provincial	Recoleta, Buenos Aires	8 setiembre, 1820
Intermedio	San Jorge, Córdoba	20 de marzo, 1822
Provincial	San Jorge, Córdoba	8 setiembre, 1823
Intermedio	San Jorge, Córdoba	16 abril, 1825
Provincial	San Jorge, Córdoba	8 setiembre1826
Intermedio	San Jorge, Córdoba	27 abril, 1828
Provincial	San Jorge, Córdoba	28 febrero, 1831

*Anulado por resolución del Definitorio en 11 de febrero de 1811.
Fuente: AHPBA. 7.4.2.67, 7.4.2.68, 7.4.2.76, 7.4.2.61, 7.4.2.79, 7.4.2.78, 7.4.2.81, 7.4.2.83, 7.4.2.85.

El destino más apetecido eran las ciudades, en especial las de Buenos Aires y Córdoba. En ciertos casos, se prefería un cargo de menor jerarquía con tal de ejercerlo en las grandes ciudades. De este modo, los sacerdotes iban ascendiendo paulatinamente desde los cargos más bajos a los más altos, y desde las regiones periféricas a las centrales, en un sistema que podría definirse como "ascenso en espiral".

La función y el lugar de destino fueron constantemente una fuente de controversias entre las autoridades de la orden y los religiosos, que debían acatar las tareas y los destinos asignados.[15] Dentro de las órdenes, funciones y lugares de destino operaban como una forma de política de premios y castigos para con sus miembros. Es más,

---

15 Los funcionarios de la Corona entendieron ese espacio como un camino para limitar el poder de los superiores regulares, a la vez que para consolidar el suyo, obrando como árbitros. Es por ello que, hacia ese período, las audiencias hispanoamericanas comienzan a aceptar reclamos de religiosos contra los superiores de sus órdenes. A esos reclamos se los denominó "recursos de fuerza".

prácticamente todos los conventos contaban con una cárcel o casa de disciplina. Hay registros también de uso del cepo para religiosos que procuraron fugarse.[16]

El Capítulo era el punto más trascendental en la organización jerárquica de las órdenes. El destino de todos los religiosos se ponía en juego por un período de cuatro años. No es de extrañar, por lo tanto, que se produjeran algunos disturbios cada vez que se convocaba alguno.[17]

Haciendo carrera en la orden

Edad y antigüedad eran de fundamental consideración en el esquema franciscano. El prestigio se sostenía tanto para esta vida como para la otra. Los honores a la muerte de un religioso se dividían según sus años como franciscano: tres misas rezadas para un religioso "moderno" fallecido; seis, para uno "antiguo". No importaba aquí ni su condición ni su origen.[18] No sorprende entonces que para convertirse en ministro provincial un religioso debiera tener más de 50 años de edad y más de 30 dentro de la Orden.

---

[16] El cepo fue utilizado en el convento de Asunción en el siglo XVIII cuando fray Francisco Merino y Francisco Romano, desobedeciendo al guardián fray Luis Bolaños, deambularon por chacras lejanas por espacio de tres meses, sin regresar al convento. DURÁN ESTRAGÓ, Margarita, *Presencia franciscana en el Paraguay, 1538-1824*. Asunción: Ediciones y Arte, 2005, p. 37.

[17] La orden de la Merced, por ejemplo, tuvo más de una disputa sobre la elección de sus Generales, y en alguna ocasión, con el uso de armas. Ver PEIRE, Jaime, *El taller de los espejos. Iglesia e imaginario, 1767-1815*. Buenos Aires: Editorial Claridad, 2000.

[18] Se consideraba un religioso antiguo alguien con más de diez años de ingreso en la orden. AAC. Archivo del Convento de San Jorge, Córdoba. Misas de los religiosos difuntos.

La previa residencia en el convento de la Observancia o en el de la Recolección de Buenos Aires constituía una condición *sine qua non* si un sacerdote deseaba convertirse en ministro provincial o en miembro del Definitorio durante el período colonial.

Hasta llegar al Definitorio, si es que lo lograba, el sacerdote daba varios pasos. Después de un año de noviciado, el religioso recibía el hábito de San Francisco. Inmediatamente, el maestro de teología solicitaba al comisario visitador la concesión del hábito para su discípulo. Durante el período colonial, dieciséis años era la edad mínima para tomar los votos.[19] El nuevo franciscano hacía votos públicos y secretos sobre la Iglesia, San Francisco y la Virgen María.[20]

Después de ser ordenado, un sacerdote que quería continuar su formación ingresaba en alguno de los cuatro Estudios Generales que los franciscanos administraban en Córdoba, Paraguay y Buenos Aires. Una vez concluidos sus siete años de estudio (tres de Filosofía y cuatro de Teología), el sacerdote egresaba con el título de Lector, o profesor de Artes (Filosofía). Luego de enseñar tres años de Artes (Lógica, Física y Metafísica), un año de Canon y cuatro de Teología (Prima o dogmática, Vísperas o moral, Sagrada Escritura y Retórica), los lectores se graduaban con el título de Jubilado. Al título de Jubilado se le anexaba el número de veces que el sacerdote había cumplido el ciclo. Es decir, "una vez jubilado", "dos veces jubilado." Muy pocos sacerdotes obtenían el título de Jubilado o dos veces Jubilado.

---

[19] Posteriormente, la Asamblea del año XIII lo definirá en 30 años, aunque nunca tendrá real efecto. Más tarde, la Reforma de Regulares vuelve a modificar la edad para tomar los votos en 22 años. Volveremos sobre el tema. Archivo del Arzobispado de Córdoba (AAC), Legajo 3, Documento 14, setiembre de 1823.
[20] AAC Legajo 21, 1. Documento 5: Profesión del Hermano don Manuel de la Torre y Vera Córdoba, 11 de mayo de 1798.

Cuadro 3. Cargos y títulos. Provincia franciscana de Asunción (1767-1829)

Cargo o título	Descripción	Período
Ministro provincial	El sacerdote de más alto cargo	De un Capítulo al siguiente
Miembro del Definitorio	Los nueve sacerdotes a cargo de las decisiones más importantes	De un Capítulo al siguiente
Guardián	El sacerdote de más alto cargo en un convento	De un Capítulo al siguiente
Predicador conventual	El sacerdote enviado a una misión rural	De un Capítulo al siguiente
Lector jubilado	El sacerdote que enseñó por más de 15 años	Título permanente
Lector jubilado dos veces	El lector jubilado que enseñó por más de 12 años	Título permanente
Predicador general	El predicador conventual que actuó por varios años	Título permanente
Padre de provincia	Un ex ministro provincial	Título permanente

Fuente: AHPBA. 7.4.2.67. "Nómina de los religiosos del orden del Seráfico Patriarca de la Pcia. de Ntra. Sra. de la Asunción, perteneciente al Virreinato de Bos Ayes".

Otro título de prestigio era el de predicador general, grado dado por la orden en mérito a la labor desarrollada por el religioso. El número de predicadores generales se mantenía constante: treinta y dos en toda la provincia. Había siempre uno, por lo menos, en cada convento. Todos los predicadores generales fueron por lo menos una vez predicadores conventuales. Este no era un título, sino un cargo capitular asignado a un sacerdote por un período de cuatro años. Dos predicadores conventuales se elegían por cada convento grande, el resto de los conventos tenía uno solo.[21] La obtención de un título estaba estrictamente regulada por el Definitorio. Solo los lectores jubilados y los predicadores generales podían ser promovidos al cargo de ministro de provincia

Algunos ejemplos de carreras

Existen varios ejemplos de carreras eclesiásticas que demuestran que, hacia el período colonial tardío, los franciscanos habían desarrollado un sistema eficaz de promoción y recompensas. Antes de la Revolución de 1810, que obligó a los regulares a adaptarse creativamente a la nueva situación, los franciscanos parecieron resolver la mayoría de los problemas dentro de la Orden. En las líneas siguientes, vamos a analizar algunos de estos ejemplos.

Pedro Josef Sulivan nació en el continente americano en 1750 e ingresó a la orden a los 16 años. Ejerció como lector en la provincia de Buenos Aires, siendo luego elegido como guardián del convento de Montevideo. A los 41 años se convirtió en lector jubilado. Dos años después fue trasladado al convento de la Observancia de Buenos Aires. En 1801, fue elegido rector de la Universidad de Córdoba y dos años después, a los 53 años, ministro provincial. A partir de 1806 pasó a formar parte del Definitorio.

Fray Nicolás Palacios, criollo, fue definidor y guardián durante su carrera pero solo en 1766, a los 63 años, fue elegido ministro provincial. Esta elección llegó casi medio siglo después que fray Nicolás ingresara a la Orden. Poseía

---

[21] Para mayor información ver MEDINA, Miguel, *Los dominicos en América. Presencia y actuación de los dominicos en la América colonial española de los siglos XVI-XIX*, Madrid, Mapfre, 1992, pp. 56-57.

entonces el título de predicador general. Palacios residió en el convento de la Observancia de Buenos Aires desde 1780 hasta su muerte en la década siguiente.

Tras haber sido guardián y examinador sinodal, el sacerdote americano Josef Pucheta fue elegido ministro provincial a los 61 años, con el título de lector jubilado. En 1793, al terminar su mandato, pasó a formar parte del Definitorio.

Fray Pedro Sánchez, español, fue designado pinistro Provincial en 1788 a los 51 años. En 1791, se convirtió en miembro del Definitorio, mientras residía en el convento de la Recolección de Buenos Aires. Fray Thomas Ramírez y fray Francisco Calvo, ambos europeos y lectores, también eran parte del mismo Definitorio. Como fray Pedro, también eran padres de Provincia.

Solo una parte de los sacerdotes accedía a los cargos de alto honor. Lázaro Orué y Josef Gamarra constituyen ejemplos de la experiencia de la mayoría de los franciscanos. Lázaro y Josef eran ambos criollos y habían estudiado juntos en el convento Grande de Asunción hacia mediados de la década de 1780. Ambos coristas fueron ordenados en 1791, solo que, por el sistema de rotación, Lázaro fue enviado a Córdoba y a Montevideo, mientras que Josef continuó en Asunción hasta 1801, cuando fue elegido para servir en las misiones como cura de indios. Ni Lázaro ni Josef tenían algún título o pasaron alguna vez por Buenos Aires. Nunca alcanzaron ningún cargo importante.

Fray Pantaleón García y fray Francisco de Paula Castañeda constituyen ejemplos de carreras exitosas. Pantaleón García nació en Buenos Aires en 1755 y se unió a los franciscanos en la misma ciudad a los 18 años.[22] Tras sus estudios para sacerdocio, continuó con su formación

---

[22] Salvo que se mencione lo contrario, los datos relacionados con el desempeño en la orden franciscana de Pantaleón García y Francisco de Paula Castañeda han sido extrapolados de los siguientes documentos: Archivo Histórico de la Provincia de Buenos Aires (AHPBA). Archivo de la Real Audiencia.

teológica, obtuvo el título de lector y el cargo de predicador. Pantaleón pronto se destacó por sus capacidades oratorias e intelectuales. Aunque porteño, su carrera floreció en Córdoba. Se doctoró en la universidad de esa ciudad y en 1786, se convirtió en lector de Vísperas. En Córdoba, Pantaleón pronto ocupó numerosos cargos de importancia y llegó a ser rector de la universidad entre 1802 y 1807. A principios de siglo fue elegido ministro provincial.

La carrera de Francisco de Paula Castañeda no fue tan meteórica como la de García. Francisco de Paula nació en 1776 en Buenos Aires en el seno de una familia acomodada y donde la religión cumplía un rol de importancia. Mientras que Francisco ingresaba en la orden franciscana, su hermana lo hacía en las Clarisas.[23] Francisco no se doctoró a pesar de que sus padres le hubieran pagado sus estudios en la prestigiosa Universidad de Chuquisaca.[24] Castañeda se manifestó bien temprano como rebelde desafiando la estrategia que sus padres habían planeado para él.

Según el propio Castañeda, durante su ingreso en el convento de la Recoleta de Buenos Aires "todo el año de noviciado me lo llevé durmiendo" y "era un escándalo para la comunidad el ver que todo lo erraba y que por causa mía en el coro [...] se trastornaba el orden. La comunidad trató seriamente de declararme inútil para la vida monástica".[25]

Castañeda, sin embargo, era el favorito de fray Cristóbal Gavica, lector en Sagrada Teología y maestro de novicios. Este aseguraba que su "vocación era verdadera, y con mil razones persuadía esto mismo a los pares [...] para que no me negasen el voto".[26] En 1798, Castañeda se ordenó en

---

Reales Órdenes. Legajos 2.7.4,2.61; 2.7.4,2.62; 2.7.4,2.63; 2.7.4,2.67; 2.7.4,2.68; 2.7.4,2.73; 2.7.4,2.75; 2.7.4,2.76; 2.7.4,2.77; 2.7.4,2.78; 2.7.4,2.79; 2.7.4,2.83; 2.7.4,2.85; 2.7.4,2.86 y 2.7.4,2.87.
23 AUZA, Néstor, (ed.), *Doña María Retazos. Francisco de Paula Castañeda*, Buenos Aires, Taurus, 2001, p. 12.
24 *Ibidem*, p. 14, Buenos Aires, 10 de octubre de 1822, 225.
25 *Ibidem*.
26 *Ibidem*.

Córdoba, pues en Buenos Aires no había obispo. Le dieron la cátedra de filosofía en la Universidad de Córdoba y se volvió un amigo cercano de Pantaleón García. Ambos clérigos tendrían exitosas carreras. Buenas conexiones cultivadas dentro de la orden eran más importantes que las buenas conexiones familiares.

El clero regular y las reformas borbónicas

Durante la segunda mitad del siglo XVIII, un episodio de profundas consecuencias tuvo lugar en Hispanoamérica. "La Compañía respira en el más alto grado, la piedad y la santidad" señalaba el papa Clemente XIII en 1765.[27] Considerada retrospectivamente, esta resuelta apreciación detenta un tono irónico. Desde 1759, la Compañía de Jesús había sido extrañada sucesivamente de Portugal y de Francia. Casi dos años después de que el papa pronunciara estas palabras, el 27 de febrero de 1767, Carlos III rubricó en El Prado la Real Orden que decretaba la expulsión de los jesuitas de los dominios hispánicos. El 1 de marzo, el primer ministro Conde de Aranda emitió una instrucción que contenía minuciosas instrucciones dedicadas a los virreyes, presidentes y gobernadores de las Indias y Filipinas. A partir de julio de ese año, los jesuitas fueron desalojados de cada uno de los colegios, misiones o estancias que poseían en

---

[27] Citado por BISCHOFF, Efraín U., "Los jesuitas y Córdoba", en *Archivum*, Tomo Noveno, Buenos Aires, 1967, pp. 83-84.

los territorios españoles. En 1773, la Compañía de Jesús fue suprimida.[28] Este episodio constituye el mayor evento religioso de los que se consideran las reformas borbónicas.[29]

Desde la conquista de América, la Iglesia, asociada a la Corona española, procuró trasplantar una iglesia europea a una que pudiera funcionar en el Nuevo Mundo. Múltiples adaptaciones fueron hechas desde la propia herramienta básica de transmisión del mensaje religioso –el lenguaje– hasta la necesidad de cierto nivel de sedentariedad en el receptor aborigen, sin el cual ninguna estrategia misional hubiera podido tener éxito.[30]

La llegada de los jesuitas a fines del siglo XVI, cargada de dinamismo, revitalizó el empuje pastoral del Nuevo Mundo. El entramado político económico y social de la Iglesia y de la colonia quedó atravesado profundamente por los jesuitas. Su actuación polarizó a toda la sociedad mucho antes de su expulsión.

Los jesuitas eran parte de las órdenes regulares. Estas órdenes estaban profundamente volcadas a la caridad, la educación y el trabajo misional.[31] Aun antes de la llegada de los jesuitas, los franciscanos, los dominicos y los

---

[28] Ver BRADING David, *Church and State in Bourbon Mexico: The Diocese of Michoacan 1749-1810*. Cambridge: Cambridge University Press, 1994, pp. 3-19.

[29] Hacia fines del siglo XVII, la familia Borbón –de origen francés— comenzó a regir España y llevó a cabo una serie de reformas modernizantes en el gobierno, particularmente tras el Tratado de Utrech de 1713. Ver BERGAMINI, John D. *The Spanish Bourbons: The History of a Tenacious Dynasty*. New York: Putnam, 1974.

[30] El Concilio de Trento (1545-1563) constituyó "una transformación extraordinaria en lo que hace a la disciplina y la formación del clero" y comenzó un proceso de romanización y centralización de la Iglesia católica. Los nuevos territorios americanos, recientemente descubiertos, no fueron tomados en consideración en el Concilio. Ver DI STEFANO, Roberto y ZANATTA, Loris, *Historia de la Iglesia argentina. Desde la Conquista hasta fines del siglo XX*, Buenos Aires, Grijalbo Mondadori, 2000, pp. 16-17.

[31] Las órdenes regulares eran las congregaciones conformadas por personas de uno u otro sexo que observaban una vida en común y que estaban obligadas por votos particulares de religión y obediencia. Los miembros de las órdenes eran llamados, en general, "regulares" porque seguían una regla

mercedarios, también parte de las órdenes regulares, llevaban a cabo diferentes roles en el continente americano. Las cuatro instituciones ejercieron una importante influencia en la vida social local.

Las órdenes religiosas eran las agencias de la Iglesia más involucradas en el catolicismo barroco, un tipo de devoción que crecientemente se convirtió en anatema para los Borbones. De un lado a otro de la América española, las órdenes participaban de pomposas fiestas, se involucraban en múltiples fraternidades y organizaciones y eran los principales organizadores del sistema funerario. Para el catolicismo barroco y el Antiguo Régimen era central el despliegue de jerarquías sociales. Los individuos tenían asignados diferentes lugares en festejos, fraternidades, organizaciones y cementerios que reflejaban su posición en la sociedad.[32]

Sin embargo, la Ilustración promovió nuevas ideas de igualitarismo que los Borbones, sus ministros e incluso una buena parte de la jerarquía de la Iglesia católica intentó aplicar en las colonias.[33] Como parte del proyecto modernizador de la Corona, las órdenes religiosas se volverían crecientemente superfluas y, por lo tanto, estaban forzadas a cambiar las bases de su existencia si querían sobrevivir.[34]

---

particular (del latín, *regula*) de su orden. Por otra parte, el resto del clero secular es llamado "secular", porque pertenece a su tiempo o siglo (del latín, *seculo*). HERBERMANN, Charles, *The Catholic Encyclopedia*, "Regulars".

[32] Para un agudo análisis del catolicismo barroco, ver VOEKEL, Pamela, *Alone before God: the Religious Origins of Modernity in Mexico*. Durham: Duke University Press, 2002, particularmente el capítulo 1.

[33] BRADING, David, *Church and State in Bourbon Mexico*, p. 3.

[34] La expulsión de los jesuitas fue el episodio más espectacular de una política que tendía a fortalecer las estructuras diocesanas relegando a las órdenes religiosas al estatus de "tropas auxiliares". Algunos historiadores han entendido esta política como una forma de subordinar el clero regular al secular. DI STEFANO, Roberto y MARTÍNEZ, Ignacio, "Frailes de gorro frigio. La experiencia de la Comisaría General de Regulares en el Río de la Plata (1813-1816)", en TORRES TORRES, Eugenio (ed.), *Los dominicos insurgentes y realistas, de México al Río de la Plata*, 147-181. Querétaro: Instituto Dominicano de Investigaciones Históricas Miguel Ángel Porrúa, 2011, p. 150.

Es en el clero regular en donde los historiadores sostienen que la disminución del poder religioso se sintió más agudamente. Los estudios eclesiásticos han verificado una crisis de las órdenes católicas, cuyo número de miembros comenzó a decrecer irremediable y drásticamente hacia el último cuarto del siglo XVIII, al mismo tiempo que el clero secular evolucionaba cuantitativamente. Por su composición y organización, el clero regular era el de mayor disponibilidad, para acceder a lugares desoladores.[35]

Comparado con áreas centrales como México o Perú, el Virreinato del Río de la Plata era uno de los lugares más recónditos del imperio español y, por lo tanto, la presencia de los regulares fue importante. Hacia el último cuarto del siglo XVIII, en todo el territorio, aproximadamente 800 regulares asistían a una población de medio millón de personas. Más de la mitad de ellos eran franciscanos (ver cuadro 4).

Cuadro 4. Regulares en el Río de la Plata tras la expulsión de los jesuitas

ORDEN	NÚMERO	PORCENTAJE
Mercedarios (1796)	171	21,6
Franciscanos (1791)	404	51,1
Dominicos (1795)	216	27,3
TOTAL	791	100

Fuente: AHPBA, ARA, Reales Órdenes; AHPBA, 7.4.2.63. Tabla capitular la religión de Sto. Domingo, 1795; AHPBA, 7.4.2.76, Nómina de los religiosos del orden del Serafico de la Pcia. de Ntra. Sra. de la Asuncion, 1793.

---

[35] Lo que fue considerado por algunos como un ataque a la Iglesia es apreciado por otros solo como una modernización que no admitía a un clero regular, considerado como rémora medieval y símbolo del atraso. Ver DI STEFANO, Roberto y ZANATTA, Loris, *Historia de la Iglesia argentina*, pp. 183-225.

La expulsión de los jesuitas generó una reestructuración del espacio eclesiástico hispanoamericano a todo nivel. Inmediatamente tras la expulsión, hubo un marcado incremento en el número de peticiones para establecer conventos en el territorio rioplatense.

En 1768, el obispo de Tucumán, el gobernador de Tucumán, el Cabildo secular, y el párroco de Catamarca solicitaron la apertura de un convento mercedario porque consideraban que el número de religiosos en la región era muy escaso, solo catorce religiosos para trece mil almas. Estaban en lo cierto, la proporción de clérigos sobre la población total era en Catamarca diez veces más baja que la de las áreas centrales del imperio español en América.[36]

A pesar de lo razonable de la solicitud, fue rechazada. La Audiencia de Charcas encontró "que semejantes fundaciones no tienen otro objeto que el de enriquecer a los frayles". El 6 de abril de 1768, el oidor don Pedro Joseph Gutiérrez sostuvo que

> en otras Provincias del Perú podrá ser cierto lo expuesto por el Fiscal, pero no en las del Tucuman, Buenos Ayres, y Paraguay, donde los Religiosos son observantes, y no pueden adquirir caudales por su instituto, y los Países tan pobres que nunca pueden franquear dinero, sino solo el sustento natural...[37]

En España, el Consejo de Indias decidió que el problema "se podría subsanar, sin nuevas fundaciones, con aumentar religiosos en el convento ya fundado allí de la

---

[36] Paul Ganster encontró una relación de religiosos sobre feligreses de 1:10 para las áreas centrales del imperio. Ver GANSTER, Paul, "Churchmen," en HOBERMAN, Louise y SOCOLOW Susan (eds.), *Cities and Society in Colonial Latin America*. Albuquerque: University of New Mexico Press, 1986.

[37] AGI, Audiencia de Buenos Aires 602. "Expediente sobre fundación de un Convento de Religiosos Mercedarios en Catamarca, diocesis del Tucuman. Años de 1778 hta 790".

Orden de Sn. Franco.".[38] Casi inmediatamente después de la expulsión de los jesuitas, la Corona española eligió a los franciscanos rioplatenses como herederos de los ignacianos. En contraparte, las autoridades esperaban de ellos una mayor "productividad" espiritual.

Algunos años después, en 1784, el Consejo de Indias permitió que los dominicos instalen un colegio de misioneros en la estancia de los Lules, una propiedad que había pertenecido a los jesuitas. La diferencia entre los opuestos dictámenes está dada en la localización y la función del convento. Mientras el de Catamarca iba a sumar un nuevo establecimiento dirigido a la población criolla y urbana europea, el propósito del colegio de Tucumán era formar religiosos para misionar en áreas rurales. Según el Consejo, iba a "ser el arreglo del Convento de Dominicos en la citada estancia con la carga de *minorar por el campo*, y decir misas por el Fundador como lo hacían los Jesuitas".[39]

La política del Consejo de Indias era relocalizar los conventos para que estuvieran mejor distribuidos. La actitud de la Corona con respecto a los nuevos conventos desafía la idea de que los Borbones sistemáticamente obstruyeron el poder de las órdenes regulares. En cambio, el programa reformista implementado por los Borbones buscaba modificar el lugar que las órdenes habían ocupado en la vida eclesiástica hasta ese momento. El cuadro 5 refleja la distribución rural/urbana de los religiosos rioplatenses hacia fines del siglo XVIII.

---

[38] *Ibidem*.
[39] AGI, Audiencia de Buenos Aires, Buenos Aires 602. "Expediente sobre fundación de un Colegio de Misioneros Dominicos en la estancia llamada De los Lules cerca de la ciudad de Sn. Miguel del Tucuman, que fue de los ex Jesuitas; y declaración que dho. Colegio sea y se llame Convento". El subrayado es nuestro.

Cuadro 5. Distribución regional de los regulares tras la expulsión de los jesuitas

	Mercedarios		Dominicos		Franciscanos		Total	
	Número	%	Número	%	Número	%	Número	%
Áreas urbanas	155	90,7	201	93,1	358	89,5	714	90,3
Áreas rurales	16	9,3	15	6,9	42	10,5	73	9,7
TOTAL	171	100	216	100	404*	100	791	100

*4 franciscanos sin datos.
Fuente: AHPBA, 7.4.2.77 Nómina de los Religiosos existentes de la Provincia de Nuestra Señora de la Merced. Redención de cautivos cristianos (1788); AHPBA, 7.4.2.63. Tabla capitular de la religión de Santo Domingo: AHPBA, 7.4.2.68. Nómina de los religiosos del orden del Seráfico Patriarca de la Pcia. de Ntra. Sra. de la Asunción, 1791.

La proporción de religiosos asignados a las ciudades, o sea a los centros de concentración de población peninsular y criolla de la America colonial, era del 90,3%. Solo 73 religiosos de un total de 791 llevaban a cabo actividades en las áreas rurales. La ciudad, como ya lo había expresado Ganster para los casos de áreas centrales coloniales como México y Perú, era también el polo de atracción máxima en el Río de la Plata.[40] La ciudad era la base geográfica central de las órdenes en la región colonial rioplatense.

Mientras la ciudad se volvía el lugar clave de las órdenes, los franciscanos se volvían la orden más importante tras la expulsión de los jesuitas. Además,

---

[40] Ver GANSTER, Paul, "Churchmen".

la orden gozaba de un sólido prestigio. En mayo de 1785, cuando el obispo de Tucumán, fray Joseph de San Alberto fue promovido al Arzobispado de Charcas, dos de los once candidatos sugeridos para la sede vacante eran franciscanos.[41]

Pero la verdadera relevancia de los franciscanos de Córdoba se reflejaba en otro aspecto. En agosto de 1767, un mes después de la expulsión de la Compañía de Jesús de los territorios españoles, don Francisco de Paula Bucareli –gobernador de Buenos Aires— eligió a la orden de San Francisco para controlar la Universidad de Córdoba, anteriormente administrada por los jesuitas. La cesión de la institución educativa más importante de la región a los franciscanos incrementó su ya significativo poder.[42] Los franciscanos reemplazaron a los expulsados jesuitas como los educadores y misioneros principales del Virreinato.

Los franciscanos que ya venían impartiendo educación de primeras letras a los niños de la elite cordobesa lo iban a hacer también cuando estos llegaran a su juventud. Solo para entender la importancia de la orden para la región: de los cincuenta y dos principales eclesiásticos cordobeses de la primera mitad del siglo XIX, cuarenta y nueve habían sido formados por los franciscanos.[43]

Sin embargo, no fueron los franciscanos la primera elección de la Corona para continuar la labor académica de la Compañía de Jesús. Las instrucciones del Conde de Aranda relativas a la expulsión de los

---

[41] Se trata del español fray Jerónimo Rodríguez Ridoces, guardián del convento de Salamanca, y de fray Joseph Manuel de la Vega, ex definidor de su provincia de Cantabria. Finalmente, ninguno de los dos será elegido. Tomará posesión de la diócesis de Córdoba, el doctor Ángel Mariano Moscoso, quien será obispo hasta su muerte en 1804.

[42] BRUNO, Cayetano, *Historia de la Iglesia en la Argentina*. Buenos Aires: Don Bosco, 1971, VI, p. 517.

[43] Ver AYROLO, Valentina, *Funcionarios de Dios y de la República: Clero y política en la experiencia de las autonomías provinciales*. Buenos Aires: Editorial Biblos, 2007, p. 121.

ignacianos designaban explícitamente al clero secular como heredero de los jesuitas en la administración de las universidades: "En los pueblos que hubiere casas de seminarios de educación se proveerá en el mismo instante a sustituir los directores y maestros jesuitas con eclesiásticos seculares, que no sean de su doctrina".[44]

Una resolución similar sobre la Universidad de Córdoba fue adoptada por el Consejo de Indias, en abril de 1768. Sin embargo, el gobernador Bucareli entregó el gobierno de la universidad, y el de su colegio anexo de Monserrat, a los regulares de San Francisco. Al menos un historiador del siglo XIX sostiene que la conducta del gobernador de Buenos Aires fue motivada menos por espíritu de hostilidad al clero secular de Córdoba, que por un sentimiento de excesiva cautela, pues tuvo principalmente en vista la circunstancia de haber sido educado aquel en las ideas de los jesuitas, y habría visto un peligro en confiarle la enseñanza de la juventud.[45]

Años después, en un memorial del clero cordobés contra los franciscanos, un miembro del clero cordobés sostuvo que

> tenemos suficientes pruebas para persuadirnos de que las inteligencias secretas de los regulares de San Francisco, su particular crédito con el antecesor de V. E. y otros resortes que han movido en su favor, embargaron la voluntad del rey, sin más causa sólida que proteger esta religión.[46]

---

[44] Citado en GARRO, Juan M., "Secularización de la Universidad de Córdoba. Una página de su historia, 1767-1808", en *Nueva Revista de Buenos Aires*, Tomo I, 1882. pp. 506-507.
[45] *Ibidem*, pp. 507-508.
[46] Memorial del clero de Córdoba al Exmo. señor Virrey Marqués de Loreto sobre la legitimidad de sus derechos, contra los regulares franciscanos, que aun los tienen usurpados, año de 1785. Don Gregorio Funes, entonces canónigo de merced, y ahora decano de esta Santa Iglesia, vice general, provisor y gobernador del obispado. En *ibidem*, pp. 507-509.

El clero de Córdoba no exageró la capacidad franciscana de influir en las autoridades. Los franciscanos cordobeses convencieron a los funcionarios borbónicos de que eran ellos, y no los seculares, los que debían administrar la universidad.[47]

La elección estatal que recayó en los franciscanos no fue solo el resultado de una aislada medida de un funcionario borbón como Bucareli. Los franciscanos negociaron con los burócratas para obtener la universidad. Hasta ofrecieron al gobernador enseñar con los profesores mejor preparados y a ningún costo para la Corona.[48] En consecuencia, como en ninguna otra parte del continente, las autoridades decidieron entregar la universidad jesuita a los seráficos[49] (ver cuadro 6).

---

[47] Existe una masiva bibliografía sobre la Universidad de Córdoba. Para un análisis clásico, ver PUEYRREDÓN, Alfredo, *Algunos aspectos de la enseñanza en la Universidad de Córdoba durante la regencia franciscana*. Córdoba: Universidad Nacional de Córdoba, 1953, y ARGAÑARAZ, Abrahán, *Crónica del convento de N. P. San Francisco de Córdoba*. Córdoba, 1888.

[48] AYROLO, Valentina, "La Universidad de Córdoba en el siglo XIX. Escuela de políticos, intelectuales y administradores de los nuevos Estados", en SERVETTO, Alicia y SAUR, Daniel (eds.), *Universidad Nacional de Córdoba y sociedad: escenarios y sentidos. Cuatrocientos años de historia*. Córdoba: Editorial de la UNC, 2013, pp. 209-226.

[49] Además de las universidades jesuitas, la Corona española controlaba otras diez (en sociedad con la Iglesia católica); los dominicos, cuatro y los agustinos, dos. Ver VILLALBA, Enrique, Consecuencias educativas de la expulsión de los jesuitas de América. Madrid: Instituto Antonio de Nebrija de estudios sobre la Universidad. Madrid, Universidad Carlos III de Madrid/Ed. Dykinson, 2003.

Cuadro 6. Universidades jesuitas en Hispanoamérica colonial

Universidad	Lugar	Situación desde 1767
Real y Pontificia Universidad de Santiago de la Paz	Santo Domingo	Dejó de funcionar
Real y Pontificia Universidad de Mérida	Yucatán	Dejó de funcionar
Pontificia Universidad de San Ignacio Loyola	Cuzco	Dejó de funcionar
Pontificia Universidad de San Francisco Javier*	Bogotá	Dejó de funcionar
Universidad de San Gregorio Magno	Quito	Dejó de funcionar
Universidad Pencopolitana	Concepción	Dejó de funcionar
Real y Pontificia Universidad. de San Francisco Xavier	Sucre	Siguió funcionando bajo control real
Universidad de Córdoba	Córdoba	Siguió funcionando bajo control franciscano

*San Javier Bogotá reabrió más tarde.
Fuente: Elaboración propia a partir de Villalba, Enrique, Consecuencias educativas de la expulsión de los jesuitas de América, Madrid, Instituto Antonio de Nebrija de Estudios sobre la Universidad. Madrid, Universidad Carlos III de Madrid/Ed. Dykinson, 2003.

Desde el mismo momento de la cesión, los franciscanos resistieron múltiples reclamos del clero secular. La Real Orden era la causa de su descontento. El clero secular consideraba que el llamado a los franciscanos para ocupar la universidad era una usurpación a sus derechos. Desde entonces fue el objetivo del clero secular desalojar a los franciscanos de la universidad. La cesión inédita de la universidad a los franciscanos los pondría en la encrucijada de todos los conflictos de poder de Córdoba en los siguientes cuarenta años. En esta lucha, la orden aparecería, casi sin proponérselo, como el socio menor en una alianza con la Corona, en disputa contra la elite cordobesa que controlaba el Cabildo.

En la puja por la universidad, varias disposiciones y cédulas reales demoraron décadas en aplicarse en Córdoba. Fue solo en 1808 que la universidad finalmente pasó al clero secular, una decisión dispuesta por la Corona cuarenta años antes. Mientras gobernaron la universidad, los franciscanos demostraron su capacidad de influir en cada decisión que los involucraba.

Consideraciones finales

El Capítulo constituía un momento crucial para los franciscanos: los cargos se disputaban y los conventos se asignaban. Los religiosos iban armando paulatinamente sus carreras en un sistema que fomentaba ambiciones personales. Los estudios, la antigüedad y el desempeño eran los factores transparentes a través de los que un individuo podía progresar.

El sistema franciscano de promoción funcionó generalmente sin mayores problemas durante el período colonial tardío. Sin embargo, cada Capítulo era un momento de fricción entre los religiosos y los poderes jerárquicos y, como tal, podía abrir la puerta para la intervención estatal. La facciones se asentaban en un contexto donde la proporción de peninsulares en la región era mucho más alta que en otros virreinatos.

En el Virreinato del Río de la Plata, la orden franciscana era la de mayor número de individuos y era la mejor distribuida también. Empero, como en el resto de las órdenes, esa distribución era consistente con una lógica donde las ciudades eran el centro casi absoluto de la acción. Hacia fines del siglo XVIII, el clero regular rioplatense era masivamente urbano.

Durante este período, a diferencia de otras regiones, las reformas borbónicas no afectaron negativamente a los franciscanos. Tras la expulsión de los jesuitas, parece, más bien, lo contrario. Las tareas educacional y misional se reforzaron por una medida de la Corona: una medida que los puso en el poderoso rol de ser letrados.

Algunos historiadores sostienen que las elites letradas formaron parte del poder desde el período colonial y durante gran parte del siglo XIX: "Una pléyade de religiosos, administradores, educadores, profesionales, escritores y múltiples servidores intelectuales, todos esos que manejaban la pluma, estaban estrechamente asociados a las funciones del poder y componían un país modelo de funcionariado y la burocracia".[50]

Los religiosos, en particular, pasaron de la empresa de evangelizar a la de educar. "Aunque el primer verbo fue conjugado por el espíritu religioso y el segundo por el laico, se trataba del mismo esfuerzo de transculturación a partir de la lección europea".[51] Sin embargo, los regulares no ejercían como los intelectuales modernos, con las armas de la persuasión. El patronato espiritual ejercido por los regulares consistió más en una relación de poder que en una semejante a la autoridad persuasiva que desde los siglos XVIII y XIX había tendido a ser considerada la principal herramienta con que contaban los "intelectuales" para lograr efectos materiales en el mundo social que habitaban.[52]

---

50 RAMA, Ángel, *La ciudad letrada*, Montevideo, FIAR, 1984, p. 33.
51 *Ibidem*, p. 25.
52 *Ibidem* p. 32.

Hacia fines del siglo XVIII, el poder que los regulares ejercían sobre los laicos, y que les permitía influir en las decisiones de los habitantes de la colonia, entró en crisis. Su influencia sobre los habitantes de la colonia mermó, particularmente tras la expulsión de los jesuitas, precisamente el cuerpo de regulares más asociado a las tareas de transculturación. En ese preciso momento, los franciscanos de Córdoba, sobre la base de un discurso afín al de la Corona, fueron llamados a reemplazarlos.

Paradójicamente, tras su expulsión de los dominios españoles en 1767, los jesuitas americanos se convirtieron en un diferente tipo de letrados: los letrados patriotas. Desde el exilio, los ex jesuitas escribieron libelos y panfletos contra la monarquía borbónica, resaltando las virtudes de una identidad americana diferente a la peninsular.[53] Mientras que los jesuitas se convirtieron en letrados patriotas, los franciscanos de Córdoba debieron reinventarse en letrados eclesiásticos, un rol que nunca antes habían actuado.

Aunque no tenían experiencia como letrados, supieron cómo sacar provecho de la nueva situación. La decisión de darles la universidad a los franciscanos de Córdoba los puso a cargo de educar a la elite. Con la administración de la universidad, los laicos tuvieron acceso por primera vez al grado de doctor en Córdoba. Otorgando grados doctorales a los laicos, la universidad se convirtió en un buen lugar donde los franciscanos podían establecer relaciones con las élites regionales.[54]

---

[53] "La carta a los americanos españoles" del exjesuita peruano Juan Pablo Viscardo es el mejor ejemplo de esta nueva identidad americana "descubierta" por los expulsos. Ver MYERS, Jorge, "Introducción al volumen I". En MYERS, Jorge Myers y ALTAMIRANO, Carlos (comp.), *Historia de los intelectuales en América Latina I. La ciudad letrada, de la conquista al modernismo*. Buenos Aires, Katz Editores, 2008, p. 34.

[54] Hacia fines del siglo XVIII, se agregaron los estudios de derecho (con la creación de la Escuela de Derecho y Ciencias Sociales), y desde entonces, los estudios en la Universidad no fueron exclusivamente teológicos. Desde 1810, algunos laicos iban a desarrollar importantes roles en los primeros gobiernos revolucionarios. Juan José Castelli, por ejemplo, se graduó en

Pero la elite cordobesa nunca vio a los franciscanos como aliados. Los franciscanos ocuparon un nuevo espacio de poder en el mismo momento que su forma de accionar comenzaba a ser vista como un obstáculo para algunos miembros privilegiados de la sociedad. Aunando fuerzas con el clero secular, con quien mantenían fuertes lazos, los vecinos locales lucharon contra los franciscanos para recuperar la Universidad. Los franciscanos fueron vistos como agentes de la Corona tratando de controlar el poder local.

La apreciación no era errónea. Miembros del Antiguo Régimen, como los franciscanos, obtenían ventajas del afán de centralización estatal para forjar alianza con las autoridades. El triunfo de la centralización, cuya puja llevaría más de un siglo, no hubiera existido sin el apoyo de aquellos sectores que, aunque enraizados en las estructuras del Antiguo Régimen, encontraron en la transición una posibilidad de incrementar su poder. Y es aquí donde entraron los seráficos. La orden aprendió a negociar con las autoridades y éstas encontraron aliados en los franciscanos para apoyar sus políticas.

La Corona y la orden firmaron un acuerdo de mutua conveniencia en el momento que el Gobernador Bucareli eligió a éstos para administrar la Universidad de Córdoba.[55] Los franciscanos aparecieron como los únicos que podían ayudar a la Corona a controlar a los cordobeses. Nacía así una nueva alianza.

1784. AYROLO, Valentina, *Funcionarios de Dios y de la República*, p. 122. Entre otros estudiantes, José Gaspar de Francia, que se convertiría en líder de la independencia y dictador, completó sus estudios en la Universidad hacia la década de 1780. LAINO, Domingo, *José Gaspar de Francia. El conocimiento como arma*. Asunción: Ediciones Cerro Cora, 2010.

[55] Sostiene Enrique González González que siempre que había en la misma ciudad una universidad de jesuitas y otra de dominicos, cada cual buscaba eliminar a la otra mediante largos pleitos judiciales. Ver GONZÁLEZ GONZÁLEZ, Enrique, "Por una historia de las universidades hispánicas en el Nuevo Mundo (siglos XVI-XVIII)", en *Revista Iberoamericana de Educación Superior*), 1:1, 2010, pp. 77-101.

Bibliografía

ARGAÑARAZ, Abrahán, *Crónica del convento de N. P. San Francisco de Córdoba*. Córdoba, 1888.
AUZA, Néstor (ed.), *Doña María Retazos. Francisco de Paula Castañeda*, Buenos Aires, Taurus, 2001.
AYROLO, Valentina, "La Universidad de Córdoba en el siglo XIX. Escuela de políticos, intelectuales y administradores de los nuevos Estados", en SERVETTO, Alicia y SAUR, Daniel (eds.), *Universidad Nacional de Córdoba y sociedad: escenarios y sentidos. Cuatrocientos años de historia*. Córdoba: Editorial de la UNC, 2013, pp. 209-226.
AYROLO, Valentina, *Funcionarios de Dios y de la República: Clero y política en la experiencia de las autonomías provinciales*. Buenos Aires: Editorial Biblos, 2007, p. 121.
BERGAMINI, John D., *The Spanish Bourbons: The History of a Tenacious Dynasty*. New York: Putnam, 1974.
BISCHOFF, Efraín U., "Los jesuitas y Córdoba", *Archivum*, Tomo Noveno, Buenos Aires, 1967, pp. 83-84.
BRADING, David, *Church and State in Bourbon Mexico: The Diocese of Michoacan 1749-1810*. Cambridge: Cambridge University Press, 1994.
BRUNO, Cayetano, *Historia de la Iglesia en la Argentina*. Buenos Aires: Don Bosco, 1971, VI.
DI STEFANO, Roberto y MARTÍNEZ, Ignacio, "Frailes de gorro frigio. La experiencia de la Comisaría General de Regulares en el Río de la Plata (1813-1816)", en TORRES TORRES Eugenio (ed.), *Los dominicos insurgentes y realistas, de México al Río de la Plata*, 147-181. Querétaro: Instituto Dominicano de Investigaciones Históricas Miguel Ángel Porrúa, 2011, p. 150.
DI STEFANO, Roberto y ZANATTA, Loris, *Historia de la Iglesia argentina. Desde la Conquista hasta fines del siglo XX*, Buenos Aires, Grijalbo Mondadori, 2000, pp. 16-17.
DURÁN ESTRAGÓ, Margarita, *Presencia franciscana en el Paraguay, 1538-1824*. Asunción: Ediciones y Arte, 2005.

GANSTER, Paul, "Churchmen", en HOBERMAN, Louise y SOCOLOW, Susan (eds.), *Cities and Society in Colonial Latin America*. Albuquerque: University of New Mexico Press, 1986.

GARRO, Juan M., "Secularización de la Universidad de Córdoba. Una página de su historia, 1767-1808", en *Nueva Revista de Buenos Aires*, Tomo I, 1882.

GONZÁLEZ GONZÁLEZ, Enrique, "Por una historia de las universidades hispánicas en el Nuevo Mundo (siglos XVI-XVIII)", en *Revista Iberoamericana de Educación Superior*, 1: 1, 2010.

GUERRA, François-Xavier, "¿Ciudadanos o vecinos? Ciudadanía versus gobernabilidad republicana en México. Los orígenes de un dilema", en SÁBATO, Hilda (ed.), *Ciudadanía política y formación de las naciones: perspectivas históricas de América Latina*. México: Fondo de Cultura Económica, 1999.

HERBERMANN, Charles (ed.), *The Catholic Encyclopedia*. Robert Appleton Company, 1913. "Franciscans."

LAINO, Domingo, *José Gaspar de Francia. El conocimiento como arma*. Asunción: Ediciones Cerro Cora, 2010.

MEDINA, Miguel, *Los dominicos en América. Presencia y actuación de los dominicos en la América colonial española de los siglos XVI–XIX*, Madrid, Mapfre, 1992.

MILLS, Kenneth y TAYLOR, William, *Colonial Spanish America. A Documentary History*. Wilmington, Scholarly Resources, 1998.

MORALES Francisco, "Mexican Society and the Franciscan Order in a Period of Transition, 1749-1859", *The Americas* 54: 3, 1998.

MYERS, Jorge, "Introducción al volumen I". En MYERS, Jorge Myers y ALTAMIRANO, Carlos (comp.), *Historia de los intelectuales en América Latina I. La ciudad letrada, de la conquista al modernismo*. Buenos Aires, Katz Editores, 2008.

PEIRE, Jaime, *El taller de los espejos. Iglesia e imaginario, 1767–1815*. Buenos Aires: Editorial Claridad, 2000.

PUEYRREDÓN, Alfredo, *Algunos aspectos de la enseñanza en la Universidad de Córdoba durante la regencia franciscana*. Córdoba: Universidad Nacional de Córdoba, 1953.

RAMA, Ángel, *La ciudad letrada*, Montevideo, FIAR, 1984, p. 33.

SOCOLOW, Susan Midgen, *The merchants of Buenos Aires 1778–1810. Family and Commerce*, Cambridge University Press, 1978.

VILLALBA, Enrique, Consecuencias educativas de la expulsión de los jesuitas de América. Madrid: Instituto Antonio de Nebrija de estudios sobre la Universidad. Madrid, Universidad Carlos III de Madrid/Ed. Dykinson, 2003.

VOEKEL, Pamela, *Alone before God: the Religious Origins of Modernity in Mexico*. Durham: Duke University Press, 2002.

8

La tensión entre la clausura y "el mundo" en torno a los monasterios de monjas de Buenos Aires

Cambios y continuidades, representaciones y prácticas (1750-1860)

ALICIA FRASCHINA[1]

Buenos Aires contó con dos conventos de monjas recién a mediados del siglo XVIII: el Monasterio de Santa Catalina de Sena de monjas dominicas, fundado en 1745, y el de Nuestra Señora del Pilar, de monjas capuchinas, que abre sus puertas poco tiempo después, en 1749.

En este trabajo proponemos una reflexión en torno a las transformaciones, las continuidades y la tensión que experimenta la relación entre estos espacios de religiosidad femenina en la clausura y "el mundo", durante el período 1750-1860. Un largo siglo que abarca las reformas borbónicas, el intento de construcción del régimen republicano en la provincia de Buenos Aires y el proceso –paralelo– de formación del Estado nacional y de institucionalización de la Iglesia en Argentina. Un tiempo durante el cual se intentan aplicar medidas modernizadoras, redefinir espacios de poder y se da un aumento de la conflictividad social

---

[1] Universidad de Buenos Aires Instituto Ravignani - Grupo Religio.

y política. Una reflexión que aspira a ser un aporte a la comprensión de la vida eclesiástica y religiosa en Iberoamérica durante el período propuesto.

I. Las reformas borbónicas en los monasterios de monjas

A mediados del siglo XVIII comienza a implementarse en Hispanoamérica el programa reformista borbónico que aspira a reorganizar sus reinos en clave ilustrada, con la intención de recomponer un orden colonial que se percibe como disfuncional y por ende, difícil de sostener.

Dentro de dicho proyecto, en agosto de 1769 Carlos III otorga la real cédula conocida como *Tomo Regio*, por la que ordena a los obispos de Indias que se celebren concilios a fin de atender, entre otros temas, a la reforma de las órdenes religiosas. Una convocatoria que responde a necesidades ya expresadas por los propios obispos americanos.[2] En lo que respecta a la vida religiosa en la clausura, se trata de una serie de críticas que surgen del pensamiento ilustrado, dentro del ámbito católico y de la propia Iglesia. Se pone el acento en cuestiones puntuales: enfatizar el cumplimiento del voto de pobreza, lograr la adhesión a la vida común, la reducción del número de niñas, sirvientas y mujeres seglares, y una mayor sujeción a la autoridad episcopal.

Fueron cuatro los concilios celebrados en Hispanoamérica en respuesta al *Tomo Regio*. En los tres del hemisferio sur, si bien se aborda la reforma de los conventos femeninos destinada a lograr una vida religiosa de mayor exigencia y austeridad, su tono moderado, la cautela y flexibilidad a que se apela y la falta de aprobación de los mismos por parte del Consejo de Indias y de la Santa Sede, y por lo tanto

---

2 FRASCHINA, Alicia. "Reformas en los conventos de monjas de Hispanoamérica, 1750-1865: cambios y continuidades". En *Hispania Sacra*, Madrid (España), v. LX, N° 122, pp. 445-466, julio-diciembre 2008.

la imposibilidad de implementar sus propuestas, hablan de la limitada eficacia de estas reuniones.[3] En México, en el IV Concilio Provincial de 1771 se decidió desde un principio la obligatoriedad de la vida común en los monasterios de calzadas. La discusión, muy tensa por momentos, rondó en torno a la forma de llevar a cabo dicho proyecto. Las demandas de las monjas, las estrategias a que apelaron rechazando en ocasiones lo que consideraban una imposición a su secular estilo de vida, la aceptación de la propuesta en otros casos, la actitud cautelosa por parte de la Corona –que da espacio para opciones personales- muestran imágenes de una sociedad colonial madura con actores capaces de formular sus propias propuestas y una Corona que percibe la enorme dificultad y el riesgo de tomar medidas drásticas con respecto a la expulsión de las niñas, las sirvientas y las mujeres seglares, así como la de imponer la obligatoriedad de la vida común para todas las profesas.[4]

Los intentos de reforma llegaron también a los monasterios de Buenos Aires. Dos espacios en los que hay poco que reformar ya que desde su fundación se observa la vida común y del común, un hecho que se desprende -entre otras fuentes- de la contabilidad de cada convento; no se aceptan niñas ni seglares, a pesar de que la Real Cédula

---

[3] En torno a los concilios celebrados en el Virreinato del Perú ver VIFORCOS MARINAS, María Isabel. "Las monjas en los concilios y sínodos celebrados en las Iglesias del Virreinato peruano durante la época virreinal". En VIFORCOS MARINAS, María Isabel; SÁNCHEZ BORDONA, María Dolores (coords.). *Fundadoras, fundaciones y espacios de vida conventual. Nuevas aportaciones al monacato femenino.* León: Universidad de León, 2005, pp. 673-703.

[4] Para la reforma de los conventos de monjas en Nueva España ver LAVRIN, Asunción. "Ecclesiastical Reform of Nunneries in New Spain in the Eighteenth Century". En *The Americas*, v. XXII, N° 2, pp. 182-203, 1965. CHOWNING, Margaret. "A Convent Reform and Bourbon Reform in Eighteenth Century New Spain: the View from the Nunnery". En *Hispanic American Historical Review*, v. 85, N° 1, pp. 1-27, February 2005. LORETO LÓPEZ, Rosalva. "Familias y conventos en Puebla de los Ángeles durante las reformas borbónicas: los cambios del siglo XVIII". En *Anuario del IEHS,* Tandil: Universidad del Centro, v. V, pp. 31-50, 1990.

de fundación del Monasterio de Santa Catalina de Sena –de 1717– alienta su presencia; y las sirvientas y esclavas, en número muy limitado, son destinadas al servicio de la comunidad.[5] ¿Cómo explicar una realidad tan contrastante con lo que acontecía en otros monasterios de Hispanoamérica donde las profesas llevaban vida particular, tenían su celda privada –en ocasiones verdaderas casas en las que convivían con sus sirvientas, parientes y allegadas– y la población total del monasterio podía oscilar entre 150 y 1000 mujeres?[6]

Uno de los monasterios porteños es de monjas capuchinas –descalzas–, quienes al igual que en el resto de la América hispánica, observan estrictamente la normativa conventual en cuanto al número de profesas – solo 30–, la austeridad de vida y la limosna como medio de subsistencia. El otro es de monjas dominicas, perteneciente al grupo de las calzadas, pueden admitir hasta 40 profesas, viven de las rentas de sus dotes –un capital que colocan a censo al 5% anual–, en un edificio con características excepcionales para una Buenos Aires aún no erigida en capital virreinal. Recordar que las fundadoras provenían del Monasterio de Santa Catalina de Sena de la ciudad de Córdoba del Tucumán, un espacio que había sido reformado en la década de 1730,[7] puede explicar esta particularidad.

---

[5] Con respecto a estas tres cuestiones en los monasterios porteños ver FRASCHINA, Alicia. *Mujeres consagradas en el Buenos Aires colonial.* Buenos Aires: Eudeba, 2010. Sobre el monasterio de las dominicas ver BRACCIO, Gabriela. "Una ventana hacia otro mundo. Santa Catalina de Sena: primer convento femenino de Buenos Aires". En *Colonial Latin American Review,* v. 9, N° 2, pp. 187-211, 2000.

[6] Solo a modo de ejemplo, en la ciudad de Lima, en el año 1700 el número de habitantes de los conventos más numerosos de calzadas era: La Concepción, 1041; La Encarnación, 817; Santa Clara, 632. Ver VAN DEUSEN, Nancy. *Between the Sacred and the Worldly. The Institutional and Cultural Practice of Recogimiento in Colonial Lima.* Stanford, California: Stanford University Press, 2001, Appendix B, pp. 173-174.

[7] Ver NIEVA OCAMPO, Guillermo y GONZÁLEZ FASANI, Ana María. "Relicario de Vírgenes. Familia monástica en el Convento de Santa Catalina de Sena de Córdoba del Tucumán (1730-1750)". En FOLQUER, Cynthia

Sin embargo, diversas situaciones de peso en cada uno de los monasterios porteños ponen de manifiesto la tensión existente entre dichos espacios y la sociedad colonial de la que son parte, una tensión que gira en torno a las reformas a que se aspira en la segunda mitad del siglo XVIII.

Un conflicto –aparentemente banal– en el Monasterio de Nuestra Señora del Pilar de las monjas capuchinas, que se prolonga desde 1769 hasta 1789,[8] suscitado por el ingreso de una presunta mulata en calidad de monja de velo negro –es decir, aquellas que ocupaban el escalón más alto de la escala jerárquica dentro del claustro–, expone las grietas que produce dentro y fuera de la clausura, la actitud reformista del obispo Manuel Antonio de la Torre, un prelado de origen peninsular e imbuido del pensamiento regalista. A su llegada a Buenos Aires, su relación con las hermanas pobres devino en conflicto, pues intentó rescatar para la dignidad episcopal un espacio en el que sus tres antecesores –nativos de América– ni siquiera habían realizado la obligada visita canónica. En consecuencia, las religiosas habían hecho de la clausura un espacio particularmente autónomo en torno a temas como la selección de aspirantes al hábito. La decisión de De la Torre de hacerse cargo de la averiguación de antecedentes de María Antonia González –la aspirante en cuestión–, y la presión que ejerce sobre las profesas para lograr los necesarios votos positivos, es percibida por un grupo de religiosas como un acto de intromisión que en consecuencia rechazan, aunque a un costo altísimo: cisma entre las profesas, excomunión, privación de voz y voto en los actos comunitarios, cambio de las constituciones y prohibición de dar el hábito. La trayectoria de María Antonia –quien finalmente ingresa al monasterio– permite comprobar que gozó de la estima de la comunidad

---

(ed.). *La orden dominicana en Argentina: actores y prácticas. Desde la Colonia al siglo XX.* San Miguel del Tucumán: Editorial UNSTA, Universidad del Norte Santo Tomás de Aquino, 2008, pp. 23-54.
8   Archivo General de Indias (en adelante AGI), Buenos Aires 262.

capuchina y que ella no fue más que el emergente de un tema que la superó ampliamente: el espíritu centralizador de la Corona borbónica, que en este caso puntual aspiraba a reducir los lazos existentes entre el monasterio y la sociedad porteña y lograr un mayor control de las instituciones eclesiásticas, centralizando el poder en manos de la autoridad episcopal.[9]

Para la misma época, exactamente en 1775, los integrantes del Cabildo de la ciudad –muchos de ellos cofrades de las Terceras Órdenes-, en total acuerdo con la política eclesiástica que están llevando a cabo los Borbones, presentan un Plan de Reforma de Regulares.[10] Las dotes y los censos del Monasterio de Santa Catalina de Sena figuran entre los cuestionamientos de índole económica.[11] Se pretende que al morir cada monja, la dote aportada al monasterio poco antes de profesar vuelva a su respectiva familia. Se busca de este modo limitar la renta de dicha institución religiosa a los réditos producidos exclusivamente por las dotes de las monjas existentes, evitando que las familias porteñas tuvieran que sostener económicamente el monasterio de las dominicas.

También se cuestionaron los censos: se intentó prohibir su imposición con el fin de detener el proceso de amortización de los bienes inmuebles y favorecer, en consecuen-

---

[9] Para un análisis de este conflicto ver FRASCHINA, Alicia. "La clausura monacal: hierofanía y espejo de la sociedad". En *Andes*, Universidad Nacional de Salta, N° 11, pp. 209-236, 2000.

[10] Archivo General de la Nación, Buenos Aires, Argentina (en adelante AGN), *Acuerdos del extinguido Cabildo de Buenos Aires, años 1774 a 1776*. Buenos Aires, 1928. Acta del Acuerdo del Cabildo de 25 de agosto de 1775, pp. 454-471. Este tema ha sido analizado por PEIRE, Jaime. *El taller de los espejos. Iglesia e imaginario 1767-1815*. Buenos Aires: Editorial Claridad, 2000, pp. 161-174.

[11] Sobre la dote de las monjas en los conventos porteños ver FRASCHINA, Alicia. "La dote canónica en el Buenos Aires tardocolonial: Monasterios Santa Catalina de Sena y Nuestra Señora del Pilar, 1745-1810". *Colonial Latin American Historical Review*, v. 9, N° 1, pp. 67-102, Winter 2000.

cia, la reactivación de la economía.[12] En especial aquellos censos impuestos como irredimibles –es decir, instituidos a perpetuidad- comenzaron a ser percibidos como una pesada hipoteca para la sociedad. Por último, y persiguiendo el mismo fin, se pide que aquel que entre en religión no pueda, en el testamento que otorgue antes de profesar, disponer de otra cosa que los bienes que entonces posea, ni disponer "a favor de su convento ni de otras manos muertas".

La lectura de este Plan de Reforma del Clero Regular permite detectar una fuerte tensión entre los cabildantes –que expresan la voz de un sector de la sociedad porteña-, y los miembros del clero regular y las monjas, una tensión que giraba en torno a las dudas de un grupo de protagonistas laicos con respecto a la utilidad para la sociedad de una serie de prácticas, entre las que se encontraban la dote canónica, la imposición de censos a perpetuidad y la institución de legados a favor de los conventos. Si bien este proyecto no llegó a implementarse, la representación que se construye en torno a los tres temas mencionados sugiere un cambio de racionalidad, detectado en primer lugar por un grupo de comerciantes miembros del Cabildo, quienes consecuentemente implementaron estrategias de reconversión destinadas a impedir la descapitalización de sus familias y a rescatar para la sociedad importantes sumas de capital de lo que ellos consideraban "manos muertas". Es decir, reformas destinadas a revertir un sistema que es percibido ya como no funcional.

---

[12] El dinero de la dote que aportaban las monjas poco antes de profesar era colocado a censo, prestado a personas que pagaban sobre él un interés anual del 5% y otorgaban como garantía de cumplimento una propiedad inmueble. No solía haber un plazo o término para la devolución o redención del principal, sino que el deudor podía conservarlo mientras pagase los intereses. Para más datos sobre censo véase MAYO, Carlos; PEIRE, Jaime. "Iglesia y crédito colonial: la política crediticia de los conventos de Buenos Aires (1767-1810)". En *Revista de Historia de América. Instituto Panamericano de Geografía e Historia*, v. 112, pp. 147-157, julio-diciembre 1991.

II. La "feliz experiencia" rivadaviana y los monasterios de monjas

La situación de crisis monárquica, revoluciones y profundas reformas institucionales que caracterizaron las tres primeras décadas del siglo XIX trajo aparejados importantes cambios en los conventos de monjas de toda Hispanoamérica.[13] La década de 1820 fue un momento clave para los monasterios femeninos de Buenos Aires en relación con el proceso de desamortización y secularización –que en este contexto entendemos como la adaptación de la religión y las instituciones eclesiásticas a los cambios que impone la construcción del Estado–, un período durante el cual –una vez más– salieron a la luz pública una serie de tensiones entre el ámbito de la clausura y un sector importante de la sociedad porteña, distintas cuestiones que exigían una respuesta.

En 1820, luego de una década de guerras, el Directorio instalado en Buenos Aires se desmorona y se abre un proceso de transformación política general que comprende la formación de Estados autónomos. En la provincia de Buenos Aires el poder político se organizó a través de un conjunto de decretos y leyes fundamentales destinados a ordenar el caos, regir y regular su funcionamiento: construir un

---

13 Ver BURNS, Kathryn. *Colonial Habits. Convents and the Spiritual Economy of Cuzco, Peru*. Durham and London: Duke University Press, 1999. Chapter 7, "Surviving Republicanism", pp. 186-211; ENRÍQUEZ, Lucrecia. "Los regulares y la independencia de Chile". En CERVANTES, Francisco Javier; ENRÍQUEZ, Lucrecia; AGUIRRE, Rodolfo (coords.), *Tradición y reforma en la Iglesia hispanoamericana 1750-1840*. México: Benemérita Universidad Autónoma de Puebla, Universidad Autónoma de México, Chile: Centro de Estudios Bicentenario, 2011, pp. 49-81; COHEN IMACH, Victoria. "Toma de hábito y profesión religiosa". En FOLQUER, Cynthia; AMENTA, Sara (eds.). *Sociedad, cristianismo y política. Tejiendo historias locales*. Tucumán: Universidad del Norte Santo Tomás de Aquino, 2010, pp. 155-189, especialmente pp. 159-167. FRASCHINA, Alicia. "Reformas en los conventos de monjas", op. cit., pp. 454-456.

Estado provincial sobre la base de un sistema republicano.[14] La Revolución y la guerra también habían desmantelado la diócesis de Buenos Aires, en consecuencia, cada una de las provincias reclama como propio el derecho del ejercicio del patronato que la Revolución ha considerado herencia de los Borbones. En este peculiar contexto se lleva a cabo la reforma eclesiástica de la provincia de Buenos Aires.

Una reforma que alcanza a los dos monasterios de monjas de la ciudad. Como primer paso, Bernardino Rivadavia, ministro de gobierno, pide a las autoridades de los dos monasterios el estado de sus capitales, bienes y réditos, un dato necesario para comenzar el "arreglo" de todos los ramos de la administración en general y prestar toda clase de "protección".[15]

La abadesa de las monjas capuchinas informa que en su monasterio viven dos criados; durante el trienio anterior se recogieron 1.004 pesos de limosna y en el actual 700, que se han entregado al síndico para recomponer el convento. Todo lo que poseen –concluye- es de limosna, ya que ellas no pueden manejar bienes ni tener rentas.[16]

El interés del gobierno se concentró en conocer el monto y reestructurar los capitales, las rentas dotales y los bienes de las monjas dominicas. Enterado, a través de los informes presentados, de la estrechez económica que sufren las religiosas de dicho monasterio –fundamentalmente por

---

[14] HALPERIN DONGHI, Tulio. *Revolución y guerra. Formación de una elite dirigente en la Argentina criolla*. Buenos Aires: Siglo XXI, 1972, pp. 352-379; TERNAVASIO, Marcela. "Las reformas rivadavianas en Buenos Aires y el Congreso General Constituyente". En GOLDMAN, Noemí (directora de tomo), *Nueva Historia Argentina*, t. III, *Revolución, República, Confederación (1806-1852)*: 1998, 2ª. ed. Buenos Aires: Editorial Sudamericana, 2005, pp. 159-197.

[15] Archivo del Monasterio Santa Catalina de Sena (en adelante AMSCS), Nota de Rivadavia a la Madre Priora del Convento de Catalinas solicitando informe sobre capitales, 6 de agosto de 1821.
AGN, Sala X, 4.8.3. Culto 1822. Carta de Rivadavia a la Abadesa de las capuchinas pidiéndole las razones de los demás conventos, 18 de marzo de 1822.

[16] AGN, Sala X, 4.8.3. La abadesa del Convento de las Capuchinas al Gobierno, 26 de marzo de 1822.

el cese del pago del 53% de los réditos-,[17] Rivadavia fundamenta su intervención en la clausura: "el Estado debe garantizar que los monasterios religiosos destinados a una vida contemplativa deben prestar seguridades que su existencia no cargará por entero sobre la piedad de las familias". Convencido de que esto no ocurre en el monasterio de las catalinas, decide por decreto el control de los capitales del convento por parte del gobierno, la continuidad de la recaudación de los réditos por el síndico del monasterio, la intervención del jefe de policía en caso de que los deudores nieguen o demoren el pago de los mismos, y la facultad de todo tenedor de capital perteneciente al convento de redimir el censo que reconoce satisfaciendo el capital en billetes del fondo público del 6% a la par. El ministro de gobierno quedaba encargado de la ejecución del decreto.[18]

Los capitales de las monjas catalinas –de entre 500 y 3000 pesos-, provenientes de las dotes y colocados al 5% anual, suman en ese momento 118.430 pesos. La redención de los mismos y el cobro de los réditos vencidos trajo aparejadas algunas dificultades: la falta de fondos por parte de los deudores y la resistencia a pagar en efectivo fueron las más recurrentes. Sin embargo, sobre un total de 69 censos y 2 capellanías, 26 censatarios -36%- optaron inmediatamente, entre mayo y octubre, por redimir sus deudas, firmaron

---

[17] AMSCS, Informe de la secretaria del Monasterio, s/f. Lleva por firma: "Su servidora. La Secretaria". En nota final expresa: "Yo deseo que esté bueno este papel y como me dijo V. que lo hiciese". Parece estar dirigido al síndico del monasterio. En él consta el nombre de los deudores, la condición en que se encuentra el pago de los réditos y el monto del principal. El *Prontuario para cobranza de las Rentas Dotales del Monasterio* sirvió de base para la confección de dicho informe.
[18] AGN, Sala X, 4.8.3. Oficio del Gobierno sobre capitales del Monasterio de Santa Catalina de Siena, marzo de 1822.

las escrituras de cancelación y el síndico del monasterio fue colocando en la caja de dicho fondo las sumas correspondientes. [19]

El siguiente decreto dado por el gobierno fue la inhibición de tomar el hábito en las casas de regulares,[20] una medida preventiva ante la drástica reforma que se estaba preparando.

Octubre de 1822 fue un mes clave para las monjas de Buenos Aires. Se presentan dos pedidos de exclaustración en el monasterio de las catalinas, ambos por razones de salud. Un hecho sin precedentes en esta ciudad, que coloca en la esfera pública la cuestión del "sentido" y la "utilidad" de la vida en la clausura, en el siglo XIX, bajo un gobierno reformista, modernizador. La exclaustración de sor Vicenta[21] -enferma mental- es otorgada por el Cabildo Eclesiástico, el cual a partir del dictamen de una comisión de tres médicos y de una extensa argumentación, concluye brindándola, teniendo en cuenta "la necesidad urgente de procurar la salud de una Monja enferma, en cuyo favor claman el imprescriptible derecho de la naturaleza, y la tranquilidad claustral". Sor Vicenta fue entregada a su madre y con el tiempo retornó a la clausura donde murió en 1839.

En el caso de sor María Josefa Becar, los médicos arriban a la conclusión de que: "las austeridades de la vida monástica son la causa de la enfermedad y que siendo María Josefa de la clase de las denominadas legas,[22] ha sido

---

[19] AMSCS, *Libro de Actas de los Capítulos Priorales.* Copiado en los últimos folios consta: "Razón de los billetes que recibo por cuenta de las escrituras que cancelan las M.M. Catalinas de esta ciudad", s/f.

[20] AGN, Sala X, 4.8.3. Culto 1822. Comunicación del Gobierno al Provisor Gobernador del Obispado sobre inhibición de toma de hábito. 11 de mayo de 1822.

[21] AGN, Sala X, 4.8.3. Serie de documentos sobre la exclaustración de sor Vicenta Álvarez, 14 a 22 de octubre de 1822.

[22] Las monjas de los monasterios porteños, al igual que en el resto de Hispanoamérica, se dividen en dos grupos: las monjas de velo blanco o legas, una de cada siete de velo negro, que se ocupan de los oficios corporales –las tareas domésticas–, no participan del rezo del Oficio Divino –salvo la última oración–, debiendo en cambio rezar un determinado número de padrenues-

obligada a diferentes trabajos corporales que [...] no estaba en aptitud de soportar".[23] Sin embargo, en esta oportunidad, la comisión cree que la curación no es incompatible con la clausura. En nota marginal, firmada por el ministro Rivadavia, se agrega: "Téngase presente para el resultado de la reforma eclesiástica".[24]

Alude a una reforma que en ese momento se está debatiendo en la Sala de Representantes. Un debate[25] que se extendió desde el 9 de octubre al 18 de noviembre.[26] Si bien la historiografía tradicional ha insistido sobre el absoluto protagonismo del ministro Bernardino Rivadavia en torno al proceso de reforma eclesiástica, la discusión parlamentaria muestra la destacada participación de un grupo de clérigos –ocho en total- entre los que sobresalen los reformistas Diego Estanislao Zavaleta –deán de la catedral porteña-, José Valentín Gómez –tesorero del cabido eclesiástico- y Julián Segundo de Agüero –párroco de la catedral-.[27]

---

tros y avemarías, deben asistir a la misa diaria, no forman parte de la toma de decisiones y en las reuniones de la comunidad ocupan siempre el último lugar entre las profesas. Y las monjas de velo negro o coristas que tienen como principal ocupación el rezo del Oficio Divino en el coro. Son contemplativas y su tarea principal consiste en lograr la unión con Dios mediante la oración mental y vocal. A través de votación secreta acceden a distintos oficios portadores de poder, pero también de responsabilidad en el gobierno del monasterio.

[23] AGN, Sala X, 4.8.3. Serie de documentos sobre el pedido de exclaustración de sor Josefa Becar. 25 de octubre de 1822.

[24] AGN, Sala X, 4.8.3. Informe de la Comisión de facultativos al Gobierno. 2 de noviembre de 1822.

[25] Para un análisis del debate ver CALVO, Nancy. "Cuando se trata de la civilización del clero. Principios y motivaciones del debate sobre la reforma eclesiástica porteña de 1822". En *Boletín del Instituto de Historia Argentina y Americana Dr. E. Ravignani*, 3ª. serie, v. 24, pp. 73-103, 2001. DI STEFANO, Roberto. "*Ut unum sint*. La reforma como construcción de la Iglesia (Buenos Aires 1822-1824)". En *Rivista di Storia del Cristianesimo*, v. 5, N° 2, pp. 499-523, 2008.

[26] *Diario de Sesiones de la Honorable Junta de Representantes de la Provincia de Buenos Aires*, año 1822, pp. 374 a 647.

[27] Véase CALVO, Nancy; DI STEFANO, Roberto; GALLO, Klaus. *Los curas de la Revolución. Vidas de eclesiásticos en los orígenes de la Nación*. Buenos Aires: Emecé, 2002. Especialmente los capítulos de CALVO, N.; TERNAVASIO, M. y MAYERS, J.

Se debatieron dos proyectos: el propuesto por el gobierno y el de la Comisión de Legislación, presidida por el deán Zavaleta, en términos generales menos radical que el anterior. Una tercera propuesta, de corte absolutamente reformista sobre los monasterios de monjas, presentada por Manuel Irigoyen, fue rechazada por la mayoría de los legisladores.

Son tres los temas vertebrales que se discuten en torno a los monasterios porteños: la supresión o continuidad de los mismos, la exclaustración de las monjas y el destino y administración de sus bienes.

El debate sobre la supresión o continuidad de los monasterios femeninos convocó a la discusión pública la cuestión de la utilidad de los mismos para la sociedad y su incompatibilidad con un "país ilustrado". Hasta en el Concilio de Trento –argumentó Rivadavia- se había intentado la supresión de las órdenes religiosas. Ante la decisión de la mayoría a favor de la continuidad de los monasterios de monjas porteños, se decidió mejorar las condiciones de vida de las monjas introduciendo una serie de reformas. Los legisladores comenzaron por elevar la edad requerida para el ingreso a 25 años (artículo 20); y en el Monasterio de Santa Catalina de Sena se redujo el cupo de profesas de 40 a 30 (artículo 25).

El debate en torno a la necesidad de incluir un artículo sobre la exclaustración de las monjas dio pie a que se abrieran en la Sala distintos juicios valorativos sobre la vida en la clausura. Se discutió la necesidad de brindar a las religiosas la posibilidad de pedir su exclaustración. La lectura de la realidad dividió aguas. La más radical correspondió a Paso, quien a partir de su propia experiencia –ya que "casi había sido clérigo"- consideró a las profesas "víctimas", semejantes a presos, obligadas a hacer un sacrificio de su vida. Abogó por "obligarlas" a dejar el hábito. Es más, concluyó con un juicio lapidario: "Los regulares servían, las monjas para nada". Una postura que tenía en el teatro y en la prensa uno de sus canales privilegiados de expresión.[28] Otros legisladores asumieron la defensa de la vida religiosa femenina, Julián Segundo de Agüero y Manuel Moreno recordaron a la audiencia que las monjas tenían una opinión bien establecida en Buenos Aires y que jamás se había visto que las religiosas atravesaran las puertas de los monasterios. Finalmente se acordó brindar a las profesas la oportunidad de solicitar la exclaustración, quedando el prelado diocesano a cargo de otorgarla (artículo 18). En ese momento, la incomunicación con Roma facilitó los planes reformistas al promover de hecho una autonomía que era reivindicada como propia y –basta recordar el caso reciente de exclaustración- efectivamente ejercida.

La controvertida cuestión de las propiedades de los conventos generó un prolongado debate. El clérigo Agüero presentó el tema en términos que no habían sido contemplados por ninguno de los dos proyectos: "Era contra la disciplina de los conventos que estos tuviesen propiedades", y sugirió "se enajenen y su producto se invierta en fondos públicos". La propuesta fue rápidamente aceptada por Rivadavia, quien prometió que dichas propiedades pasarían a rendir de un 3% a un 12%, lo que -según su opinión- contribuiría a una mayor permanencia del Estado, y se convertirían en fondos del 6%. El debate giró en torno a dos ideas: la utilidad pública de lo propuesto por Agüero y los distintos fundamentos del derecho de propiedad, teniendo en cuenta que se trataba de bienes de comunidades sobre los cuales la sociedad –se argumentó- tenía derechos. La propuesta de Agüero, con algunos agregados, resultó sancionada:

---

[28] Sobre las obras de teatro que se ponen en escena en este momento y abordan la cuestión religiosa cuestionando la reclusión conventual, los enclaustramientos forzados, y en general la vida religiosa, ver DI STEFANO, Roberto. *Ovejas negras. Historia de los anticlericales argentinos*. Buenos Aires: Sudamericana, 2010, pp. 99-109. Para el tema de la prensa ver *idem*, pp. 144-154.

Artículo 27: El valor de las propiedades inmuebles de las casas de regulares y monasterios de monjas será reducido a billetes de fondos públicos.
Artículo 28: Las rentas de los capitales de que habla el artículo anterior, se aplicarán a la manutención de las comunidades a que pertenecen.

Dos artículos que no afectarían en demasía a los conventos de monjas ya que las capuchinas no tenían propiedades y las catalinas solo poseían tres inmuebles y –recordemos- vivían fundamentalmente de la renta de sus dotes.

El último día del debate se legisló sobre la administración de los bienes y rentas de los monasterios. La discusión giró en torno al derecho del gobierno de involucrarse en la misma. Habiéndose aceptado que se trataba de donaciones públicas hechas a la comunidad "para objetos públicos", se sanciona el artículo 23 por el cual se establece que los bienes y rentas serán administrados por los prelados de las comunidades religiosas, quienes anualmente rendirán cuenta al gobierno. Finalmente se decidió que en adelante, el capital correspondiente a las capellanías y memorias pías de las casas de regulares –y por ende de los monasterios de monjas- podría ser reducido en billetes del fondo público del 6% a la par. Terminado el debate, la Ley de Reforma del Clero Regular fue sancionada el 21 de diciembre de 1822.[29]

De inmediato comenzó su implementación. Don Mariano Zavaleta, provisor general y gobernador del Obispado en sede vacante, se apresuró a realizar su visita canónica al monasterio de las catalinas, un hecho poco común en los conventos de monjas de Buenos Aires. El 13 de febrero de 1823 inició la visita pública y secreta al huerto cerrado.[30] Encontrando algunas cosas que reformar, dio

---

[29] *Registro Oficial de la República Argentina que comprende los documentos expedidos desde 1810 hasta 1873*, t. II: 1822 a 1852, Buenos Aires, 1880.
[30] AGN, Sala X, 4.8.3. Culto 1823. Auto de visita del Provisor Mariano Zavaleta al Monasterio de Catalinas. 22 de febrero de 1823. Este auto también se encuentra en AMSCS.

37 artículos. Algunos previsibles, como aquellos sobre el especial cuidado que se debía brindar a las enfermas, la necesidad del silencio absoluto en determinados espacios y tiempos, la prohibición de que las pardas y las sirvientas entraran a los aposentos de las profesas. Otros novedosos, aunque no inesperados, como el mayor control sobre las entradas y los gastos.

Es el artículo 15 de su auto de visita el que va a producir un viraje sin precedentes en la normativa conventual de las dominicas de Buenos Aires:

> Como a pesar de los esfuerzos del actual Gobierno de la provincia para proporcionar a esta comunidad religiosa fondos de que subsistir, reparando las quiebras de sus capitales, sea una verdad que no tiene aún los suficientes para mantener la vida común en toda su perfección; es necesario que las Religiosas se auxilien de su industria o de las largiciones de sus Parientes y allegados.

Un artículo que hace referencia a un cambio sustancial en el estilo de vida de las dominicas: de vida común y del común a vida particular. Lo que no sabemos es si este viraje ya se había producido como consecuencia de la crisis financiera que atravesaba la comunidad y solo se estaba otorgando legalidad al uso de la limosna como medio de subsistencia.

Con la intención de reducir el exceso de trabajo que agobiaba a las hermanas legas –un tema de público conocimiento a partir del pedido de exclaustración de la lega Josefa Becar- y de minimizar la jerarquización social que existía entre las monjas de coro y aquellas, el provisor redacta una serie de artículos que intentan beneficiarlas. Entre ellos se destacan la uniformidad del hábito –hasta ese momento las hermanas legas, a diferencia de las monjas de velo negro o coristas, usaban el velo blanco y el escapulario negro como distintivo de su condición-; el derecho a participar por voto secreto en la elección de la priora y de las madres del consejo; la posibilidad de acercarse a la reja del locutorio a hablar con sus parientes cada quince días y no dos o tres veces al año como se acostumbraba; y la obligación de asistir al refectorio como parte integrante de la comunidad. Por último, comunicó a todas las monjas el derecho –por justos motivos- a solicitar su exclaustración, un móvil sustancial de su visita.

Por el contrario, la visita del provisor al monasterio de las capuchinas no introdujo cambios radicales: en adelante, las monjas de esta comunidad deberán evitar todo contacto con el mundo exterior, resguardar la clausura, enfatizar la observancia del silencio y rotar en el desempeño de los distintos oficios.[31]

Al mismo tiempo, desde el gobierno también se decide efectivizar lo legislado. El procurador de la ciudad, junto con el secretario de la curia, dio a conocer a las monjas la Ley de Reforma del Clero y la posibilidad de solicitar la exclaustración, siempre que tuvieran motivos, por medio de sus parientes o dirigiéndose a él directamente. Prometió visitarlas cada semana.[32]

Si bien solo una religiosa –perteneciente al monasterio de las dominicas- solicitó y obtuvo la exclaustración, la aplicación de la Ley de Reforma trajo aparejadas otras consecuencias. Entre 1822 y 1828, como resultado de la reducción del cupo, no ingresa ninguna aspirante al hábito al Monasterio de Santa Catalina de Sena, en tanto al de las capuchinas lo hacen ocho postulantes. Un claro indicio de que las reformas eran efectivas: el espacio que se estaba reformando con mayor énfasis era el de las monjas calzadas. Es más, en el período 1810-1870 se produjo una merma del 30% en el número de ingresantes al monasterio dominicano en tanto el de las capuchinas se mantuvo igual

---

[31] Archivo del Monasterio de Santa Clara, Moreno, provincia de Buenos Aires (en adelante AMSC). Auto de Visita canónica al Monasterio de las Monjas Capuchinas dado por el Provisor Mariano Zavaleta, Buenos Aires, 28 de febrero de 1823.
[32] AGN, Sala X, 4.8.4. Culto 1823. Nota al Provisor del Obispado, 18 de febrero de 1823.

al del período colonial.³³ Una diferencia significativa que nos hace pensar una vez más en el tema económico: en el momento de decidir el ingreso a uno de los dos monasterios porteños la dote –su aporte o exención– era sin duda un tema a evaluar, se trataba de una erogación muy alta que va perdiendo sentido -aun en el ámbito secular el uso de la dote matrimonial disminuye-; y también se debe recordar la profunda crisis financiera que atraviesan las dominicas. Ambas son realidades que muy probablemente desalentaron el ingreso a dicho espacio.

Mientras tanto la cancelación de censos del Monasterio de Santa Catalina de Sena siguió su curso, aunque a un ritmo más lento. De los 69 vigentes al comenzar la reforma rivadaviana, se redimieron 48 -69%- en diez años. El síndico del monasterio recibió la suma de 103.836 pesos que colocó en la Caja del Fondo Público.³⁴ Por el contrario, el 31% de los tenedores de censo optó por mantener vigente su escritura y continuó aportando la renta anual del 5% durante décadas;³⁵ los fundadores de las tres capellanías vigentes continuaron por años con el pago de los réditos correspondientes.

De este modo, a partir de una ley sancionada en la Sala de Representantes de la provincia de Buenos Aires y de su aplicación por parte de las autoridades eclesiásticas y civiles, las "reformas rivadavianas" se hicieron efectivas en los monasterios de monjas de la ciudad porteña. Una reforma que no hizo más que sancionar una tendencia que un sector de la sociedad estaba adoptando y que se percibe en dos hechos concretos: el cese del pago de los réditos al

---

33 AMSCS, y AMSC, *Libros de Profesiones*.
34 AMSCS, *Libro de Actas*. Razón de los billetes que recibo por cuenta de las escrituras que cancelaron las madres catalinas, 1822 a 1832.
35 AMSCS, *Prontuario para cobranza*. Los poseedores de censo fueron cancelando su escritura a un ritmo de cuatro o cinco censos por década entre 1832 y 1889.

monasterio por parte de numerosos censatarios, y el alto porcentaje y la rápida colocación de los capitales del monasterio en fondos públicos.

¿Qué actitud asumieron las monjas del monasterio dominicano, sin duda el claustro donde impactaron con mayor fuerza las reformas en curso? Han quedado muy escasos registros de sus voces. Se conserva la aceptación –por parte de las madres principales- del decreto rivadaviano de marzo de 1822, una normativa que interpretaron tal vez como una de las formas posibles de poner orden en la situación de profunda crisis económica por la que atravesaba el monasterio.[36] Por el contrario, la disposición del provisor Zavaleta de que las legas tuviesen derecho al voto secreto en la elección de priora fue motivo de renuncia por parte de las monjas de velo blanco –salvo una excepción que dio origen a un conflicto-,[37] pues alegaron que "el mismo padre y patriarca Santo Domingo lo había quitado a todos los legos de la orden". Una cuestión que quedó resuelta durante la visita episcopal al monasterio de 1834 en la que se revoca el derecho en cuestión.

III. El período de "romanización" en los monasterios porteños

El tercer momento elegido para nuestra reflexión parte de la década de 1860 durante la cual la Argentina llegará a ser un república unificada desde la elección de Bartolomé Mitre para la presidencia -1862-1868-; un hecho

---

[36] AMSCS, *Libros de Actas de los Capítulos Priorales y demás empleos del Monasterio de Monjas Catalinas de esta ciudad de Buenos Aires que da principio en el año de 1832*. En los últimos folios de dicho libro las monjas han copiado una serie de documentos relacionados con las reformas de la década de 1820. Entre ellos consta la recepción del decreto de marzo de 1822 y la decisión de "obedecer lo mandado".

[37] Ver BRUNO, Cayetano sdb. *Historia de la Iglesia en la Argentina*. Buenos Aires: Editorial Don Bosco, 1966-1981, 12 vols., v. IX, pp. 398-399.

que contará con su contraparte en el terreno religioso: la elevación de la diócesis de Buenos Aires a arquidiócesis primada en 1865, para la que es elegido don Mariano José de Escalada.

Paralelamente a este ordenamiento institucional, desde mediados de siglo se hace cada vez más evidente la progresiva secularización de algunos sectores de la sociedad, la paulatina autonomía que va adquiriendo el discurso político con respecto al religioso y el desarrollo de cierta hostilidad de los círculos políticos liberales hacia determinadas modalidades del catolicismo, que, por su parte, también avanza hacia posiciones de mayor intransigencia, un proceso que se observa no solo en la Argentina, sino en todo el orbe católico.[38] La crítica de numerosos miembros de la élite política e intelectual, que ven en la Iglesia un lastre del pasado que retrasa la ansiada meta del progreso, da origen a una inédita actitud combativa por parte de los sectores católicos. A la prensa liberal se opone la católica -*La Religión, El Orden, El Pensamiento Argentino, El Estandarte Católico*-, periódicos creados entre 1853 y 1864; a los clubes liberales, el club católico.

Al mismo tiempo nuevas congregaciones llegan al país –Hermanas de la Misericordia, Hermanas del Huerto, Hijas de la Caridad, Padres lazaristas y bayoneses– y otras más antiguas, como los jesuitas y los franciscanos dependientes de la Sacra Congregación de *Propaganda Fide*, se reincorporan y contribuyen a crear para el catolicismo un mundo a

---

[38] El pontificado de Pío IX (1846-78) tiende desde 1848 a acentuar la crítica al liberalismo y a centralizar en Roma las instancias de decisión. Prevalecen en las orientaciones pontificias la intransigencia, el ultramontanismo y la centralización, que ganan el apoyo de laicos notables, de las nuevas congregaciones religiosas que nacen en este clima adverso al liberalismo y al bajo clero. Basta recordar la afirmación del poder de jurisdicción del papa sobre toda la Iglesia y la proclamación de su inefabilidad en materia doctrinal y dogmática en la Constitución *Dei Filius* del Concilio Vaticano I (1869-70). DI STEFANO, Roberto; ZANATTA, Loris. *Historia de la Iglesia argentina. Desde la Conquista hasta fines del siglo XX*. Buenos Aires: Grijalbo-Mondadori, 2000, p. 261.

su medida: una escuela y una atención hospitalaria confesionales, diversos ámbitos de sociabilidad para los creyentes –por ejemplo la Acción Católica- y canales de difusión de la prensa católica.

Los esfuerzos por reorganizar las instituciones nacen, en gran medida, de los obispos, quienes de acuerdo con el proceso de romanización[39] que se viene consolidando, imponen por décadas una disciplina eclesiástica más rígida.[40]

Es justamente a partir de la década de 1860, un momento de redefiniciones políticas, de enfrentamientos entre principios liberales e intransigentes, y de reacomodamientos que conducirán a la Argentina moderna, que al interior de los dos monasterios de monjas de Buenos Aires se aplican con mayor rigor las normas disciplinarias, se producen cambios en las prácticas cotidianas y en el manejo económico, y se hace del púlpito un espacio de militancia a favor de los valores tradicionales y contra la creciente laicización, contra el predominio de la razón absoluta y de la autonomía de la labor científica, literaria y artística.

En consecuencia, interesó analizar el sermón, discurso, oración –bajo estas distintas denominaciones se han conservado- pronunciado por el sacerdote, que forma parte del ritual de profesión. El número de los que se han localizado hasta la fecha es muy escaso: menos de diez entre 1832 y 1874. Sin embargo, el hecho de que sean los únicos de los que ha quedado registro desde la fundación de los monasterios es un dato a considerar. Se apeló a distintos

---

[39] Por "romanización" entendemos el proceso de larga duración, debido en buena parte al esfuerzo del papado de consolidar la cohesión de la Iglesia frente a los Estados y a las ideologías seculares. Un proceso que condujo a la concentración en el pontífice y su curia, del poder dogmático- sancionado durante el Concilio Vaticano I- y el poder disciplinario con que la Iglesia amplió el radio de acción de sus sanciones canónicas impuestas a las Iglesias locales.

[40] Para la contextualización del período que estamos analizando nos basamos en DI STEFANO, Roberto; ZANATTA, Loris. *Historia de la Iglesia*, op. cit., pp. 244-353.

medios y formas para darlos a conocer: la publicación en la prensa católica periódica, su impresión en una imprenta y la reproducción manuscrita. ¿Por qué esa necesidad imperiosa, esa urgencia desconocida por registrar y difundir el acontecimiento?

Son homilías pronunciadas por frailes de la orden dominicana y por presbíteros del clero secular. Se trata de piezas oratorias destinadas a contribuir al brillo de la ceremonia, pero fundamentalmente tienen una función didáctica. Tradicionalmente, tanto en Europa como en América, mediante el sermón de profesión se había intentado explicar y hacer reflexionar a la profesante, a la comunidad religiosa y a la muy numerosa feligresía presente, en torno al significado del cruce del umbral, del paso sin retorno que se estaba dando, de las dificultades y las bondades de ser esposa de Jesucristo. Pero en los sermones de profesión que estamos considerando aparecen nuevos destinatarios: los liberales decimonónicos quienes consideran a las religiosas "hijas de la superstición y el fanatismo"; las condenan como "perjudiciales a la sociedad"; y las tienen, "cuando menos, por enteramente inútiles".[41] Dentro de la representación eclesiástica de la época surge la necesidad de refutar sus infamias, las mentiras que ellos están difundiendo mediante la prensa, en las tertulias, los clubes y el teatro.

Con ese objetivo, con ocasión de las ceremonias de toma de hábito y de la profesión solemne, distintos oradores construyeron un *ethos* de la vida religiosa femenina en la clausura. En la escena construida hay lugar para la voz de autoridad del sacerdote, para las monjas y los católicos presentes en el templo, quienes a través de un "nosotros" inclusivo se funden en una unidad. Pero también hay advertencias para "los otros", los liberales que han optado

---

[41] *Sermón Moral que en la solemne profesión que hizo Sor María Josefa del Smo. Corazón de Jesús, llamada en el siglo doña Josefa Romero, para religiosa de coro y velo negro en el ejemplar Monasterio de las Monjas Capuchinas de Santa Clara de esta ciudad el 19 de septiembre del presente año dijo el presbítero D. Pedro de Portegueda*. Buenos Aires. Imprenta Argentina, 1832.

por priorizar la razón absoluta y el progreso material, y que caracterizan la vida en la clausura de "insensatez, cárcel, atraso…". Una vez más la tensión entre la clausura y el mundo.

Hemos optado por reflexionar en torno a dos de los sermones de que disponemos, por considerarlos representativos de la época.[42]

Los oradores eligen como epígrafe de sus respectivas homilías dos citas evangélicas:

> Esta es una Virgen ilustrada y del mundo de las prudentes.
> Sed perfectos como vuestro Padre celestial es perfecto.

Dos citas que no han tomado al azar. Es que los conceptos de "ilustración" y "progreso" –este último relacionado con la idea de perfección- son los elegidos cotidianamente por los liberales decimonónicos, aunque con un significado muy distinto al dado en el evangelio. En consecuencia, el sacerdote explica, enseña a su audiencia: "ilustrar" significa iluminar. Pero nuestra inteligencia puede ser ilustrada con la luz de la sabiduría humana, o con la que despide la Sabiduría Divina. Si somos ilustrados por esta última, vemos las cosas creadas como un medio para alcanzar el eterno vivir. La nueva esposa de Cristo ha aceptado el llamado de Dios, iluminada por una luz superior, esta "virgen ilustrada" comprendió lo que es el mundo y pudo ver en el claustro

---

[42] *Sermón predicado en el Monasterio de las Monjas Catalinas de Buenos Aires con motivo de la solemne profesión religiosa que hizo Sor María de Jesús, llamada en el siglo Da. Genoveva Constanzó, por el Reverendo Padre Prior del Convento de Santo Domingo Fr. Ventura Martínez, en 23 de enero de 1862,* Imprenta de la "Revista", año 1862, pp. 1-23.
AMSCS, *Discurso pronunciado en el Monasterio de Catalinas de Buenos Aires por el Canónigo Piñero en el día de la solemne profesión de su sobrina la hermana María Ana de Jesús llamada en el siglo Da. María Sidomocia Piñero,* Buenos Aires, Imprenta el Nacional. Sor María Ana de Jesús profesó el 5 de mayo de 1862.

religioso un monte sagrado e inaccesible a los males que la espantan: un refugio, desde el cual podrá obrar como mediadora entre Dios y los hombres.

El día de la profesión religiosa de sor María Ana de Jesús, su tío, el canónigo Piñero –a cargo del sermón- eligió reflexionar sobre "el progreso y la profesión religiosa". El progreso, la perfectibilidad, que define como la gran misión del hombre sobre la tierra. E inmediatamente confronta: presenta el contexto de enunciación. Explica a la audiencia que nada preocupa tanto a la sociedad como la ley del progreso material, científico y social, pero olvidándose del progreso moral, que es la perfección creciente del alma o en orden a las criaturas respecto a Dios. A la luz de esta definición cuestiona a la feligresía sobre cómo considerar a sor María Ana: ¿una mujer de progreso o viceversa, como una ilusa, una retrógrada? Y organiza su discurso a partir de las acusaciones al estado religioso que circulan en la sociedad decimonónica. Un estado que según sus detractores trae aparejado esterilidad, abyección, aislamiento, tristeza y muerte. Y refuta cada acusación con el opuesto. Es más, adoptando un tono imperativo, él también apela al concepto tan en boga y ordena a la profesante: "Progresad pues, confiada en la pobreza dejando las cosas del mundo; en la castidad, consagrada exclusivamente al divino esposo que has preferido; en la obediencia". De este modo -le augura- serás recompensada con la vida eterna. Una vez más el concepto de *fuga mundi*.

Además de esta confrontación tan contundente –irreconciliable-, manifestada en las homilías pronunciadas como parte del ritual de profesión, ¿qué ocurre concretamente en el interior del huerto cerrado?

Ahí también se producen tensiones entre la clausura y el mundo. Tensiones que han quedado registradas en las visitas canónicas que el obispo Escalada realiza en los dos monasterios de monjas entre 1856 y 1864.[43] Por primera vez desde la fundación de estos espacios un prelado cumplirá estrictamente con la normativa tridentina que exige la visita del obispo a los conventos de monjas cada tres años.

Escalada propone, sugiere, logra acuerdos con las religiosas y ordena. Pretende que las monjas de ambas comunidades cumplan con la regla y las constituciones que han prometido obedecer –lo que supone un mayor alineamiento con Roma- y "se olviden del mundo que abandonaron al profesar" –una aspiración a hacer de los monasterios de clausura instituciones más autónomas en relación con la sociedad-. Un estilo de vida completamente distinto al que introducen las nuevas congregaciones femeninas que hacen su ingreso a la Argentina, precisamente durante esos años.

El prelado impone el silencio y el recogimiento señalando las zonas más vulnerables: los tornos, los lavaderos, la enfermería, el refectorio; la obediencia a la prelada y a las oficialas, y el respeto a las mayores, a partir del desapego de la propia voluntad; impulsa la reinstalación de antiguas costumbres como caminar con la cabeza gacha y la vista recogida; pide a las religiosas que destierren ciertas prácticas que se han ido introduciendo, como las reuniones en las celdas, una excesiva familiaridad en el trato, la proliferación de obsequios entre las profesas y con el exterior. Auspicia la práctica de la humildad y manda en consecuencia que el capítulo de culpas se realice cada quince días en el refectorio; enfatiza la necesaria adhesión a la pobreza que se debe manifestar en la puesta en común de las limosnas que reciban, la vida "del común" y la uniformidad en el vestido y en el calzado; recuerda la obligatoriedad de la vida común –las dominicas por decisión de las propias monjas vuelven

---

43 AMSCS, Autos de visita del Obispo de Buenos Aires don Mariano José Escalada y Bustillo Cevallos, 1856, 1860, 1863. AMSC, Autos de visita del Obispo Escalada, 1856, 1861. La visita de 1864 la realiza el provisor Martín Boneo a pedido de Escalada.

a practicarla a partir de 1861-,[44] un estilo de vida que se debe reflejar en la comida compartida en el refectorio, en la asistencia a los actos de comunidad: el rezo del Oficio Divino, de las avemarías, la misa diaria, el cuidado de la ropa en común y la reunión por la mañana y por la tarde en la sala de labor; apela a la normativa vigente y exige que en los actos de comunidad se respete la jerarquización –según la antigüedad en la orden- tanto en el coro como en el refectorio. Por último insta a las religiosas a asumir responsabilidades, a tomar decisiones individuales en dos cuestiones clave: la elección del propio confesor y la votación en el capítulo donde se eligen las autoridades conventuales.

Una serie de medidas que –afirma el prelado- aspiran a lograr un mejor orden y la paz y armonía necesarias para la vida religiosa en la clausura. Una clausura que se debe custodiar cerrando puertas y ventanas, controlando los tornos, los locutorios, las cartas y las encomiendas, prohibiendo el ingreso de periódicos, limitando la entrada de seglares a lo estrictamente necesario, negando el ingreso de niños, evitando el comentario de las noticias que llegan a través de los locutorios, los tornos y las puertas. Una normativa que se caracteriza por su continuidad con las visitas anteriores pues en todas ellas se remite a los autos de visita desde el de 1808 –con excepción de los del provisor Zavaleta de 1823-; las redefiniciones y rectificaciones, cuando las hay, responden a reclamos de las religiosas y se refieren a muy puntuales disposiciones que han caducado o son contrarias a la normativa vigente. Comienza así un período durante el cual la vida cotidiana de las monjas estará estrechamente

---

[44] El retorno a la vida común suspendida por al auto de visita de 1823 durante las reformas rivadavianas no fue un acto privativo de las monjas de Buenos Aires sino que simultáneamente se dio también en Chile a partir de 1846. Ver SERRANO, Sol. *Vírgenes viajeras. Diarios de religiosas francesas en su ruta a Chile, 1837-1874*. Santiago de Chile: Universidad Católica de Chile, 2000, p. 33; y en Cusco a partir de 1860. Ver BURNS, K. *Colonial Habits*, ya citado, pp. 208-209.

vinculada con la normativa episcopal, que aspira a que se logre un estricto cumplimiento de la regla y de las constituciones que las monjas prometieron observar al profesar.

Conclusiones

Los dos monasterios de clausura de Buenos Aires forman parte del proceso de modernización y secularización que se da en la ciudad porteña durante el pasaje de la monarquía católica a la república unificada. Un período a lo largo del cual, en distintas etapas, se ve la necesidad de adecuar la estructura eclesiástica a un mundo cuyos principios y valores han ido cambiando. Un proceso no lineal, que conoce tensiones, marchas y contramarchas.

En la segunda mitad del siglo XVIII los reformistas borbónicos, ante la necesidad de reorganizar sus reinos en clave ilustrada y de crear una monarquía fuerte y centralizada, favorecen un proceso de reformas que en el plano eclesiástico aspira –entre otras cuestiones- a que las decisiones se centralicen en el prelado diocesano, y se debiliten los lazos existentes entre los espacios de religiosidad femenina, las familias y las redes de la elite, redes que se han expandido a través de las dotes, los censos, los legados y las capellanías. Un proceso que no se puede atribuir solo al reformismo borbónico sino que es impulsado también por algunos sectores de la sociedad porteña como consecuencia del cambio del modelo cultural –de valores, de modelos de conducta- que están protagonizando. En torno a esta primera etapa pudimos comprobar que el intento del obispo de Buenos Aires de hacerse cargo de la averiguación de antecedentes de las aspirantes al hábito es rechazado por las monjas capuchinas, lo que da origen a una prolongada confrontación. En cuanto al Plan de Reforma de Regulares presentado por los alcaldes y los regidores de la ciudad porteña, con la intención de detener el proceso de amortización de los bienes inmuebles y favorecer -en consecuencia- una reactivación de la economía, no se hace efectivo bajo la monarquía borbónica. Sin embargo, propone una cuestión, muestra una tensión entre un sector de la sociedad y el monasterio de las dominicas, que queda instalada en el escenario porteño.

Durante las primeras décadas del siglo XIX se produce la ruptura del orden colonial, surge un nuevo orden –ahora republicano- y con él, una vez más, la necesidad de reformar las estructuras eclesiásticas para adaptarlas a los vertiginosos cambios políticos.

Las "reformas rivadavianas" de 1822 adoptan en el plano eclesiástico el planteo galicano. Se pretende que en la provincia de Buenos Aires, las múltiples instituciones religiosas se organicen bajo la dependencia del Nuevo Estado centralizador naciente, como parte de la Iglesia del Estado –también centralizada- que se está conformando. Una Iglesia en cuya reforma y funcionamiento las autoridades civiles tienen pleno derecho a intervenir. Y lo hacen mediante el decreto rivadaviano de marzo de ese año en torno a los bienes y los capitales de las monjas dominicas y la Ley de Reforma del Clero sancionada en la Sala de Representantes.

Es en este escenario, en el que circulan opiniones antagónicas en torno al sentido y la utilidad de la vida religiosa femenina en el claustro, que se debate en la Legislatura porteña la Ley de Reforma del Clero. Si bien se rechaza la propuesta radical del gobierno –que aspira a la lenta agonía de los monasterios a partir de la inhibición de tomar el hábito-, se implementa una serie de reformas en torno a la posibilidad de exclaustración de las religiosas, la reducción del cupo autorizado, la incautación de sus bienes inmuebles, y la posibilidad de redimir los censos y las capellanías, una serie de reformas que impactaron muy especialmente en el monasterio de las monjas dominicas. Es decir, en la institución que mantenía lazos económicos más estrechos con la sociedad porteña.

La autoridad eclesiástica, por su parte, implementó en ambos conventos lo establecido en la Ley de Reforma, y en el de las dominicas ordenó el pasaje de la vida común –en realidad "del común"- a la vida particular, una necesaria adecuación a la difícil situación financiera por la que atravesaba el monasterio.

En esta oportunidad, las reformas impuestas desde el Estado provincial republicano, e implementadas conjuntamente con las autoridades eclesiásticas -algunas de ellas una concreción de las que habían puesto en marcha los Borbones-, entraron en vigor.

El tercer momento elegido para nuestra reflexión fue la década de 1860 durante la cual percibimos importantes signos de tensión en torno al significado de la vida en la clausura, una tensión entre los principios liberales decimonónicos y los sostenidos desde posturas más intransigentes, que vemos expresados en los autos de visita otorgados por el obispo a los dos monasterios porteños y en los sermones de profesión.

Los autores de ambos testimonios, el obispo de Buenos Aires, frailes dominicanos y presbíteros, pertenecen al grupo de sacerdotes y laicos que piensan al Estado y a la Iglesia como entidades distintas. Un planteo que, partiendo del principio de que el poder temporal no se puede subyugar al espiritual, lleva a la convicción de que las Iglesias locales han de estar sujetas de manera exclusiva a la Santa Sede. Un planteo que el obispo Escalada concretiza en cada una de sus visitas canónicas a través de las cuales exige un reordenamiento de la vida conventual, una total separación entre la clausura y el mundo, una estrecha observancia de las reglas y constituciones de cada monasterio, y el retorno a la vida común en el de las dominicas –esta última consensuada con las monjas-. Concretamente, un mayor alineamiento con la normativa emanada de Roma.

Los sermones de profesión, su contenido, su materialidad, la posibilidad de que circularan a través de la prensa periódica, aspiran a influir en la opinión pública. A partir de un discurso combativo, estos oradores buscan crear opinión, incidir sobre las ideas y las creencias de una parte de la población, y contribuir así a moldear el imaginario social. Lo hacen alertando a su audiencia y a sus eventuales lectores, en torno a los "peligrosos" desplazamientos culturales que se estaban produciendo.

En cuanto a las transformaciones y las continuidades en torno a las prácticas religiosas en los monasterios de Buenos Aires, pudimos observar que durante los dos primeros períodos –el borbónico y el rivadaviano- se producen importantes propuestas reformistas, transformadoras, algunas de las cuales se plantean durante el primero y se implementan –muy ampliadas- durante el tiempo de la "feliz experiencia". El tercer momento, la década de 1860, es, por el contrario, un momento en el que las prácticas al interior del huerto cerrado –algunas de ellas consensuadas con las monjas- están signadas por fuertes continuidades, un corte absoluto con el mundo y una absoluta alineación con Roma.

Bibliografía

BRACCIO, Gabriela. "Una ventana hacia el otro mundo. Santa Catalina de Sena: primer convento femenino de Buenos Aires". En *Colonial Latin American Review*, v. 9, N° 2, 2000, pp. 187-211.

BRUNO, Cayetano, s.d.b. *Historia de la Iglesia en la Argentina*. Buenos Aires: Editorial Don Bosco, 1966-1981, 12 volúmenes.

BURNS, Kathryn. *Colonial Habits. Convents and the Spiritual Economy of Cuzco, Peru*. Durnban and London: Duke University Press, 1999.

CALVO, Nancy. "Cuando se trata de la civilización del clero. Principios y motivaciones del debate sobre la reforma eclesiástica porteña de 1822". En *Boletín del Instituto de Historia Argentina y Americana Dr. E. Ravignani*, 3ª. serie, v. 24, 2001, pp. 73-103.

CALVO, Nancy; DI STEFANO, Roberto; GALLO, Klaus. *Los curas de la Revolución. Vidas de eclesiásticos en los orígenes de la Nación*. Buenos Aires: Emecé, 2002.

COHEN IMACH, Victoria. "Toma de hábito y profesión religiosa". En FOLQUER, Cynthia; AMENTA, Sara (eds.). *Sociedad, cristianismo y política. Tejiendo historias locales*. Tucumán: Universidad del Norte Santo Tomás de Aquino, 2010, pp. 155-189.

CHOWNING, Margaret. "A Convent Reform and Bourbon Reform in Eighteenth Century New Spain: the View from the Nunnery". En *Hispanic American Historical Review*, v. 85, N° 1, pp. 1-27, February 2005.

DI STEFANO. Roberto. "*Ut unum sint*. La reforma como construcción de la Iglesia. (Buenos Aires 1822-1824)". En *Rivista di Storia del Cristianesimo*, v. 5, N° 2, pp. 499-523, 2008.

DI STEFANO, Roberto. *Ovejas negras. Historia de los anticlericales argentinos*. Buenos Aires: Sudamericana, 2010.

DI STEFANO, Roberto; ZANATTA, Loris. *Historia de la Iglesia argentina. Desde la Conquista hasta fines del siglo XX*. Buenos Aires: Grijalbo-Mondadori, 2000.

ENRÍQUEZ, Lucrecia. "Los regulares y la independencia de Chile". En ENRÍQUEZ, Lucrecia; AGUIRRE, Rodolfo (cords.). *Tradición y reforma en la Iglesia Hispanoamericana 1750–1840*. México: Benemérita Universidad Autónoma de Puebla, Universidad Autónoma de México, Chile: Centro de Estudios Bicentenario, 2011, pp. 49-81.

FRASCHINA, Alicia. "La dote canónica en el Buenos Aires tardocolonial: Monasterios Santa Catalina de Sena y Nuestra Señora del Pilar, 1745-1810". En *Colonial Latin American Historical Review*, v. 9, N° 1, pp. 67-102, 2000.

FRASCHINA, Alicia. "La clausura monacal: hierofanía y espejo de la realidad". En *Andes. Antropología e Historia*, Salta-Argentina: CEPIHA, Universidad Nacional de Salta, N° 11, pp. 209-236, 2000.

FRASCHINA, Alicia. "Reformas en los conventos de monjas de Hispanoamérica, 1750-1865: cambios y continuidades". En *Hispania Sacra*. Madrid-España, v. LX, N° 122, pp. 445-466, julio-diciembre 2008.

FRASCHINA, Alicia. *Mujeres consagradas en el Buenos Aires colonial*. Buenos Aires: Eudeba, 2010.

HALPERIN DONGHI, Tulio. *Revolución y guerra. Formación de una elite dirigente en la Argentina criolla*. Buenos Aires: Siglo XXI, 1972.

LAVRIN, Asunción. "Ecclesiastical Reform of Nunneries in New Spain in the Eighteenth Century". En *The Americas*, v. XXII, N° 2, pp. 182-203, 1965.

LORETO LÓPEZ, Rosalva. "Familias y conventos en Puebla de los Ángeles durante las reformas borbónicas: los cambios del siglo XVIII". En *Anuario del IEHS*, Tandil, Universidad del Centro, v. V, pp. 31-50, 1990.

MAYO, Carlos; PEIRE, Jaime. "Iglesia y crédito colonial: La política crediticia de los conventos de Buenos Aires (1767-1810)". En *Revista de Historia de América. Instituto Panamericano de Geografía e Historia*, vol. 112, pp. 147-157, 1991.

NIEVA OCAMPO, Guillermo; GONZÁLEZ FASANI, Ana María. "Relicario de vírgenes. Familia monástica en el Convento de Santa Catalina de Sena de Córdoba del Tucumán (1730-1750)". En FOLQUER, Cynthia (ed.). *La orden dominicana en Argentina: actores y prácticas. Desde la Colonia al siglo XX*. San Miguel del Tucumán: UNSTA, 2008, pp. 23-54.

PEIRE, Jaime. *El taller de los espejos. Iglesia e imaginario 1767–1815*. Buenos Aires: Editorial Claridad, 2000.

SERRANO, Sol. *Vírgenes viajeras. Diarios de religiosas francesas en su ruta a Chile 1837–1874*. Santiago de Chile: Universidad Católica de Chile, 2000.

TERNAVASIO, Marcela. "Las reformas rivadavianas en Buenos Aires y el Congreso General Constituyente". En GOLDMAN, Noemí (directora de tomo). *Nueva Historia Argentina*, t. III. *Revolución, República, Confederación (1806–1852)*. 1998, 2a. ed. Buenos Aires: Editorial Sudamericana, 2005, pp. 159-197.

VAN DEUSEN, Nancy. *Between the Sacred and the Worldly. The Institutional and Cultural Practice of Recogimiento in Colonial Lima*. Stanford, California: Stanford University Press, 2001.

VIFORCOS MARINAS, Isabel. "Las monjas en los concilios y sínodos celebrados en las Iglesias del Virreinato peruano durante la época virreinal". En VIFORCOS MARINAS, Isabel; SÁNCHEZ BORDONA, María Dolores (coords.). *Fundadoras, fundaciones y espacios de vida conventual. Nuevas aportaciones al monacato femenino*. León: Universidad de León, 2005, pp. 673-703.

9

Noviciar e professar

O ingresso feminino no Convento de Nossa Senhora da Conceição da Ajuda no Rio de Janeiro (1762 - 1800)

WILLIAM DE SOUZA MARTINS[1]

Introdução

Em um trabalho anterior, procurou-se esboçar alguns temas de análise passíveis de exploração a partir do fundo documental do Convento da Ajuda do Rio de Janeiro, disponibilizado no Arquivo da Cúria Metropolitana. Na ocasião, foram destacados três pontos principais. Em primeiro lugar, a análise da ação institucional do Convento, tanto sob o ponto de vista dos poderes internos, em que a prelazia da abadessa era supervisionada e complementada pela do bispo diocesano, quanto dos poderes externos, com destaque para a persistente atuação da Câmara local com vistas à fundação do Convento, como também, em sentido contrário, a ação do Cabido fluminense. Em segundo lugar, com base na caixa que contém os primeiros registros de entrada no Convento, entre os anos de 1750 e 1751, delineou-se o

---

[1] Professor Adjunto de História Moderna do IH e do PPGHIS da Universidade Federal do Rio de Janeiro. A pesquisa que resultou na elaboração do presente texto contou com o apoio da FAPERJ.

perfil familiar e socioeconômico das freiras então recolhidas no estabelecimento recém fundado. Por fim, com base nas normas locais de funcionamento do Convento e em outras diretrizes normativas mais gerais, procurou-se delinear o perfil ideal das mulheres que faziam os três votos constitutivos da vida religiosa, além da obrigação de guardar inviolavelmente a clausura. Esta imagem de perfeição da freira concepcionista foi contraposta a alguns registros muito pontuais, que apontavam para a ausência de cumprimento das disposições normativas do Convento.[2]

Dando continuidade ao trabalho anterior, serão retomadas algumas questões expostas acima, acrescidas de outras que apenas puderam ser desenvolvidas com a documentação agora levantada. Trata-se da quarta caixa de petições de mulheres que ingressaram na clausura do Convento da Ajuda.[3] Para cumprir o período de noviciado e para efetuar a solene profissão de acordo com a Regra da Ordem da Imaculada Conceição (ou Concepção) de Maria, as mulheres em questão dirigiam petições ao bispo diocesano e à comunidade conventual, em que solicitavam permissão para realizarem os referidos rituais.[4] Em seguida,

---

[2] MARTINS, William de Souza. Devoção, *status* e busca de autonomia: O Convento de Nossa Senhora da Conceição da Ajuda no Rio de Janeiro (c. 1750). *Clio*: Revista de pesquisa história. Recife, v. 29, N° 2, pp. 1-20, 2011.

[3] Arquivo da Cúria Metropolitana do Rio de Janeiro (doravante ACMRJ), Série Congregação Religiosa, Notação 081, Convento de Nossa Senhora da Conceição da Ajuda, v. 4 (1762-1800). Foi deixada para outro momento a análise dos requerimentos de entrada no Convento correspondentes às caixas 2 e 3, em razão do estado muito precário desta documentação.

[4] O Convento de Nossa Senhora da Conceição da Ajuda do Rio de Janeiro pertencia à Ordem da Imaculada Conceição, ou Ordem concepcionista. A respeito da referida Ordem, ver: BARREIRA, Joana. Concepcionistas franciscanas In: FRANCO, José Eduardo. *Dicionário histórico das ordens e institutos religiosos e outras formas de vida consagrada católica em Portugal*. Lisboa: Gradiva, 2010, pp. 374-379; OMAECHEVARRIA, Ignacio, OFM. *Las monjas concepcionistas*. Notas históricas sobre la Orden fundada por Beatriz da Silva. Burgos: Imprenta de Aldecoa, 1973. Alcançando ampla difusão nos domínios espanhóis, na América Portuguesa havia duas fundações que integravam a Ordem da Imaculada Conceição: o Convento da Ajuda do Rio de Janeiro e o Convento de Nossa Senhora da Lapa na Bahia. A respeito deste

serão analisadas as fontes referentes às educandas, uma categoria especial de mulheres reclusas no Convento da Ajuda. Por fim, o texto em pauta procurará investigar e dimensionar também as práticas de dotação no Convento da Ajuda do Rio de Janeiro. Constituindo um dos pré-requisitos para permitir o ingresso no Convento, o pagamento do dote pelas famílias das reclusas variava de acordo com o status adquirido pelas mulheres no interior do claustro, como será visto com maiores detalhes. Antes de passar à análise da entrada de mulheres como noviças ou freiras professas, será importante delinear o quadro geral das petições de entrada no Convento. Na caixa em análise, encontram-se 27 petições de diferente natureza: 1 justificação de limpeza de sangue; 3 petições de freiras professas para deixarem o Convento, para tratar de doenças; 1 petição de ingresso de uma secular no Convento, para visitar uma parenta freira; e 22 petições de mulheres de diferentes condições –seculares ou já recolhidas no Convento como noviças– com a finalidade de ingressarem no claustro como educandas, noviças ou freiras professas. É este último conjunto de processos que será examinado no presente artigo.

As petições de entrada no noviciado e de realização da profissão

Sem tentar de imediato uma análise exaustiva dos pedidos para noviciar e professar no Convento da Ajuda do Rio de Janeiro é importante, primeiramente, observar as prescrições normativas previstas tanto para o noviciado

---

último, ver MOTA, Ana Cláudia de Ataíde Almeida. Documentos avulsos do Convento da Lapa (Salvador, Bahia, séculos XVIII e XIX): edição e estudo. Dissertação (Mestrado em Filologia e Língua Portuguesa) – Programa de Pós-graduação em Filologia e Língua Portuguesa, Universidade de São Paulo, São Paulo, 2011.

quanto para a profissão.⁵ Como as demais ordens regulares, a Ordem da Imaculada Concepção possuía um conjunto de ordenamentos gerais, aplicável a todas as fundações conventuais concepcionistas, e diretrizes mais específicas, elaboradas para cada província ou convento. Assim, o Convento do Rio de Janeiro pautava-se simultaneamente pela Regra concepcionista e pelas "Constituições e leis por que se hão de governar as religiosas da Conceição de Nossa Senhora da Ajuda da jurisdição ordinária do excelentíssimo e reverendíssimo senhor bispo deste bispado".⁶ Contendo ao todo doze capítulos, a Regra foi estabelecida pelo papa Júlio II em 1511, podendo-se considerá-la um marco de reconhecimento formal da Ordem da Imaculada Concepção.⁷ Por sua vez, as Constituições trazem a data de 1750, o princípio do funcionamento da fundação conventual fluminense. Neste artigo, será priorizada a análise das Constituições elaboradas pelo bispo do Rio de Janeiro, tendo em vista a maior riqueza de detalhes oferecida pelo documento em pauta, contendo 39 capítulos ao todo, além de constituir uma fonte inédita.⁸

As Constituições elaboradas pelo bispo D. Fr. Antonio do Desterro Malheiros para a fundação conventual concepcionista principiavam com a obrigação de as noviças serem

---

5 Para os conventos femininos da Nova Espanha, os temas que serão vistos neste item foram desenvolvidos por LAVRIN, Asunción. *Brides of Christi*. Conventual Life in Colonial Mexico. Stanford: Stanford University Press, 2008, pp. 48-80. No que tange às fundações femininas no norte de Portugal, ver SILVA, Ricardo Manuel Alves da. Casar com Deus: vivências religiosas e espirituais femininas na Braga Moderna. Tese (Doutorado em História Moderna) – Instituto de Ciências Sociais, Universidade do Minho, Braga, 2011, pp. 347-364.
6 ACMRJ, cód. E-238, Portarias e ordens episcopais, v. 1, f. 14-14v.
7 IRIARTE, Lázaro, OFM. *História franciscana*. Petrópolis: Vozes: CEPEFAL, 1985, p. 521.
8 As Regras podem ser vistas em *Constituciones generales para todas las monjas y religiosas sujetas a la obediência de N. P. S. Francisco em toda esta família Cismontana* (...). Ponense al principio las Reglas de Santa Clara, primera y segunda; la de las monjas de la Purissima Concepción, y la de las Terceras de Penitencia. Con licencia. En Madrid, en la Imprenta Real. Ano de 1642, pp. 37-48.

de "sangue limpo, honestas e recolhidas, e que aspirem à perfeição religiosa, e amem o desprezo do mundo". Além disso, as normas previam também que

> Não sejam de menor idade que de quinze anos, nem de mais de quarenta, sãs em corpo, entendidas e acomodadas para rezar o ofício divino e assistir no coro, e não se receba alguma para corista se não souber latim: porém entendendo a justa causa pode o prelado dispensar com esta e com a que tiver mais de quarenta anos.[9]

Para evitar que mulheres entrassem no Convento contra a própria vontade, as normas determinavam olhar com mais atenção para a vocação e as virtudes das candidatas do que para os dotes, tenças e outras esmolas ofertadas pelas respectivas famílias. Tanto para ingressar no noviciado –isto é, o período probatório de um ano em que as candidatas portavam o hábito e se submetiam aos ditames da vida no claustro, sob a supervisão da mestra de noviças– como para receber das mãos do prelado a profissão religiosa, as mulheres deviam obter deste a respectiva licença, como também ser aprovadas pela maioria das irmãs professas, em votação secreta. Conforme as determinações do concílio tridentino, cabia ao prelado ou ao representante deputado por este avaliar as vontades das pretendentes à vida no claustro, verificando se "poderão facilmente levar os trabalhos da observância regular". De modo complementar, as normas de admissão faziam um apelo direto às consciências da abadessa, da mestra das noviças e das demais religiosas do Convento no sentido de não admitirem à profissão as fracas e as enfermas: "portanto, em o ano do noviciado se

---

[9] ACMRJ, cód. E-238, Portarias e ordens episcopais, v. 1, f. 16.

admita muito nisto e se parecerem tais que se não possa esperar delas acrescentamento e proveito da religião, não sejam admitidas".[10]

Os procedimentos prescritos acima estavam presentes em praticamente todos os requerimentos de admissão ao noviciado e à profissão. Com ligeiras alterações aplicáveis aos casos análogos, pode-se ter uma ideia geral das petições a partir do requerimento da noviça Maria Clara Angélica dos Serafins. As razões de escolha deste requerimento em particular se devem a melhor conservação da fonte, como também por se achar mais completo que as demais petições. Todo o processo começava com um requerimento dirigido pela postulante ao bispo, para que o prelado conventual autorizasse a abadessa a colocar em votação o nome da suplicante perante a comunidade das religiosas. Concedida a autorização superior, procedia-se à votação que, nos requerimentos em pauta, terminava invariavelmente com a aprovação das noviças. Constava em seguida o depoimento das candidatas tomado pelo bispo ou pelos que representavam a autoridade episcopal. Em todos os requerimentos do tipo, o bispo delegava a tarefa ao cônego provisor do bispado, sacerdote que ocupava um papel chave na justiça eclesiástica da diocese.[11] O auto de perguntas feitas à noviça Dona Maria Clara Angélica dos Serafins é do teor seguinte:

> Aos vinte e oito dias do mês de janeiro de 1765 nesta cidade do Rio de Janeiro em a porta regral do Convento de Nossa Senhora da Conceição da Ajuda, onde foi vindo o

---

[10] ACMRJ, cód. E-238, Portarias e ordens episcopais, v. 1, f. 16v. Os pedidos de mulheres para ingressar nos conventos da Ordem de Santa Clara seguiam procedimentos muito semelhantes. Ver FERNANDES, Maria Eugenia Matos. *O mosteiro de Santa Clara do Porto em meados do século XVIII (1730-1780)*. Porto: Câmara Municipal, 1992, p. 40. A respeito das fundações conventuais femininas situadas em Braga e vinculadas à família franciscana ver SILVA, Ricardo Manuel Alves, Casar com Deus, op. cit., pp. 332-333.

[11] MARTINS, William de Souza. Contas testamentárias: a justiça eclesiástica e a execução de testamentos no Rio de Janeiro (c. 1720-1808). Artigo inédito.

Muito Reverendo Senhor Doutor Provisor comigo ajudante da Câmara Eclesiástica para se fazerem as perguntas à noviça Dona Maria Clara Angélica, sendo aí na dita porta da parte de fora apareceu presente a dita noviça Dona Maria Clara Angélica dos Serafins, a quem pelo muito reverendo doutor provisor foi dado o juramento dos Santos Evangelhos, sob o cargo do qual disse que era a mesma conteúda na comissão de S. Exma. Revma., natural da cidade de São Paulo e batizada na catedral dela, filha legítima de Manoel Gil Tosta e de sua mulher Maria da Trindade Silva, e que por vocação que tem ao estado religioso procurará recolher-se nesta clausura com o fito de professar nela, e na mesma se acha há quatro anos, sujeita ao noviciado, em cujo tempo tem presenciado e assistido muitas vezes aos autos da comunidade, e visto todas as obrigações dela e se conformar com a sua vontade, porque nunca sentiu repugnância em coisa alguma delas, como também nos estatutos e Regra que tem ouvido ler e lido várias vezes, e lhe parece com a ajuda de Deus poderá cumprir tudo indeferivelmente, porquanto tem sabido em todo este tempo que se acha na clausura [ileg.] inclinação tanta a esta religião, deseja observá-la permanecendo nesta mesma clausura, e fazendo nela os votos solenes para o que não tem impedimento algum dos conteúdos das bulas apostólicas, porquanto não tem achaque habitual que lhe possa embaraçar a observância da religião, nem está [ileg.] juízo algum, nem tem feito promessa de casamento à pessoa alguma, nem alguma outra inabilidade canônica para o estado que pretende, para o qual não é violentada nem menos persuadida, porque de sua livre vontade o procura só com o bom ânimo de servir a Deus, e salvar a sua alma, e declarou ter dezesseis anos de idade e mais não disse.[12]

Sem prosseguir de imediato com a análise dos demais documentos contidos no processo, seria oportuno atentar antes para alguns detalhes que aparecem na petição trans-

---

[12] ACMRJ, Convento de Nossa Senhora da Conceição da Ajuda, v. 4, documento 5.

crita.¹³ Deve-se observar de início a obrigação da noviça de deixar as dependências do Convento, indo além da porta conventual, para prestar o seu depoimento perante a autoridade eclesiástica da diocese. A referida exigência garantia, ao mesmo tempo, a autonomia do trabalho dos representantes do bispo, como também a livre manifestação da vontade das candidatas à profissão e ao noviciado, sem constrangimentos indevidos da comunidade conventual. Espaço marcado pela interdição de acesso aos seculares, e onde a entrada de clérigos era também estritamente regrada, a clausura encontrava-se sob a jurisdição simultânea do bispo e da abadessa, que nas Constituições conventuais era também denominada de prelada.¹⁴ Entre a clausura e o "mundo", havia espaços limítrofes que recebiam particular atenção das autoridades eclesiásticas, com vistas a não permitir a introdução de práticas profanas nos conventos femininos: o portão, o parlatório e a igreja conventual.¹⁵ As cautelas tomadas pelos prelados conventuais para manter a honestidade das religiosas no interior do claustro, têm relação com os rigores a que foi submetida a clausura feminina após o Concílio de Trento.¹⁶

---

¹³ Os exemplos não são exaustivos. Um tema que transparece tanto nas Constituições conventuais quanto nos requerimentos das noviças é o da prática de leituras. O exercício dos ministérios conventuais exigia das freiras um grau de instrução escrita superior ao das demais mulheres. Ver ALGRANTI, Leila. *Livros de devoção, atos de censura*: ensaios de História do livro e da leitura na América Portuguesa (1750-1821). São Paulo: Hucitec: Fapesp, 2004.
¹⁴ ACMRJ, cód. E-238, Portarias e ordens episcopais, v. 1, f. 25, acerca do ofício da abadessa.
¹⁵ EVANGELISTI, Silvia. *Nuns. A History of Convent Life (1450-1700)*. Oxford: Oxford University Press, 2007, p. 49-54; LAVEN, Mary. *Virgens de Veneza*: vidas enclausuradas e quebra de votos no convento renascentista. Rio de Janeiro: Imago, 2003, p. 100-112.
¹⁶ Para uma visão geral, ver: LAVEN, Mary, op. cit., p. 49-65; KING, Margaret L. *A mulher do Renascimento*. Lisboa: Presença, 1994, p. 91-113; e WIESNER, Merry E. *Women and Gender in Early Modern Europe*. Cambridge: Cambridge University Press, 2000, pp. 231-237.

Além das peculiaridades do espaço da clausura, aparecem no depoimento de Dona Maria Clara Angélica dos Serafins afirmações sobre o perfeito ajustamento ao estado de religiosa, seja no que diz respeito à saúde física quanto do ponto de vista da inclinação devocional. Neste sentido, não há muita distância entre as declarações da noviça e as exigências contidas nas Regras e Constituições. O requerimento da noviça trazia ainda em apêndice outras informações. Em primeiro lugar, os testemunhos da mestra de noviças e de outras duas religiosas que, como freiras experientes, podiam afiançar o ingresso da candidata no Convento. Tais testemunhos não aparecem em todas as petições e, quando surgem, de modo geral corroboravam as virtudes e a vocação das postulantes ao noviciado e à profissão. Não foi este exatamente o caso dos depoimentos referentes à Dona Maria Clara Angélica dos Serafins, uma razão adicional que justifica a análise particular deste requerimento. Antônia de Deus, religiosa mestra das noviças, que tinha ao seu cargo a instrução espiritual das futuras freiras,[17] deu o seguinte testemunho sobre a noviça em foco:

> Disse que conhece a pretendente há mais de quatro anos, que está neste Convento, e na maior parte deste tempo o passou no Noviciado, e nunca se viu que ela mostrasse displicência formal ao estado religioso, nem menos aversão de modo que se pudesse inferir não ter vocação legítima a ele, só tem ela testemunha notado o ser pouco obediente, e resoluta a regular-se pela sua própria vontade, sem se sujeitar a superiores, como deve, porquanto mandando-lhe que ela testemunha como sua mestra no tempo em que era noviça algumas coisas, as não cumpriu e o mesmo sucedeu uma vez à prelada, como também viu por algumas vezes pouca observância dos atos da comunidade, porque não ia ao refeitório nem também ao coro todas as vezes, que devia, e em uma ocasião em que se publicou uma pastoral do Exmo. Sr. Bispo, presenciou

---

[17] ACMRJ, cód. E-238, Portarias e ordens episcopais, v. 1, f. 26, acerca das atribuições da mestra de noviças.

ela testemunha estar esta mesma pretendente rindo-se como escarnecendo com outra noviça: porém tem experimentado ela testemunha pela comunicação que teve com a dita em todo o tempo que tem estado na clausura que é muito honesta, entendida, e que tem sua inclinação a ser religiosa.[18]

Apesar de não se opor inteiramente ao ingresso de D. Maria Clara Angélica dos Serafins na vida religiosa, a mestra observava que a noviça não prestara a devida reverência a suas superioras imediatas, isto é, à própria mestra e à abadessa. O voto de obediência era então considerado o mais importante da vida religiosa, acima do de castidade e do de pobreza, e as Constituições do Convento da Ajuda expressavam cabalmente tal orientação.[19] Encontrando-se ainda na condição de noviça, sem ter feito os três votos solenes característicos da cerimônia de profissão, o rigor das normas não podia ser aplicado com exatidão à D. Maria Clara Angélica dos Serafins, o que pode em parte explicar a transigência da mestra.

Madre Bernarda Maria de Santa Clara, a segunda feira a testemunhar na habilitação da noviça à profissão, declarou apoio ao ingresso desta na comunidade conventual, afirmando que, ao longo de quatro anos no Convento, "a viu

---

[18] ACMRJ, Convento de Nossa Senhora da Conceição da Ajuda, v. 4, documento 5. A respeito das pastorais enviadas pelo bispo D. Fr. Antônio do Desterro às religiosas concepcionistas do Rio de Janeiro, em que pretendia corrigir diversos pontos da disciplina conventual, ver SANTOS, Antônio Alves Pereira dos. *Notícia histórica da Ordem da Imaculada Conceição da Mãe de Deus e do Convento de Nossa Senhora da Conceição da Ajuda do Rio de Janeiro.* Rio de Janeiro: Leuzinger, 1913, pp. 69-79.

[19] ACMRJ, cód. E-238, Portarias e ordens episcopais, v. 1, f. 22v: "Capítulo 13 – Do voto e obediência. 1 – Por direito natural e divino devem os inferiores obediência aos superiores, e as religiosas com maior obrigação, não só por ser o primeiro voto, mas por consistir nele o substancial da religião, porque devem ser mais vigilantes no obedecer aos prelados, como se neles obedecessem o Divino, como aconselha São Paulo, sem réplicas, ainda que sejam coisas repugnantes a sua inclinação, não sendo contra a sua consciência, leis de Deus, sua regra e estas Constituições, renunciando à própria vontade ao parecer de seus superiores, obedecendo as suas vozes e preceitos como se fossem proferidas pelo mesmo Cristo".

sempre observante dos Estatutos e Regra dele, pronta nos atos da comunidade, e nunca viu que fosse desobediente às superioras".[20] Por fim, madre Perpétua Maria de Santana, também na condição de religiosa professa no Convento da Ajuda, prestou uma declaração ainda mais favorável às pretensões da noviça, e que contrazia o depoimento, em parte negativo, da mestra:

> Sempre mostrou inclinação e vontade de professar o estado religioso, pronta nos atos da comunidade, e observante das leis e estatutos dela, como também obediente às superioras, e só lhe constou que uma ocasião faltara a um mandato da madre mestra das noviças por causa da imprudência desta, e não tem notícias nem lhe consta fosse a tal pretendente desobediente em outra coisa.[21]

Após a entrega do dote e das demais quantias necessárias para garantir permanentemente o sustento da futura freira no Convento, o processo se encerra com a declaração do bispo D. fr. Antônio do Desterro, em que autorizou a profissão da noviça, D. Maria Policena dos Serafins, designação que passou a adotar na vida claustral:[22]

> Vistos estes autos, termos de perguntas, testemunhos, recibos e certidões de batismo nos autos apensos: mostra-se que a noviça D. Maria Policena dos Serafins tem completado o seu noviciado no Convento [...] e que nele quer fazer profissão solene de sua livre vontade, e sem coação de pessoa alguma, para o que se acha aprovada pela comunidade, e não tem

---

[20] ACMRJ, Convento de Nossa Senhora da Conceição da Ajuda, v. 4, documento 5.
[21] ACMRJ, Convento de Nossa Senhora da Conceição da Ajuda, v. 4, documento 5.
[22] Na lista que elaborou acerca das religiosas que professaram no Convento da Ajuda entre 1750 e 1762, um cronista da Ordem assinalou a entrada, em 2 de fevereiro de 1765, de "Maria Polucena Angélica dos Serafins". SANTOS, Antônio Alves Pereira dos, *Notícia histórica da Ordem da Imaculada Conceição da Mãe de Deus e do Convento de Nossa Senhora da Conceição da Ajuda do Rio de Janeiro*, op. cit., anexo IV, pp. 219-221.

inabilidade nem impedimento algum canônico. O que visto e satisfeito o dote (...) e achar-se com a idade competente, mandamos se lhe passe provisão para ser admitida a fazer a sua profissão solene no dito Convento, no qual haverá tudo o que por direito lhe pertencer.[23]

Em alguns dos requerimentos das noviças em que solicitavam a profissão solene, após o cumprimento do período probatório de um ano, foi incluída em anexo a documentação do estágio inicial da vida religiosa, em que buscavam a autorização para a entrada no noviciado. Evidentemente, não se encontram nestes casos testemunhos das religiosas a respeito da conduta das futuras freiras, mas o teor da petição e do auto de perguntas é muito semelhante àqueles vistos para a profissão. Por tais razões, não se justifica uma análise particular da referida documentação. Mais sugestivos são os requerimentos de entrada de mulheres no Convento em que, por razões materiais, solicitavam a admissão como freiras de véu branco. A historiografia referente às comunidades religiosa femininas em Portugal e na Iberoamérica tem dedicado algumas reflexões acerca desta categoria especial de mulheres reclusas. Segundo se apurou em Portugal, na Nova Espanha, no Peru, na Bahia e em outras localidades, as religiosas de véu branco tinham o respectivo ingresso pautado por normas análogas aplicadas às religiosas de véu preto: manifestação de livre vontade quanto à entrada; comprovação de pureza de sangue; pagamento de dote; etc. Não obstante, as quantias exigidas para a entrada e a profissão das religiosas de véu branco eram nitidamente inferiores àquelas oferecidas pelas freiras de maior *status*. Outra diferença hierárquica importante entre as freiras de véu branco e as de véu preto estava na exclusão daquele primeiro grupo da participação nas eleições e do exercício dos cargos conventuais, embora estivesse também obrigado

---

[23] ACMRJ, Convento de Nossa Senhora da Conceição da Ajuda, v. 4, documento 5.

a efetuar os exercícios religiosos da comunidade, como a assistência no coro conventual. A historiografia registra por fim que as religiosas de véu branco tinham por finalidade o serviço das religiosas do outro grupo, executando serviços leves. A este respeito, as irmãs leigas, conversas, donatas ou oblatas – como eram também designadas as religiosas de véu branco – não devem ser confundidas com as criadas e servas conventuais, que se incumbiam das tarefas mais penosas, para não falar das escravas.[24]

Na documentação sob análise, puderam ser identificados dois casos de religiosas de véu branco que ingressaram no Convento da Ajuda do Rio de Janeiro: as irmãs de sangue Isabel Maria de Jesus da Lapa e Teresa Maria de São José.[25] Ambas eram filhas legítimas de Manoel de Carvalho Ferreira e de Clemência de Souza, moradores na rua da Cruz, na freguesia da Candelária. As irmãs haviam sido batizadas na freguesia da Sé do Rio de Janeiro, em 1744 e 1740, respectivamente. Em 1763, dirigiram petições ao

---

[24] SILVA, Ricardo Manuel Alves da, Casar com Deus, op. cit., p. 336, a respeito de Portugal; LAVRIN, Asunción. *Brides of Christi*, op. cit., p. 122, com relação a Nova Espanha; BURNS, Kathryn. *Colonial Habits*. Convents and the Spiritual Economy of Cuzco, Peru. Durhan: Duke University Press, 1999, p. 112; BARRANCOS, Dora. *Mujeres en la sociedade argentina*: una historia de cinco siglos. Buenos Aires: Sudamericana, 2010, p. 37; SOEIRO, Susan A. The feminine orders in colonial Bahia, Brazil: economic, social, and demographic implications, 1677-1800 In: LAVRIN, Asunción (Ed.). *Latin American Women*. Historical Perspectives. Westport: Greeenwood Press, 1978, p. 183-184; SOEIRO, Susan A. A Baroque Nunnery: the Economic and Social Role of a Colonial Convent Santa Clara do Desterro, Salvador, Bahia, 1677-1800. Ph.D., Department of History, New York University, New York, 1974, p. 48-50; NASCIMENTO, Anna Amélia Vieira Nascimento. *Patriarcado e religião*: as enclausuradas clarissas do Convento do Desterro da Bahia, 1677-1890. Bahia: Conselho Estadual de Cultura, 1994, pp. 123-128.

[25] Na documentação, Teresa Maria de São José aparece designada sob outras formas: Teresa Maria de Jesus de São José, Teresa Luísa de São José ou simplesmente Teresa Luísa. ACMRJ, Convento de Nossa Senhora da Conceição da Ajuda, v. 4, documento 3. Por sua vez, Isabel Maria de Jesus da Lapa foi designada como Isabel Joaquina da Lapa. ACMRJ, Convento de Nossa Senhora da Conceição da Ajuda, v. 4, documento 2. As variações onomásticas se devem, com muita probabilidade, ao uso de nomes diferenciados após o ingresso no Convento ou o ato de profissão.

bispo D. Fr. Antônio do Desterro, em que solicitavam ser admitidas como religiosas de véu branco, com obrigação de coro. Justificaram os pedidos afirmando que os pais "se encontravam alcançados", e assim que estes obtivessem a quantia de quatro mil cruzados (1:600$000 réis) correspondente a cada um dos dotes individuais, poderiam receber o véu preto. Os pedidos seguiam os procedimentos descritos acima nas petições para habilitação à profissão: o bispo solicitava à abadessa para que submetesse os nomes das suplicantes à aprovação da comunidade conventual; a realização das perguntas de praxe, isto é, de que estavam buscando o claustro por sua livre vontade, sem constrangimento de terceiros, de que não sofriam doenças que lhes impediriam a prática das obrigações religiosas, etc. Para ingressar, os pais das postulantes gastaram quantias relativamente pequenas: 50$000 réis para cada filha, a título de pagamento da sacristia e de sustento de seis meses, presumivelmente dentro do Convento. Após tudo isso, o bispo garantiu um lugar de véu branco a cada uma das irmãs de sangue, conforme expressou-se no despacho anexo ao requerimento de Teresa Maria de São José:

> Mostra que ela deseja ser admitida ao Nosso Convento de Nossa Senhora da Conceição da Ajuda desta cidade por religiosa do coro, mas com a condição de trazer véu branco enquanto não completar o dote do estilo, e nesta conformidade foi aceita pela comunidade e está aceita por votos, o que visto e mostrar também ter legítima vocação ao dito estado religioso e querer entrar para o Convento de sua livre vontade e ter tão bem satisfeito as propinas devidas, e achar-se com os requisitos de direito, mandamos se lhe passe provisão para se lhe lançar o hábito no dito Convento com a condição expressada e pague os autos.[26]

---

[26] ACMRJ, Convento de Nossa Senhora da Conceição da Ajuda, v. 4, documento 3. Não se pode identificar o nome das duas freiras de véu branco na lista das religiosas que professaram no Convento da Ajuda. Cf. SANTOS,

Ainda que as Constituições do Convento estipulassem a entrada de noviças "de sangue limpo", não há referências a inquirições de pureza de sangue nas petições de entrada no noviciado e de habilitação à profissão.[27] A única exceção é o requerimento de Marcelina Helena da Conceição. Em 1773, a suplicante solicitava ao juiz de gênere do Rio de Janeiro para justificar a "boa sanguinidade" da suplicante, dos pais e avós maternos, uma vez que "tanto a justificante como seus pais e avós maternos são tidos e havidos e reputados geralmente por legítimos e inteiros cristãos velhos, e de limpo sangue e geração, sem raça alguma de infecta nação das reprovadas em Direito, contra a Nossa Santa Fé Católica".[28] Declarava que fora batizada na freguesia da Sé do Rio de Janeiro, sendo filha legítima de Antônio Fernandes da Cunha e de Joaquina Maria da Conceição, os quais, por sua vez, haviam sido batizados na freguesia da Sé da mesma cidade. Pela parte materna, era neta de João Rodrigues Álvarez e de sua mulher Clara Maria da Conceição, naturais da freguesia de São Salvador da Ilha do Faial, no bispado de Angra. As seis testemunhas inquiridas pelo juiz de gênere da cidade confirmaram as informações de Marcelina Helena da Conceição. Entretanto, ainda que se encontre em meio à documentação das petições do noviciado, há algumas razões para duvidar se a mulher em questão tenha alguma vez pretendido ingressar no Convento da Ajuda, pois

---

Antônio Alves Pereira dos, *Notícia histórica da Ordem da Imaculada Conceição da Mãe de Deus e do Convento de Nossa Senhora da Conceição da Ajuda do Rio de Janeiro*, op. cit., anexo IV, pp. 219-221.

[27] A respeito dos critérios de pureza de sangue, que eram levados em conta no acesso à carreira eclesiástica, aos ofícios seculares e no ingresso de associações religiosas, e que visava principalmente a exclusão dos cristãos-novos das referidas posições, ver CARNEIRO, Maria Luiza Tucci Carneiro. *Preconceito racial*: Portugal e Brasil Colônia. São Paulo: Brasiliense, 1988.

[28] ACMRJ, Convento de Nossa Senhora da Conceição da Ajuda, v. 4, documento 12.

não há nenhuma indicação no requerimento a este respeito, além de não constar no rol das religiosas elaborado pelo cronista conventual.[29]

Se as Constituições do Convento eram rígidas com relação aos critérios de pureza de sangue, o mesmo não pode ser dito a respeito da exigência de legitimidade do nascimento. Não havia em tal legislação nenhuma declaração formal a respeito. Na prática, este silêncio pode ter aberto oportunidades para que reclusas nascidas fora dos casamentos convencionais pudessem ingressar no claustro. Na documentação em análise, foi encontrado um único requerimento que diz respeito à entrada de filhas naturais. Em 1781, D. Isabel Violante Quintanilha, educanda recolhida no Convento da Ajuda, "filha natural de D. Teodora Torres Quintanilha e de Pai incógnito", solicitava permissão para noviciar na referida comunidade. Em outro requerimento do mesmo ano, quando solicitou ao pároco da freguesia da Sé do Rio de Janeiro a certidão de batismo, a suplicante apresentou informações complementares a respeito da sua ascendência. Declarou então ser "filha natural do Capitão Tomás Pinto da Silva e de D. Teodora de Torres Quintanilha". Não obstante, na certidão de batismo anexa ao requerimento, aparecia apenas a informação da descendência paterna, ignorando-se qualquer informação sobre a mãe.[30] É interessante perceber como, na vida adulta, a educanda achou por bem redefinir a própria identidade, ao incorporar a informação sobre a descendência materna. Uma hipótese a considerar para este caso era o elevado status *social* usufruído pelas donas, qualificativo em geral

---

[29] SANTOS, Antônio Alves Pereira dos, *Notícia histórica da Ordem da Imaculada Conceição da Mãe de Deus e do Convento de Nossa Senhora da Conceição da Ajuda do Rio de Janeiro*, op. cit., anexo IV, pp. 219-221.
[30] ACMRJ, Convento de Nossa Senhora da Conceição da Ajuda, v. 4, documento 14.

associado às mulheres que descendiam dos conquistadores e da nobreza da terra, distinguindo-as da população identificada às ocupações mecânicas.[31]

O perfil das educandas

Em síntese a respeito das fundações conventuais femininas estabelecidas nas capitanias do Rio de Janeiro, de São Paulo e das Minas, a análise de Leila Algranti abriu caminho para o estudo das educandas. Em idade muito precoce, muito antes dos dezesseis anos, que era a idade mínima de habilitação à profissão, tais mulheres eram encaminhadas ao claustro pelas respectivas famílias para serem instruídas, de acordo com o que era considerado adequado para a honra feminina.[32] Sem esmiuçar o conteúdo da instrução feminina, que pode ser conhecido a partir dos estudos da historiadora citada, deve-se aqui chamar a atenção para a relação entre o ingresso de educandas e a entrada posterior na vida conventual. Ainda que consideradas juridicamente seculares, as educandas pautavam a sua socialização segundo as regras do claustro, acabando por se adaptar a este modo de vida.[33] Determinações análogas às mulheres que noviciavam e professavam se aplicavam também à recepção

---

[31] SILVA, Maria Beatriz Nizza da. *Ser nobre na Colônia*. São Paulo: Unesp, 2005, pp. 15-28; SILVA, Maria Beatriz Nizza da. *Donas e plebeias na sociedade colonial*. Lisboa: Estampa, 2002, pp. 63-81; FRAGOSO, João Luís Ribeiro. Efigênia Angola, Francisca Muniz forra parda, seus parceiros e senhores: freguesias rurais do Rio de Janeiro, século XVIII. Uma contribuição metodológica para a história colonial. *Topoi*. Rio de Janeiro, v. 11, n. 21, jul.-dez. 2010, p. 96; GOLDSCHMIDT, Eliana M. R. Famílias paulistanas e os casamentos consangüíneos de "donas", no período colonial. *Anais da XVII Reunião da SBPH*. Curitiba, v. 17, pp. 151-155, 1997.

[32] ALGRANTI, Leila. *Honradas e devotas*: mulheres da Colônia. Condição feminina nos conventos e recolhimentos do Sudeste do Brasil, 1750-1822. Rio de Janeiro: José Olympio: Ed. UnB, 1993, pp. 239-261.

[33] SILVA, Ricardo Manuel Alves da, Casar com Deus, op. cit., p. 345. Ver também SÁNCHEZ LORA, José L. *Mujeres, conventos y formas de la religiosidad barroca*. Madrid: Fundación Universitaria Española, 1988, p. 145.

das educandas, conforme pode ser visto a partir do exemplo do Convento do Desterro da Bahia, que seguia a Regra de Santa Clara:

> As educandas seriam moças brancas e donzelas, devendo ter no mínimo as idades de 6 para 7 anos e, no máximo 25. A entrada no mosteiro, como para todas as outras hierarquias sociais, dependia de um processo completo; além de serem postas a votos na comunidade, concediam-lhes finalmente licença da madre abadessa e do prelado para serem recebidas na casa monástica. Prometiam servir a Deus, observar as leis da clausura, serem sustentadas pelos seus pais e parentes. Não poderiam ornar-se de joias, nem de vestidos profanos, nem frequentar locutórios, portando-se com modéstia e honestidade, quietação e utilidade.[34]

Nas Constituições do Convento da Ajuda do Rio de Janeiro, não há normas particulares previstas para a aceitação de educandas. Toda a informação que se dispõe referente a elas provém das petições para o ingresso no noviciado ou para habilitação à profissão. Nos referidos processos, os detalhes a respeito da condição particular das educandas são escassos: no mais das vezes, as noviças ou futuras noviças limitavam-se a indicar que já se encontravam recolhidas no Convento na condição de educandas. Somente no processo da noviça Bárbara Francisca Xavier se conservaram informações relativas à época de entrada no Convento como educanda. Em um requerimento sem data, mas que deve ter sido elaborado no princípio de 1774, José Barreto de Faria dirigiu a seguinte petição ao Convento:

> Ele tem uma menina por nome Bárbara Francisca Xavier, de idade de 4 anos, sua filha e de sua mulher, D. Ana Tenreiro de Macedo, a qual [deseja?] recolher no Convento de

---

[34] NASCIMENTO, Anna Amélia Vieira Nascimento, *Patriarcado e religião*, op. cit., p. 121. A respeito das educandas do Convento do Desterro de Salvador, ver também SOEIRO, Susan A., The Feminine Orders in Colonial Bahia, Brazil, op. cit., p. 186.

Nossa Senhora da Conceição da Ajuda, por educanda, que prontamente exercitará as obrigações que as mais costumam na religião, sem que esta faça com esta a mínima despesa, que para a sustentar se obriga sua tia, a madre Helena Maria da Cruz, irmã da mãe da dita menina, e para o mais não faltará do suplicante, pedindo assim a vossa senhoria seja servido mandar por seu despacho que a referida madre abadessa aceite a menina na forma referida, que por caridade e amor de Deus queira perdoar o [piso?], por não poder o suplicante contribuir e ser bem notório a sua pobreza, porém não faltará em satisfazer os vinte mil réis cada ano, como costumam algumas.[35]

Em informação anexa ao requerimento, datada de abril de 1774, a abadessa sóror Inês Antônio do Amor Divino apoiou a pretensão do suplicante, tendo em vista a pobreza deste, que o tornava incapaz de arcar com a quantia de 100$000 réis exigida a título de piso para o ingresso das educandas, além do fato da criança ficar na companhia da tia. Por meio da petição em pauta, é possível também identificar outros aspectos da vida religiosa feminina que têm sido trabalhados pela historiografia: as relações familiares existentes no âmbito dos conventos femininos, a partir das quais eram reconstituídas em outro meio as identidades de origem;[36] o caráter relativo da pobreza, que tornava passível de amparo os chamados "pobres envergonhados".[37]

---

[35] ACMRJ, Convento de Nossa Senhora da Conceição da Ajuda, v. 4, documento 18.

[36] LAVEN, Mary, *Virgens de Veneza*, op. cit., p. 67-83; HOLLER, Jacqueline. *"Escogidas plantas"*: Nuns and Beatas in Mexico City, 1531-1601. New York: Columbia University Press, 2005, p. 299-303; SANTOS, Georgina Silva dos. Entre Jesús y Moisés: el marranismo em los conventos ibéricos durante el siglo XVII In: VIFORCOS MARINAS, M. A.; LORETO LÓPEZ, Rosalva (Coords.). *Historias compartidas*: religiosidad y reclusión femenina em España, Portugal y América. Siglos XV-XIX. León: Universidad de León, 2007, pp. 195-210.

[37] MARTINS, William de Souza. *Membros do corpo místico*: ordens terceiras no Rio de Janeiro (c. 1700-1822). São Paulo: Edusp, 2009, p. 221-245; SÁ, Isabel dos Guimarães. *Quando o rico se faz pobre*: Misericórdias, caridade e poder no Império Português, 1500-1800. Lisboa: Comissão Nacional para as Come-

A relatividade da pobreza do suplicante se torna evidente quando se verifica que a sua família havia se estabelecido há mais de um século com terras e engenhos na freguesia de São Gonçalo do Amarante na capitania do Rio de Janeiro, sendo presumível também que a família de sua esposa havia depositado no Convento a quantia de 1:600$000 réis, correspondente ao dote da madre Helena Maria da Cruz.[38]

A madre citada acima, que havia feito a profissão em 8 de setembro de 1759, abriu caminho para o ingresso de mais uma sobrinha no Convento da Ajuda. Em 1772, o cadete Inácio Cardoso Machado Coutinho solicitou ao bispo diocesano a mercê de aceitar no referido estabelecimento a sua irmã de sangue, D. Joana Isabel de Proença Coutinho, que tinha na ocasião entre 14 e 15 anos de idade. O cadete justificou que a irmã não podia viver com ele "com aquela honra e decência necessária a sua pessoa, por ser militar". Tampouco viveria na companhia de outro irmão de sangue que se havia ausentado para as Minas. Em face do exposto, "atendendo a nímia pobreza desta órfã, conceda-lhe licença para que vá ao Convento viver em companhia de sua tia religiosa, havendo por bem perdoar o piso, e o suplicante obrigando-se a sustentá-la por sua conta, sendo recolhida por educanda". Por fim, requereu também o ingresso da "sua escrava cativa da nação parda de 11 para 12 anos, chamada Quitéria, para seu serviço". A abadessa concordou com todas as condições do cadete, mas o bispo

---

morações dos Descobrimentos Portugueses, 1997, p. 26; RUSSELL-WOOD, A. J. R. *Fidalgos e filantropos*: A Santa Casa da Misericórdia da Bahia, 1550-1755. Brasília: Ed. UnB, 1981, p. 243.

[38] FRAGOSO, João Luís Ribeiro. A nobreza vive em bandos: a economia política das melhores famílias da terra do Rio de Janeiro, século XVII. Algumas notas de pesquisa. *Tempo*: Revista do Departamento de História da UFF. Niterói, v. 8, n. 15, 2003, p. 11-33. Ver informações genealógicas da família Barreto de Faria em RHEINGANTZ, Carlos G. *Primeiras famílias do Rio de Janeiro* (séculos XVI e XVII). Rio de Janeiro, Brasiliana, 1965, v. 1, p. 221-223. Na mesma obra, encontra-se a genealogia da mulher do suplicante, d. Ana Tenreira de Macedo, em que consta que ambos eram primos, e pertencentes à família Azeredo Coutinho. Cf. v. 1, p. 166.

autorizou apenas o ingresso de D. Joana Isabel de Proença Coutinho, vetando o acesso da cativa.[39] Todas as características do processo descrito reforçam a impressão de que o Convento era o local adequado para a manutenção da honra e do recolhimento associados ao gênero feminino, ainda que na prática o acesso ao estabelecimento conventual ficasse restrito a um número reduzido de famílias, que possuíam recursos econômicos e/ou prestígio.

Em 1795, Bárbara Francisca Xavier, a outra sobrinha da madre Helena Maria da Cruz, dirigiu-se ao bispo, pedindo autorização para noviciar e professar no Convento da Ajuda. Encontrava-se ainda na condição de educanda. Em sequência, o nome de Bárbara Francisca do Amor Divino, adotado para demarcar o ingresso na condição de religiosa, saiu aprovado por todos os votos da comunidade religiosa. O cônego provisor da diocese fez à noviça Bárbara as perguntas do estilo em 20 de agosto de 1795. Declarou então ter "de idade 26 anos, e mais alguns meses, que estava educanda neste Convento há 21 anos, e sempre com o destino e vocação de ser nele religiosa professa".[40] Não se pode identificar o despacho final do bispo, mas é possível encontrar o nome de Bárbara Francisca do Amor Divino no rol das freiras professas no Convento da Ajuda, havendo efetuado a sua respectiva profissão em 28 de agosto de 1796.[41]

A importância da "qualidade" das famílias e das ligações pessoais manifestou-se também no ingresso de D. Ana Inácia Mascarenhas e D. Francisca de Paula.[42] No requerimento que enviaram em 1774 ao bispo diocesano, solicitaram entrar no Convento como educandas. Ambas eram

---

[39] ACMRJ, Convento de Nossa Senhora da Conceição da Ajuda, v. 4, documento 7.
[40] ACMRJ, Convento de Nossa Senhora da Conceição da Ajuda, v. 4, documento 18.
[41] SANTOS, Antônio Alves Pereira dos, *Notícia histórica da Ordem da Imaculada Conceição da Mãe de Deus e do Convento de Nossa Senhora da Conceição da Ajuda do Rio de Janeiro*, op. cit., anexo IV, p. 219-221.
[42] ACMRJ, Convento de Nossa Senhora da Conceição da Ajuda, v. 4, documento 9.

filhas legítimas do mestre de campo Fernando José Mascarenhas Castelo Branco e de D. Ana de Sá Sodré. Segundo informações genealógicas disponíveis, o mestre de campo era irmão de D. José Joaquim Justiniano Mascarenhas Castelo Branco que em abril do mesmo ano havia tomado posse do bispado do Rio de Janeiro, em substituição do bispo anterior, D. Fr. Antônio do Desterro.[43] Evidentemente, as chances das duas mulheres obterem a mercê do ingresso aumentaram a partir do momento que o tio paterno se tornou o prelado conventual. Em 6 de outubro de 1774, o novo bispo diocesano concedeu parecer favorável ao ingresso das sobrinhas.

Na documentação em análise, encontram-se ainda onze petições encaminhadas ao bispo diocesano, em que mulheres recolhidas no Convento da Ajuda como educandas solicitavam autorização para noviciar e receber a profissão. A quantidade expressiva deste tipo de pedido no âmbito da documentação pesquisada reforça a impressão de que as educandas tinham grande possibilidade de se tornarem futuras freiras. Das solicitações de entrada e profissão situadas no período de 1780 a 1800, onze foram elaboradas por mulheres que, em algum momento, haviam sido educandas no Convento, enquanto que em apenas um processo não há referência sobre a condição prévia de educanda. Outros detalhes chamam a atenção nas petições de entrada das educandas nas duas décadas finais do século XVIII.

A profissão de Teresa Macrina de São José, cujo nome no século era Teresa Potenciana de São José, ocorrida em 2 de junho de 1780, havia encerrado um longo jejum de quase treze anos de admissão de novas freiras nos claus-

---

43 RHEINGANTZ, Carlos G. *Primeiras famílias do Rio de Janeiro*, op. cit., v. II, p. 555-556; ARAÚJO, José de Souza Azevedo Pizarro e. *Memórias históricas do Rio de Janeiro*. 2. ed. Rio de Janeiro: Imprensa Nacional, 1946, v. 5, pp. 186-187.

tros conventuais.⁴⁴ Indícios para explicar o referido hiato podem ser encontrados nos próprios processos de ingresso. Encontrando-se desde 1771 no Convento da Ajuda na condição de educanda, em 17 de março de 1777 Teresa Macrina de São José solicitou à rainha D. Maria I permissão para tomar o estado de religiosa, "dispensando da proibição imposta pelas reais ordens". A decisão régia parece ter saído apenas em 5 de agosto de 1778, conforme instruções passadas por Martinho de Mello e Castro, secretário de Estado da Marinha e Ultramar, ao bispo do Rio de Janeiro: "é a mesma Senhora servida que, não obstante as ordens em contrário, possa entrar e professar no dito Convento".⁴⁵ Na solicitação de D. Isabel Violante Quintanilha, datada de 1781, há também referências à permissão da autoridade régia para tomar o hábito e professar no Convento. Esta última educanda havia obtido a autorização necessária por meio de um breve apostólico executado pela Secretaria de Estado.⁴⁶ Após as petições de Ana Perpétua de Araújo e de D. Emerenciana Joaquina, datadas respectivamente de 1781 e 1784, o Convento somente recebeu novas petições de acesso uma década depois.⁴⁷

Medidas reformistas regalistas adotadas pela monarquia portuguesa a partir do gabinete pombalino podem explicar provavelmente a suspensão de novos ingressos de postulantes no Convento da Ajuda, entre 1767 e 1780 e

---

44 SANTOS, Antônio Alves Pereira dos, *Notícia histórica da Ordem da Imaculada Conceição da Mãe de Deus e do Convento de Nossa Senhora da Conceição da Ajuda do Rio de Janeiro*, op. cit., anexo IV, pp. 219-221.
45 ACMRJ, Convento de Nossa Senhora da Conceição da Ajuda, v. 4, documento 13.
46 ACMRJ, Convento de Nossa Senhora da Conceição da Ajuda, v. 4, documento 14.
47 ACMRJ, Convento de Nossa Senhora da Conceição da Ajuda, v. 4, documentos 15, 16 e 17. Ana Perpétua de Araújo adotou, após a entrada no noviciado, o nome de Ana Perpétua de São Francisco, enquanto que Emerenciana Joaquina ingressou no claustro com a denominação de Emerenciana Evangelista. Ver SANTOS, Antônio Alves Pereira dos, *Notícia histórica da Ordem da Imaculada Conceição da Mãe de Deus e do Convento de Nossa Senhora da Conceição da Ajuda do Rio de Janeiro*, op. cit., anexo IV, pp. 219-221.

entre 1785 e 1796, conforme as informações apresentadas pelo cronista da Ordem. Tais medidas, que precisam ser investigadas mais a fundo, tiveram efeitos também no ingresso de novos membros das ordens religiosas masculinas, conforme atestam indícios pontuais. Para o Rio de Janeiro, após protestos do vice-rei conde da Cunha acerca do elevado número de religiosos no Convento de Santo Antônio, foi enviada a ordem régia com data de 30 de janeiro de 1764, suspendendo os ingressos no noviciado daquele estabelecimento.[48] No que tange às ordens femininas, em 30 de junho de 1764, o arcebispo da Bahia recebeu ordens do ministro da Marinha e dos Domínios Ultramarinos para não admitir mais noviças nos conventos da cidade.[49] A este respeito, é significativo assinalar que o pedido de Teresa Macrina de São José para professar no Convento da Ajuda foi feito logo após a renúncia do poderoso ministro de D. José I, em um contexto marcado pela provisória e parcial flexibilização da política regalista de Pombal.[50] No reinado de D. Maria I, foram novamente adotadas medidas de restrição ao noviciado. Por indicação da Junta do Exame do Estado Atual e Melhoramento Temporal das Ordens Regulares, que tinha a finalidade de levantar o número das casas religiosas e os encargos que as oneravam, a rainha decretou em 29 de setembro de 1791 a proibição de se admitirem noviços até resolução posterior.[51] Em um contexto marcado pela limitação do acesso às ordens regulares, é possível conjecturar que as petições enviadas por educandas encontravam mais complacência junto às autoridades régias, o

---

48 RÖWER, Fr. Basílio, OFM. *O Convento de Santo Antônio do Rio de Janeiro*: sua história, memória, tradições. Rio de Janeiro: Jorge Zahar, 2008, p. 113.
49 NASCIMENTO, Anna Amélia Vieira Nascimento, *Patriarcado e religião*, op. cit., p. 318.
50 SERRÃO, Joaquim Veríssimo. *O despotismo iluminado*, 1750-1807 (História de Portugal, v. VI). Lisboa: Verbo, 1982, p. 293-297. Foge ao escopo deste artigo tratar dos significados assumidos pela "Viradeira".
51 OLIVEIRA, Miguel, Padre. *História eclesiástica de Portugal*. Ed. rev. Lisboa: Publicações Europa-América, 2001, p. 211. SILVA, Ricardo Manuel Alves, Casar com Deus, op. cit., p. 334.

que constitui uma provável explicação para a esmagadora maioria dos pedidos provenientes desta categoria de mulheres. Ainda que fossem consideradas seculares, as educandas já se encontravam instaladas no claustro, por vezes há vários anos, adequando-se ao modo de vida das religiosas professas. Por outro lado, já havia a expectativa de que uma parcela substancial das educandas se encaminhasse à vida monástica formal. Para algumas famílias, pode-se conjecturar que o ingresso no Convento sob a condição de educanda se tornara uma estratégia necessária para que as respectivas filhas conseguissem posteriormente a profissão solene.

Dotes e provimentos materiais

Tanto na Europa quanto nas regiões de colonização do Novo Mundo, a historiografia referente à reclusão feminina tem analisado o dote como fator de reforço das diferenciações hierárquicas. Tais distinções se desdobravam em duas frentes: no interior da clausura, na medida em que os pagamentos exigidos para as religiosas de véu preto eram substancialmente maiores do que aqueles efetuados pelas demais categorias de mulheres recolhidas em um estabelecimento; e entre diferentes instituições de reclusão, em que a existência do dote conventual contrastava com a ausência de pagamentos equivalentes nos recolhimentos. Os autores também observaram que as hierarquias internas e interinstitucionais na maior parte das vezes reproduziam diferenças socioeconômicas e de status presentes no tecido da própria sociedade do Antigo Regime. O valor do dote era de tal ordem que o respectivo pagamento tornava-se inacessível a maior parte das famílias, constituindo por si mesmo um elemento de seleção para o ingresso no claustro.[52] A

---

[52] LAVRIN, Asunción, *Brides of Christi*, op. cit., p. 24-25; BURNS, Kathryn, *Colonial Habits*, op. cit., pp. 87-88; SOEIRO, The Feminine Orders in Colonial Bahia, Brazil, op. cit., pp. 186-187.

interdependência existente entre o claustro e as estratégias de distinção e de reprodução das famílias de elite levou a uma parte da historiografia a abordar os conventos femininos como mecanismos reguladores do mercado matrimonial. No referido segmento social, as filhas que não dispunham de pretendentes sociais à altura podiam ser incentivadas e até forçadas pelas respectivas famílias a ingressarem no claustro, capaz de manter inalterada a honra feminina e familiar, e de garantir simultaneamente a concentração do patrimônio nas mãos dos herdeiros com mais chances de contrair casamentos vantajosos.[53] Em alguns casos, como na Bahia entre 1677 e 1800, a impossibilidade das famílias mais proeminentes de encontrar parceiros conjugais adequados para as suas proles teve o efeito de atrair expressivo contingente feminino para os conventos.[54]

Seja em Veneza, no século XVI, quanto na Bahia, nos séculos XVII e XVIII, os valores dos dotes conventuais eram significativamente menores do que o patrimônio necessário para dotar, em condições atraentes, as mulheres das famílias de elite ao matrimônio. Para a cidade do Porto de meados do século XVIII, uma estudiosa duvidou que os valores dos dotes conventuais pudessem ser muito inferiores aos dotes para casamento, ainda que não tenha efetuado pesquisas quanto a estes últimos.[55] No México colonial, uma autora assinala que "o dote de uma freira poderia seria considerado tão importante quanto um dote secular de casamento".[56] No

---

53 LAVEN, Mary, *Virgens de Veneza*, op. cit., pp. 49-65.
54 SOEIRO, Susan, The Feminine Orders in Colonial Bahia, Brazil, op. cit., p. 180-181. A autora observa que, no período considerado, em 53 famílias pesquisadas, 77% da prole feminina ingressou em conventos, enquanto que somente 14% conseguiu casar-se.
55 FERNANDES, Maria Eugenia Matos. *O mosteiro de Santa Clara do Porto em meados do século XVIII*, op. cit., p. 45. Entre 1730 e 1780, os valores dos dotes pagos ao Convento de Santa Clara do Porto oscilaram entre 700$000 e 1:800$000 réis. De 1677 até o final do século XVIII, os valores dos dotes no Convento do Desterro da Bahia principiaram em 600$000, passando depois para 1:000$000, 1:600$000 e 2:000$000 réis. NASCIMENTO, Anna Amélia Vieira Nascimento, *Patriarcado e religião*, op. cit., p. 307.
56 LAVRIN, Asunción, *Brides of Christi*, op. cit., p. 72.

que diz respeito ao Rio de Janeiro setecentista, são necessárias mais pesquisas referentes às estratégias de casamento das elites para comparar a dimensão dos dotes matrimoniais e conventuais. Dados parciais disponíveis para a segunda metade do século XVII indicam que os dotes matrimoniais situavam-se, em média, em um patamar equivalente aos dotes conventuais de meados do século XVIII.[57]

Já é o momento de tratar das práticas de dotação correspondentes às freiras do Convento da Ajuda. Eis como as Constituições locais estipulavam o pagamento do dote:

> Terá cada uma delas de dote o que bem e seguramente render cem mil réis, ou em dinheiro ou em propriedades (...), de que há de tomar posse o mosteiro, como verdadeiro patrimônio dele, enquanto a religiosa for viva, obrigando-se porém por morte dela a satisfazer por seu procurador a quantia do dito dote, quatro mil cruzados, em pagamentos de cem mil réis cada ano aos dotadores ou a seus herdeiros, caso que eles voluntariamente o não queiram deixar para o mosteiro ou por direito lhe não pertença.[58]

Para render 100$000 réis anuais, o montante de quatro mil cruzados ou 1:600$000 réis do dote deveria ser aplicado a uma taxa de juros de 6,25%, um valor comum para a época pesquisada. Um aspecto significativo das regras de dotação no Convento da Ajuda era a exigência de devolução do dote à família, que podia recuperar todo o montante investido

---

[57] FRAGOSO, João Luís Ribeiro, A nobreza vive em bandos, op. cit., pp. 21-22: "o conjunto das famílias senhoriais privilegiava os seus rebentos femininos nas alianças matrimoniais. Entre 1662 e 1698, observei o valor de 110 escrituras de venda – engenhos, terras, sobrados, etc. – do 1º Ofício de Notas: elas somaram 51:123$572. Na mesma época, 12 dotes reuniam 15:992$960. Apesar dos dotes representarem apenas 11% daquelas vendas, corresponderam a 31% dos seus valores". A respeito do papel dos dotes matrimoniais no contexto considerado, ver também SAMPAIO, Antônio Carlos Jucá de. *Na encruzilhada do Império*: hierarquias sociais e conjunturas econômicas no Rio de Janeiro (c. 1650-c. 1750). Rio de Janeiro: Arquivo Nacional, 2003, pp. 285-295.
[58] ACMRJ, cód. E-238, Portarias e ordens episcopais, v. 1, f. 17.

no ingresso de uma filha. Na verdade, tanto para a celebração do matrimônio quanto para a profissão religiosa, o dote pode ser visto como uma antecipação das legítimas, isto é, a parte da herança paterna e materna a que os filhos tinham direito.[59] Segundo o cronista do Convento, a cláusula da devolução do dote trouxe problemas para os administradores das rendas e para as religiosas que "viram-se muitas vezes em apuros, e foram obrigadas a vender várias propriedades, para poderem satisfazer aos herdeiros das falecidas".[60] Apesar de dificuldades pontuais, o patrimônio conventual cresceu substantivamente entre os anos de 1749 e 1799. Neste período, os procuradores do Convento adquiriram, provavelmente com os recursos derivados dos dotes, um total de 14 sobrados e de 7 casas térreas nas freguesias centrais da cidade do Rio de Janeiro.[61] Nos registros da décima urbana referentes ao ano de 1808, o Convento da Ajuda aparece em sétimo lugar na lista dos proprietários institucionais com maior patrimônio na cidade, possuindo um total de 35 imóveis.[62]

A cláusula presente nas Constituições do Convento da Ajuda do Rio de Janeiro, segundo a qual o dote revertia à família após a morte da freira, torna-se bastante singular no âmbito de outras instituições monásticas femininas, fundadas na Bahia, na América espanhola, em Portugal e em Veneza, que têm sido utilizadas aqui como contraponto comparativo. No Convento do Desterro da Bahia, "morrendo uma religiosa, o dote não seria devolvido, em qualquer circunstância, mesmo se o óbito se desse pouco após a

---

[59] SILVA, Maria Beatriz Nizza da Silva. *Sistema de casamento no Brasil colonial*. São Paulo: T. A. Queiroz: Edusp, 1984, p. 101-102; SILVA, Ricardo Manuel Alves da, Casar com Deus, op. cit., p. 223.
[60] Ver SANTOS, Antônio Alves Pereira dos, *Notícia histórica da Ordem da Imaculada Conceição da Mãe de Deus e do Convento de Nossa Senhora da Conceição da Ajuda do Rio de Janeiro*, op. cit., pp. 59-68.
[61] *Id. Ibid.*, pp. 59-68.
[62] CAVALCANTI, Nireu. *O Rio de Janeiro setecentista*: a vida e a construção da cidade da invasão francesa até a chegada da Corte. Rio de Janeiro: Jorge Zahar, 2004, p. 273.

profissão".⁶³ No que tange ao Convento de Santa Clara do Porto, o dote apenas regressava à família doadora caso a religiosa não fizesse a profissão solene. Assim, "para além dos dotes, o mosteiro ficava, igualmente, na posse de quaisquer heranças ou legítimas que as religiosas viessem a receber (depois da profissão de fé, evidentemente), por morte de parentes seus".⁶⁴ No que tange ao México colonial, não foi possível localizar informações respeitantes à devolução do dote à família. Com referência aos direitos de herança da freira, "a noviça em profissão frequentemente, mas não sempre, renunciava a sua parte na herança familiar, embora fosse entendido que seu dote e a alocação de recursos e de dinheiro para a sua vida futura representassem aquela parte".⁶⁵ Em Veneza, "o dote conventual correspondia talvez a um vigésimo do de casamento concedido a uma nobre. Contudo, enquanto o de casamento continuava a ser propriedade da moça, a ser deixado aos herdeiros ou tomado de volta pelos parentes após a morte do marido, o conventual jamais poderia ser recuperado".⁶⁶

Antes de se abordar as escrituras de dote deixadas por algumas famílias em benefício das filhas que haviam ingressado no Convento, deve-se destacar que o dote era uma fração, ainda que a mais importante, das rendas necessárias à admissão. Havia também o pagamento de propinas à comunidade conventual, custos de alimentação durante o noviciado e de enxoval, que não serão abordados aqui. As referidas escrituras podem ser consultadas em anexo a oito requerimentos de entrada e profissão no Convento. Nos demais requerimentos, não há traslado das escrituras, somente a menção que o dote de 1:600$000 réis tinha sido pago. Nas escrituras do final do século XVIII, o valor do

---

63 NASCIMENTO, Anna Amélia Vieira Nascimento, *Patriarcado e religião*, op. cit., p. 308.
64 FERNANDES, Maria Eugenia Matos, *O mosteiro de Santa Clara do Porto em meados do século XVIII*, op. cit., p. 59.
65 LAVRIN, Asunción, *Brides of Christi*, op. cit., p. 73.
66 LAVEN, Mary, *Virgens de Veneza*, op. cit., p. 63.

dote passou a corresponder a 2:000$000 réis, capital necessário para gerar 100$000 réis anuais de juros, que deviam ser aplicados ao sustento das feiras.[67] É de reparar o local de realização das referidas escrituras, junto às grades do Convento, onde escrivães, tabeliães e a família das religiosas se encontraram com as noviças e as demais religiosas, que não podiam deixar a clausura. A escritura de dotação mais simples que foi localizada refere-se ao pagamento dos dotes das educandas D. Catarina de Sena e D. Joana Angélica dos Serafins. Com a finalidade de entrar no noviciado e de efetuar a profissão, as duas irmãs de sangue celebraram uma escritura de patrimônio e doação ao Convento em 15 de setembro de 1800. Da outra parte, os termos da escritura de doação foram aceitos pela vigária capitular e as demais religiosas discretas do Convento, como também, "da parte de fora", o cônego promotor do juízo eclesiástico. As outorgantes haviam convencionado entre si e com as demais partes envolvidas

> Dotarem a si próprias com o capital de dez mil cruzados, que houve por herança dos seus pais, o mestre de campo Miguel Antunes Ferreira e Dona Teresa Francisca da Cruz, à conta dos quais exibiram neste ato perante mim e em dinheiro corrente oito mil cruzados, que recebeu a muito reverenda vigária capitular do que dou fé, e dois mil cruzados no valor de duas celas que a sua conta fizeram construir no mesmo Convento para suas residências, ao que perpetuamente ficam pertencendo ao dito Convento por morte das outorgadas.[68]

Assim, de um total de quatro contos de réis, 3:200$000 réis destinavam-se ao pagamento de dois dotes, e 800$000 réis foram doados permanentemente ao Convento para a

---

67 NASCIMENTO, Anna Amélia Vieira Nascimento, *Patriarcado e religião*, op. cit., p. 318, refere que uma medida de Pombal diminuiu de 6,25 para 5% os juros cobrados em empréstimos, alteração que pode ter tido reflexos na elevação do capital necessário à dotação das feiras.
68 ACMRJ, Convento de Nossa Senhora da Conceição da Ajuda, v. 4, documento 26.

construção das habitações das religiosas. Em duas escrituras, o montante total dos dotes foi doado ao Convento, sem que este devesse restituí-los aos herdeiros das religiosas. Em 25 de março de 1782, Tomás Pinto da Silva, pai da noviça D. Isabel Violante da Silva, tratou com as religiosas do Convento uma escritura de doação, na qual declarou que "suposto o estatuto do Convento fosse este usufrutuário somente dos dotes das religiosas, por morte das quais manda passar para o dotante, contudo ele dotante renuncia o direito que lhe possa competir pelo dito estatuto".[69] Por este meio, o dote passava ao patrimônio do Convento, que se obrigaria a alimentar a futura freira enquanto estivesse viva. Em 12 de maio de 1796, na escritura com que D. Genoveva Maria de Vargas estabeleceu o dote de sua filha, D. Tomásia de Jesus Maria, a dotadora entregou ao Convento a quantia de cinco mil cruzados (dois contos de réis) em dinheiro corrente. Declarou também que "no caso da dita sua filha falecer ou não professar dentro do ano do noviciado tornaria os cinco mil cruzados para ela dotadora, porém se chegar a professar, ainda que ao depois faleça, logo sempre ficarão os ditos cinco mil cruzados ao Convento".[70]

Outra situação comum era que o patrimônio correspondente ao dote estivesse constituído em imóveis urbanos, cujos rendimentos de 100$000 réis ao ano deviam ser entregues ao Convento para a finalidade da manutenção das freiras. Esta forma de constituição dos dotes foi também praticada em outros estabelecimentos de reclusão femininos.[71] Para dar maiores garantias de pagamento ao Convento, os imóveis eram colocados em hipotecas pelos seus respectivos proprietários. Desta forma, as famílias das freiras não perdiam o domínio dos imóveis hipotecados ao

---

[69] ACMRJ, Convento de Nossa Senhora da Conceição da Ajuda, v. 4, documento 14.
[70] ACMRJ, Convento de Nossa Senhora da Conceição da Ajuda, v. 4, documento 21.
[71] SOEIRO, Susan A., A Baroque Nunnery, op. cit., p. 117-119, a propósito do Convento de Santa Clara do Desterro na Bahia.

Convento, mas não podiam vendê-los enquanto estivessem vivas as filhas recolhidas no claustro. Em 9 de outubro de 1795, Sebastião Ferreira da Rocha e a mulher Teresa Catarina da Assunção estabeleceram uma escritura de obrigação com o promotor da mitra diocesana, por meio da qual ficava consignado o patrimônio de cinco mil cruzados em bens de raiz, que rendessem ao menos 100$000 réis para o sustento da educanda e futura freira Ana Teresa de Jesus. O imóvel dado em garantia de pagamento era um sobrado situado na rua Direita, no canto para a rua das Violas. A propriedade em questão já tinha sido hipotecada para a dotação de outra filha do casal recolhida no Convento de Santa Teresa do Rio de Janeiro, cujo nome não aparece mencionado. O rendimento de 300$000 réis com aluguéis era suficiente para garantir o sustento das duas filhas. Não obstante, para melhor assegurar os pagamentos, o casal hipotecou também uma chácara que possuía junto à Lagoa da Sentinela.[72]

Na escritura de dotação celebrada em 24 de outubro de 1800 pelo capitão Manoel Gomes Cardoso e sua mulher, Tomásia Jacinta Viegas do Amaral, haviam assim estabelecido o dote da filha, Genoveva Cândida de São José:

> Fazem doação de dote vitalício no valor de mais de oito mil cruzados em que seguramente reputam e estimam seis moradas de casa térreas contíguas umas às outras que possuem situadas na rua de São Joaquim, que fazem canto com a rua da Vala (...), cujas casas são livres de pensão e outro qualquer encargo judicial, as quais rendem anualmente o melhor de 300$000 réis, nas quais fazem eles outorgantes certo o capital de cinco mil cruzados, e dos respectivos juros deste mesmo capital, seguirão e fazem bons cem mil réis anualmente nos rendimentos das sobreditas casas, e suas propriedades, para serem distribuídos em quartéis de 25$000 réis cada três meses pagos à reverenda abadessa do dito Convento (...)

---

[72] ACMRJ, Convento de Nossa Senhora da Conceição da Ajuda, v. 4, documento 19 (anexo).

enquanto viver a dita Genoveva Cândida de São José no estado de religiosa a que se destina, e um ano depois da sua morte, ficando de então cessando a dita contribuição, tornando para eles outorgantes as referidas propriedades.[73]

Na doação acima, torna-se patente o caráter apenas vitalício dos pagamentos efetuados ao Convento, conforme estipulado nas Constituições. Por fim, a dotação da noviça Francisca Rosa de Assis, que no século se chamava Francisca Catarina Rosa, foi realizada a partir da verba de testamento deixada pelo avô materno, José da Rosa Monteiro, do teor seguinte:

> Declaro que se minha neta (...) se quiser recolher a professar no Convento de Santa Teresa ou de Nossa Senhora da Conceição da Ajuda desta cidade, se lhe fará o dote de cinco mil cruzados de capital, a qualquer dos conventos em que se recolher e professar, nas ditas moradinhas de casas de sobrados que declaro possuir detrás do Hospício, do canto da rua Direita até a travessa que vai para a Candelária, ficando as ditas casas e seus rendimentos todas obrigadas ao dito dote, para efeito somente de nelas se fazerem certos ao Convento cem mil réis em cada ano, enquanto viver a dita minha neta, por serem correspondentes aos juros do dito capital de cinco mil cruzados de dote, em cuja forma poderão meus testamenteiros fazerem escritura de obrigação e ajuste das ditas casas e seus rendimentos ao Convento em que ela se recolher e professar.[74]

Se, de acordo com as Constituições conventuais, era impossível professar no claustro sem um dote, em duas ocasiões os esforços dos familiares para efetuar o pagamento contaram com o auxílio das próprias freiras. Foi o caso de Bárbara Francisca Xavier, que no claustro passou a assumir

---

[73] ACMRJ, Convento de Nossa Senhora da Conceição da Ajuda, v. 4, documento 25.
[74] ACMRJ, Convento de Nossa Senhora da Conceição da Ajuda, v. 4, documento 23.

a denominação de Bárbara Francisca do Amor Divino, como já foi visto mais acima. Na escritura de doação celebrada em 23 de julho de 1795, madre Helena Maria da Cruz, tia da referida noviça e vigária do Convento, entregou a este a quantia de 1:000$000 réis, "de dinheiro seu", procedente de esmolas obtidas dos fiéis. A quantia em questão foi aceita pela comunidade conventual como metade do dote necessário à profissão de Bárbara Francisca Xavier. Quase simultaneamente, na escritura com data de 20 de julho do mesmo ano, o pai da noviça, José Barreto de Faria Azeredo Coutinho, acompanhado da irmã de sangue, D. Inácia Josefa de Azeredo, determinaram, com relação à segunda parte do dote, que

> Estavam as religiosas conformes a perdoar-lhes, em atenção à especial vocação da dita sua filha, e as prendas que lhe tinha de tocar e cantar nas festas da comunidade, e que também ele José Barreto, querendo do modo possível concorrer da sua parte com alguma demonstração de agradecimento e ajuda de dote ao convento, era contente e de muito livre vontade desistia do direito que por si ou seus herdeiros tivesse ou pudesse ter algum dia para haver da religião o dote de quatro mil cruzados, com que entrou para ela sua irmã sóror Helena Maria da Cruz, para que por morte desta fique ao mesmo Convento, sem que ele José Barreto ou seus herdeiros possam haver mais coisa alguma da religião, e esta mesma desistência declarou também fazer sua irmã dita D. Inácia Josefa.[75]

No último estabelecimento de dote aqui analisado, não foi apenas a ajuda da família que se revelou decisiva, mas também a qualidade dos parentes que intercederam a favor do ingresso no Convento e os serviços prestados ao estabelecimento pela noviça. Em 28 de setembro de 1796, em documento assinado pela vigária capitular e por mais seis religiosas representando a comunidade, declaravam que

---

[75] ACMRJ, Convento de Nossa Senhora da Conceição da Ajuda, v. 4, documento 18.

Em atenção aos relevantes serviços que tem feito à mesma comunidade o reverendo padre José Velho de Andrade no lugar de capelão que serve com o maior desempenho, honra, zelo, prontidão e virtudes há trinta e tantos anos, como é constante, se obrigam a aceitar a sua sobrinha D. Antônia Jacinta de São José, educanda neste Convento, lhe fazem um dote no monte dos bens deste Convento para poder professar; atendendo igualmente que a mesma educanda é pobre, de bons costumes, conhecidas virtudes e prendas, de sorte que já utiliza ao convento com o toque de órgão e cantoria.[76]

Considerações finais

Nos três diferentes itens que o compõe, o presente artigo tentou lançar luz sobre diferentes espécies de questões envolvidas no procedimento de ingresso de mulheres no Convento da Ajuda do Rio de Janeiro, com a finalidade de tomar o hábito de noviça e de professar. Nas petições de entrada no noviciado e na profissão, tornaram-se patentes as regras e interdições relativas ao espaço da clausura, em princípio um território fechado ao mundo, mas que mantinha com este importante conexão. Os espaços de contato entre o século e a clausura também apareceram por ocasião da análise das escrituras de dotação no Convento. Dando continuidade à pesquisa, a partir do levantamento do restante da documentação do fundo do Convento da Ajuda, constituída pelas petições para noviciar e professar, pode-se também começar a elaborar o perfil socioeconômico, geográfico e familiar das reclusas, tarefa que já foi levada a termo em outras instituições de reclusão feminina.[77] Na

---

[76] ACMRJ, Convento de Nossa Senhora da Conceição da Ajuda, v. 4, documento 22.
[77] NASCIMENTO, Anna Amélia Vieira, *Patriarcado e religião*, op. cit., p. 409-492; SOEIRO, Susan A., A Baroque Nunnery, op. cit., Apendix II; FERNANDES, Maria Eugenia Matos, *O mosteiro de Santa Clara do Porto em meados do século XVIII*, op. cit., pp. 52-123.

segunda parte, dedicada ao perfil das educandas, chamou-se a atenção para a expressiva quantidade de mulheres que professaram no Convento, tendo antes ingressado na categoria referida. Em um período marcado pelas restrições à entrada de noviças no claustro, sugeriu-se que as educandas tinham mais possibilidades de professar que outras mulheres que não se encontravam ainda recolhidas na clausura. Na medida em que os requerimentos analisados abarcam justamente a conjuntura caracterizada pelas medidas regalistas, a hipótese somente poderá ser confirmada à medida que forem analisadas as caixas contendo os ingressos entre 1751 e 1762. Por fim, tratou-se das práticas de dotação ao Convento, a partir da análise de diferentes escrituras de estabelecimento de patrimônio para as freiras. Neste item, um dos aspectos mais relevantes foi a constatação de que o capital principal para o estabelecimento do dote podia reverter ao domínio dos herdeiros das freiras, após a morte destas. Em um trabalho dedicado ao estudo dos conventos de Santa Clara e de Santa Catarina em Cuzco, no Peru, Kathryn Burns faz referência à economia espiritual e material que convergia para os conventos femininos: de um lado, as famílias e toda a comunidade obtinham bens simbólicos de salvação, derivados das preces das religiosas; por outro, as famílias obtinham benefícios materiais, pois se as filhas chegassem a posições de mando no interior dos conventos, poderiam dispor de condições mais favoráveis para obterem empréstimos dos vastos fundos conventuais.[78] Ainda que não tenham sido encontrados até agora indícios referentes a empréstimos efetuados pelo Convento da Ajuda, as próprias cláusulas de dotação que favoreciam as famílias podem ser associadas à economia material da fundação conventual. No que diz respeito aos dotes, além da documentação do Convento da Ajuda, pode-se talvez recorrer à documentação cartorária da época, em parte depositada no

---

[78] BURNS, Kathryn, *Colonial Habits*, op. cit., p. 147.

Arquivo Nacional do Rio de Janeiro. Como se vê, conforme expressou com elegância um grande historiador, haverá sempre "uma América ainda por descobrir".[79]

Bibliografia

ALGRANTI, Leila. *Honradas e devotas*: mulheres da Colônia. Condição feminina nos conventos e recolhimentos do Sudeste do Brasil, 1750-1822. Rio de Janeiro: José Olympio: Ed. UnB, 1993.

ALGRANTI, Leila. *Livros de devoção, atos de censura*: ensaios de História do livro e da leitura na América Portuguesa (1750-1821). São Paulo: Hucitec: Fapesp, 2004.

ARAÚJO, José de Souza Azevedo Pizarro e. *Memórias históricas do Rio de Janeiro*. 2. ed. Rio de Janeiro: Imprensa Nacional, 1946, v. 5.

BARRANCOS, Dora. *Mujeres en la sociedade argentina*: una historia de cinco siglos. Buenos Aires: Sudamericana, 2010.

BARREIRA, Joana. Concepcionistas franciscanas In: FRANCO, José Eduardo. *Dicionário histórico das ordens e institutos religiosos e outras formas de vida consagrada católica em Portugal*. Lisboa: Gradiva, 2010, pp. 374-379.

BRAUDEL, Fernand. *A dinâmica do capitalismo*. Lisboa: Teorema, 1985.

BURNS, Kathryn. *Colonial Habits*. Convents and the Spiritual Economy of Cuzco, Peru. Durhan: Duke University Press, 1999.

CARNEIRO, Maria Luiza Tucci Carneiro. *Preconceito racial*: Portugal e Brasil Colônia. São Paulo: Brasiliense, 1988.

---

[79] BRAUDEL, Fernand. *A dinâmica do capitalismo*. Lisboa: Teorema, 1985, p. 121.

CAVALCANTI, Nireu. *O Rio de Janeiro setecentista*: a vida e a construção da cidade da invasão francesa até a chegada da Corte. Rio de Janeiro: Jorge Zahar, 2004.

Constituciones generales para todas las monjas y religiosas sujetas a la obediência de N. P. S. Francisco em toda esta família Cismontana (…). Ponense al principio las Reglas de Santa Clara, primera y segunda; la de las monjas de la Puríssima Concepción, y la de las Terceras de Penitencia. Con licencia. En Madrid, en la Imprenta Real. Ano de 1642.

EVANGELISTI, Silvia. *Nuns*. A History of Convent Life (1450-1700). Oxford: Oxford University Press, 2007.

FERNANDES, Maria Eugenia Matos. *O mosteiro de Santa Clara do Porto em meados do século XVIII* (1730-1780). Porto: Câmara Municipal, 1992.

FRAGOSO, João Luís Ribeiro. A nobreza vive em bandos: a economia política das melhores famílias da terra do Rio de Janeiro, século XVII. Algumas notas de pesquisa. *Tempo*: Revista do Departamento de História da UFF. Niterói, v. 8, n. 15, 2003, pp. 11-33.

FRAGOSO, João Luís Ribeiro. Efigênia Angola, Francisca Muniz forra parda, seus parceiros e senhores: freguesias rurais do Rio de Janeiro, século XVIII. Uma contribuição metodológica para a história colonial. *Topoi*. Rio de Janeiro, v. 11, n. 21, jul.-dez. 2010, pp. 74-106.

GOLDSCHMIDT, Eliana M. R. Famílias paulistanas e os casamentos consangüíneos de "donas", no período colonial. *Anais da XVII Reunião da SBPH*. Curitiba, v. 17, pp. 151-155, 1997.

HOLLER, Jacqueline. *"Escogidas plantas"*: Nuns and Beatas in Mexico City, 1531-1601. New York: Columbia University Press, 2005.

IRIARTE, Lázaro, OFM. *História franciscana*. Petrópolis: Vozes: CEPEFAL, 1985.

KING, Margaret L. *A mulher do Renascimento*. Lisboa: Presença, 1994.

LAVEN, Mary. *Virgens de Veneza*: vidas enclausuradas e quebra de votos no convento renascentista. Rio de Janeiro: Imago, 2003.
LAVRIN, Asunción. *Brides of Christi*. Conventual Life in Colonial Mexico. Stanford: Stanford University Press, 2008.
MARTINS, William de Souza. Contas testamentárias: a justiça eclesiástica e a execução de testamentos no Rio de Janeiro (c. 1720-1808). Artigo inédito.
MARTINS, William de Souza. Devoção, *status* e busca de autonomia: O Convento de Nossa Senhora da Conceição da Ajuda no Rio de Janeiro (c. 1750). *Clio*: Revista de pesquisa história. Recife, v. 29, n. 2, pp. 1-20, 2011.
MARTINS, William de Souza. *Membros do corpo místico*: ordens terceiras no Rio de Janeiro (c. 1700-1822). São Paulo: Edusp, 2009.
MOTA, Ana Cláudia de Ataíde Almeida. Documentos avulsos do Convento da Lapa (Salvador, Bahia, séculos XVIII e XIX): edição e estudo. Dissertação (Mestrado em Filologia e Língua Portuguesa) – Programa de Pós-graduação em Filologia e Língua Portuguesa, Universidade de São Paulo, São Paulo, 2011.
NASCIMENTO, Anna Amélia Vieira Nascimento. *Patriarcado e religião*: as enclausuradas clarissas do Convento do Desterro da Bahia, 1677-1890. Bahia: Conselho Estadual de Cultura, 1994.
OLIVEIRA, Miguel, Padre. *História eclesiástica de Portugal*. Ed. rev. Lisboa: Publicações Europa-América, 2001.
OMAECHEVARRIA, Ignacio, OFM. *Las monjas concepcionistas*. Notas históricas sobre la Orden fundada por Beatriz de Silva. Burgos: Imprenta de Aldecoa, 1973.
RHEINGANTZ, Carlos G. *Primeiras famílias do Rio de Janeiro* (séculos XVI e XVII). Rio de Janeiro, Brasiliana, 1965-1967, 2 v.
RÖWER, Fr. Basílio, OFM. *O Convento de Santo Antônio do Rio de Janeiro*: sua história, memória, tradições. Rio de Janeiro: Jorge Zahar, 2008.

SÁ, Isabel dos Guimarães. *Quando o rico se faz pobre*: Misericórdias, caridade e poder no Império Português, 1500-1800. Lisboa: Comissão Nacional para as Comemorações dos Descobrimentos Portugueses, 1997. RUSSELL-WOOD, A. J. R. *Fidalgos e filantropos*: A Santa Casa da Misericórdia da Bahia, 1550-1755. Brasília: Ed. UnB, 1981.

SAMPAIO, Antônio Carlos Jucá de. *Na encruzilhada do Império*: hierarquias sociais e conjunturas econômicas no Rio de Janeiro (c. 1650-c. 1750). Rio de Janeiro: Arquivo Nacional, 2003.

SÁNCHEZ LORA, José L. *Mujeres, conventos y formas de la religiosidad barroca*. Madrid: Fundación Universitaria Española, 1988.

SANTOS, Antônio Alves Pereira dos. *Notícia histórica da Ordem da Imaculada Conceição da Mãe de Deus e do Convento de Nossa Senhora da Conceição da Ajuda do Rio de Janeiro*. Rio de Janeiro: Leuzinger, 1913.

SANTOS, Georgina Silva dos. Entre Jesús y Moisés: el marranismo em los conventos ibéricos durante el siglo XVII In: VIFORCOS MARINAS, M. A.; LORETO LÓPEZ, Rosalva (Coords.). *Historias compartidas*: religiosidad y reclusión femenina em España, Portugal y América. Siglos XV-XIX. León: Universidad de León, 2007, pp. 195-210.

SERRÃO, Joaquim Veríssimo. *O despotismo iluminado*, 1750-1807 (História de Portugal, v. VI). Lisboa: Verbo, 1982.

SILVA, Maria Beatriz Nizza da Silva. *Sistema de casamento no Brasil colonial*. São Paulo: T. A. Queiroz: Edusp, 1984.

SILVA, Maria Beatriz Nizza da Silva. *Donas e plebeias na sociedade colonial*. Lisboa: Estampa, 2002.

SILVA, Maria Beatriz Nizza da Silva. *Ser nobre na Colônia*. São Paulo: Unesp, 2005.

SILVA, Ricardo Manuel Alves da. Casar com Deus: vivências religiosas e espirituais femininas na Braga Moderna. Tese (Doutorado em História Moderna) – Instituto de Ciências Sociais, Universidade do Minho, Braga, 2011.

SOEIRO, Susan A. A Baroque Nunnery: the Economic and Social Role of a Colonial Convent Santa Clara do Desterro, Salvador, Bahia, 1677-1800. Ph.D., Department of History, New York University, New York, 1974.

SOEIRO, Susan A. The feminine orders in colonial Bahia, Brazil: economic, social, and demographic implications, 1677-1800 In: LAVRIN, Asunción (Ed.). *Latin American Women*. Historical Perspectives. Westport: Greeenwood Press, 1978, pp. 173-197.

WIESNER, Merry E. *Women and Gender in Early Modern Europe*. Cambridge: Cambridge University Press, 2000.

Parte III.
Clero y ultramontanismo

10

Difusión del discurso ultramontano y clero intransigente en el Río de la Plata: 1820-1865[1]

IGNACIO MARTÍNEZ[2]

Introducción

Entre 1810 y 1819 las Iglesias rioplatenses vieron desaparecer a casi todas las autoridades que las gobernaban durante la colonia. Las órdenes regulares fueron separadas de la obediencia a sus superiores generales, residentes en Europa. Las tres diócesis que existían en el territorio rebelde: las de Buenos Aires, Córdoba y Salta, fueron quedando sin obispos porque murieron, fueron desplazados de sus sedes por resistirse al gobierno revolucionario, o directamente huyeron a España. Esta situación grave fue resuelta por el gobierno revolucionario en todos los casos nombrando a quienes los suplieran provisoriamente o autorizando nombramientos para reemplazarlos. Para los regulares, creó inclusive una nueva autoridad, común a todas las órdenes del territorio: el Comisario General de Regulares, de efímera vigencia.[3] Las diócesis fueron gobernadas por vicarios

---

[1] El trabajo de investigación en los archivos romanos fue posible gracias a dos subsidios otorgados por el Conicet para estancias en el exterior durante los años 2011 y 2014.
[2] UNR (Facultad de Humanidades y Artes) – Conicet. Contacto: igntinez@gmail.com.
[3] Fue suprimida en octubre de 1816.

capitulares que debían contar con el consentimiento de las autoridades revolucionarias. En ningún caso intervino la Santa Sede, algún representante suyo o incluso el arzobispo residente en Charcas. De hecho, pasaron unos años hasta que en Roma tuvieron cuenta cabal de estos nombramientos. Todas estas medidas fueron justificadas por los sacerdotes intervinientes apelando a los cánones y doctrina católicos. A pesar de las reiteradas manifestaciones de fidelidad al papa como "cabeza visible" de la Iglesia, siglos de gobierno eclesiástico bajo el régimen del patronato y una aun más dilatada tradición casuística como zócalo de la cultura política hispana hacían que la autoridad papal y la de sus disposiciones fueran respetadas de manera cuanto menos laxa. Además, dentro del pensamiento eclesiológico católico eran fuertes aún las doctrinas jansenistas, episcopalistas y galicanas que privilegiaban la relativa autonomía que poseían los obispos para gobernar sus diócesis y las facultades del poder temporal sobre la vida eclesiástica en su territorio.[4]

Sesenta años después, los obispos de Buenos Aires no solo pedían frecuentemente permiso al nuncio para modificar sutilmente protocolos de gobierno que durante las décadas anteriores se trastocaban sin ninguna clase de pruritos, sino que incluso solicitaban instrucciones sobre la forma en que la figura del papa debía exaltarse durante las fiestas celebradas en su homenaje.[5] De estas novedades eran

---

[4] La bibliografía sobre la historia eclesiástica de los años revolucionarios es sumamente extensa. La obra de síntesis más actualizada es DI STEFANO, Roberto y ZANATTA, Loris. *Historia de la Iglesia argentina*. Buenos Aires: Grijalbo-Mondadori, 2000. Sobre la tradición casuística hispanoamericana: TAU ANZOÁTEGUI, Victor. *Casuismo y sistema: Indagación histórica sobre el espíritu del derecho indiano*. Buenos Aires: Instituto de Investigaciones de Historia del Derecho, 1992.

[5] Algunos ejemplos: en 1862, Mariano José Escalada preguntaba al internuncio si podía abrir la convocatoria para concurso de canonjías a aquellos que no contaran con los títulos de doctor o licenciado. Aunque eso contradijera los cánones, pedía que se tuviera en cuenta la escasez de titulados existentes en Argentina. Escalada a Sanguini, Buenos Aires, 25/9/68. Archivio Segreto Vaticano, Archivio Nunziatura Brasile (en adelante ASV, Arch. Nunz. Brasile.), fasc. 291, f. 84-85. José León Aneiros consultaba si podía consagrar al

bien conscientes sus protagonistas. Un entusiasta sacerdote italiano emigrado a la Argentina y allegado a la curia de Buenos Aires podía afirmarle al nuncio en 1873 que "en un año la pequeña llama del amor argentino al Santo Padre ha producido un gran incendio: así es que puedo decir que la República Argentina es pontificia". Su optimismo, sin embargo, no era reciente: el año anterior, luego de pasar revista a los logros de la causa del papa en todo el mundo exclamó: "¡Benedetto sia Il Signore che *romanizza* questo clero!".[6]

Al marcar la diferencia entre estos dos extremos no se quiere afirmar que en cincuenta años la Iglesia rioplatense se convirtió en un apéndice obediente de Roma, ni que las múltiples maneras de entender y sentir la religión católica de sus habitantes mudaron pasivamente hacia formas de devoción dictadas desde la Santa Sede. Lo que se asume, sí, es que la influencia de la autoridad papal y la imagen que proyectaba, particularmente en el clero y a través de este, fue cambiando en esos años. Las dos situaciones presentadas pueden ser extremas y parciales, pero es posible afirmar que difícilmente podrían intercambiarse. Es decir, lo que ocurría tan frecuentemente en la década de 1810 era excepcional en la de 1870 y, si se me permite el ejercicio contrafactual, tampoco habrían podido darse los sucesos del segundo momento al inicio del siglo XIX. La intención de este artículo es analizar algunos procesos que llevaron de una situación a la otra.

---

    recién instituido obispo auxiliar de Salta, Miguel Moisés Aráoz, a pesar de no poder reunir a los otros dos obispos que solicitaba la bula. Aneiros a Sanguini, Buenos Aires, 15/5/73. ASV, Arch. Nunz. Brasile, fasc. 290, f. 125. El mismo Aneiros pedía permiso al nuncio para colocar el retrato de Pío IX en los muros del presbiterio y en el trono arzobispal. Aneiros a Sanguini, Bs. As., 15/5/73, ASV, Arch. Nunz. Brasile, fasc. 290, ff. 123, 123v.

6   Pietro Ceccarelli a Sanguini, Bs. As. 10/12/72, ASV, Arch. Nunz. Brasile, fasc. 290 f. 83; y Ceccarelli al internuncio en Río de Janeiro, Bs. As. 3 (o 7) /6/72. ASV, Arch. Nunz. Brasile, fasc. 290, f. 136.

Específicamente, se revisará aquí el surgimiento y desarrollo de la posición ultramontana en el clero del Río de la Plata atendiendo a dos planos: A) en el estrictamente discursivo: cuáles fueron los formatos elegidos para difundir estas ideas, cuáles fueron los principales problemas que preocuparon a los redactores de estas publicaciones; cuáles atraviesan todo el período, cuáles desaparecieron o perdieron importancia y qué temáticas surgieron con el correr del tiempo o cobraron mayor fuerza. Y B) cuál era, y cómo fue cambiando, la situación de los defensores de esas ideas en el universo político y eclesiástico rioplatense. La intención es vincular ambos planos para identificar y explicar las particularidades de ese ultramontanismo argentino en vistas a comprender en el futuro la integración de esta corriente en un contexto regional más amplio.

Antes de proseguir, será útil hacer algunas precisiones sobre los términos que se utilizarán. En una de las citas de arriba se habla de romanizar el clero. El término "romanización" ha sido usado frecuentemente en el ámbito de la historia académica. Como suele ocurrir en este campo, se han disparado algunas discusiones sobre su pertinencia o utilidad para describir los cambios que vivió la Iglesia católica durante el siglo XIX. Últimamente se han advertido los riesgos de entender la romanización como un proceso unilateral de centralización del poder conducido desde la Santa Sede, una especie de colonización sobre las Iglesias de todo el mundo católico.[7] Aquí se opta por conservar el uso del término, pero aclarando que no se lo considera un mero efecto de la política o voluntad pontificia. Por el contrario,

---

7 Miranda Lida ha utilizado esta concepción del proceso romanizador para cuestionar su pertinencia en la historia argentina del siglo XIX (ver: LIDA, Miranda. "Prensa católica y sociedad en la construcción de la iglesia argentina en la segunda mitad del siglo XIX". En *Anuario de Estudios Americanos*, Sevilla, v. 63, N° 1, pp. 51-75, 2006 y LIDA, Miranda. "Una Iglesia a la medida del Estado: La formación de la Iglesia nacional en la Argentina (1853-1865)". En *Prohistoria*, Rosario, N° 10, pp. 27-46, 2006). Para el caso de Brasil se ha cuestionado también la validez del concepto en la misma clave (véase el artículo de Ítalo Santirocchi en este libro).

se sostiene que la creciente presencia y gravitación de la autoridad papal en las Iglesias argentinas fue producto de la confluencia de factores y voluntades tanto locales como externos.[8] Por eso mismo, la romanización de la Iglesia argentina no recorrió el mismo camino, ni tuvo los mismos resultados que en otras regiones.

Otro tanto ocurre con los actores que forman parte de esta historia. Aquellos que defendieron en las provincias argentinas la autoridad papal lo hicieron a partir de intereses propios, y no como meros repetidores de un discurso destinado a fortalecer a un poder externo. Para referirme a ellos adopto aquí el término *intransigentes*, que ya se ha utilizado en otros estudios para el espacio rioplatense.[9] Esta definición es útil para englobar a quienes leían con pesimismo los cambios acelerados por el ciclo revolucionario iniciado en Francia y continuado en América, y encontraban en el anticlericalismo y laicismo ilustrados, en el secularismo liberal e incluso en las derivas democráticas del principio de la soberanía popular los gérmenes de la disolución social. Para evitarla, sostenían que era necesario gobernar y educar a la sociedad según la doctrina católica. Pero esa intransigencia fue cambiando a lo largo de los años. Me interesa rastrear la forma en que la postura intransigente fue gradualmente ganada por la convicción de que el único camino para imponer el imperio de la religión era colocar a la Iglesia bajo la dirección efectiva del Sumo Pontífice, rechazando las ideas y las medidas que otorgaban a los poderes temporales formas de control sobre la vida eclesiástica que consideraban excesivas. Por *ultramontanismo*

---

[8] En este sentido, ver CLARK, Christopher M. y KAISER, Wolfram. *Culture Wars: Secular-Catholic Conflict in Nineteenth-Century Europe.* Cambridge, U.K.; New York: Cambridge University Press, 2003.
[9] DI STEFANO, Roberto. *El púlpito y la plaza. Clero, sociedad y política de la monarquía católica a la república rosista.* Buenos Aires: Siglo XXI, 2004.

entiendo, entonces, aquel movimiento inspirado en esta concepción de la Iglesia, subordinada al poder papal y celosa de su autonomía frente a las autoridades civiles.[10]

La expansión de la postura ultramontana en el clero intransigente se desenvolvió en tres etapas. La primera va desde las discusiones iniciadas durante la década de 1820 con motivo de las reformas eclesiásticas que impulsaron algunos gobiernos provinciales y la sanción de la tolerancia religiosa por parte de la Convención Constituyente nacional, hasta el paulatino distanciamiento entre la postura intransigente y el gobierno rosista, que desembocó en una ruptura completa tras el conflicto con los jesuitas de Buenos Aires entre 1841 y 1843. En esta primera etapa el discurso intransigente estuvo estrechamente vinculado a la disputa política e interprovincial que precedió al establecimiento del orden confederal rosista, como veremos más adelante. El tránsito de la primera a la segunda etapa fue gradual. Ese pasaje comenzó en los primeros años de la década de 1830, cuando la instalación de una nunciatura en Río de Janeiro y los primeros nombramientos de autoridades diocesanas por parte de la Santa Sede dieron al clero intransigente un respaldo institucional que antes no poseía, y maduró hacia 1841, cuando ese respaldo se volvió mucho más importante en la medida en que el grupo dejó de contar con el seguro auspicio de Rosas, jefe político para

---

[10] El término "ultramontanismo" se ha usado para referir a diversas posiciones y corrientes de pensamiento. Una buena reconstrucción de su surgimiento puede encontrarse en AUBERT, Roger et al. *Storia della Chiesa / Tra stati nazionali e diffusione missionaria, 1830-1870. 8/2, Liberalismo e integralismo risorgimento italiano, movimenti cattolici, ultramontanismo*. Milano: Ed. Jaca Book, 1980. También CLARK, Christopher M. "The New Catholicism and the European Culture Wars". En: CLARK, C. y KAISER, W. *Culture Wars : Secular-Catholic Conflict in Nineteenth-Century Europe*, op. cit. No ignoramos que existían ya a comienzos del siglo XIX personajes de claras convicciones ultramontanas, como los filojesuitas Ambrosio Funes o Diego León Villafañe (de hecho, ex jesuita). La intención aquí no es hacer un censo de la cantidad creciente o decreciente de ultramontanos, sino destacar el modo en que el discurso intransigente fue apoyándose con el correr de las décadas cada vez más en argumentos ultramontanos de defensa de la autoridad papal.

ese entonces de la Confederación. Terminó la segunda etapa en 1852, con la caída del rosismo, la formalización de los vínculos entre los Estados, la religión católica y sus Iglesias en los textos constitucionales provinciales y nacional, y el paulatino nombramiento de obispos residenciales para las diócesis argentinas.[11] Fue también en este período donde se dieron las primeras experiencias de una prensa periódica católica en Argentina.[12] El cierre de esta tercera etapa estuvo marcado por la confluencia de variables internas y externas y se dio también gradualmente, a lo largo de la segunda mitad de la década de 1860. Como variable externa gravitó fuertemente la consolidación de un ultramontanismo intransigente que se volvía particularmente militante a medida que el proceso de unificación italiana disolvía el poder territorial del Papa.[13] En el plano local, el discurso ultramontano encontró blancos concretos y objetos de preocupación en la expansión de la masonería en el litoral argentino y en algunos proyectos e intentos provinciales de sancionar leyes que avanzaban en la laicidad del Estado.[14]

---

[11] Hablo de Estados en plural porque durante la década de 1850 convivieron el nuevo Estado federal de la Nación Argentina constituido en 1853 y el de la provincia de Buenos Aires, que no suscribió la Constitución Nacional. Pero también vale el plural para los Estados de las demás provincias, que también reformaron sus Constituciones.

[12] DI STEFANO, R. "La revista *La Relijión* (1853-1862) y la formación de un círculo intelectual ultramontano en Buenos Aires". En C. RODRÍGUES, G. ZANOTTO y R. COPPE CALDEIRA (eds.), *Manifestações do pensamento católico na América do Sul*. São Paulo: Fonte Editorial, 2015.

[13] Escojo hablar para el plano externo de un ultramontanismo intransigente (y no de una intransigencia ultramontana, como a nivel local) siguiendo la definición de LAMBERTS, Emiel. *The Black International: 1870-1878 : the Holy See and militant Catholicism in Europe*. Leuven: Leuven University Press, 2002.

[14] Sobre el establecimiento de las primeras logias en Argentina y el conflicto en el que se vieron involucradas con las autoridades eclesiásticas puede verse DI STEFANO, Roberto. *Ovejas negras. Historia de los anticlericales argentinos*. Buenos Aires: Sudamericana, 2010, pp. 197-212. Sobre los intentos de avanzar en la laicidad en la provincia de Santa Fe: MAURO, Diego. "Procesos de laicización en Santa Fe (Argentina): 1860-1900. Consideraciones sobre la Argentina liberal y laica", en *Revista de Indias*, Sevilla, N° 261, 2014.

En las páginas que siguen se tratarán las dos primeras etapas en sendos apartados, mientras que la tercera se analizará en la conclusión del trabajo.

Primera etapa (1820-1830/41): la posición intransigente como parte de la disputa política

En este período el discurso intransigente aparece profundamente imbricado en las discusiones que se entablaron entre las facciones políticas en pugna, que se fueron definiendo con el correr de los años como unitarios y federales. De allí que las expresiones intransigentes de esta primera etapa circularan contenidas en la prensa política de la época y siguieran sus circuitos. En la medida en que los unitarios promovieron una serie de reformas eclesiásticas que los publicistas intransigentes rechazaron decididamente, su posición quedó más vinculada al bando federal, aunque no todos los intransigentes, como veremos, fueron federales. Ello se vincula con otra de las características de este período, que es la interpenetración entre las instituciones eclesiásticas y las civiles. Veremos a continuación cuáles fueron las consecuencias de esos solapamientos.

El discurso intransigente en la estela del régimen de cristiandad

Los debates intensos motivados en la prensa y en los órganos representativos del Río de la Plata por una serie de reformas religiosas durante la década de 1820 dan cuenta de la importancia del problema religioso en el nuevo espacio político que se estaba construyendo desde comienzos del siglo XIX. Durante la década de 1820 los periódicos se multiplicaron no solo en Buenos Aires, sino en casi todas las provincias rioplatenses. En Córdoba, Mendoza, San Juan, Tucumán, Salta, Santa Fe, Entre Ríos, Corrientes y la Rioja fueron editados los primeros periódicos a medida que se fueron adquiriendo allí imprentas, antes inexistentes.[15] Las de Córdoba y Buenos Aires fueron las más prolíficas en la edición de periódicos y otros impresos dedicados a temas religiosos. En gran medida la causa de esa efervescencia fueron las reformas eclesiásticas llevadas adelante por el gobierno de Martín Rodríguez en Buenos Aires. Para el "partido intransigente", la situación se volvió más alarmante cuando los gobiernos de San Juan y Mendoza comenzaron a seguir el mismo camino y todavía más cuando se reunió en Buenos Aires un congreso nacional, a fines de 1824, que rápidamente se demostró proclive a extender y profundizar la política reformista.[16] La amenaza se convirtió en alarmante realidad cuando el Congreso aprobó la tolerancia religiosa como parte del tratado de amistad firmado con Gran Bretaña en 1825.

En su conjunto esas medidas tenían tres objetivos: simplificar la estructura eclesiástica, reduciendo o directamente suprimiendo las órdenes regulares para secularizar el clero de las provincias, disolver privilegios corporativos aboliendo el fuero eclesiástico, y finalmente minar el régimen de unanimidad religiosa colonial declarando la tolerancia o la libertad de cultos no católicos. Más allá de su efectiva implementación, estas políticas provocaron una

---

[15] Para la prensa periódica porteña, puede verse GONZÁLEZ BERNALDO, Pilar. *Civilidad y política en los orígenes de la Nación Argentina. Las sociabilidades en Buenos Aires, 1829-1862*. Buenos Aires: Fondo de Cultura Económica, 2008, pp. 69-72. Para Córdoba, AYROLO, Valentina. "Noticias sobre la opinión y la prensa periódica en la provincia autónoma de Córdoba: 1820-1852". *Quinto Sol*, Santa Rosa, N° 9-10, pp. 13-46, 2005. Para un panorama general de las demás provincias, ver WEINBERG, Félix. "El periodismo (1810-1852)". En ACADEMIA NACIONAL DE LA HISTORIA (ed.). *Nueva historia de la Nación Argentina. La configuración de la república independiente (1810, c. 1914)*. Buenos Aires: Planeta, 2000, pp. 453-513, y ZINNY, Antonio. *Efemeridografía argireparquiótica ó sea de las provincias argentinas*. Buenos Aires: Imprenta y Librería de Mayo, 1868.

[16] No uso el término "partido" en su sentido político moderno, sino simplemente para identificar a los partidarios de la posición intransigente. Sobre el predominio de los sectores ilustrados y liberales en el congreso: HALPERÍN DONGHI, Tulio. *Argentina: De la revolución de independencia a la confederación rosista*. Buenos Aires: Editorial Paidós, 1972, p. 217.

fuerte reacción que se volcó inmediatamente a la prensa incluso en aquellas provincias donde las reformas no se dieron, como Córdoba, o la provincia de Santa Fe que tuvo a Francisco de Paula Castañeda como uno de sus publicistas pioneros desde mediados de 1823, luego de ser expulsado de la provincia de Buenos Aires por su ferviente militancia antirreformista.[17]

No obstante, la presencia del discurso intransigente en la prensa de estas provincias fue irregular. En Buenos Aires, a los numerosísimos periódicos que editó Castañeda antes de su expulsión se sumó en un tono menos inflamado y utilizando argumentos más elaborados el *Oficial del día*, de Fr. Cayetano Rodríguez. Frente a ellos se publicó una multitud de papeles "ministeriales" que apoyaban la política reformista.[18] En Córdoba, por el contrario, la reacción a las reformas monopolizó la producción periodística. Allí se reimprimieron por iniciativa del sacerdote riojano –y rector por esos años de la Universidad de Córdoba–, Pedro I. de Castro Barros, dos periódicos chilenos: *El observador Eclesiástico* (1824) y el *Pensador político-religioso* (1825).[19] Se redactaron y publicaron además *El teofilantrópico o el amigo de Dios y de los hombres* (1824), *El Cristiano viejo* (1825-26), *El intolerante* (1825), *El grito de un solitario* (1825) y *La verdad sin rodeos* (editado en Córdoba desde 1826 a 1827). En todos ellos la cuestión religiosa ocupó un lugar central, cuando no exclusivo. Lo que interesa destacar aquí es

---

[17] FURLONG, Guillermo. "Fray Francisco de Castañeda en Santa Fe". *Revista de la Junta Provincial de Estudios Históricos de la Provincia de Santa Fe*, Santa Fe, vol. XL, pp. 51-69, 1969.

[18] CALVO, Nancy. "Voces en pugna. Prensa, política y religión en los orígenes de la República Argentina". *Hispania Sacra*, Madrid, N° LX, pp. 575-596, 2008.

[19] Nos referiremos frecuentemente a Castro Barros en las páginas que siguen. Para ampliar sobre su vida y actividad pública y eclesiástica pueden consultarse TONDA, Américo. *Castro Barros: sus ideas*. Buenos Aires: Academia del Plata, 1961, y AYROLO, Valentina. "Pedro Ignacio de Castro Barros (1777-1849) publicista de Dios y de la patria". En CALVO, Nancy; DI STEFANO, Roberto y GALLO, Klaus (eds.). *Los curas de la revolución. Vidas de eclesiásticos en los orígenes de la nación*. Buenos Aires: Emecé, 2002.

el continuo diálogo que estos periódicos entablaron entre sí y con los papeles que defendían la posición contraria, independientemente de la provincia donde fueran editados. En los periódicos cordobeses son constantes las referencias a, y discusiones con, las ediciones de Buenos Aires, Mendoza y San Juan.[20] Incluso en los periódicos chilenos se mencionan notas editadas en Buenos Aires.[21] El amplio alcance geográfico de estas discusiones ha sido considerado como un indicador de la dimensión "nacional" del debate religioso en el Río de la Plata, y por lo tanto, un factor de peso para crear un espacio público que trascendió las fronteras provinciales.[22]

Las ideas intransigentes de los 1820 no solo conocieron la imprenta gracias a la prensa periódica. La impresión de sermones de oradores célebres o dados en circunstancias especiales ya existía durante la colonia y se conservó durante la etapa independiente.[23] En Córdoba además, Castro Barros emprendió la tarea de editar folletos breves donde publicaba obras de terceros, que solían estar anotadas por él mismo.[24] Otras veces editaba folletos firmados con seudónimo (que muy probablemente fueran de su autoría)

---

[20] Particularmente en *El Grito de un solitario*.
[21] Véase por ejemplo "Noticias eclesiásticas", en *El observador eclesiástico*, N° 22 (s/f), p. 273.
[22] Calvo, N. "Voces en pugna. Prensa, política y religión en los orígenes de la República Argentina", op. cit.
[23] DI STEFANO, R. "Lecturas políticas de la Biblia en la revolución rioplatense (1810-1835)". *Anuario de Historia de la Iglesia*. Navarra, N° 12, pp. 201-224, 2003; AYROLO, Valentina. "El sermón como instrumento de intermediación cultural. Sermones del federalismo cordobés, 1815-1852". *Nuevo Mundo Mundos Nuevos* [en línea]: http://goo.gl/aYK1a9; DOI: 10.4000/nuevomundo.57521 [acceso: 20 de junio de 2014]; DI STEFANO, Roberto. "Religión y cultura: Libros, bibliotecas y lecturas del clero secular rioplatense (1767-1840)". *Bulletin Hispanique*, Bordeaux, N° 2, pp. 511-541, 2001.
[24] Así editó la Pastoral de Giovanni Muzi al pueblo chileno, la *Carta apologética*, que el mismo Muzi escribió en su defensa frente a la hostilidad del gobierno chileno (1824 y 1825 respectivamente), la *Carta del reverendo padre lector jubilado fray Francisco Castañeda a don Justo García Valdez* (1825), *Carta de Carlos Luis de Haller participando a su familia su conversión al catolicismo* (1825). De mayor peso fue la reimpresión encarada por Castro en Buenos Aires de los

para cargar contra asuntos concretos, como la tolerancia de cultos, la abolición del fuero eclesiástico o las actitudes "regalistas" de los gobiernos americanos.[25] También dio a la prensa obras propias, como la *Oración fúnebre de nuestro santísimo Papa Pío VII* (1825) y el *Panegírico de María Santísima Ntra. Sra. bajo del augusto título del Rosario* (1828). Aunque en estos años las publicaciones periódicas son mucho más importantes que los folletos, tanto en su cantidad como en lo que hace a sus contenidos, es necesario considerarlos porque constituyen una estrategia de difusión de las ideas intransigentes que será mucho más frecuente en la década siguiente.[26]

En lo que hace a las temáticas cubiertas en este primer momento, la defensa de las órdenes regulares es el tema prioritario y, en todos los casos, se vincula con la crítica a las corrientes filosóficas ilustradas.[27] Dentro de esa corriente común del discurso intransigente convivían actitudes diferentes frente a las novedades del siglo. Estaban quienes rechazaban de plano todo cambio por adjudicarlo al pensamiento ilustrado, causa principal del desorden político y

---

Apuntes para una reforma de España sin trastorno del gobierno monárquico ni de la religión, de Victoriano Villava (1822). Véase TONDA, Américo. *Castro Barros*. Córdoba: Imprenta de la Universidad, 1949, p. 61.

[25] "Impugnación a la tolerancia de cultos" y "Fuero eclesiástico", editados en un mismo folleto, impreso en la Imprenta de la Universidad el 14 de junio de 1825, y *Reflexiones Vindicativas, en defensa de Muzi frente a acusaciones recibidas en Chile*, Córdoba: Imprenta de la Universidad, 1825.

[26] Según Américo Tonda, Castro Barros había hecho una experiencia editorial en Buenos Aires en la década de 1810, al reimprimir el *Discurso sobre la confirmación de los obispos*, de Pedro de Inguanzo, en la Imprenta de la Independencia en 1817 (primera edición, en Cádiz, 1813), unos documentos relativos a la relación de Napoleón con las autoridades eclesiásticas y una oración del padre Castañeda. Ver TONDA, A. *Castro Barros*, op. cit., p. 55.

[27] Se consideran aquí *Doña María Retazos* redactado por Francisco de Paula Castañeda de 1821 a 1823, el *Observador Eclesiástico*, redactado en Chile por Fr. Tadeo Silva entre junio y diciembre de 1823 (se citará en todos los casos la edición de Castro Barros de 1824), *El Cristiano viejo*, que redactó Juan Justo Rodríguez en Córdoba durante 1825, *El Intolerante*, publicado en Córdoba, en 1825, por Francisco Cabrera y Francisco Gutiérrez, *El grito de un solitario*, de Bernabé Aguilar, impreso en Córdoba en 1825 y *Ven portugués que aquí es*, redactado por el padre Castañeda en Santa Fe en 1828.

moral en que veían sumergido al mundo. Pero había otros que aceptaban la conveniencia de reformas, aunque destacaban la necesidad de encauzar su sentido siguiendo los principios de la religión.[28]

Otro tema de gran presencia en la prensa intransigente de mediados de la década de 1820 es, lógicamente, la tolerancia de cultos. Aquí los publicistas cordobeses se erigieron en campeones de la reacción. Los periódicos *El Intolerante* y *El cristiano viejo* se propusieron como programa discutir la tolerancia. A estos periódicos se sumó la *Impugnación a la tolerancia...* de Castro Barros. En este punto las posiciones fueron más homogéneas. Detrás de los promotores de la tolerancia de cultos estos autores no solo veían la mano corruptora de la moderna filosofía sino fundamentalmente la huella de su antecedente: el protestantismo. La amenaza era clara, de la tolerancia se pasaría al indiferentismo, es decir, a la desaparición de la religión como norma cementante de la sociedad y de allí a la anarquía. A partir de este argumento central se desprenden diversas variaciones y derivaciones en las que no podemos detenernos aquí.[29] Deseamos llamar la atención sobre algunos datos que están

---

[28] La posición menos transigente puede verse en *El cristiano viejo*, N° 5, pp. 46-47. La posición más receptiva a los cambios se advierte en el artículo de *El observador eclesiástico* respecto de la soberanía popular en la nota "Reforma constitucional", del N° 26, p. 320 de la edición de Castro Barros. Sobre la posición ilustrada de su redactor, puede consultarse BETANCOURT CASTILLO, Francisco. "Ilustración, monarquismo y pensamiento político durante la independencia. Fray Tadeo Silva, polemista dominico". En TORRES, Eugenio (ed.). *Los dominicos insurgentes y realistas de México al Río de la Plata*. México D.F.: Instituto Dominicano de Investigaciones Históricas - Miguel Angel Porrúa, 2011, pp. 547-577.

[29] Sobre las formas posibles de la tolerancia y las discusiones que acarreó pueden consultarse CALVO, Nancy. "Lo sagrado y lo profano. Tolerancia religiosa y ciudadanía política en los orígenes de la república rioplatense". En *Andes*, Salta, N° 15, 2004 [en línea]: http://goo.gl/WuVn2x [acceso: 20 de junio de 2014]; DI STEFANO, Roberto. "Tolerancia e intolerancia en la historia religiosa de América Latina". En *Segundo Encontro Nacional do GT História ria das Religoes e das Religiosidades – Anpuh: Toleranciâ e Intoleranciâ nas Manifestaçoes Religiosas*, Universidad de Sao Pablo, Sede de Franca, Brasil, 2008 (mimeo).

dando cuenta de que, a pesar de la clara posición intransigente de estos publicistas, existía en ellos la percepción de que ciertas cosas habían cambiado irremediablemente. *El Cristiano viejo*, que era entre los periódicos mencionados aquél que ofrecía razones más sofisticadas para defender su posición, admitió casi desde el principio que lo que resultaba intolerable era el culto *público* de otras confesiones diferentes de la católica, y no la existencia de creyentes no católicos en la sociedad. De hecho, afirmaba *El Cristiano* sin acusar prurito alguno, hacía años que los ingleses habitaban en Buenos Aires y ninguna de sus actividades sociales o económicas era obstaculizada por la intolerancia.

Arrojados a discutir en el nuevo espacio público de la disputa política, los intransigentes intentaron adoptar las herramientas y los lenguajes de ese espacio, al mismo tiempo que una de las facciones en pugna –la federal comandada en el interior por Juan Bautista Bustos– hizo de los argumentos intransigentes parte sustancial de su prédica y buscó con ellos aglutinar voluntades contra sus oponentes. Las páginas de *El grito de un solitario* son una muy elocuente prueba de esta construcción de identidades políticas utilizando elementos de la discusión religiosa. En respuesta a las acusaciones de fraude que el periódico rivadaviano *El Nacional* había hecho a Bustos, *El grito...* asoció la disputa entre ambas facciones con un enfrentamiento mucho menos coyuntural entre las fuerzas de la justicia y la religión por un lado, y el vicio, el filosofismo, la masonería y la irreligión por el otro, que se habían enseñoreado de Buenos Aires y la habían convertido en una "Babilonia de vicios y capital de toda clase de crímenes". Vocero y apologista de la corrupción, *El Nacional* era retratado "vestido a la inglesa, con alma protestante, [...] a la *francesa jancenistica*, a lo *mazon*" y "a lo funcionario con ropage negro talar [...] escribiendo con pluma sopaba [sic] en sangre".[30]

---

[30] *El grito de un solitario*, Córdoba, 12/5/1825, p. 8 (itálicas en el original).

La situación de la intransigencia católica

El análisis de la situación política de las principales voces intransigentes en esta primera etapa es sumamente complicado. En primer lugar, porque las situaciones variaban sensiblemente de provincia en provincia. En Buenos Aires, por ejemplo, la posición intransigente no fue la dominante ni en la prensa, ni en la estructura eclesiástica durante la década de 1820 (donde los miembros del Senado del Clero se hallaban más cercanos a las corrientes jansenistas y galicanas), mientras que en Córdoba durante los años centrales del decenio, la prensa oficial, como vimos, adscribía a los tópicos del discurso intransigente. De allí podría deducirse que en esa provincia los miembros del clero más afines a esta posición contaban con el favor del gobierno. Sin embargo, sumergidos en la cambiante política facciosa de la época, personajes fuertemente vinculados con la posición intransigente, como Pedro Ignacio de Castro Barros o José Saturnino de Allende, recorrieron un camino un tanto sinuoso que los llevó de la colaboración con los primeros gobiernos federales, a la participación activa en la experiencia unitaria y posterior exilio durante el federalismo rosista. Por el contrario, en Buenos Aires la llegada de Rosas al poder significó, en su etapa inicial, el encumbramiento de los principales representantes de la postura intransigente.

Las diferencias de provincia a provincia y las oscilaciones en la suerte de algunos de los representantes más importantes de la intransigencia católica frente a los poderes temporales tienen una raíz común en la lógica del régimen de cristiandad colonial. Como se ha señalado en numerosas oportunidades, el abandono del régimen monárquico no supuso inmediatamente el desmantelamiento de una estructura institucional que hacía del espacio eclesiástico una rama más del gobierno.[31] La contracara de esta situación era la inexistencia de una estructura eclesiástica con intereses y recursos relativamente autónomos del poder civil. De allí que el destino de muchos sacerdotes estuviera atado al de la facción política a la que pertenecían.[32]

Esa interpenetración de esferas, además, estaba presente en el discurso y en el horizonte de expectativas de los miembros del partido intransigente. Aunque fuera cada vez más claro en sus escritos que la autoridad papal debía llegar a las Iglesias de todo el mundo católico sin sufrir las interferencias de los poderes temporales, el triunfo final de la religión sobre la moderna filosofía y la revolución solo parecía posible a nuestros publicistas con la llegada de un gobierno piadoso que mantuviera la ley divina como norma civil, comprendiera la importancia de conservar a las instituciones eclesiásticas en su rol pedagógico y disciplinario, y las protegiera y sostuviera económicamente. Ello justificaba la decisión de apoyar abiertamente a uno de los partidos en disputa. La asociación entre facción política y ortodoxia religiosa quedaba clara en la homilía que Castañeda pronunció en la apertura del frustrado congreso federal de Santa Fe en 1828. En ella saludaba jubiloso la derrota del unitarismo en manos de los federales, porque tal acontecimiento acabaría con el largo invierno unitario, "tanto más helado, y frío, cuanto más voluntariamente nos habíamos alejado del centro de la unidad católica, y del padre común de los fieles", y le permitiría por fin al pueblo argentino constituirse "cristiana y legalmente".[33]

---

[31] Coinciden en esta afirmación los estudios para Buenos Aires DI STEFANO, R. *El púlpito y la plaza*, op. cit.; BARRAL, María Elena. *De sotanas por la pampa. Religión y sociedad en el Buenos Aires rural tardocolonial*. Buenos Aires: Prometeo, 2007 y Córdoba AYROLO, Valentina. *Funcionarios de Dios y de la república: Clero y política en la experiencia de las autonomías provinciales*. Buenos Aires: Biblos, 2007.

[32] BARRAL, María Elena. "De mediadores componedores a intermediarios banderizos: el clero rural de Buenos Aires y la paz común en las primeras décadas del siglo XIX". *Anuario IEHS*, N° 23, pp. 151-174, 2008.

[33] *Ven portugués que aquí es*, N° 20, Santa Fe, 11/10/1828.

El sermón de Castañeda es también un buen reflejo de la orientación que había comenzado a tomar la prédica intransigente en la segunda mitad de la década del 20 con respecto a Roma. Desde 1824, en coincidencia con la llegada de la primera misión pontificia a las provincias argentinas, las manifestaciones de adhesión y defensa de la autoridad papal se convirtieron en una práctica concreta de pedagogía romana: en 1825 Castro Barros publicó la oración fúnebre a Pío VII que había dado en la iglesia cordobesa de Santo Domingo el año anterior. Allí presentaba al pontífice como un campeón de la reconquista católica en la tormenta que debió vivir la Iglesia a fines el siglo XVIII y principios del XIX.[34] También se esforzaron los publicistas cordobeses en dar a conocer el nombre y los méritos del sucesor de Pío VII, León XII, electo en 1823 pero no reconocido por el gobierno porteño.[35] Pero donde más activa se mostró la prensa intransigente fue en la difusión y defensa de la actividad de la misión pontificia de Giovanni Muzi.[36] Sin embargo, había algo en la profecía de Castañeda que no se cumpliría y que redefiniría las esperanzas intransigentes: el camino hacia Roma no sería allanado por un gobierno civil cristiano (al menos no a mediano plazo), y aquellas fieles ovejas del pastor universal deberían hacer acopio de nuevas armas discursivas para enfrentar las perennes pretensiones patronales de los gobiernos argentinos.

---

[34] CASTRO BARROS, Pedro Ignacio de. *Oración fúnebre de nuestro santísimo Papa Pío VII.* Córdoba, Imprenta de la Universidad, 1825.
[35] *El Intolerante*, N° 2, Córdoba, 28/5/1825. Sobre la negativa de las autoridades porteñas a reconocer al nuevo papa ver TONDA, Américo. *La Iglesia argentina incomunicada con Roma.* Santa Fe: Castellví, 1965.
[36] *El Intolerante*, loc. cit., *El observador eclesiástico*, N° 22 y *Apéndice al Observador Eclesiástico*. CASTRO BARROS, Pedro I. de. *Reflexiones vindicativas*, op. cit.

Segunda etapa (1830/41-1852): de la discusión política al refugio en el poder papal

En este período, se hace más frecuente la crítica a las tradiciones regalistas y galicanas, que quedan vinculadas a las amenazas de la Ilustración y el indiferentismo. La ortodoxia religiosa, en cambio, estaba definida por el respeto a la autoridad papal. El espacio por el que circuló este discurso se independiza del debate político y asume un perfil más clerical.

Libros y folletos, el discurso intransigente se hace ultramontano

Frente a la considerable bibliografía que se ocupa del debate religioso en los años 1820, aquello que sabemos de las dos décadas que le siguen es mucho menos.[37] En gran medida ello se debe a que el caudal documental es sustancialmente menor para esos años: la cantidad de periódicos se redujo en general, y más abruptamente lo hicieron las publicaciones que trataban casi con exclusividad temas religiosos. A partir de 1830 no se registraron periódicos de esta clase y solo circuló una serie de impresos monográficos de escasa

---

[37] GOLDMAN, Noemí. "Libertad de imprenta, opinión pública y debate constitucional en el Río de la Plata (1810-1827)". *Prismas*, Quilmes, N° 4, pp. 9-20, 2000; AYROLO, Valentina. "Noticias sobre la opinión y la prensa periódica en la provincia autónoma de Córdoba: 1820-1852", op. cit.; CALVO, Nancy. "Cuando se trata de la civilización del clero. Principios y motivaciones del debate sobre la reforma eclesiástica porteña de 1822". En *Boletín del Instituto de Historia Argentina y Americana "Dr. Emilio Ravignani"*, 3ª Serie, Buenos Aires, N° 24, pp. 73-103, 2001; CALVO, Nancy. "Los unos y los otros. Católicos, herejes, protestantes, extranjeros. Alcances de la tolerancia en las primeras décadas del siglo XIX". En *Anuario del IEHS*, Tandil, N° 21, pp. 13-35, 2006; CALVO, N. "Voces en pugna. Prensa, política y religión en los orígenes de la República Argentina", op. cit.; AYROLO, Valentina. "El sermón como instrumento de intermediación cultural. Sermones del federalismo cordobés, 1815-1852", op. cit.; DI STEFANO, Roberto. *"Ut unum sint*. La reforma como construcción de la Iglesia (Buenos Aires 1822-1824)". En *Rivista di Storia del Cristianesimo*, Brescia, N° 3, pp. 499-523, 2008.

tirada y aparición esporádica. Ello no significó la ausencia total de iniciativas de difusión de ideas ultramontanas en el territorio, y el debate religioso, aunque menos espectacular, expresó en sus alternativas los rumbos posibles de esas transformaciones.

Exiliado en Uruguay luego de la derrota de José María Paz, con cuyo gobierno había colaborado, Castro Barros no perdió su entusiasmo de publicista. Gracias a sus contactos en Buenos Aires y a la colaboración de corresponsales en otras provincias, que distribuían sus ediciones y, cuando podían, las vendían, el sacerdote riojano siguió reimprimiendo obras y documentos de autores extranjeros, como el muy difundido *Ensayo sobre la supremacía del Papa*, del deán de la Iglesia de Lima, Ignacio Moreno, o las *Reflexiones imparciales de un brasilero*, defensa de los derechos del papa a nombrar obispos, redactada en Brasil con motivo de una disputa entre Roma y la regencia imperial.[38] En este caso, Castro insertó delante de las *Reflexiones* un extenso manifiesto de su autoría en defensa de la primacía romana. Luego completó la documentación sobre esta polémica publicando un *Accesorio Histórico–Canónico–Legal*, que la enmarcaba legal e históricamente.[39] También encaró empresas más ambiciosas, como la compilación de tres dictámenes de autoridades civiles de España, Chile y Buenos Aires en defensa de la jurisdicción papal, que publicó con el título de *Trío literario o tres sabios dictámenes sobre los deberes del sacerdocio y del imperio*.[40] En todos estos casos, se trató

---

38 MORENO, José Ignacio. *Ensayo sobre la supremacía del Papa especialmente con respecto a la institución de los obispos*, 2 vols. Buenos Aires: Impr. de Hallet, 1834; CASTRO BARROS, Pedro Ignacio de (ed.). *Reflexiones imparciales de un brasilero sobre el mensage del trono, y de las respuestas de las cámaras legislativas del año 1836*. Buenos Aires: Imprenta de la Libertad, 1837.

39 CASTRO BARROS, Pedro I. de. *Accesorio Histórico-Canónico-Legal a las reflexiones imparciales de un brasilero*. Buenos Aires: Imprenta de la Libertad, 1838.

40 CASTRO BARROS, Pedro I. de (ed.). *Trío literario o tres sabios dictámenes sobre los deberes del sacerdocio y del imperio*. Buenos Aires: 1839. Se trata del dictamen del Consejo de Castilla a Carlos IV contra la impresión de obras galica-

de volúmenes mucho más extensos que las obritas de los 1820. Ahora los tomos iban de las sesenta a las doscientas cuarenta páginas.

Sabemos, por la correspondencia personal de Castro Barros, que fue lenta y muy trabajosa la tarea de reunir los documentos que habrían de llevarse a la imprenta, conseguir los permisos necesarios para su publicación y, especialmente, los fondos para realizar las tiradas.[41] Procuraba solventar al menos parte de las impresiones con las ventas de las obras que editaba. Para eso desplegó una muy amplia red de corresponsales que distribuían sus impresos y trataban de recaudar para mantener en movimiento su tarea publicística. Desde Montevideo enviaba cartas y paquetes con libros a Buenos Aires, San Juan, Mendoza, Catamarca, Salta... Muchas veces las noticias eran las mismas: se habían repartido las obras pero a muy bajo precio, o la recaudación se había perdido.[42] El representante papal en Río de Janeiro también aportó fondos ocasionalmente para estas publicaciones, tomados de los aranceles que se percibían por las dispensas enviadas a Buenos Aires. Así y todo, la escasez de recursos a veces demoró y otras directamente impidió las publicaciones de Castro Barros.[43]

---

nas (1800), el voto consultivo de la Cámara de Apelaciones de Chile sobre la inconveniencia de retener la bula de institución del obispo de concepción (1834), y el dictamen de Tomás Manuel de Anchorena contra la defensa del derecho de patronato que había hecho el fiscal de la provincia de Buenos Aires, Pedro José Agrelo, en el *Memorial Ajustado* (AGRELO, Pedro (ed.). *Memorial ajustado*, 2º ed. Buenos Aires: Imprenta, Lit. y Encuad. de La Tribuna Nacional, 1886.).

41 Baltasar Agüero a Castro Barros, Bs. As. 28/10/37, ASV, Arch. Nunz. Brasile, Fasc. 274, ff. 157-157v.
42 José A. de Sosa a Castro Barros, Mendoza, 1/12/1837, ASV, Arch. Nunz. Brasile fasc. 272, ff. 94-97; Agustín Molina a Castro Barros, Tucumán, 26/2/38, ASV, Arch. Nunz. Brasile fasc. 272 ff. 106, 106v; Manuel Eufrasio de Quiroga Sarmiento a Castro Barros, San Juan 20/5/1837, ASV, Arch. Nunz. Brasile, fasc. 272, ff. 5 y 6.
43 En la correspondencia se menciona una obra titulada *Población de Roma* o *Roma y su población* que estaba demorada por falta de fondos. Este título no aparece en los listados de obras publicadas por Castro Barros y no pudimos dar con ella en nuestra propia investigación. Es de presumir que finalmente

A pesar de los obstáculos, Castro reeditó varios panegíricos y sermones, además de un folleto de cuarenta páginas, que suponemos apócrifo, destinado a desprestigiar a la masonería, titulado *Extracto de un papel tomado a los masones*.[44] Se trata de volúmenes que van de las cuarenta a las ochenta páginas. Imprimió también folletos de contenido devocional, generalmente breves, que parecen haber tenido una difusión todavía más amplia en las provincias argentinas.[45] En 1841, tras intentar infructuosamente ser nombrado obispo de alguna diócesis rioplatense, Castro Barros

---

nunca haya sido impresa. Castro a Fabbrini, Montevideo, 3/1/1840, ASV, Arch. Nunz. Brasile, fasc. 267, ff. 29-30v; Castro a Fabbrini, Montevideo, 28/9/1840, ASV, Arch. Nunz. Brasile, fasc. 274, ff. 211 y 214. Sobre la cesión de fondos por parte del encargado de Negocios en Río para la impresión de obras de Castro, ver Fabbrini a Escalada, 18/1/1835, ASV, Arch. Nunz. Brasile, libri 44, ff. 92-93v.

44 *Panegírico de María Santísima Nuestra Señora del Rosario*. Buenos Aires, 1834 (tuvo una primera edición en Córdoba); *Panegírico de San Vicente Ferrer*. Buenos Aires: Imprenta del Comercio y Litografía del Estado, 1836. Dos sermones de Miguel Calixto del Corro: el *Panegírico de la esclarecida virgen Santa Catalina de Sena*, Buenos Aires: Imprenta del Comercio, 1837 y el *Panegírico del glorioso príncipe de los apóstoles, San Pedro*. Buenos Aires: Imprenta Argentina, 1838, prologado por un extenso ensayo del mismo Castro. Tonda menciona además del panegírico de Del Corro a Santa Catalina de Siena, una novena a Santa Catalina del mismo Del Corro impresa por Castro en la Imprenta Argentina, en 1837. TONDA, Américo, *Castro barros*, op. cit., p. 72. El panfleto antimasónico se titula *Españoles! Alerta, y tambien vosotros americanos. Extracto de un papel tomado a los masones, cuyo título es como sigue: máximas e instrucciones políticas que el Grande Oriente Español ha mandado poner en egecucion a todas la logias de la masoneria egipciana*, Buenos Aires, Imprenta de la Independencia, 1840.

45 *Voto. La más heroica práctica de caridad a favor de las Benditas Ánimas del Purgatorio...*, Buenos Aires: Imprenta de la Libertad, ca. 1832, y *Novena de la Sangre de N. S. J. y ejercicio devoto de sus siete principales derramamientos*, Buenos Aires: Imprenta Republicana, 1833 (no hemos encontrado estas dos obras, la referencia es de TONDA, *Castro Barros*, op. cit., p. 68); *Memoria tierna y devota: de los cinco principales dolores que desde el instante mismo de su encarnación padeció el dulcísimo Corazón de Jesús*, 1a ed., Buenos Aires: Imprenta Republicana, 1834, 39 pp.; *Triclinio doloroso y devoto candelero místico con su pedestal, y siete luminosos mecheros, o piezas principales de los dolores y penas de la trinidad misteriosa de la tierra: Jesús, María y José*, Buenos Aires, 1837, 197 pp.; *Novena al dulcísimo: Corazón de Jesús*, Buenos Aires: Imprenta Argentina, 1839, 30 pp.

siguió la ruta de la mayoría de los exiliados en Uruguay: partió a Chile y allí continuó su tarea editorial hasta el año anterior a su muerte, ocurrida en 1849.[46]

Es necesario también tener en cuenta la existencia en Buenos Aires de ciertos títulos europeos que eran frecuentemente citados en los impresos que estamos estudiando, o que formaron parte importante en su confección como obras de referencia. Algunos de estos títulos y autores ya fueron considerados en análisis previos.[47] Nos interesa llamar la atención sobre obras que no figuran en esos estudios, pero que nuestros editores citaron o recomendaron por ser accesibles a los lectores rioplatenses. Se trata de los trabajos de Augustin Barruel y de Lorenzo de Hervás y Panduro sobre la Revolución francesa.[48] En la correspondencia de Castro se mencionan también dos obras monumentales, que son hitos de la literatura ultramontana hispana: la

---

[46] De este período son: *Compendio de doctrinas ortodoxas sobre la cuestión del Matrimonio o celibato de los clérigos mayores*. Santiago: Imprenta del Crepúsculo, 1844, el *Restablecimiento de la Compañía de Jesús en la Nueva Granada*. Imprenta del Estado, 1844, un *Panegírico de San Ignacio de Loyola*, una *Disertación polémica sobre la Inmaculada Concepción de María*, del cardenal Lambruschini, y un *Compendio histórico sobre el habitillo o escapularios celeste o azul de la B. V. Inmaculada* (Imprenta de la Independencia, 1842). TONDA. *Castro Barros*, op. cit., p. 80.

[47] PEIRE, Jaime. *El taller de los espejos. Iglesia e imaginario, 1767-1815*. Buenos Aires: Claridad, 2000, pp. 226-269, DI STEFANO, Roberto. "Religión y cultura: Libros, bibliotecas y lecturas del clero secular rioplatense (1767-1840)", op. cit.

[48] CASTRO BARROS, Pedro Ignacio de. "Apendice al *Observador Eclesiastico*". En CASTRO BARROS, Pedro I. *Observador Eclesiástico*, Córdoba: Imprenta de la Universidad, 1824, p. I. No se mencionan los títulos de las obras. Es probable que se refiera a HERVÁS Y PANDURO, Lorenzo. *Causas de la revolucion de Francia en el año de 1789, y medios de que se han valido para efectuarla los enemigos de la religion y del Estado*, Madrid, 1807. De Barruel se citan las *Memorias para servir a la historia del jacobinismo*, cuya versión en castellano había sido editada en Villafranca del Bierzo en 1812 y en Palma, en 1813 (véase INGUANZO, Pedro de. *Discurso sobre la confirmación de los obispos*. Buenos Aires: Imprenta de la Independencia, 1817, p. 8).

Colección Eclesiástica Española[49] y la *Biblioteca de Religión*,[50] traída a Buenos Aires por los jesuitas restaurados en la década de 1830.[51] Hacia fines de la década de 1830 tenemos noticias de que también se recibían periódicos de la península que renovaban en su contenido y formas los modos de publicidad ultramontana, como el catalán *La religión*, editado por Joaquín Roca y Cornet.[52] Nos detenemos en estos datos porque dan cuenta de un corpus bibliográfico que supuso una renovación en clave ultramontana de las lecturas eclesiológicas y teológicas del clero rioplatense, más vinculadas hasta ese momento con tendencias jansenistas y galicanas.

En lo que hace al contenido, un repaso por los títulos que publicó Castro Barros luego de 1830 muestra que los problemas de la tolerancia y de la reforma de regulares casi no aparecen. Ello se debe, fundamentalmente, al abandono de las políticas reformistas tras la caída del partido unitario en 1827. Se mantiene en casi todos sus papeles el rechazo al pensamiento ilustrado que, en sus últimos

---

[49] AGUADO, Eusebio. *Coleccion eclesiástica española: Comprensiva de los breves de SS. y notas del M. R. Nuncio, representaciones de los obispos a las cortes, pastorales, edictos, etc.; con otros documentos relativos a las innovaciones hechas por los constitucionales en materias eclesiásticas desde el 7 de marzo de 1820.* Madrid: Impr. de E. Aguado. 1823.

[50] CARRASCO, Basilio Antonio; DÍAZ MERINO, Juan Antonio; AGUADO, Eusebio. *Biblioteca de religión: O sea colección de obras contra la incredulidad y errores de estos últimos tiempos.* Madrid: Imprenta de E. Aguado, 1826.

[51] Así lo relata Mariano Escalada a Castro Barros en carta fechada en Buenos Aires, el 16/11/1836 en ASV, Arch. Nunz. Brasile, Fasc. 271, ff. 88-89. La *Biblioteca de Religión* fue confeccionada por encargo de Fernando VII una vez concluido el trienio liberal con el propósito de "refutar los errores más en voga", (citado en ALONSO GARCÍA, Gregorio. *La ciudadanía católica y sus enemigos. Cuestión religiosa, cambio político y modernidad en España (1793-1874).* Tesis (doctorado) – Departamento de Historia Contemporánea, Universidad Autónoma de Madrid, Madrid, 2008, nota 408, p. 141). En su introducción, los compiladores manifestaron la intención de "cooperar del modo posible al desempeño del cargo pastoral con el desengaño de los seducidos por los impíos y la lectura de los malos libros". CARRASCO, DÍAZ MERINO, AGUADO. *Biblioteca De Religión*, op. cit., vol. I, p. vi.

[52] Castro Barros a Domingo E. Fabbrini, Montevideo, 28/9/1840, ASV, Arch. Nunz. Brasile, fasc. 274, ff. 211 y 214

escritos, va asumiendo cada vez con mayor claridad las formas subrepticias y macabras del movimiento masónico.[53] En algún sentido, las fuerzas contendientes, tal como son presentadas en los escritos de Castro Barros, parecen sufrir una metamorfosis especular. A medida que la amenaza se descubre como una red subterránea, trasnacional, liderada por oscuros líderes que transmiten sus órdenes a través de secretos papeles, los ejércitos del bien también se organizan en redes trasnacionales que transmiten las disposiciones irradiadas desde un centro, pero que no está oculto, como su enemigo, sino visible, y que debe hacerse cada vez más visible para triunfar.

Castro Barros publicitó los avances de la religión romana buscando hermanar a aquellos católicos deseosos de ver triunfar al sucesor de Pedro sobre sus enemigos.[54] De allí su interés por recibir y publicar noticias sobre conflictos entre las autoridades civiles y la Santa Sede en otras regiones de América y en España, acompañados siempre por manifiestos, dictámenes y fallos, donde el primado papal era reconocido no solo en el plano espiritual, sino también dogmático y jurisdiccional. La publicación de tratados de mayor calibre, como *Ensayo sobre la supremacía del Papa*, o la difusión de una obra editada hacía ya unos años, el *Discurso sobre la confirmación de los obispos*, también buscaba representar la unidad de la causa de la religión, encarnada en la figura papal, frente a peligros similares en todas las latitudes del orbe.

Si bien las obras recién citadas estaban destinadas, dada la complejidad de su discurso, a lectores familiarizados con el universo de las leyes y las doctrinas políticas y eclesiológicas, los sermones, panegíricos y devocionarios, en cambio, parecen orientados a un público algo más amplio. En ellos también la defensa de la autoridad papal y la condena a

---

[53] *Extracto de un papel tomado a los masones*, op. cit.
[54] Sobre la internacionalización de la identidad católica que propone el discurso ultramontano, ver CLARK y KAISER. *Culture Wars*, op. cit.

las corrientes ilustradas y liberales eran el tema principal.[55] Repletos de metáforas, ejemplos históricos y referencias al texto bíblico, estos panegíricos y oraciones podían ser leídos por un público no necesariamente familiarizado con los cánones o la doctrina jurídica. Podían también tomarse como guía para los párrocos a la hora de confeccionar sus homilías y de orientar espiritualmente a los fieles.

Construcción del espacio propio, la intransigencia se respalda en Roma

El espacio donde circuló esta literatura es diferente al de los años 1820 en aspectos importantes. Durante la década de 1830 las obras que mencionamos recién fueron distribuidas por las provincias argentinas de mano en mano a través de un circuito construido por vínculos personales cuyo centro o núcleo estaba conformado por el muy fluido contacto entre Buenos Aires, Montevideo y Río de Janeiro. Allí residían los principales responsables de la edición y distribución de estos impresos. Ya mencionamos a Castro Barros, que estuvo exiliado en Montevideo desde 1833 a 1841. Sus socios indispensables en esta empresa fueron Scipione Domenico Fabbrini, que residía en Río de Janeiro como encargado de Asuntos de la Santa Sede en la Corte de Brasil y delegado para las repúblicas de la América Hispana, y el obispo auxiliar de la diócesis de Buenos Aires, Mariano José Escalada. Entre ellos intercambiaron las noticias, los materiales y el dinero necesarios para imprimir y hacer

---

[55] Véanse por ejemplo CASTRO BARROS, Pedro Ignacio de. *Panegírico del glorioso San Vicente Ferrer, ángel admirable del apocalipsis y apóstol portentoso de la Europa*. Buenos Aires: Imprenta del Comercio y Litografía del Estado, 1836, p. 1, y CASTRO BARROS, Pedro Ignacio de y DEL CORRO, Miguel Calixto. *Panegírico del glorioso príncipe de los apóstoles San Pedro*. Buenos Aires: Imprenta Argentina, 1838, p. 15.

circular las obras en cuestión.[56] Núcleos privilegiados eran también en la década de 1830 los prelados que la Santa Sede había nombrado para gobernar las diócesis vacantes. Así, podemos encontrar correspondencia entre Castro Barros y el obispo cuyano Manuel Eufrasio de Quiroga Sarmiento, o el vicario apostólico y gobernador de la diócesis de Salta, Agustín Molina, o referencias a los contactos existentes entre Escalada y esos mismos obispos.[57]

Lo interesante aquí es que esas redes informales y construidas a partir del contacto personal no solo servían para hacer circular literatura religiosa. Ante la ausencia de una sede arzobispal en la Confederación que hiciera de metropolitana y le otorgara cierta unidad "nacional" al espacio eclesiástico argentino, los contactos personales de Escalada con los demás obispos y con el representante pontificio en Río de Janeiro suplieron esa falta y crearon una red de solidaridades que funcionó en un doble sentido. Por un lado, le permitió a Roma contar con información confiable sobre la realidad de las Iglesias rioplatenses, fundamental para tomar decisiones y nombrar autoridades. Por el otro, brindó a los prelados cierto marco de contención frente a los conflictos que vivieron en no pocas oportunidades con las autoridades civiles de sus diócesis. Esos conflictos se hicieron frecuentes porque, en la década de 1830, la Santa Sede utilizó un subterfugio formal para dotar de obispos a las diócesis vacantes, sin reconocer el derecho que reclamaban los gobiernos provinciales para intervenir en su nombramiento. Lo hizo nombrando al frente de las diócesis a vicarios apostólicos y no a obispos residenciales. Aunque estos sacerdotes contaban con las potestades del orden episcopal como obispos *in partibus infidelium*, su autoridad para

---

56 Un análisis más detallado del funcionamiento de este circuito puede verse en MARTINEZ, Ignacio. "Circulación de noticias e ideas ultramontanas en el Río de la Plata tras la instalación de la primera nunciatura en la América ibérica (1830-1842)". En *Historia Crítica*, Bogotá, N° 52, pp. 73-97, 2014.
57 Para no multiplicar inútilmente la referencia a los archivos, remito a *ibid*.

gobernar las diócesis provenía directamente del papa.[58] De allí que las nuevas autoridades diocesanas buscaran afianzar su contacto con el representante pontificio, ya que su legitimidad de origen residía más en Roma que en sus provincias. Además, el contacto papal les aseguraba legitimidad en el ejercicio de sus funciones, por ejemplo, a la hora de otorgar dispensas matrimoniales para salvar los muy frecuentes impedimentos por parentesco. La facultad de dispensar en esos casos estaba reservada al pontífice o a quien él delegara. Está repleto el archivo de la nunciatura de pedidos de facultades para otorgar esas dispensas. Esta jurisdicción paralela ejercida por los vicarios apostólicos en sociedad con el encargado de negocios en Río de Janeiro, que además suponía un importante movimiento de dinero hacia aquella ciudad, inquietó a los gobiernos rioplatenses.[59]

Las características de este espacio se modificaron a partir de 1840, cuando finalizó la concordia inicial entre el clero intransigente y el gobierno rosista. Las causas de la ruptura no son difíciles de identificar. El inicial respeto manifestado por Rosas a las potestades papales no se comprobó en la práctica luego de 1837, cuando por un decreto, se arrogó la capacidad de decidir si las disposiciones

---

[58] Estos vicarios apostólicos eran nombrados obispos de diócesis que no podían gobernar porque pertenecían a territorios ocupados por infieles (de allí la denominación *in partibus infidelium*). Trato con más detenimiento este tema en MARTÍNEZ, Ignacio. "El 'obispo universal' y sus tenientes. Ingreso de la autoridad papal a las Iglesias rioplatenses. 1820-1853". En *Signos en el tiempo, rastros en la tierra*, Luján, vol. 5, pp. 17-38, 2010 [en línea]: https://goo.gl/TqbmQn [acceso: 20 de junio de 2014].

[59] Nota de Felipe Ibarra a Juan Manuel de Rosas, Santiago del Estero, 6/6/1837, en Archivo General de la Nación (AGN) X-25-3-6, doc. 257. Las acusaciones hacia el nuncio se prolongaron por lo menos hasta la década de 1860. Véase la defensa de Mariano Escalada a favor del nuncio frente a acusaciones de espíritu de lucro en ASV, Segretaria di Stato, C. degli Affari Ecclesiastici Straordinari, Fondo Argentina (en adelante AES-Arg.), Pos. 163, Fasc. 60, Buenos Aires, 1862.

pontificias debían obedecerse en la Confederación o no.[60] Apoyado en esa norma demoró la consagración del obispo de Cuyo, José Manuel Eufrasio de Quiroga Sarmiento, e incluso puso en peligro la existencia misma de esa diócesis, que había sido creada recientemente.[61] También exigió a los obispos un juramento de obediencia a las autoridades de la república por sobre toda otra normativa y autoridad externa.[62] La ruptura final se produjo cuando el gobierno de Buenos Aires decidió disolver la comunidad jesuítica de la provincia en 1841, que había sido restaurada en 1836, y luego expulsar del territorio provincial a sus miembros en 1843. El conflicto de Rosas con los jesuitas arrastró al obispo Escalada, que se declaró a partir de ese momento enemigo abierto del gobierno. Además, en enero de 1841 murió Fabbrini, el delegado pontificio en Río que, gracias a la amistad personal que lo unía con Escalada, había logrado un conocimiento del espacio eclesiástico rioplatense para la Santa Sede inédito hasta el momento. En síntesis, el vínculo que había impulsado en un primer momento el circuito de papeles ultramontanos fue disuelto a comienzos de la década de 1840. Lo que ocurrió a partir de allí fue un desplazamiento de ese punto de contacto entre Río de Janeiro/Roma y las Iglesias rioplatenses hacia Montevideo/Chile. En esa transformación jugaron un rol muy importante los jesuitas. Aunque fueron expulsados de Buenos Aires, su comunidad continuó radicada en Córdoba, donde habían llegado en 1838 y se habían establecido en 1839, y se expandieron desde comienzos de la década de 1840 hacia Corrientes, San Juan y Catamarca, misionaron además en La Rioja y

---

[60] MARTÍNEZ, Ignacio. "Construcción de un poder nacional durante la confederación rosista. La concentración de potestades eclesiásticas en la figura del encargado de relaciones exteriores: Argentina 1837-1852". En *Anuario de Estudios Americanos*, Sevilla, v. 69, N° 1, pp. 169-197, 2012.

[61] BRUNO, Cayetano. *Historia de la Iglesia en Argentina*, v. IX. Buenos Aires: Don Bosco, 1973, pp. 416-434.

[62] Véase el decreto del Encargado de Relaciones Exteriores, firmado en Buenos Aires el 18 de octubre de 1839, *Registro Oficial de la República Argentina* (RORA), Tomo II, pp. 404 y 405.

San Luis y eran requeridos con insistencia desde Salta.[63] Los responsables de estas misiones reprodujeron una red epistolar que concentraba información en Córdoba, Montevideo y en la itinerante residencia del padre superior de la provincia, Mariano Berdugo.[64] En los archivos de la nunciatura de Río de Janeiro y en los de la Secretaría de Estado vaticana, aquellos informes que durante los 30 eran provistos por Escalada o Castro Barros, fueron reemplazados durante los 40 por cartas de Berdugo o del padre Francisco R. Cabré, residente en Montevideo, que recogía los relatos del padre José Fondá, superior del colegio de Córdoba, que a su vez era informado de la realidad de las provincias del interior por sus misioneros.[65] La labor de los jesuitas no se limitó a mantener activo el canal de información hacia Roma. Las misiones de la Compañía se concentraron particularmente en la predicación a la feligresía en general, y en la organización de ejercicios espirituales para el clero de las provincias.[66] Como ocurrió en Brasil, los ejercicios eran parte fundamental de la reforma del clero en clave ultramontana, en la medida en que buscaban inculcar en los sacerdotes la disciplina clerical, apartándolos de las "tentaciones" del siglo y sometiéndolos a la obediencia a las autoridades.[67]

---

63 PEREZ, Rafael. *La Compañía de Jesús restaurada en la República Argentina y Chile*. Barcelona: Impr. de Henrich y ca., 1901, pp. 149-480.
64 Informes muy detallados pueden encontrarse en el Archivo Romano de la Sociedad de Jesús (ARSI), Nuova Compagnia Arg.-Chile 1001 (varios fascículos).
65 Ver varios informes enviados durante 1844 por Mariano Berdugo a Ambrosio Campodonico en ASV, Arch. Nunz. Brasile, fasc. 278, ff. 112-120, también informe de Ramón Cabre a Gaetano Bedini, fechado en Montevideo, 17/11/47, AES-Arg. Pos. 69, fasc. 31.
66 PÉREZ, Rafael. *La Compañía de Jesús restaurada...*, op. cit.
67 Sobre la importancia de los ejercicios en Brasil ver el artículo de I. Santirocchi en esta compilación. La función de los ejercicios como disciplinadores fue perfectamente comprendido por las autoridades y clero local. En la década de 1850 el conflicto entre el recientemente nombrado obispo salteño Colombres y uno de los sacerdotes de su diócesis se disparó cuando este se negó a asistir a los ejercicios que aquel había ordenado. MARTÍNEZ, Ignacio. "Otro 'obispo' con problemas en Salta. El tortuoso gobierno de José

De esa manera subsistió durante veinte años un espacio donde circulaban ideas, información y, sobre todo, nombres útiles a la causa papal. Nombres de "los buenos" y de los que no lo eran tanto. Mientras Escalada tuvo libertad de acción, antes de su ruptura con el rosismo, la confianza que depositaron en él las autoridades romanas le permitió tomar decisiones sobre las demás diócesis. El apoyo brindado por Escalada al vicario apostólico de Salta, José Agustín Molina, y la estrategia que sugirió para conseguir su aceptación en esa provincia fueron importantes para que finalmente el vicario de la Santa Sede gobernara la diócesis. También tuvieron peso los informes y consejos de Escalada durante el conflicto entre el Vicario Apostólico de Córdoba, Benito Lascano, y el gobierno de esa provincia.

Y así como quien gozaba de buen concepto entre los principales miembros de este partido ultramontano podía contar con el apoyo de las autoridades romanas, aquellos que no eran vistos con buenos ojos, por el contrario, encontraban límites en su ascenso dentro de la jerarquía eclesiástica. El caso más claro para este período es el del canónigo Miguel García, sacerdote de confianza del gobernador Rosas, que fue sugerido por el gobierno de Buenos Aires a Roma como coadjutor del obispo Medrano en 1847 previendo su muerte, que parecía inminente. El encargado de negocios pontificios en Río, Gaetano Bedini, pidió informes a los jesuitas y a un colaborador anónimo, muy probablemente el sacerdote irlandés Antonio Fahy. Los informes no eran halagüeños y, por el contrario, apuntaban a Escalada como el único sucesor aceptable de Medrano. Estos

---

Eusebio Colombres como primer 'obispo de la nación' en la diócesis salteña. 1855-1857". En FOLQUER, Cynthia y AMENTA, Sara (eds.). *Sociedad, cristianismo y política. Tejiendo historias locales.* Tucumán: Universidad del Norte Santo Tomás de Aquino, 2010, pp. 503-527.

informes parecen haber sido determinantes y, a pesar de la presión de Rosas por ver designado a su candidato, García nunca fue nombrado coadjutor de Medrano.[68]

En definitiva, parece haber ocurrido una transformación paralela en el discurso intransigente, el espacio donde circulaba y sus principales impulsores. Mientras el primero se hacía más claramente ultramontano, exaltando a la autoridad papal como única guía para conjurar los demonios de la revolución y manifestando una creciente desconfianza hacia el poder temporal, los circuitos que transitaba esta literatura ya no alimentaban un incipiente espacio público (que por otro lado se había contraído por estos años) sino que transcurrían por redes de marcado perfil clerical. Los miembros de estas redes, por su parte, encontraban en ese discurso no solo un modo de entender la religión y sus instituciones más adecuado quizás a sus convicciones teológicas, sino también un marco de ideas que legitimaba su acercamiento a las autoridades romanas como nuevas proveedoras de capital político para gobernar las Iglesias locales.

Conclusión

Tras la caída de Rosas sus vencedores sostenían con entusiasmo que para construir la nación solo restaba consolidar el orden conseguido durante el rosismo. Ello se lograría otorgándole al poder político una estructura institucional moderna y fomentando la creación de un espacio público que permitiera traducir las necesidades particulares en interés público.[69] Bajo ese impulso se multiplicaron los periódicos, clubes y asociaciones, no solo en Buenos Aires, sino

---

[68] El expediente abierto por esta cuestión en Roma, con los informes mencionados en AES-Arg., pos. 67, fasc. 31.
[69] Sobre lo ilusorio de este optimismo trata HALPERÍN DONGHI, Tulio. *Proyecto y construcción de una nación*. Caracas: Biblioteca Ayacucho, 1980.

en diferentes ciudades del país. Los sectores eclesiásticos que vimos surgir en las décadas pasadas fueron igualmente ganados por el optimismo durante los primeros años de la década de 1850. Motivos no les faltaban. En 1854 el gobierno de la provincia de Buenos Aires solicitó a la Santa Sede que Escalada, hasta entonces obispo *in partibus* de Aulón y auxiliar de Buenos Aires, fuera nombrado residencial. Esto es, el gobierno proponía a Escalada, el favorito de Roma, como máxima autoridad de la diócesis. En el resto del territorio, donde se había constituido finalmente un Estado federal, su gobierno se mostraba también predispuesto a satisfacer las demandas de las Iglesias argentinas. Facundo Zuviría, en ese entonces ministro de Relaciones Exteriores de la Confederación, procuró conocer el estado de las Iglesias de todas las provincias en vistas a solucionar sus carencias materiales y humanas, inició además gestiones en Roma para proveer de obispo a las tres diócesis del territorio, que estaban vacantes, y para crear una nueva diócesis separando a las provincias del litoral de Buenos Aires.[70] Para beneplácito del nuncio y sus contactos en Argentina, las listas de candidatos a la mitra que circulaban en las esferas del gobierno solían coincidir con las preferencias del partido ultramontano.[71] No estamos en condiciones de identificar con absoluta certeza los motivos de esta coincidencia, pero quizás no se deba a una política decidida del gobierno en favor del clero ultramontano en detrimento de grupos menos afectos a la autoridad papal, como había ocurrido en Brasil unos años antes, sino simplemente a que entre los sacerdotes con las capacidades necesarias para

---

[70] Zuviría era visto con muy buenos ojos por Marino Marini, encargado de asuntos de la Santa Sede en Río de Janeiro.
[71] Los informes que llegaban a la nunciatura tenían nuevamente a Escalada como principal fuente. Véase AES-Arg. Pos. 84, fasc. 46 (1854), pero fundamentalmente pos. 98, fasc.48 (1853-1856). Al respecto: MARTÍNEZ, Ignacio. "Nuevos espacios para la construcción de la Iglesia: Estado nacional y sectores ultramontanos en la Confederación Argentina, 1853-1862". En *Quinto Sol*, vol. 19, N° 3, 2015.

aspirar a la mitra casi no quedaban los de la vieja escuela jansenista.[72] De hecho, para 1860 se hallarían gobernando las cinco diócesis argentinas personas que habían sido recomendadas por los amigos de la Santa Sede en Argentina, o que tenían una línea de conducta aprobada por la nunciatura.[73] En 1865 el obispo Escalada, principal artífice de este proceso, vio premiado su empeño al ser elevada la sede de Buenos Aires a metropolitana, con las diócesis de Paraguay, Salta, Córdoba, Cuyo y el Litoral como sufragáneas.[74]

Esta inicial concordia se vio reflejada en el discurso público del clero ultramontano. En 1853 comenzó a editarse en esa ciudad el periódico *La Relijión*, redactado por

---

[72] Debe considerarse que, según los datos recabados por el ministro Zuviría en su censo eclesiástico de 1854, la edad promedio del clero argentino rondaba los cuarenta años y su edad de ordenación promedio había sido de 23 años. Esto significa que la mayoría de los sacerdotes se había ordenado hacia mediados de la década de 1830, tras recibir una formación bastante elemental en las aulas de los conventos de las provincias interiores, o en el seminario cordobés. Estaban, por lo tanto, marcados por los debates religiosos de la década de 1820, que habían tenido al clero regular y cordobés como bastiones fundamentales de la posición intransigente. A ellos debe sumarse el contingente de sacerdotes extranjeros (particularmente españoles) que habían arribado a suelo americano expulsados de sus países de origen por las políticas reformistas de sus gobiernos. AUZA, Néstor Tomás. "La política religiosa de la Confederación". En *Revista Histórica*, Buenos Aires, N° 4-5, pp. 3-75, 1979.

[73] Las lista más completa es la que elevó Marino Marini, encargado de Asuntos en Río de Janeiro al Secretario de Estado en Roma, fechado en Río de Janeiro, el 12/5/56, AES-Arg. Pos. 98, fasc. 48 ff. 73-85v.

[74] Existen trabajos recientes que explican el interés de las élites liberales que gobernaron la Argentina durante la segunda mitad del siglo XIX en promover el crecimiento de las estructuras eclesiásticas. Específicamente para nuestro período, Roberto Di Stefano llamó la atención sobre el empeño persistente de los liberales porteños en conservar el sostén económico del culto durante la década de 1850 (DI STEFANO, Roberto. "Sobre liberalismo y religión: rentas eclesiásticas y presupuesto de culto en el Estado de Buenos Aires (1852-1862)". En *Almanack*, N° 5, may. 2013 [en línea]: http://goo.gl/YWsGJa [acceso: 27 de junio de 2014]. Di Stefano discute con M. Lida, quien encontró esa actitud en el gobierno de la Confederación urquicista, mas no en el gobierno de Buenos Aires (LIDA, Miranda. "El presupuesto de culto en la Argentina y sus debates. Estado y sociedad ante el proceso de construcción de la Iglesia (1853-1880)". En *Andes, Antropología e Historia*, Salta, N° 18, pp. 49-75, 2007).

Federico Aneiros, Olegario Correa, Félix Frías e Ildefonso García.[75] En sus primeros números, el periódico no ahorraba elogios al gobierno de la provincia, e incluso se arriesgó a excusar alguna medida en materia eclesiástica que desde una posición ultramontana consecuente no debería haberse aceptado.[76] Existían, sin embargo, diferencias importantes respecto a las ideas intransigentes exhibidas en la prensa de la década de 1820. El problema de la libertad de cultos había cambiado de sentido. Ya no se trataba de impedir el ingreso de otras religiones al territorio, puesto que estaba claro que era un proceso inevitable. En cambio, los redactores del periódico se aprestaron a un combate por el sentido y las consecuencias de la declaración del credo católico como religión oficial del Estado. Aquí fueron dos los principios que buscaron consolidar. Primero, que al declarar al catolicismo como religión oficial, el Estado debía garantizar su privilegio frente a otros cultos –por ejemplo, en educación–, e impedir que las religiones "extrañas" se expandieran más allá de las comunidades extranjeras que las profesaban desde su origen.[77] Segundo, que la condición de religión oficial no conllevaba un control por parte del gobierno de la vida eclesiástica. Este fue un punto fuerte en el discurso, no solo del periódico que estamos analizando, sino de eclesiásticos de cierta relevancia pública en las demás provincias argentinas.[78] Todos ellos insistían en

---

[75] DI STEFANO, Roberto. "La revista *La Relijión*", op. cit.
[76] Así fue en el caso de la remoción de Amenábar del Cabildo Eclesiástico de Buenos Aires. *La Relijión*, 15/10/1853.
[77] Esto está tratado en muchísimas ocasiones en *La Relijión*, véase, por ejemplo la edición del 22/10/53, p. 39.
[78] Véase *La Relijión*, 29/10/53 pp. 58-60. Ver "El Provisor Gobernador del Obispado de Cuyo, Timoteo Maradona al Ministro de Relaciones Exteriores de la Confederación Argentina, Facundo Zuviría", fechada en San Juan el 8/2/54, publicada en *El Nacional Argentino*, 9/4/54 y "El vicario foráneo de la provincia de Jujuy [Escolástico Zegada] a S. E. el Sr. Ministro de Relaciones Exteriores de la Confederación Argentina. Jujuy, febrero 12 de 1854", en *El Nacional Argentino*, 20/4/54. Tanto Zegada como Maradona figuraban en las listas de eclesiásticos de confianza y episcopables que manejaba la Secretaría de Estado del Vaticano.

la necesidad de establecer relaciones fluidas con la Santa Sede y firmar un concordato para dar solidez al proceso de construcción de la Iglesia argentina. Por lo tanto, incluso cuando se consideraban respaldados por el gobierno, los eclesiásticos y publicistas que se proclamaban voceros de los valores católicos mantuvieron una distancia respecto del poder político. El rol que se adjudicaron en el espacio público no fue el de defensores de un partido o facción que consideraban propio, sino el de guardianes de los intereses de la Iglesia, expresados perfectamente en la figura de su máximo gobernante, residente en Roma.

Hacia fines de nuestro período el tono cambió, aunque no lo hicieran las ideas centrales que organizaban el discurso. Las páginas de *La Relijión* a partir de 1857 nos muestran un panorama algo más sombrío que a comienzos de la década, no solo para la Iglesia, sino para la sociedad en general. El futuro era negro porque campeaban el racionalismo, el materialismo, el indiferentismo, la promiscuidad e inmoralidad en las ciudades. Lo más alarmante era que estos vicios eran promovidos por agentes que se expandían día a día y cuya máxima expresión eran las logias masónicas. La vigilancia que la opinión católica se había propuesto ejercer sobre el poder civil para denunciar o evitar sus desbordes de autoridad en el ámbito religioso se volvía más acuciante, en la medida en que esas sociedades secretas amenazaban con minar e incluso infiltrar el Estado.[79]

No es difícil advertir la contradicción que existe entre el pesimismo frecuente, pero no excluyente, de la prensa católica de los 60 y la mejora institucional de la Iglesia que señalamos más arriba. Se dio también en estos años una discordancia entre la condena pública a las actitudes

---

[79] Son numerosas las menciones a las sociedades secretas en *La Relijión*, véase por ejemplo los números de febrero y marzo de 1857, posteriores a la pastoral del obispo Escalada en condena a las sociedades secretas (N° 39 (21/2/57), 41 (7/3/57), 42 (14/3/57). Para la reacción de las autoridades católicas frente a la masonería, remitimos de nuevo a DI STEFANO, Roberto. *Ovejas negras*, op. cit., pp. 197-212.

"regalistas" de las autoridades civiles, hecha en defensa de la autonomía eclesiástica, y la adaptación que esos mismos eclesiásticos demostraron a las reglas de juego patronales fijadas por las autoridades temporales a la hora de negociar los nombramientos de autoridades o la financiación de instituciones tan fundamentales para la construcción de una nueva Iglesia, como eran los seminarios.[80]

Aunque falta todavía mucho que investigar en este plano, entendemos que las claves para explicar estas aparentes contradicciones son al menos cuatro. En primer lugar, la fuerza que cobró el discurso ultramontano dentro del espacio eclesiástico lo convirtió en el lenguaje común de la identidad católica a nivel mundial. Así es que las diferencias ideológicas dentro de este universo y las medidas concretas tomadas por las autoridades eclesiásticas locales y por las romanas –incluso aquellas que contrariaban el proceso de romanización– encarnaban en el discurso refractando en el prisma de la retórica ultramontana.[81] Las amplias variaciones posibles en el ángulo de esa refracción (para continuar con la metáfora óptica) se debieron a la segunda variable a considerar: como vimos, el discurso ultramontano circuló por circuitos y bajo formas altamente mudables y frágiles. Nada parecido a una constelación bien distribuida de seminarios había en el territorio argentino a mediados de siglo XIX para transmitir esas ideas de manera más o menos homogénea. En tercer término, debe tenerse en cuenta que las estructuras de gobierno argentinas estaban en formación por estos años. Ello abarca a las instituciones civiles y las eclesiásticas. Por lo tanto, aquellos que promovían el

---

[80] AES. Pos. 98, fasc. 48. Todo el expediente está dedicado a la provisión de las diócesis argentinas en la década de los 50 (se analiza en MARTINEZ, Ignacio. "Nuevos espacios para la construcción de la Iglesia", op. cit.).

[81] Podría pensarse la retórica ultramontana operando en el discurso eclesiástico al modo en que la retórica republicana organizó los argumentos del discurso público rosista. Ver MYERS, Jorge. *Orden y virtud. El discurso republicano en el régimen rosista*. Buenos Aires: Universidad Nacional de Quilmes, 1995.

fortalecimiento de unas y otras eran conscientes de los límites de cada una y de las ventajas que todavía podían esperar de su colaboración recíproca. De allí que, en lo que a nosotros nos toca, los defensores de la autonomía eclesiástica prefirieran sacrificarla en parte para conseguir del poder civil cierto trato preferencial y financiamiento económico. En cuarto lugar, y en relación con los últimos dos puntos, es muy importante desarmar una lógica binaria para pensar los actores en juego. No se trataba de Estado contra Iglesia, o de liberales representando al primero, contra conservadores como voceros de la segunda. En nuestro escenario había más de dos actores interactuando y ninguno de ellos puede considerarse representante de una u otra institución. Había, por supuesto, actores que intentaban fortalecer a las instituciones civiles de gobierno, sustrayendo espacios de decisión y recursos a la estructura eclesiástica, pero también estaban aquellos que consideraban que el gobierno temporal tenía mucho por ganar si se apoyaba en las instituciones y valores religiosos.[82] Dentro del universo eclesiástico, por su parte, existían sectores con mayor raigambre local, vinculados a los poderes provinciales o a los incipientes entramados nacionales de poder, mientras que otros habían construido su capital político en vinculación con las autoridades romanas. Aquí hemos seguido particularmente al segundo grupo, que, a pesar de su vinculación con la Santa Sede, conservaba cierto margen de maniobra en razón de los intereses concretos que poseían en el espacio argentino, más todavía cuando los mismos funcionarios romanos con los que estaban en contacto se mostraban dispuestos a relajar su celo ultramontano para conseguir ciertos favores coyunturales del poder político.

---

82 Para una reflexión sobre las "ambivalencias religiosas del liberalismo argentino", ver: DI STEFANO, Roberto. "Sobre liberalismo y religión", op. cit., y del mismo autor: "El pacto laico argentino". *Polhis*, Buenos Aires, N° 8, pp. 80-89, 2011.

Podría contraargumentarse que la posición ultramontana no se había acrisolado a mediados del siglo XIX simplemente porque los grandes conflictos a nivel nacional e internacional ocasionados por la aceleración de las políticas laicistas y el endurecimiento de la posición intransigente de Roma todavía no habían ocurrido. Ese argumento es en gran parte cierto, pero esta "prehistoria" del ultramontanismo más combativo, y particularmente la comparación de sus características con las de espacios similares pero no idénticos como el brasileño, nos ayudarán a comprender por qué esas batallas, cuando finalmente ocurrieron, desembocaron en algunos casos en la separación entre Iglesia y Estado y en otros, como en el argentino, no.

Bibliografía

AGRELO, Pedro (ed.). *Memorial ajustado*. 2º ed. Buenos Aires: Imprenta, Lit. y Encuad. de La Tribuna Nacional, 1886.

AGUADO, Eusebio. *Coleccion eclesiástica española: Comprensiva de los breves de SS. y notas del M. R. Nuncio, representaciones de los obispos a las cortes, pastorales, edictos, etc.; con otros documentos relativos a las innovaciones hechas por los constitucionales en materias eclesiásticas desde el 7 de marzo de 1820*. Madrid: Impr. de E. Aguado. 1823.

ALONSO GARCÍA, Gregorio. *La ciudadanía católica y sus enemigos. Cuestión religiosa, cambio político y modernidad en españa (1793–1874)*. Tesis (doctorado) - Departamento de Historia Contemporánea, Universidad Autónoma de Madrid, Madrid, 2008.

AUBERT, Roger; BECKMANN, Johannes; CORISH, Patrick J.; TRANIELLO, Francesco *et al. Storia della chiesa / Tra stati nazionali e diffusione missionaria, 1830–1870.* v. 8/2: *Liberalismo e integralismo risorgimento italiano, movimenti cattolici, ultramontanismo*. Milano: Ed. Jaca Book, 1980.

AUZA, Néstor Tomás. "La política religiosa de la Confederación". En *Revista Histórica*, Buenos Aires, N° 4-5, pp. 3-75, 1979.

AYROLO, Valentina. "Pedro Ignacio de Castro Barros (1777-1849) publicista de Dios y de la patria". En CALVO, Nancy; DI STEFANO, Roberto; GALLO, Klaus (eds.). *Los curas de la Revolución. Vidas de eclesiásticos en los orígenes de la nación.* Buenos Aires: Emecé, 2002, pp. 265-277.

AYROLO, Valentina. "Noticias sobre la opinión y la prensa periódica en la provincia autónoma de Córdoba: 1820-1852". *Quinto Sol*, N° 9-10, pp. 13-46, 2005.

AYROLO, Valentina. *Funcionarios de Dios y de la república: Clero y política en la experiencia de las autonomías provinciales.* Buenos Aires: Biblos, 2007.

AYROLO, Valentina. "El sermón como instrumento de intermediación cultural. Sermones del federalismo cordobés, 1815-1852". En *Nuevo Mundo Mundos Nuevos* [en línea]: http://goo.gl/aYK1a9; DOI: 10.4000/nuevomundo.57521 [acceso: 20 de junio de 2014].

BARRAL, María Elena. *De sotanas por la Pampa. Religión y sociedad en el Buenos Aires rural tardocolonial.* Buenos Aires: Prometeo, 2007.

BARRAL, María Elena. "De mediadores componedores a intermediarios banderizos: el clero rural de Buenos Aires y la paz común en las primeras décadas del siglo XIX". En *Anuario IEHS*, N° 23, pp. 151-174, 2008.

BETANCOURT CASTILLO, Francisco. "Ilustración, monarquismo y pensamiento político durante la independencia. Fray Tadeo Silva, polemista dominico". En TORRES, Eugenio (ed.). *Los dominicos insurgentes y realistas de México al Río de la Plata.* México D.F.: Instituto Dominicano de Investigaciones Históricas - Miguel Angel Porrúa, 2011, pp. 547-577.

BRUNO, Cayetano. *Historia de la Iglesia en Argentina,* v. IX. Buenos Aires: Don Bosco, 1973.

CALVO, Nancy. "Cuando se trata de la civilización del clero. Principios y motivaciones del debate sobre la reforma eclesiástica porteña de 1822". En *Boletín del Instituto de Historia Argentina y Americana "Dr. Emilio Ravignani"*, *3ª Serie*, Buenos Aires, N° 24, pp. 73-103, 2001.

CALVO, Nancy. "Lo sagrado y lo profano. Tolerancia religiosa y ciudadanía política en los orígenes de la república rioplatense". En *Andes*, N° 15, 2004 [en línea]: http://goo.gl/mVtlqc [acceso: 20 de junio de 2014].

CALVO, Nancy. "Los unos y los otros. Católicos, herejes, protestantes, extranjeros. Alcances de la tolerancia en las primeras décadas del siglo XIX". En *Anuario del IEHS*, Tandil, N° 21, pp. 1335, 2006.

CALVO, Nancy. "Voces en pugna. Prensa, política y religión en los orígenes de la República Argentina". En *Hispania Sacra*, Madrid, N° LX, pp. 575-596, 2008.

CARRASCO, Basilio Antonio; DÍAZ MERINO, Juan Antonio; AGUADO, Eusebio. *Biblioteca de religión: O sea colección de obras contra la incredulidad y errores de estos últimos tiempos*. Madrid: Imprenta de E. Aguado, 1826.

CASTRO BARROS, Pedro Ignacio de. *Panegírico del glorioso San Vicente Ferrer, ángel admirable del apocalipsis y apóstol portentoso de la Europa*. Buenos Aires: Imprenta del Comercio y Litografía del Estado, 1836.

CASTRO BARROS, Pedro Ignacio de (ed.). *Reflexiones imparciales de un brasilero sobre el mensage del trono, y de las respuestas de las cámaras legislativas del año 1836*. Buenos Aires: Imprenta de la Libertad, 1837.

CASTRO BARROS, Pedro I. de. *Accesorio Histórico–Canónico–Legal a las reflexiones imparciales de un brasilero*. Buenos Aires: Imprenta de la Libertad, 1838.

CASTRO BARROS, Pedro Ignacio de y DEL CORRO, Miguel Calixto. *Panegírico del glorioso príncipe de los apóstoles San Pedro*. Buenos Aires: Imprenta Argentina, 1838.

CASTRO BARROS, Pedro Ignacio de (ed.). *Trío literario o tres sabios dictámenes sobre los deberes del sacerdocio y del imperio*. Buenos Aires, 1839.

CLARK, Christopher M. y KAISER, Wolfram. *Culture Wars: Secular-catholic Conflict in Nineteenth-Century Europe*. Cambridge, U.K.; New York: Cambridge University Press, 2003.

DI STEFANO, Roberto y ZANATTA, Loris. *Historia de la Iglesia argentina*. Buenos Aires: Grijalbo-Mondadori, 2000.

DI STEFANO, Roberto. "Religión y cultura: Libros, bibliotecas y lecturas del clero secular rioplatense (1767-1840)". En *Bulletin Hispanique*, Bordeaux, N° 2, pp. 511-541. 2001.

DI STEFANO, Roberto. "Lecturas políticas de la Biblia en la revolución rioplatense (1810-1835)". En *Anuario de Historia de la Iglesia*. Navarra, N° 12, pp. 201-224, 2003.

DI STEFANO, Roberto. *El púlpito y la plaza. Clero, sociedad y política de la monarquía católica a la república rosista*. Buenos Aires: Siglo XXI, 2004.

DI STEFANO Roberto. "*Ut unum sint*. La reforma como construcción de la Iglesia (Buenos Aires 1822-1824)". En *Rivista di Storia del Cristianesimo*, Brescia, N° 3, pp. 499-523, 2008.

DI STEFANO, Roberto. "Tolerancia e intolerancia en la historia religiosa de América Latina". En *Segundo Encontro Nacional do GT História das Religoes e das Religiosidades – Anpuh: Tolerancià e Intolerancià nas Manifestaçoes Religiosas*, Universidad de São Pablo, Sede de Franca, Brasil, 2008 (mimeo).

DI STEFANO, Roberto. *Ovejas negras. Historia de los anticlericales argentinos*. Buenos Aires: Sudamericana, 2010.

DI STEFANO, Roberto. "El pacto laico argentino". *Polhis*, Buenos Aires, N° 8, pp. 80-89, 2011.

DI STEFANO, Roberto. "Sobre liberalismo y religión: rentas eclesiásticas y presupuesto de culto en el Estado de Buenos Aires (1852-1862)". En *Almanack*, N° 5, may. 2013 [en línea]: http://goo.gl/APCO2r [acceso: 27 de junio de 2014].

DI STEFANO, Roberto. "La revista *La Relijión* (1853-1862) y la formación de un círculo intelectual ultramontano en Buenos Aires". En C. RODRÍGUES, G. ZANOTTO y R. COPPE CALDEIRA (eds.), *Manifestações do pensamento católico na América do Sul*. São Paulo: Fonte Editorial, 2015, pp. 13-39.

FURLONG, Guillermo. "Fray Francisco de Castañeda en Santa Fe". En *Revista de la Junta Provincial de Estudios Históricos de la Provincia de Santa Fe*, Santa Fe, vol. XL, pp. 51-69, 1969.

GOLDMAN, Noemí. "Libertad de imprenta, opinión pública y debate constitucional en el Río de la Plata (1810-1827)". En *Prismas*, Quilmes, N° 4, pp. 9-20, 2000.

GONZÁLEZ BERNALDO, Pilar. *Civilidad y política en los orígenes de la Nación Argentina. Las sociabilidades en Buenos Aires, 1829–1862.* Buenos Aires: Fondo de Cultura Económica, 2008.

HALPERÍN DONGHI, Tulio. *Argentina: De la revolución de independencia a la confederación rosista.* Buenos Aires: Editorial Paidós, 1972.

HALPERIN DONGHI, Tulio. *Proyecto y construcción de una nación.* Caracas: Biblioteca Ayacucho, 1980.

HERVÁS Y PANDURO, Lorenzo. *Causas de la revolucion de Francia en el año de 1789, y medios de que se han valido para efectuarla los enemigos de la religion y del Estado*, Madrid, 1807.

INGUANZO, Pedro de. *Discurso sobre la confirmación de los obispos.* Buenos Aires: Imprenta de la Independencia, 1817.

LAMBERTS, Emiel. *The Black International: 1870–1878: the Holy See and militant Catholicism in Europe.* Leuven: Leuven University Press, 2002.

LIDA, Miranda. "Prensa católica y sociedad en la construcción de la Iglesia argentina en la segunda mitad del siglo XIX". En *Anuario de Estudios Americanos*, Sevilla, v. 63, N° 1, pp. 51-75, 2006.

LIDA, Miranda. "Una Iglesia a la medida del Estado: La formación de la Iglesia nacional en la Argentina (1853-1865)". En *Prohistoria*, Rosario, N° 10, pp. 27-46, 2006.

LIDA, Miranda. "El presupuesto de culto en la Argentina y sus debates. Estado y sociedad ante el proceso de construcción de la Iglesia (1853-1880)". En *Andes, Antropología e Historia*, Salta, N° 18, pp. 49-75, 2007.

MARTÍNEZ, Ignacio. "El 'obispo universal' y sus tenientes. Ingreso de la autoridad papal a las Iglesias rioplatenses. 1820-1853". *Signos en el tiempo, Rastros en la tierra*, Luján, vol. 5, pp. 17-38, 2010 [en línea]: http://goo.gl/WH2bqn [acceso: 20 de junio de 2014].

MARTINEZ, Ignacio. "Otro 'obispo' con problemas en Salta. El tortuoso gobierno de José Eusebio Colombres como primer 'obispo de la nación' en la diócesis salteña. 1855-1857". En FOLQUER, Cynthia y AMENTA, Sara (eds.). *Sociedad, cristianismo y política. Tejiendo historias locales*. Tucumán: Universidad del Norte Santo Tomás de Aquino, 2010, pp. 503-527.

MARTÍNEZ, Ignacio. "Construcción de un poder nacional durante la confederación rosista. La concentración de potestades eclesiásticas en la figura del encargado de relaciones exteriores: Argentina 1837-1852". En *Anuario de Estudios Americanos*, Sevilla, v. 69, N° 1, pp. 169-197, 2012.

MARTÍNEZ, Ignacio. "Circulación de noticias e ideas ultramontanas en el Río de la Plata tras la instalación de la primera nunciatura en la américa ibérica (1830-1842)", *Historia Crítica*, Bogotá, N° 52, pp. 73-97, 2014.

MARTÍNEZ, Ignacio. "Nuevos espacios para la construcción de la Iglesia: Estado nacional y sectores ultramontanos en la Confederación Argentina, 1853-1862". En *Quinto Sol*, Santa Rosa La Pampa, vol. 19, N° 3, pp. 1-23, 2015.

MAURO, Diego. "Procesos de laicización en Santa Fe (Argentina): 1860-1900. Consideraciones sobre la Argentina liberal y laica". En *Revista de Indias*, Sevilla, N° 261, pp. 539-560, 2014.

MORENO, José Ignacio. *Ensayo sobre la supremacía del Papa especialmente con respecto a la institución de los obispos*, 2 vols. Buenos Aires: Impr. de Hallet, 1834.

MYERS, Jorge. *Orden y virtud. El discurso republicano en el régimen rosista*. Buenos Aires: Universidad Nacional de Quilmes, 1995.

PEIRE, Jaime. *El taller de los espejos. Iglesia e imaginario, 1767–1815*. Buenos Aires: Claridad, 2000.

PEREZ, Rafael. *La Compañía de Jesús restaurada en la República Argentina y Chile*. Barcelona: Impr. de Henrich y ca., 1901.

TAU ANZOÁTEGUI, Victor. *Casuismo y sistema: Indagación histórica sobre el espíritu del derecho indiano*. Buenos Aires: Instituto de Investigaciones de Historia del Derecho, 1992.

TONDA, Américo. *Castro Barros*. Córdoba: Imprenta de la Universidad, 1949.

TONDA, Américo. *Castro Barros: Sus ideas*. Buenos Aires: Academia del Plata, 1961.

TONDA, Américo. *La Iglesia argentina incomunicada con Roma*. Santa Fe: Castellví, 1965.

WEINBERG, Félix. "El periodismo (1810-1852)". En ACADEMIA NACIONAL DE LA HISTORIA (ed.). *Nueva historia de la Nación Argentina. La configuración de la república independiente (1810, c. 1914)*. Buenos Aires: Planeta, 2000, pp. 453-513.

ZINNY, Antonio. *Efemeridografia argireparquiótica ó sea de las provincias argentinas*. Buenos Aires: Imprenta y Librería de Mayo, 1868.

11

O ultramontanismo no Brasil imperial e a reforma clerical (1840-1889)

ÍTALO DOMINGOS SANTIROCCHI[1]

Introdução

Nas últimas décadas, a disponibilização da documentação do Arquivo Secreto Vaticano e do Arquivo da Sagrada Congregação dos Negócios Eclesiásticos Extraordinários permitiu um novo olhar sobre o ultramontanismo no Brasil, possibilitando avaliar o papel da Santa Sé no processo histórico aqui tratado.[2] Trabalhando com essa documentação e relacionando-a com aquela produzida pelo clero e pelo Estado brasileiro, pretende-se realizar uma breve análise do ultramontanismo e seu projeto de reforma clerical, focando principalmente no Segundo Reinado (1840-1889), quando o movimento ganhou força com a derrota do "liberalismo eclesiástico", liderado pelo padre Diogo Antônio Feijó.

---

1 Graduado pela Universidade Federal de Minas Gerais, Doutor em História e Bens Culturais da Igreja pela Pontifícia Universidade Gregoriana, Pós-Doutor pela Universidade Federal Rural do Rio de Janeiro. Atualmente professor Adjunto na Universidade Federal do Maranhão (Campus Pinheiro) e professor do Programa de Pós Graduação em História na mesma instituição (Campus D. Delgado).
2 Neste trabalho serão utilizadas as seguinte abreviações em relação à documentação – ASV: Aquivo Secreto Vaticano; NAB: Nunciatura Apostólica Brasil; AES: *Affari Ecclesiastici Straordinari*; Br.: Brasil; Fasc.: Fascículo; pos.: Posição; f.: Folhas; r.: Frente; v.: Verso.

O objetivo desse texto é discutir a reforma clerical almejada pelos ultramontanos no Brasil Império. A reflexão sobre alguns aspectos do movimento ultramontano e suas relações com o Estado monárquico serão fundamentais para entender essa questão, principalmente devido ao regime de união entre os dois poderes, que dava ao catolicismo o estatuto de religião oficial. Na historiografia, a reforma iniciada por esse movimento foi apresentada por meio de diferentes periodizações e interpretada utilizando diversos conceitos. Por isso algumas dimensões teóricas também serão tratadas no texto, para facilitar a compreensão dos leitores.

Serão apresentadas, inicialmente, as bases da união entre Igreja e Estado na tradição luso-brasileira e suas principais modificações. Em seguida, será demonstrado como o ultramontanismo se constitui em uma novidade no Brasil oitocentista, colocando em xeque as tradicionais relações entre os dois poderes, na medida em que passou a estreitar as relações com a Santa Sé e a lutar pela autonomia da Igreja frente ao Estado. Na terceira parte, será discutido se o processo foi imposto pelo centro do catolicismo, ou seja, Roma, num projeto romanizador, ou se foi a periferia, no caso o Brasil, que buscou um centro na Cúria, procurando uma relação dialogal para realizar uma reforma da Igreja no Brasil. Os últimos dois pontos que serão apresentados referem-se às ações episcopais e curiais para reformar o clero nacional.

A Igreja e o Estado Imperial

As bases das relações entre a Igreja e o Estado em Portugal e no seu império ultramarino apoiaram-se sobre dois pilares: o padroado e o regalismo. Todas as duas práticas buscam construir sua tradição partindo do Império Romano Cristão. Todavia, se transformaram e foram reorganizadas nos últimos séculos do Período Medieval e início do Período Moderno. Na Península Ibérica se desenvolveu, entre os quatrocentos e os quinhentos, uma nova modalidade de padroado, conhecido como ultramarino.

O padroado originou-se de uma prática muito antiga em que um *Patrono* faria uma espécie de investimento religioso, por meio da construção de um templo para o culto cristão. Esse "investidor" receberia como recompensa não somente os bens espirituais, mas também a possibilidade de participação na administração daquela igreja por ele financiada e, até mesmo, de receber ou administrar partes dos dízimos ofertados pelos fiéis. No decorrer dos séculos, devido a vários conflitos entre a hierarquia católica e os patronos na administração das igrejas, a Cúria romana foi combatendo tal prática até a quase extinção dos padroados pertencentes aos particulares, tolerando somente os chamados padroados reais. No caso específico português, os reis não gozavam dessa prerrogativa em todo seu território, mas somente em uma ou outra igreja ou catedral. Desse modo, nesse reino, as negociações e os conflitos para a instituição dos padroados régio e ultramarino ocorreram simultaneamente, o que muita confusão tem causado nas pesquisas sobre o tema.[3]

A reconquista da Península Ibérica das mãos dos mulçumanos e a posterior expansão marítima, ainda fortemente impregnada de espírito cruzadista e pelo sistema de Cristandade,[4] ocasionaram as oportunidades para as negociações de ambos os padroados entre os reis portugueses e os papas. Desse modo, dentro do seu território, o rei consolidava o seu direito de apresentar benefícios maiores (bispos e arcebispos) e menores (párocos, canonicatos, etc.), além de usufruir de parte dos frutos dos dízimos pagos pelos fiéis.

---

3 KUHNEN, Alceu. *As origens da Igreja no Brasil (1500-1552)*. Bauru: Edusc, 2005, pp. 29-44.
4 GOMES, Francisco José Silva. "Quatro séculos de cristandade no Brasil". *In* MOURA, Carlos André Silva de (org.). *Religião, cultura e política no Brasil. Perspectivas históricas*. Campinas: UNICAMP/IFCH, 2011, pp. 25-26.

Simultaneamente consolidava o padroado ultramarino por meio da união da Coroa ao Grão Mestrado da Ordem de Cristo, pelas bulas *Romanus Pontifex* (8/01/1454) de Nicolau V e *Inter Caetera Quae* (13/03/1455). Esta ordem tinha recebido em concessão o poder espiritual sobre as ilhas e futuras conquistas ultramarinas portuguesas, tendo o direito de apresentar os benefícios menores e administrar os dízimos de todo esse território e, juntamente com o Estado, estava incumbida de expandir a fé católica, enquanto esse território permanecesse *nullius diocesis* (ou seja, enquanto não fosse criada uma diocese para administrá-lo).[5]

A Coroa portuguesa ampliou o seu controle sobre o padroado ultramarino por meio de duas medidas. A primeira foi a criação da Diocese de Funchal em 1514 (bula *Pro Excellenti* de 12/06/1514), pondo fim ao *nullius diocesis*, definindo o direito do Padroado Real de apresentar, ao Papa, seus indicados aos benefícios maiores e deixando ao Grão Mestre da Ordem de Cristo o direito de administrar os dízimos e indicar os beneficiários menores (estes eram indicados aos bispos que os confirmavam). A segunda medida foi a união definitiva do Grão Mestrado da Ordem de Cristo ao Rei de Portugal (Bula *Praeclara charissimi*, 30/12/1550). Desse modo, o detentor da coroa lusitana, por meio de duas fontes diversas, concentrava em suas mãos os dois padroados.[6]

---

[5] KUHNEN, Alceu. *As origens da Igreja no Brasil (1500-1552)*. Bauru: Edusc, 2005, pp. 45-108; SANTIROCCHI, Ítalo Domingos. *Os ultramontanos no Brasil e o regalismo do Segundo Império (1840-1889)* (tese de Doutorado). Roma: Pontifícia Universidade Gregoriana, 2010, pp. 24-28. Quando escrevi este artigo ainda não tinha publicado meu livro, a partir da tese. Como tive oportunidade de revisá-lo posteriormente, incluo a referência ao livro: SANTIROCCHI, Ítalo Domingos. *Questão de Consciência:* os ultramontanos no Brasil e o regalismo do Segundo Reinado (1840-1889). São Luís: EDUFMA. Belo Horizonte: Fino Traço Editora, 2015.

[6] SANTIROCCHI, Ítalo Domingos. *Os ultramontanos no Brasil e o regalismo do Segundo Império (1840-1889)*. (Tese de Doutorado). Roma: Pontifícia Universidade Gregoriana, 2010, pp. 24-28.

A definição das bases do padroado entre a Coroa e o Papado não significou o fim dos conflitos entre a Coroa e Igreja, pois as questões que envolviam os dois poderes na administração espiritual do reino lusitano iam além dos dízimos e das nomeações de benefícios. Envolviam também questões matrimoniais, testamentárias, funerárias, de registros (nascimento, casamento, óbito, etc.) e até mesmo a organização e administração de irmandades, confrarias e ordens terceiras. Tais questões, ou parte delas, eram chamadas de mistas, e em torno delas as disputas e conflitos continuaram no decorrer dos séculos. A Cúria tentava concentrar o maior poder de decisão de tais questões nas mãos de sua hierarquia, enquanto a Coroa buscava o oposto, utilizando para isso os pressupostos do regalismo. Para administrar as questões relativas ao padroado, a Coroa portuguesa criou a mesa de Consciência e Ordens em 1532, por ordem de D. João III.[7]

As regalias eram direitos reservados aos reis, que abrangiam vários âmbitos durante o Medievo e o Antigo Regime; aquelas relacionadas à administração eclesiásticas levaram à formulação do regalismo. Ao contrário do padroado, que parte do pressuposto de uma negociação (mesmo se por vezes contenciosa) entre dois poderes, Coroa e Papado, as práticas e legislações regalistas foram medidas tomadas unilateralmente por parte da Coroa e podem ser enquadradas no processo de fortalecimento, autonomia e formação dos Estados modernos.[8]

À medida que a Igreja se enfraquecia perante os Estados, as Coroas avançavam sobre os espaços de decisão e administrativos que antes eram ocupados totalmente ou

---

[7] NEVES, Guilherme P. das. *E receberá mercê: a mesa de consciência e ordens e o clero secular no Brasil. 1808-1828*. Rio de Janeiro: Arquivo Nacional, 1997.
[8] CASTRO, Zília Osório de. "Antecedentes do Regalismo Pombalino". In *Estudos em homenagem a João Francisco Marques*. Porto: Faculdade de Letras da Universidade do Porto, 2002; SANTIROCCHI, Ítalo Domingos. *Os ultramontanos no Brasil e o regalismo do Segundo Império (1840-1889)* (tese de Doutorado). Roma: Pontifícia Universidade Gregoriana, 2010, pp. 28-33.

majoritariamente por ela. Um território fértil para tal avanço era aquele que envolvia as ditas questões mistas, tratadas acima. Todavia, existiam medidas que iam além e dotaram os Estados de verdadeiros escudos contra o poder papal. Em relação ao reino lusitano, as duas principais foram o Beneplácito Real, ou simplesmente o *placet*, e o Recurso à Coroa. O *Beneplácito* régio ou *placet* era o direito de aceitar ou não, no próprio território, as bulas, breves, encíclicas e as leis canônicas promulgadas pelos Papas e até mesmo pelos Concílios Ecumênicos. O *Recurso à Coroa* era usado quando os beneficiados se sentiam usurpados nos seus direitos ou devido ao cancelamento dos seus cargos pelas autoridades religiosas, pois a Coroa julgava que à hierarquia católica cabia somente confirmar as apresentações régias. Porém, segundo Silveira Camargo, "o veto a qualquer nomeação era um direito de que a Igreja não abriu mão, e as credenciais dos candidatos e sua perseverança benéfica na execução de suas funções eclesiásticas podiam ser examinadas pela Igreja e seus representantes legítimos".[9] Este foi outro ponto de discórdias e de equívocos interpretativos das concessões papais. O Concílio de Trento, sem extinguir o *jus patronatus* (padroado), deu normas e garantiu o tribunal eclesiástico em toda sua amplitude espiritual de julgamento, não aceitando a tutela integral do Estado, como pretendiam os regalistas exaltados. Segundo o Concílio, havia o código pelo qual a Igreja se governava, e isso derivava do fato de ela se considerar uma sociedade perfeita com legislação própria.[10]

O auge do regalismo em Portugal foi o reinado de D. José I, tendo como Ministro e governante o Marquês de Pombal. O Período Pombalino foi marcado por grandes reformas em amplos setores da sociedade e do governo do Império Lusitano. Com intuito de fortalecer o poder estatal,

---

[9] CAMARGO, Paulo Florêncio da Silveira. *História eclesiástica do Brasil*. Petrópolis: Vozes, 1955, pp. 268-269.
[10] SANTIROCCHI, Ítalo Domingos. *Os ultramontanos no Brasil e o regalismo do Segundo Império (1840-1889)* (tese de Doutorado). Roma: Pontifícia Universidade Gregoriana, 2010, pp. 28-43.

combateu as corporações que poderiam disputar com o poder real. Entre elas estava a Igreja e, em especial, o poder pontifício. Elaborou-se, então, um corpo doutrinário que defendia o poder do Estado sobre a Igreja em quase todos os âmbitos de sua administração. Buscou garantir aos bispos maior autonomia em relação a Roma, porém maior dependência e submissão em relação ao Estado. Os jesuítas foram combatidos ferrenhamente até a sua expulsão de Portugal e posterior extinção da Companhia de Jesus. Isso se deveu ao fato desses religiosos obstruírem as intenções de Pombal em vários âmbitos, desde aqueles estritamente eclesiásticos, até questões de ordem educacional, "civilizatória" (missões indígenas) e económica.[11]

Foi nesse período que o clero passou a ser tratado pelo Estado como funcionário público a ele submetido, encarando a Igreja portuguesa praticamente como um departamento de governo, que apesar de ainda estar ligada ao seu poder central em Roma, seria autônoma o suficiente para defender e apoiar as decisões governamentais. Na justificativa doutrinária elaborada pelos teóricos de Pombal, a autoridade do Estado sobre a Igreja provinha dos direitos dos antigos imperadores romanos e tradicionais concessões papais.[12]

Após a Independência do Brasil, no processo de formação do Estado nacional, com a Constituição de 1824, o regalismo pombalino se impregnou do liberalismo constitucionalista do século XIX, pautado no discurso da soberania nacional. Foi nesse momento que se elaborou o padroado civil e o regalismo imperial brasileiro. Os direitos antes decorrentes do padroado real e ultramarino, agora eram encarados como inerentes à soberania nacional e

---

11 SANTIROCCHI, Ítalo Domingos. *Os ultramontanos no Brasil e o regalismo do Segundo Império (1840-1889)* (tese de Doutorado). Roma: Pontifícia Universidade Gregoriana, 2010, pp. 28-43.
12 SANTIROCCHI, Ítalo Domingos. *Os ultramontanos no Brasil e o regalismo do Segundo Império (1840-1889)* (tese de Doutorado). Roma: Pontifícia Universidade Gregoriana, 2010, pp. 28-43.

instituídos pela Constituição, não mais como concessões pontifícias. O mesmo ocorria com as leis que derivaram da prática regalista, agora não se justificavam mais pelas tradições do Império Romano Cristão, pela Igreja primitiva, ou pelos antigos privilégios reais, mas se apoiavam na independência e soberania nacional.[13]

A Santa Sé concedeu ao Imperador D. Pedro II, a pedido deste, o padroado da Ordem de Cristo, por meio da bula *Praeclara Portugalliae* (1827), no entanto, ela recebeu um parecer contrário ao beneplácito imperial, dado pelas comissões reunidas de Constituição e Eclesiástica da Câmara dos Deputados. Esse fato, juntamente com a abolição da Mesa de Consciência e Ordem em 1828, só confirmou a institucionalização do padroado civil.

Uma Igreja em reforma, o ultramontanismo no cenário brasileiro

A Igreja no Brasil independente "nasce", em sua relação com o Estado, num berço regalista, liberal constitucionalista e encarada praticamente como um departamento governamental. No entanto, gozava também de aliciantes vantagens, tais como a de ser a Igreja Oficial, garantindo-lhe o financiamento do Estado e, aos seus fiéis, a plena cidadania política quando conseguissem cumprir com os requisitos censitários. Nas mãos do clero estava o controle sobre os

---

[13] SANTIROCCHI, Ítalo Domingos. *Os ultramontanos no Brasil e o regalismo do Segundo Império (1840-1889)* (tese de Doutorado). Roma: Pontifícia Universidade Gregoriana, 2010, pp. 64-76; SCAMPINI, José. A liberdade religiosa nas constituições brasileiras: estudo filosófico-jurídico comparado. Primeira parte – A liberdade religiosa no Brasil império. In *Revista de Informação Legislativa*, Brasília, v. 11, nº 41, jan./mar. 1974, pp. 76-126. NEVES, Guilherme P. das. *E receberá mercê: a mesa de consciência e ordens e o clero secular no Brasil. 1808-1828*. Rio de Janeiro: Arquivo Nacional, 1997.

registros de batismo, casamento, óbito, testamentos; além disso, tinham intensa participação na educação e no processo eleitoral.

O clero se empenhou efetivamente na política nacional, participando ativamente dos momentos fundadores da nação. Esse estreito laço entre Igreja e Estado e a participação política do clero levaram à elaboração de diferentes projetos de Igreja para o Brasil. Os grupos que se formaram, apesar dos diferentes projetos, concordavam com a necessidade de reformar a Igreja Nacional e o seu clero, chamado de "tradicional", além de algumas práticas dos fiéis, consideradas supersticiosas e atrasadas.[14]

O "clero tradicional" pouco se diferia da população laica, pois mantinham relações carnais, habitavam com concubinas, tinham filhos e lhes transmitiam suas heranças. Seus olhos estavam muito mais voltados para a vida mundana, preocupados que estavam em aumentar suas rendas. Assim, exerciam várias profissões, como a de fazendeiros, donos de datas minerais, advogados, agiotas, além disso, era corriqueiro cobrarem taxas excessivas dos seus fiéis para exercerem o seu ministério sacerdotal, os chamados emolumentos. A condição do clero regular não diferia muito daquele secular,[15] estando, as várias ordens, em acentuado processo de decadência desde o Período Pombalino, que se demonstrou extremamente avesso a elas.[16]

Era opinião recorrente na imprensa e na política a decadência moral e desmoralização do clero nacional. Para contornar essa situação, dois projetos principais foram elaborados: inicialmente o Liberalismo Eclesiástico, liderado

---

[14] SANTIROCCHI, Ítalo Domingos. Afastemos o padre da política. A despolitização do clero brasileiro durante o Segundo Império. In *Mneme*. UFRN: 2011, 12(29), pp. 187-207.
[15] Clero regular é aquele que pertence a alguma ordem religiosa, como os jesuítas, capuchinhos, lazaristas, redentoristas, mercedários, franciscanos. O clero secular é aquele que está diretamente ligado à autoridade episcopal.
[16] WERNET, Augustin. *Crise e definhamento das tradicionais ordens monásticas brasileiras durante o século XIX*. São Paulo: Revista do Instituto de Estudos Brasileiros, 1997, N° 42, pp. 115-131.

pelo padre Diogo Antônio Feijó e combatido ferrenhamente por um pequeno grupo de padres fiéis ao Concílio de Trento e a ortodoxia católica; e, posteriormente, o ultramontanismo, que conseguiu se impor no decorrer do Segundo Reinado.

O Liberalismo Eclesiástico pretendia realizar uma série de reformas na Igreja nacional, aumentando a autonomia perante Roma e a dependência em relação ao Estado, chegando mesmo, em alguns momentos de acirrado conflito com a Cúria, a propor na Câmera dos Deputados a separação da Igreja brasileira. Entre suas propostas mais polêmicas estavam a supressão das ordens religiosas, o matrimônio sacerdotal e o maior controle das taxações e rendas eclesiásticas pelo Tesouro Público.[17]

Entre os principais opositores aos liberais eclesiásticos estavam: D. Romualdo Antônio de Seixas (1787-1860), deputado e arcebispo da Bahia, D. Marcos Antônio de Souza (1771-1842), deputado e bispo do Maranhão, Pe. Luís Gonçalves dos Santos (jornalista, polemista, também conhecido como Padre Pererca), o Pe. William Paul Tilbury, e o Visconde de Cairu (José Joaquim da Silva Lisboa). Eles impediram tanto o cisma, quanto a aprovação das propostas de Feijó e do seu grupo.[18]

O clero que resistia ao liberalismo eclesiástico defendia a implementação da reforma tridentina e a ortodoxia romana, como também era o caso do bispo de Mariana, José da Santíssima Trindade (1819-1835), do bispo do Pará, D. Romualdo de Souza Coelho (1820-1841) e do bispo de Pernambuco, D. João da Purificação Marques Perdigão

---

[17] SANTIROCCHI, Ítalo Domingos. *Os ultramontanos no Brasil e o regalismo do Segundo Império (1840-1889)* (tese de Doutorado). Roma: Pontifícia Universidade Gregoriana, 2010, pp. 81-94; SOUZA, Françoise Jean de Oliveira. *Do Altar à Tribuna. Os padres na formação do Estado Nacional brasileiro (1823-1841)* (tese de Doutorado). Rio de Janeiro: UERJ, 2010.

[18] BEAL, Tarcísio & CARDOZO, Manuel da Silveira. *Os jesuítas, a Universidade de Coimbra e a Igreja brasileira, subsídios para a história do regalismo em Portugal e no Brasil 1750-1850* (tese de Doutorado) Ann Arbor: The Catholic University of America, 1969, pp. 162-163.

(1831-1864). Todos eles eram ciosos da sua autoridade episcopal, mas também eram fiéis às autoridades civis constituídas[19] (ao contrário dos liberais eclesiásticos que chegaram a contestá-las), não tendo como projeto o combate ao regalismo, como aconteceria posteriormente com os ultramontanos no Segundo Reinado.

Foi esse grupo, juntamente com as ordens religiosas dos lazaristas e dos capuchinhos, que deu o impulso inicial ao movimento ultramontano no Brasil oitocentista. Entre os primeiros ultramontanos desse período, estavam os religiosos da Congregação das Missões, ou lazaristas, de carisma vicentino, que se estabeleceram na província de Minas Gerais. O ultramontanismo, entretanto, não encontrou, no começo do século XIX, um clima muito favorável no Brasil, já que, desde os dias de Pombal e da expulsão dos jesuítas do reino português, um forte regalismo político tinha dominado o cenário nacional, desaparecendo, quase por completo, a escolástica do currículo das escolas brasileiras.[20]

A corrente ultramontana se afirmou vagarosamente no país, porém, em menos de um século conseguiu se tornar hegemônica no âmbito eclesial brasileiro. Os ultramontanos, durante o Segundo Reinado, atuaram principalmente, mas não exclusivamente, por meio do episcopado, que logo formou um grupo de padres reformados e conseguiu o apoio de laicos que os coadjuvaram. Eles, no entanto, não lutaram sozinhos, pois tiveram grande ajuda dos representantes pontifícios, das ordens religiosas reformadas, como os lazaristas, capuchinhos, jesuítas, bem como de congregações femininas como as Filhas da Caridade e as Irmãs de São José. A partir do final do Primeiro Reinado, se presenciou no Brasil uma luta contínua, por parte de clérigos

---

[19] A única exceção foi D. Fr. José da Santíssima Trindade, que chegou a tramar contra os poderes constituídos.
[20] VIEIRA, Antônio Carlos. *História da questão religiosa no Brasil*. Rio de Janeiro: Livraria Alves Editora, 1974, pp. 32-33.

com tendências ultramontanas, para reformarem a Igreja brasileira e levá-la à plena ortodoxia de acordo com a Igreja Católica Apostólica Romana.

Dois bispos foram importantíssimos nesse processo ao traçarem as linhas mestras da reforma: D. Antônio Ferreira Viçoso e D. Antônio Joaquim de Mello. Todos os bispos ultramontanos posteriores seguiram de forma geral o modelo que implantaram, ainda que com as devidas adaptações às respectivas dioceses e personalidades. Esse modelo pode ser resumido em alguns pontos principais: 1.º Resgate da autoridade pontifícia e episcopal; 2.º Defesa da autonomia da Igreja em relação ao Estado e combate ao regalismo; 3.º Reforma do clero por meio: a) do combate ao concubinato clerical; b) da educação em seminários sob a direção de ordens religiosas reformadas; c) da maior rigidez nas ordenações sacerdotais; d) do envio de sacerdotes e seminaristas para se formarem na Europa; e) da uniformização do ministério episcopal e clerical; f) da correção e moralização do clero; g) do combate ou desincentivo à participação dos párocos na política partidária, cargos eletivos ou administrativos civis; 4.º Grande escrúpulo e rigidez na escolha dos beneficiários a serem indicados para nomeação imperial; 5.º Instituição de ordens religiosas reformadas, masculinas e femininas; 6.º Reformar e educar os fiéis por meio: a) da reforma do clero; b) do fortalecimento hierárquico; c) da limitação da participação dos laicos na administração da Igreja; d) da popularização da catequese tridentina; e) do incentivo à participação nos sacramentos; f) da intervenção administrativa nos centros de romaria e irmandades tradicionais; g) da introdução de novas devoções e movimentos religiosos.[21]

---

[21] Estes pontos foram identificados nas descrições do episcopado de D. Viçoso e D. Antônio por meio das biografias e estudos sobre suas administrações episcopais. SANTIROCCHI, Ítalo Domingos. *Os ultramontanos no Brasil e o regalismo do Segundo Império (1840-1889)* (tese de Doutorado). Roma: Pontifícia Universidade Gregoriana, 2010.

É importante frisar a novidade dessa proposta de reforma eclesiástica, que rompia com as práticas do "clero tradicional" e modificava certos aspectos do catolicismo luso-brasileiro da população. Além do mais, passava a desafiar abertamente, e mesmo ostensivamente, o regalismo, defendendo uma maior autonomia da Igreja em relação ao Estado, buscando dessa forma uma maior proximidade com Roma. No entanto, um ponto deve ser ressaltado: o apoio inicial aos bispos ultramontanos foi dado pelo próprio governo imperial.

Após os conturbados anos do Primeiro Reinado e do Período Regencial, em que o país esteve na eminência de uma fragmentação territorial, com significativa perda de legitimidade por parte do poder central, as elites políticas, que assumiram o governo no chamado *Regresso Conservador* e durante os anos de 1840 a 1860, passaram a apoiar o clero ultramontano com o intuito de fortalecer o poder central, estabilizar o Estado e reinstaurar a ordem. Eles acreditavam que esse grupo seria o único capaz de apoiar o projeto centralizador dentro da Igreja nacional, já que vinha combatendo as revoltas regenciais em seus púlpitos desde o Período Regencial. Se por um lado essa elite política acertou na sua previsão sobre a capacidade de esses bispos afastarem o seu clero de revoltas e revoluções, influenciando diretamente também os fiéis, ao mesmo tempo não avaliou bem as potencialidades do acirramento dos conflitos entre eles e o Estado, em torno da autonomia da Igreja e do regalismo imperial. Ou seja, ao mesmo tempo em que o ultramontanismo foi apoiado pelo governo tendo em vista o fortalecimento do Estado nos anos quarenta e cinquenta, ele começou a minar o poder estatal combatendo os tradicionais pilares da união entre os dois poderes e levando à radicalização dos conflitos nas décadas sessenta, setenta e oitenta.[22]

---

[22] SANTIROCCHI, Ítalo Domingos. "A Igreja a e construção do Estado no Brasil imperial". In*Anais do XVII Simpósio Nacional da ANPUH*. Natal, 2013.

Uma Igreja em busca de um centro, mas com um projeto próprio

Uma das grandes acusações que o ultramontanismo sofreu por parte dos regalistas, no século XIX, foi o de ser um movimento a serviço de uma "corte estrangeira", situada em Roma. Essa ideia foi fortalecida com a tradução e publicação no Brasil de um livro do teólogo alemão Johann Joseph Ignaz von Döllinger (1799-1890), sacerdote da Baviera. Entre 1850 e 1870, ele publicou uma série de artigos nos jornais alemães *Allgemeine Zeitung* e *Neue Freie Presse*, contendo restrições ao magistério pontifício e ao pontificado de Pio IX.[23] Sua crítica era dirigida principalmente contra o que ele definia como "romanização da Igreja alemã", propondo como alternativa a instituição de uma Igreja nacional sob a autoridade de um primaz, com sínodos diocesanos, provinciais e nacionais. As suas *Die Papstfabeln des Mittelalters* (1863) foram condenadas pela Santa Sé, mas ele não se retratou, pelo contrário, publicou outras obras sobre o mesmo tema. A mais famosa delas –*Der Papst und das Konzil* (O Papa e o Concílio)– criticava veementemente a proposta de transformar em dogma a infalibilidade papal, sem se esquecer de repetir que o ideal dos ultramontanos era a "romanização" de cada uma das igrejas.[24] Esse livro foi traduzido e publicado por Rui Barbosa em 1877, divulgando no Brasil o termo *romanização* da Igreja nacional.

Apesar de os regalistas brasileiros e Döllinger buscarem denunciar a ligação do ultramontanismo com uma fonte de poder exterior aos seus territórios nacionais, essas duas interpretações divergiam. "Servir uma corte estrangeira", segundo a tradicional crítica regalista luso-brasileira, colocava o papel de ator do movimento no Brasil, que

---

[23] ALBERTAZZI, Liliana et Alii. *Dizionario dei teologi dal primo secolo ad oggi*. Casale Monferrato: Edizioni Pieme, 1998, p. 390.

[24] SRBIK, Heinrich Von. *Cultura e storia in Germania dall'umanesino ad oggi*. Vol. II. Roma: Jouvence Società Editoriale, 1996, pp. 533-534.

buscava a autoridade de Roma. Já romanizar, invertia as posições, colocando a Igreja nacional na posição de passividade, perante um movimento estrangeiro que se impunha a partir de Roma.

Esta última noção ganhou força a partir da década de 1950. Alguns estudos acadêmicos ressuscitaram o termo *romanização*. Os responsáveis por isso foram dois brasilianistas: o sociólogo francês Roger Bastide (1898-1974) e o historiador estadunidense Ralph Della Cava, professor da Universidade de Colúmbia. A romanização é discutida no artigo clássico de Roger Bastide, *Religion and the Church in Brazil*, enquanto Ralph Della Cava o faz a partir dos aportes de Bastide.[25]

Roger Bastide usa a expressão "Igreja romanizada", que seria a afirmação da autoridade de uma Igreja institucional e hierárquica estendendo-se sobre todas as variações populares do catolicismo. Na opinião desse autor, no Brasil ela vem através do movimento reformista do episcopado, em meados do século XIX, para controlar a doutrina, a fé, as instituições e a educação do clero e do laicato, levando a uma dependência cada vez maior, por parte da Igreja brasileira, de padres estrangeiros, principalmente das congregações e ordens missionárias, para realizar uma transição do catolicismo colonial a um catolicismo universalista, com maior rigidez doutrinária e moral. Na busca desses objetivos, o episcopado agiu independentemente e mesmo contra os interesses políticos locais, que se baseavam no regalismo de tradição lusitana.[26]

Ralph Della Cava, no seu célebre livro *Milagre em Joaseiro*, reforça e amplia o sentido acenado por Roger Bastide. Para ele, D. Luís Antônio dos Santos, primeiro bispo do

---

[25] ROGER, Bastide. "Religion and the Church in Brazil". In T. L. SMITH, A. MARCHANT. *Brazil: Portrait of Half Continent*. New York: The Dryden Press, 1951, pp. 334-335.

[26] SANTIROCCHI, Ítalo Domingos. "Uma questão de revisão conceitos: Romanização – Ultramontanismo – Reforma". In *Temporalidades*. Belo Horizonte: UFMG, v. 2, pp. 24-33, 2010a.

Ceará (1854), foi a encarnação dos ideais da *romanização*. Segundo o autor, o objetivo dele era: "Restaurar o prestígio da Igreja e a ortodoxia de sua fé e remodelar o clero, tornando-o exemplar e virtuoso, de modo que as práticas e crenças religiosas do Brasil pudessem ficar de acordo com a fé católica, apostólica e romana de que a Europa se fazia então estandarte".[27]

Na concepção de Della Cava, a *romanização* já não traz a conotação de identidade e universalidade da Igreja, num movimento que buscava a restauração do seu prestígio e a adequação das práticas e crenças religiosas "tradicionais" com a fé católica. Ele coloca o movimento reformista como algo que há de se opor ao "catolicismo popular". Della Cava tende a privilegiar o devocionismo, as crenças populares e, até mesmo, a indisciplina hierárquica.[28]

Atualmente grande parte da historiografia produzida no Brasil utiliza o conceito de *romanização* como lugar-comum nos estudos acerca do catolicismo durante os séculos XIX e XX. Isso porque, nas décadas de 1960, o referido conceito ganhou novamente evidência nos estudos de autores como Riolando Azzi, Oscar Beozzo, Pedro de Oliveira entre outros. Essas pesquisas foram incentivadas pelo CEHILA (Comissão de Estudos de História da Igreja na América Latina) e muitos artigos foram publicados na REB (Revista Eclesiástica Brasileira). Nos anos de 1980, essa temática ganha força também no meio acadêmico com os trabalhos de Augustin Wernet na USP e de seus orientados que se espalharam pelo Brasil.[29]

---

[27] CAVA, Ralph della. *Milagre em Joaseiro*. Rio de Janeiro, 1976, p. 32.
[28] DUTRA NETO, Luciano. *Das terras baixas da Holanda às montanhas de Minas* (tese de Doutorado). Juiz de Fora: Universidade Federal de Juiz de Fora, 2006, p. 31.
[29] SANTIROCCHI, Ítalo Domingos. "Historiografia e Teoria da História da Igreja Católica no Brasil Imperial". In MARANHÃO FILHO, Eduardo Meinberg (org). *(Re)conhecendo o sagrado*. São Paulo: Fonte Editorial, 2013, pp. 129.160.

Como já referido, o conceito de romanização acaba dando uma ideia de movimento estrangeiro, que buscava sufocar o catolicismo "nacional", "tradicional" ou "popular", colocando a Igreja brasileira quase como passiva, perante uma força vinda de Roma e a nós imposta. Podemos notar isso pela utilização de noções como "agentes de Roma", "agentes da romanização" por alguns autores, como, por exemplo, Pedro Ribeiro de Oliveira. Esses agentes seriam enviados da Europa para implantar as reformas, mesmo que por vezes o mesmo autor ressalte que foram os bispos brasileiros que buscaram reforçar seus laços com a Santa Sé.[30]

O conceito de romanização acabou dando ênfase ao que seria uma ação coordenada pela Santa Sé para reformar a Igreja no Brasil, desviando a atenção do fato de essa demanda ter vindo do próprio clero nacional. Após uma disputa entre projetos de igrejas para a nação, sai vitorioso o movimento ultramontano, que tem como um dos objetivos estreitar os laços com a Cúria romana, ligando-se definitivamente ao centro do catolicismo ocidental, buscando a universalização. Esse movimento define um centro para a Igreja nacional, que não seria mais o Estado, como por vezes propôs o liberalismo eclesiástico.

Se analisarmos as biografias e os episcopados dos primeiros bispos ultramontanos, que se tornaram exemplos ou precursores para a reforma e estabeleceram o seu padrão, perceberemos claramente que o movimento parte de dentro e cria as bases da reforma antes mesmo que Roma perceba as mudanças em andamento. A Santa Sé só procurou se inserir no processo de reforma ultramontana quando esta já estava em ato.[31]

---

[30] OLIVEIRA, Pedro Ribeiro de. *Religião e dominação de classe: gênese, estrutura e função do catolicismo romanizado no Brasil*. Petrópolis: Vozes 1985.
[31] SANTIROCCHI, Ítalo Domingos. *Os ultramontanos no Brasil e o regalismo do Segundo Império (1840-1889)* (tese de Doutorado). Roma: Pontifícia Universidade Gregoriana, 2010.

É interessante notar que os dois principais iniciadores da reforma ultramontana foram os bispos de dois estados tradicionalmente ligados ao liberalismo político: São Paulo e Minas Gerais. D. Antônio Ferreira Viçoso, bispo de Mariana, já pertencia a uma ordem religiosa reformada proveniente de Portugal e instalada em Minas Gerais desde 1818. A Congregação dos Padres da Missão, ou lazaristas, já tinha sentido na pele os efeitos do regalismo, passado por momentos de apoio dos reis e de perseguições dos governos nacional ou provincial. Tendo como vocações a educação do clero e as missões junto à população, investiu toda sua energia na formação de um novo clero por meio de seminários e na transformação dos costumes da população por meio das missões.

Os lazaristas vieram ao Brasil e aqui estabeleceram raízes, graças, em grande parte, ao apoio da Coroa. Todavia, o regalismo por vezes os sufocou e os impediu de seguirem ligados por laços de obediência aos seus superiores na Europa, lhes questionou as posses e as suas ações educacionais e evangelizadoras. D. Viçoso, ao tornar-se bispo, por nomeação imperial, iniciou seu episcopado, em 1844, com a firme convicção de que o apoio necessário para se reformar a Igreja brasileira deveria partir fundamentalmente de Roma, mas sem descartar o apoio do Estado, desde que este não interferisse na sua autonomia.

O bispo de São Paulo, D. Antônio de Mello, é um caso ainda mais interessante. Nasceu e foi educado dentro do chamado "catolicismo tradicional"; foi ativo participante do grupo de Itu, que discutia as condições e possibilidades de reforma da Igreja brasileira e foi o berço do liberalismo eclesiástico nacional. Quando integrante desse grupo, o bispo paulista teve como colega, e posteriormente adversário, nada menos que o padre Diogo Antônio Feijó. Apesar disso, D. Antônio afastou-se das ideias do liberalismo eclesiástico, descartando o Estado como fonte de apoio para a reforma. Para ele, as mudanças necessárias para moralizar a Igreja no Brasil somente poderiam acontecer com ajuda da Santa

Sé, com a execução das definições de Trento e por meio da educação do clero e do povo. Como o seu colega Antônio, de Minas Gerais, o bispo de São Paulo acreditava que a reforma deveria partir da formação de um novo clero. Para isso era fundamental um seminário, que deveria ser entregue a uma ordem religiosa reformada. Foi ao Papa Pio IX que esse bispo rogou apoio e por meio dele conseguiu que os capuchinhos italianos assumissem a direção do seminário paulista, pelo qual lutou desde o começo do seu episcopado em 1851.[32]

Outros bispos nomeados nas duas primeiras décadas do Segundo Reinado também buscaram ligar-se à Santa Sé, apoiando-se nela para a implementação de uma reforma ultramontana na Igreja nacional. Entre eles, podemos citar: D. José Afonso de Morais Torres, bispo do Pará (1844-1857) e D. Feliciano José Rodrigues de Araújo Prates, primeiro bispo do Rio Grande do Sul (1853-1858). A eles aderiram alguns bispos já nomeados nos períodos precedentes, que passaram a seguir o exemplo dos colegas, como foi o caso do arcebispo de Salvador, D. Romualdo Antônio de Seixas (1827-1860), que abandonou definitivamente a carreira política e passou a dedicar-se exclusivamente à administração de sua diocese, chamando os padres lazaristas para dirigirem o seu seminário em 1849. Outro caso é o bispo de Pernambuco, D. Fr. João da Purificação Marques Perdigão (1831-1864), que passou a escolher jovens clérigos e incentivá-los a continuar sua formação em institutos educativos europeus, como foi o caso de D. Vital de Oliveira, que entrou para a ordem dos capuchinhos e se tornou bispo de Pernambuco.

Nos inícios dos anos de 1850, mais da metade das dez dioceses brasileiras (Diamantina e Fortaleza foram criadas em 1854 pelas bulas *Gravissimum Sollicitudinis* e *Pro Animarum Salute*, sendo as últimas instituídas no Período Imperial)

---

[32] WERNET, Augustin. *A Igreja Paulista no século XIX. A reforma de D. Antônio Joaquim de Melo (1851-1861).* São Paulo: Ática, 1987.

já estavam sendo ocupadas por bispos ultramontanos. Nessa mesma década, vários padres se formaram dentro desse novo espírito, iniciando um conflito, não só eclesiástico, mas também cultural, com o clero de outras tendências que não se submeteram ao novo contexto.

O que é importante frisar, porém, é que todos esses bispos ultramontanos passaram a privilegiar a autoridade romana e a buscar os seus conselhos e apoio para o planejamento e execução das reformas que queriam realizar em suas dioceses. Todavia, a Santa Sé não estava preparada para isso. Seu conhecimento sobre o Brasil ainda era muito limitado nos inícios dos anos 1840, e isso se devia à sua fraca representação e autoridade em solo nacional.

A Santa Sé não teve representante oficial no Brasil desde a sua independência até 1830. Em 1829, foi criada a Nunciatura Apostólica no Rio de Janeiro, sendo seu primeiro Núncio monsenhor Pietro Ostini. Durante a sua estadia no Brasil, ele gastou muita energia reclamando das suas condições de saúde e dos males causados pelo ambiente local, além de aconselhar a Santa Sé sobre a inutilidade de uma nunciatura no país, opinando que no futuro fossem enviados somente Encarregados de Negócios ou, no máximo, Internúncios. Ele voltou para a Europa, em 1832, e conseguiu o que queria: no seu lugar ficou um Encarregado de Negócios, o abade Domenico Scipione Fabbrini, que era auditor da nunciatura e inferior hierarquicamente aos bispos nacionais, fato que muito prejudicou a autoridade da Santa Sé no Brasil.

Somente em 1842, foi enviado um Internúncio, substituindo Fabbrini, monsenhor Ambrogio Campodonico, que permaneceu no Brasil até 1845, sendo substituído posteriormente pelo monsenhor Gaetano Bedini (1846-1847). Após essa data voltaram os Encarregados de Negócios, de 1847 a 1856. Em 1851, foi feita uma tentativa de se enviar novamente um Núncio Apostólico, na pessoa de Gaetano Bedini, mas ele foi refutado pelo governo brasileiro, pelo fato de a Santa Sé não ter apresentado uma lista tríplice para a escolha governamental, como era o costume. Nessa ocasião, pela primeira vez, foi elaborado um plano de reforma para a Igreja brasileira por parte da Cúria romana, que buscou, a partir de então, aumentar a sua autoridade e influência. Todavia, muitas foram as dificuldades enfrentadas por Roma na implementação do seu projeto reformador, principalmente por parte do Estado, o que a levou a optar por inserir-se no projeto de reforma colocado em ato pelos ultramontanos brasileiros.[33]

Anteriormente a essa data, a Santa Sé já tinha ventilado uma possível estratégia para reformar a Igreja brasileira, no entanto, chegava atrasada em relação aos projetos do episcopado nacional. Em 1842, a Cúria enviou um documento ao Internúncio Mons. Campodonico, respondendo às suas reclamações sobre a participação dos bispos em política, o que, segundo ele, prejudicava a administração eclesiástica das dioceses devido à longa ausência dos respectivos prelados para participarem das sessões legislativas. O Cardeal Lanbruschini, Secretário de Estado, respondeu em direção contrária, instruindo que, sem dúvida as ausências dos bispos de suas dioceses eram prejudiciais, no entanto, não seria pequeno o bem que se poderia esperar da participação dos prelados na Câmara dos Deputados e no Senado em defesa dos interesses da Igreja, citando como exemplo o arcebispo D. Romualdo de Seixas e sua atuação política.[34]

Na resposta dada pelo Cardeal Lanbruschini é possível perceber que o desejo da Santa Sé era que os bispos continuassem a aproveitar o direito de ocupar cargos eletivos no legislativo, sem, no entanto, deixar de prover adequadamente ao governo das suas dioceses. Esse documento é de 1842, e os bispos que foram nomeados, a partir de 1844, renunciaram à participação política, contrariamente

---

[33] SANTIROCCHI, Ítalo Domingos. *Os ultramontanos no Brasil e o regalismo do Segundo Império (1840-1889)* (tese de Doutorado). Roma: Pontifícia Universidade Gregoriana, 2010, pp. 337-345.
[34] ASV, NAB, *Dispaccio*, 22 de março de 1842, Cx. 18, fasc. 76, doc. 78, f. 178r-178v.

às instruções da Santa Sé.³⁵ A reforma que estava por se iniciar iria em direção contrária: o combate incisivo da participação do clero na política partidária.

As *Instruções* que seriam dadas a Mons. Gaetano Bedini, Arcebispo de Tebe, em 1852, também demonstravam o desconhecimento da Santa Sé sobre o cenário político eclesiástico nacional, pois acreditava que conseguiria o apoio governamental para reformar a Igreja no Brasil e ampliar a sua autoridade. Essas *Instruções* eram divididas em parágrafos numerados e títulos temáticos, denominados por sua vez de *Parágrafos* no original. Os *Parágrafos* eram dez, sendo cinco deles referentes ao Brasil e os demais às Repúblicas hispano-americanas. No que concernia ao Brasil tratavam dos seguintes temas: 1) da reunião dos Bispos; 2) das matérias a tratar nas conferências dos bispos brasileiros; 3) da Concordata; 4) da redução das Festas e do pedido de diminuição dos canonicatos da Capela Imperial; 5) da ereção do bispado de São Pedro do Rio Grande do Sul. As *Instruções* enviadas a Vincenzo Massoni em 1856, além dos cinco temas precedentes, continham outras: 6) faculdades Teológicas; 7) seminário e Cabidos; 8) do abuso dos Católicos enviarem seus filhos a escolas Protestantes; 9) da reforma do clero; 10) dos matrimônios mistos.³⁶

Sem entrar em detalhes sobre as instruções, podemos notar, pelos títulos das *Instruções* de 1852, que elas buscavam uma regeneração da Igreja no Brasil por meio do apoio estatal, o que demonstrava os limites do conhecimento das condições brasileiras por parte da Santa Sé. O Estado nunca permitiu uma reunião dos bispos durante o Período Imperial e as negociações para uma Concordata, em 1858, foram

---

35 Com exceção de D. José Afonso de Morais Torres, que manteve uma ativa participação política. Ver NEVES, Fernado Artur de Freitas. *Romualdo, José e Antônio: bispos na Amazônia do oitocentos*. Belém: Editora UFPA, 2015.
36 ASV, NAB, *Istruzioni per Mons. Vincenzo Massoni Arcivescovo di Edessa p.i. Internunzio Apostolico nell'Impero del Brasile*, 15 de outubro de 1856, Cx. 30, fasc. 133 único.

um fracasso.[37] Somente em 1856, mais consciente das condições da Igreja no Brasil, a Santa Sé começou a integrar-se ao movimento ultramontano brasileiro, apoiando-se mais nos seus bispos que no Estado e refletindo sobre a importância da formação e reforma do clero.

Nas décadas posteriores, a Santa Sé e os bispos trabalharam cada vez mais em sintonia, no entanto, a ampliação da autoridade da Santa Sé também criou resistência por parte dos bispos ultramontanos, principalmente em relação ao projeto de reforma das irmandades religiosas, iniciada em meados de 1870, após o conflito entre o episcopado, a maçonaria e o governo, conhecido como Questão Religiosa.[38] Formaram-se, então, dois grupos, um mais radical no seu desafio à autoridade do Estado sobre a Igreja, tendo

---

[37] SANTIROCCHI, Ítalo Domingos. "Dois poderes em desacordo: o fracasso da Concordata de 1858". In *Anais do Simpósio da ABHR*, vol. 13: 2012.

[38] A Questão Religiosa teve início em 1872, quando o Pe. José Luís de Almeida Martins discursou na comemoração da Lei do Ventre Livre, organizada pela loja Maçônica Grande Oriente do Lavradio, em homenagem ao Visconde do Rio Branco, grão-mestre maçom e Presidente do Conselho de Ministros do Império. Tal padre foi, então, suspenso das funções do púlpito e do confessionário pelo bispo D. Pedro Maria de Lacerda. A reação maçônica e a polêmica que daí nasceu levaram à publicação de listas onde constavam os nomes dos membros das "grandes lojas" em algumas localidades, como foi o caso de Pernambuco e Pará. Os respectivos bispos dessas dioceses, por primeiro D. Vital de Pernambuco, cumprindo as decisões pontifícias que condenavam a maçonaria, requereram que as irmandades retirassem do seu grêmio os membros que pertenciam à dita sociedade secreta. Uma dessas irmandades, a do Santíssimo Sacramento em Pernambuco, não cumpriu a ordem do prelado e foi a primeira a ser suspensa naquilo que se referia a suas funções religiosas. O mesmo fez o bispo do Pará, D. Macedo Costa, com algumas irmandades da sua diocese que também desobedeceram à sua determinação. As confrarias penalizadas, inconformadas com a decisão, apresentaram um "recurso à Coroa", que foi acatado. Os bispos receberam ordem de levantar as penas eclesiásticas, mas estes mantiveram suas posições e desafiaram o beneplácito imperial publicando bulas papais, não placitadas, sobre a questão. Disso resultou que foram formalmente acusados, presos, processados e condenados pelo Supremo Tribunal do Estado por desobediência, com pena de 4 anos de prisão com trabalhos forçados. A sentença foi comutada em prisão simples pelo Imperador que posteriormente os anistiou em 1875, devido ao acirrar das tensões, às pressões do Presidente dos Ministros, o Duque de Olinda e da Santa Sé.

como bispo proeminente D. Macedo Costa da diocese do Pará. O outro grupo preferia agir com mais cautela e tinha como principais nomes D. Luís Antônio dos Santos, bispo de Fortaleza (1860-1879) e posteriormente arcebispo de Salvador (1879-1890), e D. Pedro Maria de Lacerda, bispo do Rio de Janeiro (1868-1890).

O movimento ultramontano, que passou a dirigir a Igreja nacional a partir dos anos de 1850, buscava em Roma um centro; apesar disso não deixava de ter opiniões próprias, de querer conservar e preservar uma salutar autonomia. Segundo uma opinião comum na época, certa autonomia era necessária devido à falta de conhecimento da Cúria romana em relação à realidade nacional. Buscava-se um centro para que trabalhassem juntos, não para uma simples submissão a um poder central.

Um novo clero para uma Igreja em reforma

A luta política pela autonomia da Igreja frente ao Estado era um dos objetivos principais dos ultramontanos. No entanto, a sua razão de ser era a reforma eclesiástica. Para conseguirem isso, eles tinham que constituir um novo sacerdote, que rompesse definitivamente com as velhas posturas; deveriam produzir uma nova cultura clerical. Todavia o clero "antigo" não foi abandonado; ele também fazia parte do projeto ultramontano. Os bispos atuaram de diferentes maneiras para reformar os sacerdotes existentes e formar novos clérigos, mas alguns pontos são comuns à maioria deles.[39]

---

[39] Grande parte deste capítulo foi formulado a partir do terceiro capítulo da minha tese de doutorado. Para evitar notas repetidas, colocarei aqui uma referência geral. SANTIROCCHI, Ítalo Domingos. *Os ultramontanos no Brasil e o regalismo do Segundo Império (1840-1889)* (tese de Doutorado). Roma: Pontifícia Universidade Gregoriana, 2010, pp. 195-334.

Grande parte desses religiosos tinha pouco compromisso com o ministério sacerdotal, eram marcados pelo envolvimento com ideias e profissões liberais, além da infidelidade ao celibato eclesiástico. Para reformá-los, os prelados usaram de todos os instrumentos possíveis, como: cartas pastorais, visitas pastorais, cartas pessoais, imprensa, publicações e traduções de livros e catecismos, admoestações e punições eclesiásticas.

Para transformar a cultura e as práticas clericais, o exemplo era um ponto de crucial importância para os bispos ultramontanos, e ele deveria partir dos próprios prelados, por isso tinham que inspirar e afirmar a figura de um pastor apóstolo, santo, abnegado, obediente e fiel ao poder pontifício. Essa imagem deveria substituir a anterior, a de um bispo administrador, político, mais próximo de um funcionário do Estado do que de um ministro da Igreja.

Em seguida, foi necessária a reestruturação do corpo de clérigos que ajudavam na administração da diocese, o chamado Cabido. Deles também deveria partir o exemplo para todo o clero, por isso buscou-se retirar aqueles que não cumpriam com a ortodoxia e tentou-se instaurar uma escrupulosa escolha dos novos membros. Essa atitude dos prelados causou grandes conflitos com o poder civil e vários recursos à Coroa foram feitos, pois essas escolhas estavam ligadas ao padroado, já que eram benefícios eclesiásticos.

Seguindo a mesma lógica, outra mudança de atitude foi em relação às ordenações sacerdotais, nas quais os bispos ultramontanos passaram a ser prudentes e rigorosos. Até mesmo para dar as demissórias, para que um candidato ao sacerdócio pudesse se ordenar em outra diocese, os prelados foram escrupulosos. Só se tornava padre quando o bispo tinha certeza da preparação, dignidade, moralidade e fidelidade do candidato. Também nesse ponto os prelados tiveram de enfrentar o regalismo e o padroado imperial por diversas vezes, iniciando os conflitos já na década de 1840.

Algumas mudanças de posturas, por parte do clero, passaram a ser cobradas sistematicamente pelos bispos: o celibato, a residência na paróquia onde atuava, a cura d'almas, a pregação do evangelho, a necessidade de incentivar os sacramentos, o uso da sotaina eclesiástica, além de evitar os divertimentos e espetáculos públicos, as atividades políticas, os cargos públicos e a exagerada preocupação com a própria situação financeira. Em relação a essa questão, uma grande preocupação foi a regulamentação dos emolumentos, combatendo as arbitrariedades e estabelecendo tabelas de valores. Outra questão importante para muitos prelados foi garantir que os novos ordenados não pertencessem a sociedades secretas, como a maçonaria, e procurar convencer o antigo clero a abandoná-la. As primeiras preocupações nesse sentido já haviam ocorrido com os bispos D. Antônio Viçoso e D. Antônio de Mello.

Disciplinar o antigo clero e o cabido não era tarefa fácil, muito pelo contrário. Provavelmente teria sido ainda mais complicado e demorado se os bispos não tivessem recebido uma ajuda governamental e legislativa. Nas décadas de 1840 e 1850, os governos contavam com a ajuda da Igreja para o fortalecimento do Estado; seria ela a responsável por transmitir valores ligados à ordem, à disciplina e à obediência, afastando o espírito de rebeldia da década de 1830. Bispos como D. Viçoso e D. Antônio de Mello perceberam esse ambiente político e souberam tirar proveito. Foi este último o maior responsável por conseguir a melhor arma dos prelados contra o clero indisciplinado: o decreto *ex informata conscientia*.

Ao contrário do que ocorreu em Minas Gerais, que já havia tido um bispo com traços ultramontanos antes de D. Viçoso, em São Paulo, até a posse de D. Antônio Joaquim de Mello, a diocese havia sido governada por bispos com inclinações iluministas ao estilo lusitano. Por esse motivo, o ultramontanismo se impôs como novidade absoluta. Isso também se devia à existência, na capital da província, desde 1827, de uma faculdade de Direito com fortes tendências liberais e anticlericais. O cabido paulista foi formado e atuava nesse meio, sendo grande parte de seus membros convictos regalistas e politiqueiros. D. Antônio, então, enfrentou uma fortíssima resistência dos cônegos da Sé, envolvendo-se em vários conflitos graves, principalmente a partir de 1854. D. Antônio buscou incessantemente o apoio do Estado. O mesmo fez os seus padres e seu cabido por meio de recursos à Coroa contra as decisões episcopais.[40]

O governo procurou de todos os modos não se posicionar na contenda, pois tinha interesse na difusão de valores ligados à disciplina, à obediência e à ordem por parte do bispo, mas também não queria enfrentar o bem articulado clero liberal de São Paulo, que há pouco tempo marcou presença entre os líderes de uma revolta na provincia.[41] O prelado paulista, todavia, não aceitou essa indefinição do governo e forçou que tomasse posição. Passou a enviar cartas e representações a D. Pedro II e seus ministros, principalmente ao Ministro da Justiça Nabuco de Araújo. O argumento que empregou para buscar o apoio do governo foi muito conveniente: ele recordou a rebelião liberal em São Paulo em 1842, salientando que, se o espírito de rebeldia reinante no clero da província não fosse contido, o povo também seria rebelde em relação ao poder temporal, como já havia sido no passado. Para dar ainda mais peso à sua argumentação, ameaçava renunciar ao ministério caso o governo não desse um claro apoio à sua autoridade.[42]

Essa atitude de D. Antônio repercutiu nos gabinetes imperiais e a questão foi parar na seção de Justiça do Conselho de Estado, devido a um novo recurso à Coroa apresentado pelo P.e. Francisco de Paula Toledo, que foi suspenso *ex informata conscientia* pelo bispo. Depois de longas

---

[40] WERNET, Augustin. *A Igreja Paulista no século XIX. A reforma de D. Antônio Joaquim de Melo (1851-1861)*. São Paulo: Ática, 1987, pp. 64-95.
[41] Revolução Liberal em São Paulo e Minas Gerais em 1842.
[42] AES, Br., *Lettera del vescovo Antonio al Santo Padre*, 2 de julho de 1856, Fasc. 175, pos. 121, f. 63r-67v; AES, Br., *Lettera del Santo Padre ao vescovo di São Paulo*, 2 de outubro de 1856, Fasc. 175, pos. 121, f. 77r-79v.

discussões, nas quais foi apreciada a questão da necessidade de apoiar a autoridade dos prelados para o bem do Estado, o resultado foi o decreto Nº 1911, de 28 de março de 1857,[43] que regulava a competência, interposição, efeitos e forma do julgamento dos recursos à Coroa. Todavia, esse decreto ficou conhecido como *ex informata conscientia*, exatamente por trazer essa novidade que reforçou e ampliou a autoridade episcopal sobre o seu clero, facilitando a reforma na parte correcional. Porém, como afirma Dilermando Ramos Vieira, "longe estava de ser generoso, pois nos demais artigos regulava de novo a competência, interposição, efeitos e forma do julgamento do recurso à Coroa".[44]

Na parte do artigo que nos importa, ou seja, o artigo 2.º, coma 2.º, definia-se que não haveria recurso à Coroa nos casos de "suspensões e interditos que os bispos, extrajudicialmente –ou *ex informata conscientia*–[45] interpõem aos clérigos para a emenda e correção".[46] Agora os prelados tinham em mãos um instrumento extremamente útil para evitar o recurso à Coroa e disciplinar o seu clero, e eles não hesitaram em utilizá-lo quando acharam necessário.

A reforma educacional, por meio dos seminários diocesanos, foi o ponto que teve maior êxito no programa reformador dos ultramontanos brasileiros. Até meados do século XIX, os únicos seminários de referência nacional eram o São José, na diocese do Rio de Janeiro, e o seminário de Olinda, da diocese de Pernambuco. As demais dioceses tinham seminários instáveis, que abriam e fechavam de acordo com a dedicação de cada bispo; na maioria das vezes nem prédios próprios possuíam, funcionando nos palácios episcopais. Os bispos ultramontanos, seguindo as

---

[43] Coleção das leis do Império do Brasil, 1857, XX, parte II, 103.
[44] VIEIRA, Dilermando Ramos. *O processo de Reforma e reorganização da Igreja no Brasil (1844-1926)*. Aparecida: Editora Santuário, 2007, p. 200.
[45] Seu significado literal é: com a consciência informada, ou seja, um julgamento realizado por um ato de consciência do bispo, mesmo sem ouvir o réu ou acusado.
[46] Coleção das leis do Império do Brasil, 1857, XX, parte II, 103.

orientações do Concílio de Trento, criaram ou reestruturaram vários seminários diocesanos, ao mesmo tempo em que incentivaram o envio de jovens clérigos brasileiros para se formarem na Europa, principalmente no Seminário de São Sulpício, na França, e no Pio Latino-Americano, em Roma. Em 1870, a maioria das doze dioceses brasileiras já possuía pelo menos um seminário, como era o caso de Pernambuco, Rio de Janeiro, Bahia, Mariana, Maranhão, Pará, São Paulo, Rio Grande do Sul, Ceará, Diamantina. O seminário de Goiás foi instituído no início da década de 1870 e o do Mato Grosso nos finais da década de 1880. Antes do fim do regime monárquico no Brasil, todas as dioceses já formavam o seu clero de acordo com moldes ultramontanos.

Formar um novo clero era o principal passo para reformar a Igreja, pois, inserindo nele os valores do catolicismo ultramontano, conseguiriam, aos poucos, criar uma homogeneidade na prática e na doutrina do catolicismo no Brasil. O objetivo era que esses novos sacerdotes suplantassem os padres heterodoxos e reforçassem as autoridades pontifícia, diocesana e clerical. Essa mudança levaria posteriormente, acreditavam, a uma reforma dos fiéis. A formação do novo clero é uma questão importantíssima para se compreender o ultramontanismo no Brasil, pois, como vêm demonstrando os estudos sobre as elites, a homogeneidade na formação e nas experiências é fundamental para atuação e conscientização de grupos hegemônicos, ou que buscam a hegemonia.

As ordens religiosas masculinas reformadas foram fundamentais para a execução desse projeto, pois foram elas que assumiram a tarefa de formar o novo clero. Três delas se destacaram: os lazaristas, os capuchinhos e os jesuítas. Não se pode desprezar a contribuição de outras ordens e congregações, no entanto, elas chegaram ao Brasil no final do Período Imperial, sendo que sua atuação incidiu de modo mais marcante nas primeiras décadas do Período Republicano, como foi o caso dos dominicanos (1881) e dos salesianos (1882). Cada uma das três ordens citadas acima possui um carisma e uma história própria, mas todas elas atuaram na educação de um modo geral e na formação seminarística de modo particular. Transmitiram, apesar das diferenças, valores comuns ao ultramontanismo e fundamentais para a formação do novo clero.

A vinda da Ordem dos Frades Menores Capuchinhos para o Brasil remonta ao Período Colonial. Foram, praticamente, os sucessores dos jesuítas na evangelização dos indígenas. No entanto, ao contrário das outras ordens de origem colonial, resistiu o quanto pôde às investidas do regalismo e manteve estreitas relações com a *Propaganda Fide*. Provavelmente por esse motivo, os capuchinhos não se encontravam em decadência nos primeiros anos do Segundo Reinado, como as demais, e os seus membros no Brasil, ao contrário das outras, não eram de origem portuguesa.[47]

Durante a primeira metade do século XIX, os capuchinhos enfrentaram grandes dificuldades, derivadas das revoluções europeias, nas quais era forte a presença de ideais anticlericais. Essa situação, juntamente com a política anticlero regular de certos setores políticos durante a Regência, impossibilitou a chegada de novos confrades ao Brasil. Essa situação mudou somente depois que D. Marcos Antônio de Souza, bispo do Maranhão, pressionou o regente Pedro Araújo Lima a fim de que enviasse religiosos para as missões indígenas. Por meio do representante pontifício no Brasil e do brasileiro junto à Santa Sé, chegou-se a um acordo e a *Propaganda Fide* respondeu ao pedido mandando sete frades. De 1841 a 1842, desembarcaram outros 22 missionários e nos anos posteriores continuaram a chegar outros mais.[48]

---

[47] COSTA, Rovílio & BONI, Luis A. de. *Os capuchinhos do Rio Grande do Sul*. Porto Alegre: EST, 1996, p. 14.

[48] PALAZZOLO, Jacinto. *Crônica dos capuchinhos do Rio de Janeiro*. Petrópolis: Vozes, 1966, pp. 140-142; VIEIRA, Dilermando Ramos. *O processo de Reforma e reorganização da Igreja no Brasil (1844-1926)*. Aparecida: Editora Santuário, 2007, p. 159; AES, Br., *Officio del Vescovo di S. Luigi del Maranhão al Ministro di Giustizia*, 26 de agosto de 1839, Fasc. 156, pos. 37, f. 37r-37r; AES, Br., *Officio del Ministro della Giustizia, ed affari ecclesiastici all'Incaricato pontificio*, 5

Para garantir a legalidade do apoio governamental, foram encaminhados ao parlamento alguns projetos que, depois de aprovados, acabaram por criar um conflito diplomático que paralisou o envio de missionários, pois causou uma divergência entre o governo e a *Propaganda Fide*. A questão era sobre quem teria o direito de distribuir os missionários assim que chegassem ao Brasil e se, depois de distribuídos, ficariam sob a autoridade do bispo ou da congregação romana. O reenvio só foi retomado após o governo esclarecer que sua intenção não era retirar os missionários da autoridade pontifícia, mas sim garantir que as decisões fossem tomadas em conjunto. A Santa Sé, satisfeita com as explicações e garantias do governo, passou a reenviar novos frades em 1846.[49]

As atividades características dos capuchinhos durante o Período Imperial foram: a evangelização dos índios, as missões populares e a formação seminarística (São Paulo e Bahia). Nesse sentido acabaram auxiliando amplamente os bispos ultramontanos nas suas dioceses. Os frades também colaboraram com o governo atuando como capelães do exército brasileiro na Guerra do Paraguai e como intermediários nos acordos de paz. De certa forma, o governo quis recompensá-los com a nomeação do capuchinho Fr. Vital para bispo de Pernambuco em 1871.[50]

Os padres da Congregação da Missão chegaram ao Brasil no século XIX, chamados pelo monarca português D. João VI, que os solicitou para dirigirem missões de evangelização indígena no Mato Grosso. Os dois primeiros padres da Congregação a serem enviados ao Brasil foram: Leandro

---

de fevereiro de 1840, Fasc. 156, pos. 37, f. 31r-3v; AES, Br., *Officio del Ministro di Giustizia all'Incaricato del Brasile in Roma*, 18 de janeiro de 1840, Fasc. 156, pos.37, f. 34r-34v;

49 SANTIROCCHI, Ítalo Domingos. *Os ultramontanos no Brasil e o regalismo do Segundo Império (1840-1889)* (tese de Doutorado). Roma: Pontifícia Universidade Gregoriana, 2010, pp. 320-325.

50 VIEIRA, Dilermando Ramos. *O processo de Reforma e reorganização da Igreja no Brasil (1844-1926)*. Aparecida: Editora Santuário, 2007, p. 160.

Rebello Peixoto e Castro e o jovem Antônio Ferreira Viçoso, que chegaram ao Rio de Janeiro em 1819. Depois de 18 dias no Brasil o destino dos padres mudou e, em vez de irem ao Mato Grosso, foram enviados a Minas Gerais, para a Serra do Caraça, com a missão de fundarem um colégio e um seminário para Congregação.[51]

Os padres partiram para o Caraça e em julho iniciaram as "missões populares". O Colégio do Caraça iniciou suas atividades em janeiro de 1821, e logo outras casas de formação ficaram sob a direção dos lazaristas, como foi o caso do Seminário de Jacuecanga, na Ilha Grande, Rio de Janeiro, de 1822 a 1839; do Campo Belo, atual Campina Verde, no Triângulo Mineiro (antigo Sertão da Farinha Podre), que teve início em 1834; e do Colégio de Congonhas do Campo, também em Minas Gerais, cuja direção passou às mãos dos padres da congregação de 1827 até 1860.[52]

Por meio da administração e do ensino nos seminários (Mariana, Fortaleza, Crato, Salvador, Diamantina, Rio de Janeiro, Cuiabá), a partir dos anos de 1840, formaram futuros padres e bispos (D. Antônio Ferreira Viçoso, D. José de Morais Torres, D. Luís Antônio dos Santos, D. João Antônio dos Santos, D. Pedro Maria Lacerda), alinhados com o ultramontanismo. A educação juntamente com as missões populares foram as principais contribuições dos lazaristas para a reforma eclesiástica em Minas e em todo o Brasil.[53]

A Companhia de Jesus voltou para o Brasil em meados do século XIX, após serem expulsos de alguns países europeus e sul-americanos. Estabeleceram-se no Rio de Janeiro

---

[51] TRINDADE, Raimundo Otávio da. *Arquidiocese de Mariana*. t. II. Belo Horizonte: Imprensa Oficial, 1953, pp. 7-12; PASQUIER, Eugênio. *Os primórdios da Congregação da Missão no Brasil*. Petrópolis: Vozes, sd, pp. 29-31.
[52] PASQUIER, Eugênio. *Os primórdios da Congregação da Missão no Brasil*. Petrópolis: Vozes, sd, pp. 58-59, 69-86, TRINDADE, Raimundo Otávio da. *Arquidiocese de Mariana*. t.II. Belo Horizonte: Imprensa Oficial, 1953, p. 15; SOUZA, José Evangelista de. "Cartas de D. Antônio Ferreira Viçoso, Bispo de Mariana ao Visconde do Uruguai". In *RIHGB*, N° 242, 1959, p. 27.
[53] PASQUIER, Eugênio. *Os primórdios da Congregação da Missão no Brasil*. Petrópolis: Vozes, sd, p. 53.

em 1841, mesmo existindo um ambiente hostil a eles devido aos estereótipos pombalinos que ainda persistiam. No entanto, receberam todo o apoio e incentivo do Internúncio Mons. Ambrogio Campodonico, que convenceu o bispo do Rio de Janeiro, D. Manuel do Monte Rodrigues Araújo, a acolher os jesuítas na sua diocese. Naquela época, a província do Rio Grande do Sul ainda fazia parte da diocese do Rio e vivia em guerra com o Império (Farroupilha). Necessitando de padres e missionários para ajudarem a moralizar o clero e o povo, além de restaurar a ordem, o presidente da província aceitou o envio dos jesuítas.[54]

Os padres da Companhia de Jesus chegaram a Porto Alegre em finais de 1842 e iniciaram as primeiras missões na província. Mas a principal vocação dos jesuítas era o ensino e logo fundaram um internato no Desterro (atual Florianópolis), em junho de 1843, que durou até 1853, quando tiveram de fechá-lo devido a uma epidemia de febre amarela. Voltaram àquela província em 3 de fevereiro de 1865, para abrirem um colégio.[55]

No Rio Grande do Sul, abriram uma escola de gramática latina ou Seminário menor, em Porto Alegre, no ano de 1847. Na recém-criada diocese de São Pedro do Rio Grande do Sul, os jesuítas receberam o apoio tanto do primeiro bispo D. Feliciano de Araújo Prates, quanto do seu sucessor, D. Sebastião Dias Laranjeiras. Este último, inclusive, pediu aos jesuítas que assumissem a direção do seminário, o que ocorreu em 8 de agosto de 1861, mas durou somente até 1863. Em 1860, em São Leopoldo, fundaram uma residência com uma escola que, em 1869, virou o Colégio Nossa Senhora da Conceição, dando origem ao *Seminário Central Nossa Senhora da Conceição*, para a formação do clero das províncias

---

[54] LUTERBECK, José Alfredo. *Jesuítas no sul do Brasil*. São Leopoldo: Instituto Anchietano de Pesquisas, 1977, pp. 16-19; BOHMEN, Aloysio. *Atividade dos jesuítas de São Leopoldo*. São Leopoldo: UNISISNOS, 1989, pp. 85-87.
[55] LUTERBECK, José Alfredo. *Jesuítas no sul do Brasil*. São Leopoldo: Instituto Anchietano de Pesquisas, 1977, pp. 27-28, 62; RUBERT, Arlindo. *História da Igreja no Rio Grande do Sul*. Porto Alegre: EDPUCRS, 1998, pp. 291-192.

eclesiásticas de Porto Alegre, Curitiba e Florianópolis. Em 1867, fundaram o Colégio São Luiz de Itu, na província de São Paulo e, em 1866, a pedido do bispo de Pernambuco, D. Manuel de Medeiros, os jesuítas aceitaram assumir o seminário diocesano, mas tiveram de abandoná-lo alguns anos depois, quando foram expulsos da cidade devido à Questão Religiosa. Enfim, em 1886, abriram o "Internato Anchieta" de Nova Friburgo.[56]

As diretrizes romanas para a reforma do clero brasileiro

A Santa Sé só passou a se interessar por uma reforma da Igreja no Brasil nos inícios da década de 1850, quando o movimento ultramontano brasileiro já estava atuando em várias dioceses nacionais. Já foi falado anteriormente que o projeto romano foi elaborado por meio de *instruções* aos seus representantes na nunciatura do Rio de Janeiro, a primeira foi redigida em 1852, para ser entregue ao Núncio Mons. Gaetano Bedini. No entanto, ele não foi enviado ao Brasil, em seu lugar foi mandado um Encarregado de Negócios, Mons. Marino Marini. Tais *Instruções* permaneceram sem execução até serem enviadas a este último, em 3 de agosto de 1854, junto a uma ordem para que se empenhasse em organizar uma reunião dos bispos em conferência. Mais ou menos um ano antes da sua chegada, em 31 de março de 1853, o Papa Pio IX já preparou o terreno, informando pela primeira vez ao episcopado nacional o seu desejo de que a Igreja brasileira fosse reformada. O pontífice fez isso por

---

[56] LUTERBECK, José Alfredo. *Jesuítas no sul do Brasil*. São Leopoldo: Instituto Anchietano de Pesquisas, 1977, pp. 54-65; VIEIRA, Dilermando Ramos. *O processo de Reforma e reorganização da Igreja no Brasil (1844-1926)*. Aparecida: Editora Santuário, 2007, p. 168; GRÈVE, Aristides. *Subsídios para a história da restauração da Companhia de Jesua no Brasil*. São Paulo: Oficianas Gráficas Siqueira, 1942.

meio de uma Encíclica, *Universi Dominici Gregis*, entregue aos prelados, exortando-os a realizarem a reforma geral da Igreja brasileira.[57]

Acabar com o concubinato, tanto no clero como no povo, era uma das principais reformas almejadas pela Santa Sé, sendo que, nas *Instruções* aos Internúncios, tentou-se elaborar maneiras para combater a facilidade com que a lei brasileira reconhecia a paternidade dos filhos sacrílegos dos sacerdotes amancebados. Em relação aos rebentos dos padres prevaricadores, existia ainda outro fato: eram, sem grande relutância, até meados do século XIX, facilmente ordenados pelos bispos. Isto se tornara possível graças às faculdades concedidas aos prelados brasileiros, que lhes davam o direito de dispensarem os candidatos ao sacerdócio de algumas irregularidades.

O principal meio que a Santa Sé recomendava para se combater o clero concubinário eram os exercícios espirituais, principalmente aqueles de Santo Inácio de Loyola. Para alcançar tal fim, a presença de missionários europeus capacitados era indispensável, já que as comunidades de regulares "brasileiras" estavam minguando, devido às políticas governamentais que almejavam tomar-lhes os bens. Porém, esse objetivo batia de frente com as dificuldades colocadas pelo governo em admitir novos regulares no Brasil.

A solução mais plausível seria incentivar o crescimento dos lazaristas que, depois das dificuldades que enfrentaram durante a primeira metade do século XIX, estavam passando por um período de crescimento, devido em grande parte ao seminário de Mariana, que lhes fora confiado pelo bispo D. Viçoso. Outras duas possibilidades eram os capuchinhos –muito bem quistos pelo governo– e os jesuítas que, apesar de todos os preconceitos contra eles, estavam conseguindo

---

57 AES, Br., *Encíclica Universi Dominici Gregis*, 31 de março de 1853, Fasc. 167, pos. 89, f. 66r-69v.

se estabelecer no país. Por meio destes ou de outros missionários europeus, a meta visada era introduzir a prática dos exercícios espirituais entre o clero brasileiro.[58]

Mas a grande cartada que a Santa Sé esperava realizar para conseguir a reforma, agregando bispos, clero, povo e o governo, era reunir os bispos brasileiros em Conferência. Entretanto, apesar manter esse desejo durante todo o Segundo Reinado, jamais pôde realizá-lo, devido a vários motivos: oposição governamental, por vezes até mesmo oposição de parte do episcopado, distâncias a serem percorridas, falta de condições financeiras de alguns bispos e também devido a doenças e mortes de prelados.

Em relação à reforma do clero, o Internúncio deveria garantir que alguns pontos entrassem em discussão caso a Conferência fosse realizada: 1.º O concubinato; 2.º A ignorância do clero; 3.º A enorme diferença disciplinar nas diversas dioceses.[59] Sobre o concubinato, dizia que seria interessante chamar os padres, secretamente, a obedecerem às prescrições do Concílio de Trento, Sessão XXIV, Capítulo VIII e Sessão XXII, Capítulo I, *De vita et honestate spirituali*, e especialmente introduzir o louvável costume dos Exercícios Espirituais de Santo Inácio de Loyola. Contra a ignorância do clero dever-se-ia erigir bons seminários, com rigorosos exames para admissão ao sacerdócio, a fim de acabar com a falta de uniformidade disciplinar e, daí, procurar prover eficazmente a instrução religiosa do povo.[60]

Os bispos também deveriam buscar o apoio do Estado. Para isso seria fundamental, segundo as *Instruções*, lutar por algumas questões, tais como:

---

[58] ASV, NAB, *Istruzione per Mons. Vincenzo Massoni Arcivescovo de Edessa Internunzio Apostólico nell'Impero del Brasile*, 15 de outubro de 1856, Cx. 30, fasc. 133, doc. único, f. 17v.
[59] AES, Br., *Istruzione per Mons. Gaetano Bedini Arcivescovo di Tebe Nunzio Apostolico nell'Impero del Brasile*, 20 de outubro de 1852, Fasc. 166, pos. 89, f. 44v.
[60] AES, Br., *Istruzione per Mons. Gaetano Bedini Arcivescovo di Tebe Nunzio Apostolico nell'Impero del Brasile*, 20 de outubro de 1852, Fasc. 166, pos. 89, f. 44v-45v.

1.º O foro eclesiástico, que no momento está restrito a questões puramente espirituais; 2.º Contra o abuso da autoridade civil, que erige, desmembra e circunscreve as paróquias, removem, suspendem e demitem os párocos. Além disso, deverão expor a necessidade de aumentar as dioceses e de dotar adequadamente as existentes; de erguer algumas igrejas, e em outros casos completar os cabidos e as catedrais; de instituir, do mesmo modo, os seminários onde faltam; de aumentar as côngruas dos párocos.[61]

Nessas mesmas instruções, os bispos eram chamados a combater a participação do clero e dos fiéis em sociedades secretas, especialmente a maçonaria.[62] Esse ponto teve ainda mais atenção por parte da Santa Sé após a Questão Religiosa. Esse conflito levou o Santo Ofício a elaborar um projeto para "expurgar" as irmandades dos maçons e reformá-las, colocando-as sob a autoridade dos bispos e do clero. Esse projeto dividiu os prelados ultramontanos entre os que queriam levar a questão às últimas consequências, acirrando os embates políticos com o governo, e os que preferiam uma ação mais diplomática, sem desafiá-lo abertamente. De um lado, tínhamos, respectivamente, D. Macedo Costa (Pará) e D. Antônio Cândido de Alvarenga (Maranhão), e de outro lado D. Luís Antônio de Sousa (Ceará/Bahia) e D. Pedro de Maria Lacerda (Rio de Janeiro).[63]

---

61 1°. *Il foro Ecclesiastico ora ristretto alle sole materie spirituali; 3°. Contro l'abuso dall'autorità civile, che erige, smembra e circoscrive le Parrocchie, rimuove, sospende e dimette i Parroci. Esporranno inoltre la necessità di aumentare le Diocesi e di dotare congruamente gli esistenti; di erigere in alcune Chiese, in altre di completare i Capitoli Cattedrali; di erigere similmente ove mancano i Seminari; di accrescere le congrue parrocchiali.* AES, Br., *Istruzione per Mons. Gaetano Bedini Arcivescovo di Tebe Nunzio Apostolico nell'Impero del Brasile*, 20 de outubro de 1852, Fasc. 166, pos. 89, f. 46v-47r.

62 AES, Br., *Istruzione per Mons. Gaetano Bedini Arcivescovo di Tebe Nunzio Apostolico nell'Impero del Brasile*, 20 de outubro de 1852, Fasc. 166, pos. 89, f. 47v.

63 AES, Br., *Resumos da Secretaria de Estado da Santa Sé dos Ofícios do Mons. Monsenhor Matera sobre seus encontros com os Prelados do Brasil*, datados: 28 de Novembro de 1878; 17 de dezembro de 1878; 21 dezembro de 1878; 28 de dezembro de 1878; 23 de janeiro de 1879; 23 de janeiro de 1879; 29 de janeiro 1879; 27 de março de 1879, Fasc. 7, pos. 189, f. 3r-11r; f. 21r-25v; e

A Santa Sé, do mesmo modo que os prelados brasileiros, também compreendia que a formação de um novo clero era fundamental para reformar a Igreja no Brasil; a solução por ela indicada era o que os bispos já vinham fazendo, ou seja, a formação seminarística. A contribuição da Cúria foi a criação do Pontifício Colégio Pio Latino-Americano, inaugurado em 21 de novembro de 1858. Os bispos do Brasil apoiaram a iniciativa, cuja articulação começara alguns anos antes. Após a inauguração, a direção da casa, tanto material quanto espiritual, ficou a cargo dos jesuítas. Os estudos foram assim distribuídos: Humanidades, que se cursava dentro do próprio colégio; Filosofia e Teologia, que se estudavam no Colégio Romano (rebatizado a partir de 1873 como Pontifícia Universidade Gregoriana).[64]

No primeiro ano, o Pio Latino contou com dezessete formandos, nenhum dos quais brasileiros. Já no segundo ano (1859), se matricularam quatro alunos provenientes do Brasil.[65] Nos anos seguintes, o número dos brasileiros cresceu em proporção geométrica e, segundo o estudo feito por Pedro Maina, dos cento e cinquenta e nove formandos

---

Offício, 26 de maio de 1879, Fasc. 8, pos. 189, f. 20r-20v; AES, Br., *Resumo da Secretaria de Estado da Santa Sé de um Oficio do Mons. Monsenhor Matera*, 21 de dezembro de 1878, Fasc. 7, pos. 189, f. 6r-6v; AES, Br., *Resumo da Secretaria de Estado da Santa Sé de um Oficio do Mons. Monsenhor Matera*, 28 de dezembro de 1878, Fasc. 7, pos. 189, f. 7r-7v; AES, Br., *Resumo da Secretaria de Estado da Santa Sé de um Oficio do Mons. Monsenhor Matera*, 29 de janeiro de 1879, Fasc. 7, pos. 189, f. 11r; AES, Br., *Resumo da Secretaria de Estado da Santa Sé do Ofício do Mons. Monsenhor Matera sobre seu encontro com o Arcebispos e os Prelados de Ceará e Rio de Janeiro*, 27 de abril de 1879, Fasc. 7, pos. 189, f. 21r-21v; e AES, Br., *Rapporto di Mons. Incaricato d'Affari, 12 maggio 1879,* in *Brasile – Conferenza dei Vescovi per eseguire le istruzioni date dalla S. Sede intorno ai frammassoni*, Fasc. 8, pos. 189, fascicolo inserito p. 59.

64 VIEIRA, Dilermando Ramos. *O processo de Reforma e reorganização da Igreja no Brasil (1844-1926)*. Aparecida: Editora Santuário, 2007, p. 117; GABAGLIA, Laurita Pessoa Raja. *O Cardeal Leme (1882-1942)*. Rio de Janeiro: José Olimpio 1962, p. 16.

65 Os quatro primeiros brasileiros no Pio foram: João Batista Fialho (Rio Grande do Sul), Francisco Herculano (Bahia, morto de febre antes de concluir os estudos), Tibério Rio de Contas (Bahia), e José Raimundo da Cunha (Maranhão). VIEIRA, Dilermando Ramos. *O processo de Reforma e reorganização da Igreja no Brasil (1844-1926)*. Aparecida: Editora Santuário, 2007, p. 118.

que por ali passaram, da fundação até 1869, oitenta e quatro eram provenientes do Brasil.[66] Nem todos os formandos seriam considerados aptos para o estado eclesiástico e também houve os que desistiram por iniciativa própria; todavia, a contínua chegada de brasileiros não diminuiu. Percebe-se isso claramente do "quadro sinótico" preparado pelo Pe. Tommaso Ghetti, reitor da instituição, no qual se atestou que outros 51 jovens provenientes do Brasil tinham passado por lá, entre os anos de 1872 e 1882.[67] Em 1876, praticamente todos os bispos do Brasil já haviam enviado algum jovem sacerdote a essa instituição, exceto o prelado do Rio de Janeiro, D. Pedro de Maria Lacerda. Esse fato não escapou aos olhos do Pontífice e dos diretores do Colégio Pio Latino-Americano que lhe chamaram a atenção por meio do Internúncio. A partir daí, também o prelado do Rio enviou alguns alunos.[68]

Conclusão

A reforma ultramontana no Brasil não foi somente doutrinária, mas também política e cultural. Política na sua luta contra o regalismo do Estado e cultural na formação de um novo clero, que diferia do precedente, formado nos moldes coloniais ou do iluminismo pombalino. Não podemos esquecer as questões administrativas, que incidiram diretamente no fortalecimento da autoridade da hierarquia

---

[66] VIEIRA, Dilermando Ramos. *O processo de Reforma e reorganização da Igreja no Brasil (1844-1926)*. Aparecida: Editora Santuário, 2007, p. 118.
[67] 25 de Olinda, 6 de Fortaleza, 6 da Bahia, 3 do Rio Grande do Sul, 3 de São Paulo, 1 de Mariana, 5 do Rio de Janeiro, 1 do Pará e 1 de Goiás. (AES, Br., *Exposição do Pe. Tommaso Ghetti S.I. ao Papa Leão XIII – Quadro Sinótico*, 1882, Fasc. 13, pos. 225, f. 22r-23r).
[68] AES, Br., *Istruzione a Mons. Cesare Roncetti Arcivescovo di Seleucia p. i. Internunzio Apostolico nell'Impero del Brasile*, 1876, Fasc. 188, pos. 164, f. 22v-23r.

sobre o clero e os fiéis, e, juntamente com a introdução de novas devoções, levou também a mudanças na cultura religiosa popular.

O ultramontanismo foi iniciado por um grupo de padres que, ao se tornarem bispos, criaram um núcleo reformador cujo modelo foi se estendendo por todo o Brasil. O novo clero ultramontano logo criou um espírito de corpo, o que lhe deu força política e muito preocupou o governo, os liberais e os maçons. Por ser um grupo bem definido, com um projeto de reforma que ia além das questões estritamente doutrinais e eclesiásticas, não hesitei chamá-lo de "movimento ultramontano". Foram eles que criaram as estruturas e condições para a reforma do clero e a inserção do catolicismo nacional na ortodoxia romana, objetivo que foi mantido e ampliado após o fim de união entre a Igreja e o Estado com a Proclamação da República. Os bispos ultramontanos imperiais buscaram a união com Roma, mas tinham consciência da especificidade do catolicismo brasileiro dentro daquele universal.

Bibliografia

ALBERTAZZI, Liliana *et al*. *Dizionario dei teologi dal primo secolo ad oggi*. Casale Monferrato: Edizioni Pieme, 1998.

BEAL, Tarcisio & CARDOZO, Manuel da Silveira. *Os jesuítas, a Universidade de Coimbra e a Igreja brasileira, subsídios para a história do regalismo em Portugal e no Brasil 1750-1850* (tese de Doutorado), Ann Arbor: The Catholic University of America, 1969.

BOHMEN, Aloysio. *Atividade dos jesuítas de São Leopoldo*. São Leopoldo: UNISISNOS, 1989.

CAMARGO, Paulo Florêncio da Silveira. *História eclesiástica do Brasil*. Petrópolis: Vozes, 1955.

CASTRO, Zília Osório de. "Antecedentes do Regalismo Pombalino". In *Estudos em homenagem a João Francisco Marques*. Porto: Faculdade de Letras da Universidade do Porto, 2002, pp. 321-331.
CAVA, Ralph della. *Milagre em Joaseiro*. Rio de Janeiro, 1976.
COSTA, Rovílio & BONI, Luis A. de. *Os capuchinhos do Rio Grande do Sul*. Porto Alegre: EST, 1996.
DUTRA NETO, Luciano. *Das terras baixas da Holanda às montanhas de Minas* (tese de Doutorado). Juiz de Fora: Universidade Federal de Juiz de Fora, 2006.
GABAGLIA, Laurita Pessoa Raja. *O Cardeal Leme (1882-1942)*. Rio de Janeiro: José Olympio, 1962.
GOMES, Francisco José Silva. Quatro séculos de cristandade no Brasil. In MOURA, Carlos André Silva de (org). *Religião, cultura e política no Brasil. Perspectivas históricas*. Campinas: UNICAMP/IFCH, 2011, pp. 25-38.
GRÈVE, Aristides. *Subsídios para a história da restauração da Companhia de Jesus no Brasil*. São Paulo: Oficianas Gráficas Siqueira, 1942.
KUHNEN, Alceu. *As origens da Igreja no Brasil (1500-1552)*. Bauru: Edusc, 2005.
LUTERBECK, José Alfredo. *Jesuítas no sul do Brasil*. São Leopoldo: Instituto Anchietano de Pesquisas, 1977.
NEVES, Fernado Artur de Freitas. *Romualdo, José e Antônio: bispos na Amazônia do oitocentos*. Belém: Editora UFPA, 2015.
NEVES, Guilherme P. das. *E receberá mercê: a mesa de consciência e ordens e o clero secular no Brasil. 1808-1828*. Rio de Janeiro: Arquivo Nacional, 1997.
OLIVEIRA, Pedro Ribeiro de. *Religião e dominação de classe: gênese, estrutura e função do catolicismo romanizado no Brasil*. Petrópolis: Vozes, 1985.
PALAZZOLO, Jacinto. *Crônica dos capuchinhos do Rio de Janeiro*. Petrópolis: Vozes, 1966.
PASQUIER, Eugênio. *Os primórdios da Congregação da Missão no Brasil*. Petrópolis: Vozes, sd.

ROGER, Bastide. "Religion and the Church in Brazil". In T. L. SMITH & A. MARCHANT. *Brazil: Portrait of Half Continent*. New York: The Dryden Press, 1951, pp. 334-355.

RUBERT, Arlindo. *História da Igreja no Rio Grande do Sul*. Porto Alegre: EDPUCRS, 1998.

SANTIROCCHI, Ítalo Domingos. *Os ultramontanos no Brasil e o regalismo do Segundo Império (1840-1889)* (tese de Doutorado). Roma: Pontifícia Universidade Gregoriana, 2010.

SANTIROCCHI, Ítalo Domingos. "Uma questão de revisão de conceitos: Romanização – Ultramontanismo – Reforma". In *Temporalidades*. Belo Horizonte: UFMG, v.2, pp. 24-33, 2010.

SANTIROCCHI, Ítalo Domingos. "Afastemos o padre da política. A despolitização do clero brasileiro durante o Segundo Império". In *Mneme*. UFRN: 2011, 12(29), pp. 187-207.

SANTIROCCHI, Ítalo Domingos. "Dois poderes em desacordo: o fracasso da Concordata de 1858". In *Anais do Simpósio da ABHR*, vol. 13, 2012.

SANTIROCCHI, Ítalo Domingos. "A Igreja a e construção do Estado no Brasil imperial". In *Anais do XVII Simpósio Nacional da ANPUH*. Natal, 2013.

SANTIROCCHI, Ítalo Domingos. "Historiografia e Teoria da História da Igreja Católica no Brasil Imperial". In MARANHÃO FILHO, Eduardo Meinberg (org). *(Re)conhecendo o sagrado*. São Paulo: Fonte Editorial, 2013, pp. 129-160.

SANTIROCCHI, Ítalo Domingos. *Questão de Consciência: os ultramontanos no Brasil e o regalismo do Segundo Reinado (1840-1889)*. São Luís: EDUFMA. Belo Horizonte: Fino Traço Editora, 2015.

SCAMPINI, José. "A liberdade religiosa nas constituições brasileiras: estudo filosófico-jurídico comparado". Primeira parte: "A liberdade religiosa no Brasil imperio". In *Revista de Informação Legislativa*, Brasília, v. 11, N° 41, jan./mar. 1974, pp. 76-126.
SOUZA, Françoise Jean de Oliveira. *Do Altar à Tribuna. Os padres na formação do Estado Nacional brasileiro (1823–1841)* (tese de Doutorado). Rio de Janeiro: UERJ, 2010.
SOUZA, José Evangelista de. "Cartas de D. Antônio Ferreira Viçoso, Bispo de Mariana ao Visconde do Uruguai". In *RIHGB*, N° 242, 1959.
SRBIK, Heinrich Von. *Cultura e storia in Germania dall'umanesino ad oggi*. Vol. II. Roma: Jouvence Società Editoriale, 1996.
TRINDADE, Raimundo Otávio da. *Arquidiocese de Mariana*. T. II. Belo Horizonte: Imprensa Oficial, 1953.
VIEIRA, Antônio Carlos. *História da questão religiosa no Brasil*. Rio de Janeiro: Livraria Alves Editora, 1974.
VIEIRA, Dilermando Ramos. *O processo de Reforma e reorganização da Igreja no Brasil (1844–1926)*. Aparecida: Editora Santuário, 2007, p. 200.
WERNET, Augustin. *A Igreja Paulista no século XIX. A reforma de D. Antônio Joaquim de Melo (1851-1861)*. São Paulo: Ática, 1987.
WERNET, Augustin. "Crise e definhamento das tradicionais ordens monásticas brasileiras durante o século XIX". In *Revista do Instituto de Estudos Brasileiros*, São Paulo: 1997, N° 42, pp. 115-131.

Documentação

ASV, NAB, Cx. 18, fasc. 76.
ASV, NAB, Cx. 30, fasc. 133.
AES, Br., Fasc. 156, pos. 37.
AES, Br., Fasc. 166, pos. 89.
AES, Br., Fasc. 167, pos. 89.

AES, Br., Fasc. 175, pos. 121.
AES, Br., Fasc. 188, pos. 164.
AES, Br., Fasc. 7, pos. 189.
AES, Br., Fasc. 8, pos. 189.
AES, Br., Fasc. 13, pos. 225.
Coleção das leis do Império do Brasil, 1857, XX, parte II, 103.

Acerca de los autores

Valentina Ayrolo

Doctora en Historia, Universidad de París I, Panthéon-Sorbonne, (Francia, 2003), investigadora independiente del CONICET, profesora adjunta de Historia Argentina I (siglo XIX) del Departamento de Historia, UNMDP y docente del Doctorado y Maestría en Historia de la misma Universidad. Es profesora del Programa de Pos-graduación de la Universidad Federal de Santa Maria, Brasil. Directora de la Revista *Pasado Abierto* del Centro de Estudios Históricos de la FH-UNMDP y directora del Grupo de Investigación "Problemas y Debates del siglo XIX" (G. XIX), UNMDP. Coordina junto a María Elena Barral y Guillermo Wilde, el grupo RELIGIO del Instituto Ravignani de la UBA. Ha publicado libros de su autoría y organizado compilaciones, entre ellos *Funcionarios de Dios y de la Republica* en 2007, que es el resultado de su tesis doctoral. Tiene numerosos artículos en revistas académicas nacionales e internacionales.

Anderson José Machado de Oliveira

Professor adjunto da Universidade Federal do Estado do Rio de Janeiro (Unirio) e Pesquisador do CNPq. Autor de *Devoção Negra: santos pretos e catequese no Brasil colonial*. Rio de Janeiro: Quartet, 2008. Organizou em conjunto com Wiliam Martins o livro *Dimensões do Catolicismo no Império Português (Séculos XVI-XIX)*. Rio de Janeiro: Garamond, 2014. Organizou em conjunto com Valentina Ayrolo o dossiê "Temas del clero en espacios Iberoamericanos". *Revista Andes*, n. 25, 2014; em conjunto com William Martins, Claudia Rodrigues e Célia Maia Borges o dossiê "Religião e Religiosidades". *Locus – Revista de História*. Juiz de Fora, v. 21, n. 2, 2015.

Gabriela Alejandra Caretta

Profesora y licenciada en Historia por la Facultad de Humanidades-Universidad Nacional de Salta e investigadora del Instituto de Investigaciones en Ciencias Sociales y Humanidades (Unsa). Profesora adjunta de la cátedra de Metodología y Técnicas de la Investigación Histórica de la Escuela de Historia de la Facultad de Humanidades-Universidad Nacional de Salta. Directora de Museo de Historia de la UNSa, Prof. E. Ashur. Publica regularmente en revistas nacionales e internacionales; entre sus trabajos más destacados pueden mencionarse: "Con el poder de las palabras y de los hechos: El clero colonial de Salta entre 1770-1840", en Sara Mata de López (comp.), *Persistencias y cambios en Salta y el NOA, 1770-1840*, Rosario, 2000, Colección Universos Históricos, Prohistoria, UNR, en colaboración con Isabel Zacca; "Benditos ancestros": comunidad, poder y cofradía en Humahuaca en el siglo XVIII", *Boletín Americanista*, año 61, N° 62 (2011) y "Ciudades de muertos y funerales de estado. Paradojas en la re-construcción de la religión y la política entre los borbones y los gobiernos provinciales", en Valentina Ayrolo, María Elena Barral y Roberto Di Stefano (coord.), *Catolicismo y secularización. Argentina en la primera mitad del siglo XIX*. Buenos Aires, Biblos, 2012, y "Y el Cielo se tiñó de rojo... Muerte heroica y Más allá en las Provincias Des-Unidas del Río de la Plata (1820-1852)", en Revista *LOCUS*, 2016, Universidade de Passo Fundo (UPF).

Pollyanna Gouveia Mendonça Muniz

Professora adjunto III na Universidade Federal do Maranhão e professora do corpo permanente do Programa de Pós-Graduação em História – PPGHIS-UFMA. Atualmente tem sua atenção voltada para a relação entre as justiças Eclesiástica, Civil e Inquisitorial no século XVIII. Realiza pesquisas com financiamento do CNPq e da FAPEMA. É autora de capítulos de livros e artigos em revistas especializadas. É co-organizadora da obra *Inquisição e Justiça Eclesiástica*, 2013 e da obra *Edificar e transgredir: clero, religiosidade e inquisição no espaço ibero-americano (séculos XVI-XIX)*, 2016. Em 2017 publicará o livro *Parochos Imperfeitos: clero e Justiça Eclesiástica no Maranhão colonial*, que está no prelo.

Antonio Jorge Siqueira

Possui graduação em Filosofia pela Faculdade de Filosofia Ciências e Letras de Viamão (1960-1964); graduação em Teologia – Université Cantonale de Fribourg, Suíça (1964-1968); mestrado em Sciences Economiques et Sociales – Ecole Pratique des Hautes Etudes, Paris (1968-1970) e doutorado em História Social pela Universidade de São Paulo (1976-1981). Professor da Universidade Federal de Pernambuco, Sócio Honorário do Instituto Histórico e Geográfico do Cariri Paraibano (2011) é Membro Titular da Academia Pernambucana de Ciências (2011) e Sócio efetivo do Instituto Arqueológico, Histórico e Geográfico Pernambucano (2013). Dentre os livros publicados destaca: *Os Padres e a Teologia da Ilustração: Pernambuco – 1817* (2009), *Sertão Sem Fronteiras: memórias de uma família sertaneja* (2010) e *Labirintos da Modernidade: memória, narrativa e sociabilidades* (2014).

María Elena Barral

Doctora en Historia (UPO, España), profesora de Historia americana colonial en la UNLu e investigadora independiente del CONICET en el Instituto Ravignani de la UBA. Ha dictado seminarios en universidades nacionales y extranjeras y ha sido investigadora residente en el Institut d'études avancées de París (2012/2013). Dedicada al estudio de la historia de la Iglesia en Argentina, entre sus libros se encuentran *De sotanas por la pampa. Religión y sociedad en el Buenos Aires rural tardocolonial* (Prometeo, 2007), *Curas con los pies en la tierra. Una historia de la Iglesia en Argentina contada desde abajo* (Sudamericana, 2016) y las compilaciones: *Catolicismo y secularización. Argentina, primera mitad del siglo XIX* (Biblos, 2012, junto a V. Ayrolo y R. Di Stefano); *Historia, poder e instituciones: diálogos entre Brasil y Argentina* (Prohistoria, 2015, junto a M. A. Silveira) y *Guerra y gobierno local en el espacio rioplatense (1764-1820)* (Edunlu, 2016, junto a R. Fradkin).

Vicente Agustín Galimberti

Profesor y licenciado en Historia, especialista y doctorando en Ciencias Sociales por la UNLu, donde es profesor de Historia Americana (S. XIX y XX) e Historia Social Argentina (S. XVII, XVIII y XIX), y participa de grupos de investigación. Sus líneas de trabajo consideran el problema de la participación popular en el proceso político-electoral en el Estado de Buenos Aires entre fines del siglo XVIII y mediados del siglo XIX. Publicaciones (entre otras): "La unanimidad en debate. Los procesos electorales en la campaña de Buenos Aires entre 1815 y 1828", en *Boletín del Instituto de Historia Argentina y Americana Dr. E. Ravignani*, N° 37, 2012; y "Autoridades locales y elecciones en la frontera norte bonaerense (1815-1828)", en Barriera, D. y Fradkin,

R. (eds.), *Gobierno, justicias y milicias: la frontera entre Buenos Aires y Santa Fe (1720-1830)*, Ed. de la Universidad de La Plata, La Plata, 2014.

Jorge Troisi Melan

PhD (Doctor en Historia), Emory University, Estados Unidos, 2014. Especialista en Metodología de la Investigación Social, Universidad Nacional de Lanús (UNLa), Argentina, 2002, magíster en Historia, Universidad Nacional de Mar del Plata (UNMP), Argentina, 2001 y profesor de Historia, Universidad Nacional de La Plata (UNLP), Argentina, 1994. Investigador de la Universidad de La Plata en la Facultad de Humanidades y Ciencias de la Educación, profesor de la asignatura Historia Contemporánea Americana. Ha publicado numerosos artículos y capítulos de libro y recientemente el libro *Socios incómodos. Los franciscanos de Córdoba en una era de transformaciones (1767-1829)*, Prohistoria Ediciones, Rosario, 2015.

Alicia Fraschina

Doctora en Historia por la Universidad de Buenos Aires. Ha ejercido la docencia en la Facultad de Ciencias Sociales de la Universidad de Buenos Aires y en la Escuela de Lenguas Modernas de la Universidad del Salvador de la que es profesora emérita. Realiza su tarea de investigación en el Grupo RELIGIO del Instituto Ravignani, Universidad de Buenos Aires, y en la Universidad del Norte Santo Tomás de Aquino. También forma parte del grupo internacional coordinado por Asunción Lavrin y Rosalva Loreto López. Ha publicado más de 30 artículos en distintas revistas y capítulos de libros sobre el tema de su especialidad: la experiencia religiosa y social de las monjas y las beatas de Buenos

Aires durante los siglos XVII-XIX. Es autora de dos libros: *Mujeres consagradas en el Buenos Aires colonial*, Buenos Aires, EUDEBA, 2010, y *La expulsión no fue ausencia. María Antonia de San José, beata de la Compañía de Jesús: biografía y legado*, Rosario, Prohistoria ediciones, 2015.

William de Souza Martins

Professor adjunto do Instituto de História e do Programa de Pós-graduação em História Social da Universidade Federal do Rio de Janeiro (UFRJ). Membro do Laboratório e do grupo de pesquisas Sacralidades (UFRJ), e dos grupos de pesquisa Ecclesia (UNIRIO) e ART (UFRJ). É autor do livro: *Membros do corpo místico: ordens terceiras no Rio de Janeiro (c. 1700-1822)*. São Paulo: Edusp, 2009. Organizou, em parceria com Gisele Sanglard, a obra coletiva *História Cultural: ensaios sobre linguagens, identidades e práticas de poder*. Rio de Janeiro: Apicuri, 2010. Em parceria com Marta Mega de Andrade e Lise Sedrez, organizou a coletânea *Corpo: sujeito e objeto*. Rio de Janeiro: Ponteio, 2012. E, em parceria com Anderson José Machado de Oliveira, organizou a coletânea *Dimensões do catolicismo no Império português (séculos XVI-XVIII)*. Rio de Janeiro: Garamond, 2014. É autor de diversos capítulos de livros e artigos publicados em revistas especializadas.

Ignacio Martínez

Profesor y licenciado en Historia por la UNR y doctor en Historia por la UBA. Docente ordinario en la cátedra de Historia Argentina I, en la carrera de Historia de la Facultad de Humanidades y Artes de la UNR, investigador asistente de la Carrera de Investigador Científico del Conicet y miembro de la Red de Estudios de Historia de la

Secularización y la Laicidad (RedHiSeL). Es autor del libro *Una nación para la Iglesia argentina. Construcción del estado y jurisdicciones eclesiásticas en el siglo XIX*, Buenos Aires: Academia Nacional de la Historia, 2013. Ha publicado los resultados de su investigación sobre el ejercicio del patronato durante la creación de un estado republicano en Argentina en el siglo XIX en revistas científicas nacionales y extranjeras. Actualmente investiga las reformas ultramontanas en las diócesis argentinas en la segunda mitad del siglo XIX.

Ítalo Domingos Santirocchi

Professor do Curso de Licenciatura em Ciências Humanas da Universidade Federal do Maranhão (UFMA)-Campus de Pinheiro e docente do Programa de Pós-Graduação em História da UFMA-São Luís. É doutor em História pela Pontifícia Universidade Gregoriana (Roma) e realizou o Pós-Doutorado (PNPD) na Universidade Rural do Rio de Janeiro (UFRRJ), no projeto: *Testamentos e hierarquias em sociedades escravistas ibero-americanas (Séculos XVI-XVIII)*. É autor do livro *Questão de Consciência*: os ultramontanos no Brasil e o regalismo do Segundo Reinado (1840-1889).

Este libro se terminó de imprimir en noviembre de 2016 en Imprenta Dorrego (Dorrego 1102, CABA).

www.ingramcontent.com/pod-product-compliance
Lightning Source LLC
Chambersburg PA
CBHW020635300426
44112CB00007B/120